本教材第四版曾获首届全国教材建设奖
全国优秀教材二等奖

"十四五"职业教育国家规划教材

国家文化产业资金支持媒体融合重大项目

21世纪新概念教材：多元整合型一体化系列
高职高专教育会计专业精品课程教材新系

成本会计

——原理、实务、案例、实训

（第五版）

周云凌　王雪岩　主　编
周　敏　庞惠文　副主编

东北财经大学出版社　大连
Dongbei University of Finance & Economics Press

图书在版编目（CIP）数据

成本会计：原理、实务、案例、实训 / 周云凌，王雪岩主编．—5版．—大连：东北财经大学出版社，2022.8（2024.7重印）
（高职高专教育会计专业精品课程教材新系）
ISBN 978-7-5654-4536-1

Ⅰ.成… Ⅱ.①周… ②王… Ⅲ.成本会计-高等职业教育-教材 Ⅳ.F234.2

中国版本图书馆CIP数据核字（2022）第088356号

东北财经大学出版社出版
（大连市黑石礁尖山街217号 邮政编码 116025）
网 址：http://www.dufep.cn
读者信箱：dufep@dufe.edu.cn
大连天骄彩色印刷有限公司印刷 东北财经大学出版社发行

幅面尺寸：185mm×260mm 字数：405千字 印张：20
2022年8月第5版 2024年7月第3次印刷

责任编辑：许景行 周 慧 责任校对：王铭慧
封面设计：冀贵收 版式设计：钟福建

定价：49.50元

教学支持 售后服务 联系电话：（0411）84710309

如有印装质量问题，请联系营销部：（0411）84710711

总序：“‘整体论’课程观”指导下的新时代中国特色高等职业教育专业教材建设

改革开放以来，中国高等职业教育教学改革的重要任务，是通过回眸西方主要发达国家课改历程，分析其各阶段主流教育理念和课程模式的利弊得失，在“逻辑反思”基础上，探索新时代中国特色高等职业教育专业教材建设创新之路。

“21世纪新概念教材：‘多元整合型一体化’系列”，就是在这种分析、反思和探索中，由东北财经大学出版社携手国内高职院校众多知名专业带头人共同推出的。

学习微平台
延伸阅读0-1
学习微平台
延伸阅读0-2
学习微平台
延伸阅读0-3
学习微平台
延伸阅读0-4
学习微平台
延伸阅读0-5
学习微平台
延伸阅读0-6

一、教材定位

本系列专业教材定位以“延伸阅读0-1”中阐述的“‘整体论’课程观”为释题依据，以“延伸阅读0-2”中阐述的“美西方国家课改回眸”为事实依据，以“延伸阅读0-3”中阐述的“逻辑反思”为借鉴依据，以“延伸阅读0-4”中阐述的“中国高等教育课改”为经验依据，以“延伸阅读0-5”中阐述的“中国高等职业教育课改对策”为对策依据，以“延伸阅读0-6”中阐述的“弯道超车”为“‘整体论’课程观”理论依据，以“延伸阅读0-7”中阐述的“简要表述”为结论依据[①]。其相关“模式选择”可简述如下：

1.21世纪新概念

在“代型设计”上，本系列专业教材名为“新概念”，是指以“‘整体论’课程观”为教材建设的“指导理念”；冠以“21世纪”，是因为该“指导理念”吸收了世界特别是欧美发达国家高等教育课程改革21世纪主流趋势的合理内核[②]，并带有“弯道超车”的新时代中国特色。

2.“多元整合型”一体化

“‘多元整合型’一体化”作为本系列教材的“代型设计”定位，有两层含义：

含义之一是指教材体系蕴含“三重整合”的“一体化”。“三重整合”即“‘专识与通识’整合”“‘专能与通能’整合”“‘整体知识’与‘整体能力’整合”。

含义之二是指教材设计“四大环节”的“一体化”。“四大环节”即“理论”

①见“总序”二维码“延伸阅读0-1”至“延伸阅读0-7”。

②在世界高等教育领域，20世纪末至21世纪初，课程与教材建设的大势所趋是向“‘整体论’课程观”转型。其间呈现的“整体论”课程模式多种多样，诸如：整合“专能”与“通能”的“整体能力观”（美国“职业群集课程”、英国BTEC课程、德国“双元制”课程，20世纪70至80年代）；整合“职业教育与学术教育”的AIO、STW和STC（美国社区学院，20世纪90年代）；整合“专识”与“通识”的“整体知识观”课程（美国普通高校，1990）；“博洛尼亚进程”中的“整体能力观”（29个欧洲国家，1999—2010）；整合“职业教育”与“普通教育”的“一体化”课程（美国，21世纪初）；兼顾“学术性因素”与“典型职业性因素”的《教育与培训框架2020》（欧盟委员会，2010）；整合“整体知识观”与“整体能力观”的“21世纪技能”“PISA 2018全球胜任力评估框架”（美国，2011，2017）和中国普通高校“双一流大学建设”（2017—2022）。

“实务”“案例”“实训”。此处的“一体化”有三层含义：一是指每门专业课教材的“四大环节”，从“学习目标”到“教学内容”，再到“基本训练”和“考核评价”一贯到底；二是指每章“四大环节”皆向“预期胜任力”的“阶段性建构”聚焦；三是指各章“预期胜任力”的“阶段性建构”通过“终极体验”，收官于其全课程的“总体性建构”。

3.类型与层次

在“教育类型”上，本系列教材区别于“普通高等教育”和“应用本科教育”教材，

定位于“高等职业教育”；在教育层次上，本系列教材介于“中等职业教育”和“专业研究生教育”之间，定位于“高职高专”。

在教材类型上定位于“高职高专”，就是其内容重心不在“学科知识”及其“应用”，而在“技术”及其“应用”；在教材层次上定位于“高职高专”，就是以教育部新近颁布的财经商贸大类和旅游管理大类“高等职业学校专业教学标准”为层次标准。

4.编写原则

在编写原则上，本系列教材编写以教育部《职业院校教材管理办法》中的“总则”为原则，以贯彻落实其中“一个坚持”、“六个体现”、“四个自信”和“第十二条”各项要求为基点，以《中国教育现代化2035》及其实施方案中提出的“指导思想”“八大基本理念”“总体目标”“十大战略任务”为全面指导。

5.课程类型

在“课程类型”上，本系列教材兼顾“学术性”与“职业性”、“人本主义”与“工具主义”、“道德主义”与“功利主义”。

兼顾“学术性”与“职业性”，就是体现课程的“职普融通”，即体现“教育链”、“‘学术链’‘技术链’‘产业链’”和“人才链”有机衔接。

兼顾“人本主义”与“工具主义”，就是使课程既具有“人本属性”，又具有“工具属性”。课程的“人本属性”是指坚持“以人为本”，把全面提高学生的教育水平、文化品位、价值追求作为课程的根本；课程的“工具属性”是指把树立大学生的“服务意识”作为课程的宗旨。

兼顾“道德主义”与“功利主义”，就是使课程既具有“道德属性”，又具有“功利属性”。课程的“道德属性”是指把“社会公德”和“职业道德”作为课程价值的主导取向①；课程的“功利属性”是指把“为社会、为国家、为人民谋利益”作为课程价值的基本取向，把“三个有利于”作为判断课程价值的最终标准。

6.课程导向

在“课程导向”上，本系列教材正视并顺应欧盟QF-EHEA和EQF弃用“工

① “道德属性”或“立德树人”，即“扎根中国大地，站稳中国立场，充分体现社会主义核心价值观，加强爱国主义、集体主义、社会主义教育，引导学生坚定道路自信、理论自信、制度自信、文化自信，成为担当中华民族伟大复兴大任的时代新人”。

作导向"和向"学习结果"转型的主流趋势，并由此前行，从"专注学习结束"进向"兼顾'预期胜任力'连同其'发育过程'"。

"新系"的"兼顾导向"，以"'职业个体学力发育'与'职业成体行动'的主导机制不同"为理论依据。

"新系"的"过程模式"选择"'学力发育'导向"。其中："学力"是指"通过学习获得的能力"，"职业学力"包括"学术""技术""技能""价值"四重基本要素（以下简称"四重要素"）；"发育"是借用生物学概念，指高职院校在校生"职业学力"的发展，即其从高中阶段"原格局"到高职毕业之"完全成熟"的变化过程（包括各学期其在课程教学中经历的变化过程）。

"新系"的"目标模式"选择"'预期胜任力'导向"，即将"有机论"的"内在目的性"作为方法论主导原理，以"预期胜任力生成（成熟）"为最终"目标状态"。"目标模式"可阶段化和具体化为专业教材各章的"学习目标"。

7.课程目标

以"课程标准"为总体规划和基本依据的"课程目标"，是"课程标准"的具体化和细化，即课程实施应达到的预期结果；在教材中、"课程目标"通过"学习目标"得以实现。

本系列教材用"'传承'为主，兼顾'创新'"模式取代"专注'传承'"的传统"目标描述"。

1）传承型目标

"'传承型'目标"以"健全职业人格①"为"整合框架"，以全人类共同价值、党和国家意志、社会主义核心价值观及道德伦理等"多维规范融入"为"价值引领"，通过各章"学习目标"中的"理论目标""实务目标""案例目标""实训目标"等环节和侧面的阶段性"学力'结构-建构'"，实现向"'预期胜任力'生成"的课程"总目标"汇集和聚焦。其中：

"理论目标"描述"应当学习和把握"的"学科知识"（陈述性知识），包括概念、原理、特点和作用等；"可据以指导"的各种认知活动，包括"同步思考"、"教学互动"、"随堂测"和"基本训练"中"理论题"各题型；"应当体验"的"初级学习"中"专业认知"的横向正迁移，以及"相关胜任力"中"专业认知要素"的阶段性生成。

"实务目标"描述"由原理向技术延伸"，即："应当学习和把握"的"专业规则与方法"（"程序性知识"）；"可据以解析"的"基本训练"中"实务题"各题型；"应当体验"的"初级学习"横向正迁移，以及"相关胜任力"中"专业技术要素"的阶段性生成。

"案例目标"描述"应当多元表征"的"专业情境"和"思政情境"；"应当体验"的"高级学习"中"专业知识""通用知识""思政元素"的协同性重组迁

① "健全职业人格"作为立足于中国特色社会主义制度、物质经济关系、科学技术、道德文化、价值取向、理想情操、行为方式和全球视野等全方位"职业要素"的整合框架，是新时代中国职业人"职业胜任力"的核心和灵魂。

移，以及“相关胜任力”中“认知弹性要素”的阶段性生成。

“实训目标”描述关于“技术应用”的实践操练，即：“应当完成”的各项实训任务；“应当实施”的系列技能操作；“应当融入”的“专业能力”“通用能力”“职业道德”等多维素质要素；“应当准备、撰写与讨论”的《实训报告》；“应当体验”的“实践学习”中“专能”、“通能”与“职业道德”元素的协同性“重组-产生”迁移，以及相关胜任力中“求知韧性”和“复合性‘技术-技能’”要素的阶段性生成。

2）创新型目标

“创新型目标”聚焦“自主学习”“教学闭环”“产学研结合”三者中的“觅母突变”。一方面，将“4Cs”导入“自主学习”和“教学闭环”中，更新“四重要素”；另一方面，通过“产学研结合”，发展“四重要素”。

3）整合型目标

“‘整合型’目标”作为“综合训练”的“训练目的”，汇总各章“传承型学习”中的“既定习得”，将其与“自主学习”“教学闭环”和“产学研结合”中更新和发展的“四重要素”融为一体，并将基于后者的“技术应用”作为专业课“终极体验”的“综合实训”题目①。

8.课程内容

在“课程内容”上，本系列教材对标新近修订的国家专业教学标准，重点反映“知识经济”“数字经济”“服务经济”“体验经济”“共享经济”叠加背景下的现代服务业新发展，特别是反映与5G、人工智能、生物技术、大数据、云计算、物联网和智能移动终端App等新技术融合的新趋势，突出现代服务业“两新四高”的时代特征，即“新服务领域”“新服务形式”“高‘文化品位和技术’含量”“高增值服务”“高‘素质和智力’的人力资源结构”“高‘情感体验和精神享受’的消费服务质量”。

就内容布局而言，本系列课程教材兼顾“传承与创新”，以体现“‘科学⇌技术⇌产业’”辩证关系的“协同性共建”为“展开模式”，即：一方面，通过“传承机制”将教学内容展现在相互联系、密不可分的“认知基础”“技术延伸”“情境表征”和“技术应用”诸环节，重点反映专业领域的“高新技术规范”，突出“技术延伸”和“技术应用”在高职高专专业课教学中的“重心”地位；另一方面，通过“创新机制”，将“教学闭环”和“产学研结合”中产生的“觅母突变”同步反馈到“课程觅母”中。

“认知基础”是指专业“理论”（包括“基础研究中的创新”）中的“主要概念和基本原理”；“技术延伸”是指基于“认知基础”的“实务知识”，即专业“基础理论”在“应用研究”中发明、创造与开发的“新成果”，包括“新方法、新规范、新规则、新标准、新工艺”；“情境表征”是指能够用“‘认知基础’和‘技术延伸’”分析的关于“学术-技术-价值”的案例知识；“技术应用”是指

①课程“终极体验”比照专业“顶峰体验”而来，后者是美国《博耶报告》倡导的“多种学习方式”之一（详见博耶本科教育委员会.彻底变革本科教育［J］.全球教育展望，2001（3）：67-73.）。

应用"新技术"的"同步体验"和"终极体验",即"实践学习"中的"'技术-技能'操作"。

"课程内容"四环节的分量关系,是兼顾"学科知识"与"产业实践"两端,重在"'技术'的'传承-创新'与'应用'",做到"'理论教学'必需够用、'实务教学'周详充分、'案例教学'典型多样、'实训教学'具体到位"。

"课程内容"中的"思政要素"即"价值引导",体现在教材各章正文、功能性专栏、"基本训练"相关题型和考核评价中。

9.课程设计

在"课程设计"上,本系列教材兼顾"目标模式""过程模式""情境模式"。课程设计的"目标模式",是指"学力'结构-建构'"的"总目标",即专业"'预期胜任力'生成";课程设计的"过程模式",是指前述"学力发育导向";课程设计的"情境模式",是指关于"'校本学习'专业'课程觅母'选择"的"内外情境"要素。其中:

"'校本学习'专业'课程觅母'选择",就是从"基于教育类型和层次定位"的专业"文化觅母库"之"价值链""学术链""技术链""产业链""教育链"中,择优选取"人类文化'传承-发展'信息"要素。

"内外情境"要素中的"内部情境",是指"教学闭环"内"参与'觅母表达'"的各种要素关系;"外部情境",是指其"教育环境"中的诸多要素关系。

10.课程组织

在"课程组织"上,本系列课程教材兼顾"要素组织"和"结构组织"。其中:"课程要素组织"对标"深度融合"中的"当代前沿'学科知识'与'技术规则'要素关系";"结构组织"既关注"层次结构"的合理化,又关注"内容结构"的无限化。

对标"深度融合"中的"当代前沿'学科知识'与'技术规则'要素关系",就是课程的"学术性要素"与"职业性要素"依照"纵向为主,横向为辅,纵横交错"的线索展开;"层次结构的合理化",就是合理配置"深层""中层""浅层"知识,通过深层知识对中层知识、中层知识对浅层知识的"一般性"、"稳定性"和"指导性"作用,赋予课程以应对"知识流变"的弹性;"内容结构的无限化",就是在"授之以鱼"的同时"授之以渔",即通过"学会学习",导入关于"学习理论"、"学习方法"与"学习策略"的"自主学习'否定性'"机制,赋予课程以应对"从学校到生涯"的"知识流变"之无限潜力。

11.课程方法

在"课程方法"上,本系列教材以"中心法则"假说为理论依据,将"学科中心"与"工作中心"、"知识中心"与"活动中心"、"教师中心"与"学生中心"等"两极对立",以及"多中心""无中心"等传统执念,转型为"以'觅母表达过程'为中心,以'教师为引导、学生为主体'、'教学闭环与教育环境良性互动'为'开放系统'"的"'整体论'方法"模式。

12.教材结构

在“教材结构”上，高职高专的专业课教材此前有两个主要选项，即“模块化结构”和“多样化结构”。

“模块化结构”是北美DACUM、国际劳工组织MES和德国“双元制”“工作导向”课程结构的标配；“多样化结构”是欧盟各国QF-EHEA和EQF“学习结果导向”课程结构的标配。

鉴于“工作导向”被QF-EHEA和EQF“范式转换”多年，已不可取；“学习成果导向”不仅方法论基础有局限性，而且重“结果”轻“过程”，特别是轻“校本学习”中“教学闭环”的“过程”，是“一种倾向掩盖另一种倾向”，也不足取。

本系列教材的“课程导向”兼顾“过程模式”（学力发育）与“目标模式”（预期胜任力），且其“要素结构”以“纵向为主，横向为辅”，故以“章节结构”为教材结构的标配。

13.教学途径

在“教学途径”上，本系列课程教材的“理论教学”遵循“从抽象上升到具体”的路径；“实务教学”同步跟进，向“技术环节”延伸；“案例教学”紧随其后，穿插其间；“实践教学”理实统一，从阶段性收官。

“教学途径”如此布局的理论依据如下：麦克·扬“基于知识分化的理论”观点，即关于“强有力的知识”是“专门化的”“系统性的、通过概念在‘学科’或‘科目’的形式下彼此系统关联”的观点[①]；马克思关于“从抽象上升到具体的方法”是“科学上正确的方法”[②]；J.安德森“产生式迁移理论”关于“‘产生式规则’的获得必须先经历一个‘陈述性阶段’”；弗拉威尔“认知策略迁移理论”关于“‘反省认知过程’是在新的情境下使用‘认知过程’的前提”；斯皮罗（R.J.Spiro）和乔纳生（D.H.Jonassen）“认知灵活性理论”关于“‘高级学习’以‘初级学习’为前提”；约翰·杜威关于“学习也来自经验”；库尔特·勒温关于“理论应该与实践统一”；让·皮亚杰关于“智力在体验中形成”。

14.教学方法与学习方式

在“教学方法”上，本系列教材将各种教学方法“兼收并蓄”，即将“学导教学法”“互动教学法”“案例教学法”“讨论教学法”“体验教学法”“分众教学法”“项目教学法”等诸多教学法，有针对性地运用于相应教学环节，使其相得益彰。

在“学习方式”上，融“听讲学习”“自主学习”“协作学习”“讨论学习”“互动学习”“探究学习”“考察学习”“实践体验学习”“网络学习”等多种方式于一体。

---

①YOUNG M，LAMBERT D.Knowledge and the future school：curriculum and social justice［M］. London：Bloomsbury，2014：74-75.

②参见中共中央马克思恩格斯列宁斯大林著作编译局.马克思恩格斯文集：第8卷［M］. 北京：人民出版社，2009：25.

15.课程训练

本系列课程教材的“训练环节”集中体现在与主教材配套的《训练手册》中。《手册》基于“内容提要与结构”“重点与难点”“主要公式”等“知识预习”，通过“客观题”与“主观题”的全方位操练，复习与巩固“单元教学”的各种习得，体验不同类型的“学习迁移”，强化“学术”“技术”“技能”和“价值”等要素汇集并聚焦“会计胜任力”的“学力‘结构-建构’”。

在上述训练中，着眼“高素质”人才中的“核心素质”培养，本系列教材借鉴英国“普通国家职业资格证书”（GNVQ）课程中关于“‘通用知识’应用转化为‘通用能力’”的授课方式，通过学生组建学习团队，自主学习和应用教材中所附“职业核心能力训练”相关知识与规范等途径，将“通识”和“通能”融入各章“案例分析”“课程思政”“实训操练”等“专业能力”“4C”与“韧性”的训练中。

16.课程考核

关于“课程考核”，本系列课程教材的定位如下：

考核模式：采用“寓练于考”“以考促练”的“多元整合型”考核模式，兼顾“知识测试”和“能力与素质评估”，“融多种考核方式于一体”，即融“理论考核”“实务考核”“案例考核”“实践考核”，以及“形成性考核”与“成果性考核”（课业考核）等考核方式于一体。其中：“成果性考核”系借鉴欧盟QF-EHEA和EQF“学习结果”范式中“强化教育输出端管理”的合理内核，请产业界代表参与考核评估和质量把关。

考核目的：全面测评学生在本课程教学训练活动中“学习目标”的达标程度，重点评估以“预期胜任力”为“建构总目标”的“学力建构”阶段性水平。

考核种类：针对考生“学力建构”各阶段不同层面和要素，兼顾“理论题考核”、“实务题考核”、“案例题考核”和“‘实训题/自主学习’考核”。

17.评价原则

在“评价原则”上，本系列教材定位于“改进结果评价，强化过程评价，探索增值评价，健全综合评价，完善素质评价，提高评价的科学性、专业性和客观性”，致力于建构新时代中国特色高等职业教育专业课程考核评价体系。

18.质量管控

在“质量控制”上，本系列教材建设坚持基于“产学研结合”的“质量管理”，邀请行业、企业代表及相关领域专家参与由领衔编者主导的教材设计、编写与质量管控①。

二、各阶段融入要素

1.关于“人才培养目标”

关于高职高专“人才培养目标”定位，本系列教材建设对标各阶段文件精神与要求，同步跟进和转型如下：

①最好请通晓当代课程理论研究最新成果的课程专家担任教材设计顾问。

"以培养高等技术应用性专门人才为根本任务"（教育部，2000）；"培养生产服务第一线的高素质劳动者和实用人才"（国务院，2002）；"培养高素质的技能型人才，特别是高技能人才"（教育部，2003）；"培养面向生产、建设、管理、服务第一线需要的高技能人才"（教高〔2006〕16号）；"以培养高端技能型人才为目标"（教育部，2011）；"培养高端技能型人才"（教职成〔2011〕9号）；"培养产业转型升级和企业技术创新需要的技术技能型人才"（国发〔2014〕19号）；"培养掌握新技术、具备高技能的高素质技术技能人才"（《现代职业教育体系建设规划》，2014—2020）；"培养创新型人才是国家、民族长远发展的大计。当今世界的竞争说到底是人才竞争、教育竞争。要更加重视人才自主培养，更加重视科学精神、创新能力、批判性思维的培养培育。要更加重视青年人才培养，努力造就一批具有世界影响力的顶尖科技人才，稳定支持一批创新团队，培养更多高素质技术技能人才、能工巧匠、大国工匠"（习近平总书记在中国科学院第二十次院士大会、中国工程院第十五次院士大会和中国科学技术协会第十次全国代表大会上的讲话，2021）；党的二十大报告强调，"育人的根本在于立德。全面贯彻党的教育方针，落实立德树人根本任务，培养德智体美劳全面发展的社会主义建设者和接班人"。

在所述"跟进"与"转型"的靠后阶段，为及时对接"基于'科学–技术–产业'融合"的中国"'技术–产业'链"升级（特别是"新质生产力"）对高级人力资源（特别是"新质型人才"）的新需求，本系列教材结合"经管类服务业"特点，着眼高职高专"培养以'健全职业人格'为职业灵魂，富有科学精神、人文精神、创新精神、政治素质、'4Cs'和'韧性'，'德、知、技、能并修'的新时代'高素质''高技术等级'的'技术–技能'型人才"这一总定位，进一步提升了由公共基础课和专业课体系支撑、作为专业"职业表型"的"预期胜任力"建构内涵。

2.关于"自主学习"

联合国教科文组织研究表明：进入21世纪，不少学科知识更新周期已缩短至2～3年。不仅如此，如《今日世界》作者所指出的，整个"工作世界"都处于变化中，而且变化会越来越快。

这意味着，学生在校学习的旨在"与工作世界对接"的"学习结果"中，有相当多的知识在毕业后已经过时。

为应对日益加速的"知识流变"和"工作世界变化"，本系列教材自2017年起，将"自主学习"视为与"实训操练"同等重要的能力训练：在奇数各章用"自主学习"替换先前各版的"实训操练"，或将"自主学习"直接融入"实训操练"的"技能训练"中，借以培育学生适应"知识流变"的"求知韧性"。

3.关于"教育信息化"

1）二维码资源

为落实教育部关于"进一步推进职业教育信息化发展"，"推广……移动学习等信息化教学模式"（教职成〔2017〕4号）和"推进教育教学与信息技术深度融合"（《教育部高教司2018年工作要点》）等文件精神，本系列教材建设从

2019年起增加了可以经常更新的二维码教学资源，旨在解决传统教材所缺少的“互联网+”移动学习，即纸质教材知识信息相对滞后的问题。

2）专业教学资源库

为落实《教育信息化2.0行动计划》（教技〔2018〕6号）中关于“升级职业教育专业教学资源库建设，丰富职业教育学习资源系统”要求，本系列教材及时将网络教学资源由原来的3种扩充为包括“课程概要”“教学大纲”“教学日历”“电子教案”“PPT课件”“学生考核手册”“参考答案与提示”“学习指导”8种。

3）AI自适应学习

随着“互联网+”和教育数字化的快速发展特别是ChatGPT等生成型预训练变换模型的面世，一种新的学习方式——AI自适应学习——正在崛起。AI驱动的自适应学习技术能够根据学生的个体差异和需求提供个性化的学习方案，从而大大提升学生自主学习与训练的效率、效果和体验。

在我国，包括职业高校在内的人工智能驱动在线学习平台已处前期高速发展阶段。本系列教材建设密切关注其进展并将同步跟进。

4.关于“三教改革”、“评价改革”和“立德树人”

为全面落实《国家职业教育改革实施方案》（国发〔2019〕4号）、《关于实施中国特色高水平高职学校和专业建设计划的意见》（教职成〔2019〕5号）、《职业院校教材管理办法》、《深化新时代教育评价改革总体方案》（中共中央、国务院，2020）和《职业教育提质培优行动计划（2020—2023年）》（教职成〔2020〕7号）等文件要求与精神，本系列教材建设重点落实“三教”改革中的“教材、教法改革”和“总体方案”中的“教育评价改革”，特别是落实“在立德树人根本任务方面，进一步创新思想政治教育模式，将社会主义核心价值观融入专业课教材”等要求。

5.关于“党的二十大精神进教材”

学习微平台

延伸阅读0-7

依照《中共中央关于认真学习宣传贯彻党的二十大精神的决定》中关于“加快推进党的二十大精神进教材、进课堂、进头脑”要求，自2022年年底起，本系列教材建设将研究和落实“育人的根本在立德”“培养德技并修”的“高素质‘技术-技能’型人才”的“人才强国战略”，作为新时期高职高专院校专业课程教材改革的根本任务。

6.关于“职普融通”和“产学研结合”

为贯彻《关于深化现代职业教育体系建设改革的意见》文件精神，自2023年起，本系列教材建设阶段性落实“以教促产、以产助教、产教融合、产学合作，延伸教育链、服务产业链、支撑供应链、打造人才链、提升价值链”等文件要求，致力于探索体现“产学研合作”和“‘科学链’‘技术链’‘产业链’‘教育链’协同发展”的具体方式。

7.关于“加强课程教材体系建设”

自2023年秋季起，本系列教材根据相关文件要求，在建设规划中提出“进一步优化教材体系”和“强化质量控制”的要求，具体如下：

1）关于体系优化

以《中国教育现代化2035》及其实施方案中提出的“指导思想”“八大基本理念”“总体目标”“十大战略任务”为全面指导，致力于落实关于“加强课程教材体系建设”，特别是“科学规划课程”“充分利用现代信息技术”“丰富并创新课程形式”“增强教材的思想性、科学性、民族性、时代性、系统性”“完善教材编写、修订”等任务要求，并以同期修订的“总序”为契机深化共识，探索新时代中国特色高等职业教育专业课程与教材体系建设的“弯道超车”之路。

2）关于质量控制

贯彻落实《教育部办公厅关于加快推进现代职业教育体系建设改革重点任务的通知》（教职成厅函〔2023〕20号）任务八中关于优质教材建设要求，本系列教材在“质量控制”上，请“教育理论学者”“科技专家”“产业行家”参与教材设计、编写和质量把关。

许景行

2010年9月初稿

2024年6月修订

第五版前言

本书是“十二五”和“十四五”职业教育国家规划教材，第四版曾荣获首届全国教材建设奖全国优秀教材二等奖。

随着中国经济转型和产业结构的升级，高等职业教育的人才培养目标需要从“培养‘制造型人才’”向“培养‘创造型人才’”转型，其课程设计需要从“专注与企业岗位对接的专业技能培养”向“着眼企业发展，兼顾职业知识、职业能力和职业道德，同时能够满足‘课程思政’要求与标准，研判企业成本管理行为中的思政问题，突出‘解决问题’和‘革新创新’等职业核心能力（通能）培养”的方向调整。

《成本会计——原理、实务、案例、实训》（第五版）“坚持育人为本，德育为先”，致力于将“强化素质能力培养，创新人才培养模式”和“着重培育学生的劳动、奋斗、奉献精神和创造精神”等党的“二十大”要求落到实处：一方面旨在满足“十四五”时期我国高职教育教学改革对会计专业新型教材的需求，以及全国优秀教材资源共享的成本会计课程持续发展内在需要；另一方面旨在同步反映国家发布的最新会计、税收法律、法规的相关规定，以及“互联网+”引发的企业成本会计与管理新实践。

本书第五版根据教职中心〔2020〕8号关于“进一步完善‘十四·五’职业教育国家规划参评教材、参加复核的‘十三·五’规划教材，以及首届全国教材建设奖（职业教育类）获奖教材”的文件精神和东北财经大学出版社的具体要求，在第四版基础上做了全面更新，并在2023年教材重印之际，结合教学内容，以多种方式融入了党的“二十大精神”。

第五版编写以“总序”中阐明的“历史回眸”、“逻辑反思”和“课改对策”为参照，内容结构遵循了“整体论”课程观所要求的“教材建设”系统布局。阅读“总序”，有助于更好地把握与使用本教材。

在教材设计上，本书第五版以“就业”、“生涯”和“人才竞争”为导向，兼顾了学力建构的两方面：一方面，以中国“经济发展新常态”下高职高专教育新型会计人才培养目标中的阶段性目标，即超越单纯业务技能的“‘成本会计’胜任力生成”为课程的“目标模式”；另一方面，着眼“发生学”意义上的高等职业个体（即高职院校财会类专业在校生），依照课程内容展开的内在逻辑、时间次序和“原理先行、实务跟进、案例同步、实训到位”原则，通过“逐章建构”的途径来实现课程目标。

主教材侧重成本会计课程的教学环节，全书共分8章，其中：第1章概述成本的含义与作用、成本会计职能与任务、成本会计组织机构等；第2章概述成本核算基本原理，包括成本核算对象、方法、原则和核算程序及设置核算账户等；第3章阐述产品成本费用要素的归集与分配，主要包括原材料费用、人工费用、辅助产品成本费用、制造费用等的归集与分配；第4章阐述了产品成本费用在完工产品与在产品之间的分配，介绍了约当产量比例法、定额比例法等多种方法；第5章阐述成本核算基本方法的原理及应用，具体为品种法、分步法、分批法等的实际应用；第6章阐述成本核算辅助方法的原理及应用，具体为定额法、分类法、作业成本法的实际应用；第7章概述成本报表的编制与分析，具体包括成本报表的作用和种类、分析方法以及成本报表的编制和分析；第8章概述其他主要行业成本核算，包括商品流通企业、施工企业、旅游餐饮业、铁路运输业等成本核算的主要内容。

与主教材相配套的，是侧重成本会计课程“训练环节”的《〈成本会计〉训练手册》(第五版)。后者通过“理论题”“实务题”“案例题”“实训题”四种题型，为主教材的相应教学环节提供了必要且足够的训练。学生只有在学习主教材的同时，经历《训练手册》的全面训练，才能达到成本会计课程“学习目标”设定的“整体论”学习效果。

就第五版教材各章教学与训练的“四大环节”相互关系而论：理论部分阐述成本会计与成本核算的主要概念和基本原理，旨在使学生对成本会计有一个系统、完整的认知和理解；实务部分以理论知识为前提，阐述产品成本费用要素的归集与分配、成本核算基本方法与辅助方法及实际应用、成本报表与分析以及其他行业成本核算等业务知识，为“训练环节”的实训做好操作规则的铺垫；案例部分提供涉及企业成本会计的各种典型案例，旨在训练学生在相关业务情境下的多元表征能力，同时融入了课程思政要求；实训部分提供基于“实务规则”，兼顾“专业能力”、“职业核心能力”和“职业道德”的实践操练。

本书第五版还增补了与纸质教材教学内容互补、数量适当、时效性突出的二维码教学资源，供学习者用智能手机随扫随学，对接“线上线下”教学资源，使纸质教材与数字资源的媒介融合。

关注“工学结合型”教育所要求的“双证沟通”与“互补”，是本书的一大特色。第五版教材在把会计职业资格相关标准融入课程内容的同时，着眼于高等职业学历教育与职业培训的主要区别，强化了对学生“职业学力”，特别是“学习迁移能力”和“可持续发展能力”的全方位训练，提出了建构多维“整体论”的“健全职业人格导向”的赋型机制更高要求。

本书内容简明，设计新颖，案例丰富，训练多样，考核全面，功能齐全，融通俗性、可读性、应用性于一体，力求体现“以‘课程觅母表达’为中心，以学生为主体、以教师为主导、以‘教学-训练-考核’为主线”和“‘教、学、做、评’合一”的高职高专课程教学改革新思路。

为方便教学，本书第五版配有网络教学资源包，包括PPT电子教学课件和《学生考核手册》，登录东北财经大学出版社网站（www.dufep.cn）即可下载。教师会员登录东北财经大学出版社网站的“会员中心”，会员中心可提供在线组卷，其所有题目都来自《训练手册》各章的“客观题”。

学生的课程考核可依照《学生考核手册》所提供的“多元整合型”框架进行，也可依照符合本校教学实际的其他框架进行。

本书第五版由吉林铁道职业技术学院周云凌、王雪岩担任主编，周敏、庞惠文担任副主编。具体分工如下：庞惠文修订第1章；周云凌修订第2章和第3章；郎翠修订第4章；周敏修订第5章；王雪岩修订第6章和第7章；周云凌和郑学健修订第8章。全书最后由周云凌、王雪岩总纂定稿；二维码资源由吉林铁道职业技术学院《成本会计》课程组制作。“总序”由东北财经大学出版社许景行编审撰写和修订。

本书可作为高等职业院校财会类专业及相关专业的全国通用教材，也可供在职人员培训使用。

本书在编写过程中借鉴和参考了大量国内外的相关书籍和网上公开资源。在此，我们谨向所有相关作者表示诚挚的感谢。由于编者水平有限，书中难免存在纰漏或不当之处，敬请各位读者批评指正。

周云凌　王雪岩

2022年6月

2024年7月修订

目　录

第1章 总 论

● 学习目标

引例 春城机床厂的成本会计机构

1.1 成本的经济实质和作用

1.2 成本会计对象

1.3 成本会计的内容、职能和任务

1.4 成本会计工作的组织

学习目标

通过本章学习，应该达到以下目标：

理论目标：学习和把握成本及成本会计的概念，支出、费用的概念与内涵，成本会计职能与任务和成本会计工作组织的相关概念与内涵等陈述性知识；能用所学理论知识指导“成本会计内容、职能与任务确定”的相关认知活动，并正确解答《训练手册》中本章“客观题”和“主观题”的“理论题”各题型问题。

实务目标：能正确划分企业支出、费用、成本，掌握成本核算的内容、职能与任务，合理进行成本核算机构设置与人员配备，以及“业务链接”知识；能用所学实务知识规范“总论”所涉及的相关技能活动，并正确解答《训练手册》中本章“客观题”和“主观题”的“实务题”各题型问题。

案例目标：能运用所学理论与实务知识研究“成本会计内容、职能与任务确定”的相关案例，通过分析解答“同步案例”和《训练手册》中本章“客观题”与“主观题”的“案例题”，培养和提高学生在特定业务情境中分析问题与决策设计的能力；能结合“总论”的教学内容，依照相关规范、要求或标准，对“课程思政”1-1至1-3和《训练手册》本章相关案例中的企业或人员行为进行思政研判，培养高尚的职业道德情操，践行社会主义核心价值观。

实训目标：以所学“成本会计总论”的理论与实务知识为前提，在正确解答《训练手册》中本章“客观题”与“主观题”的“实训题”各题型问题，并了解和把握本实训所及“能力与道德领域”相关技能点的“规范与标准”基础上，参加“成本会计机构设置与任务确定”业务胜任力的实践训练。通过切实体验各实训任务的完成、系列技能操作的实施以及相应《实训报告》的准备、撰写、讨论与交流等有质量、有效率的活动，培养其“成本会计机构设置与任务确定”的专业能力，强化其“自我学习”、“与人交流”、“与人合作”、“解决问题”和“革新创新”的职业核心能力（中级），并通过“认同级”践行“职业观念”、“职业态度”、“职业良心”、“职业作风”、“职业守则”和“会计职业道德”等行为规范，促进其健全职业人格的塑造。

学习微平台

资源1-01

引例　春城机床厂的成本会计机构

背景与情境：春城机床厂主要生产Ⅰ型机床和Ⅱ型机床两种产品，产品销往全国各地。厂内设有铸造、机械加工和装配三个基本生产车间，机修和配电两个辅助生产车间。

该企业经过两年的建设准备开始生产，在20××年1月的筹建会上，对成本会计机构设置进行讨论，大家各抒己见，形成两种不同意见：

第一种意见：由厂部的成本会计机构集中负责本企业所有的成本会计核算、成本计划编制、成本信息分析等，车间等其他部门通常只配备经济核算人员，负责登记原始记录、填制原始凭证，并对原始资料进行初步审核、整理和汇总，及时报送企业成本会计机构。这样有利于企业管理层及时掌握企业有关成本的全面信息，减少成本会计机构设置的层次和成本会计人员的数量。

第二种意见：将成本会计的各项具体工作分散由车间等基层单位的成本核算会计机构来进行，企业的成本会计机构只负责对成本会计工作的指导、监督和成本会计数据的最后汇总，以及处理不便于分散核算的成本会计工作。这样有利于直接从事生产经营的基层单位及时掌握成本信息，调动它们自我控制成本和费用的积极性。

应选择哪种呢？通过以下学习就会有明确的答案。

学习微平台

牢记会计人的初心使命

本章作为全书的总括，将从成本的经济实质和作用，成本会计对象，成本会计的内容、职能和任务，以及为完成成本会计任务而建立的组织机构等方面进行阐述。

学习微平台

资源1-02

1.1　成本的经济实质和作用

成本是会计理论中一个非常重要的经济概念，是学习成本会计的基础。鉴于此，本章从成本会计最基本的概念入手。

1.1.1　成本的经济实质

成本是资源的一种耗费。这种资源的耗费在现实生活中无处不在，每天都在发生，如生产车间在生产产品过程中消耗的原材料、支付给工作人员的工资、支付的管理费用等。人力、物力和财力的耗费，用货币形式把它表现出来，会计上称为成本。用会计学语言表述就是：成本是特定的会计主体为了达到一定的目的而发生的可以用货币计量的代价。

成本遍及各行各业的各项活动，但这并不意味着所有活动的成本都需要通过会计来核算和考核，是否需要通过会计来核算和考核成本是由活动的特点和管理需要决定的。如政府机关、事业单位等不以营利为目的的单位不进行成本核算与考核，其成本开支不依靠自身创造的收入来补偿，而是通过国家财政预算拨款予以满足。以营利为目的的物质生产部门及企业化管理的事业单位需要进行成本核算与考核，所发生的成本开支由单位自身的收入来补偿，努力做到以收抵支、自负盈亏、保证盈利。成本会计所研究的成本，主要是以营利为目的的单位所发生的各类成本费用。其中，物质生产部门为制造产品所发生的成本，即产品的生产成本，具有典型的意义。因此，本教材以制造企业的成本核算作为主要内容予以阐述。

商品作为用于交换的劳动产品，其价值W是由三项内容组成的，即物化劳动的转移价值C、活劳动中劳动者为自己创造的价值V和劳动者为社会创造的价值M。马克思曾用一个公式表示了这种关系：W=C+V+M。其中，C+V就构成了产品的成本。

完整理解产品成本概念必须从耗费和补偿两个角度去考察。从耗费角度看，产品成本是商品生产中所消耗的物化劳动和活劳动中必要劳动的价值，即C+V部分，这是产品成本最基本的经济内涵；从补偿角度看，产品成本是补偿商品生产中资本消耗的价值尺度，即成本价格，它是产品成本最直接的表现形式。所以，产品成本是已耗费而又必须在价值或实物上得以补偿的支出。只有按照会计分期假设和权责发生制原则要求所确定的应当归属于一定种类和数量产品的生产耗费，即对象化的生产耗费，才构成产品成本。为此，通常将产品成本定义为：生产者为生产一定种类和数量的产品所消耗而又必须补偿的物化劳动和活劳动中必要劳动的货币表现。

同步思考1-1

资料：通达机械厂生产某种型号的机床，5月份共发生直接材料费用30万元，燃料和动力费用4万元，生产人员工资6万元，生产用机械设备折旧费1万元。该种产品本月全部对外销售，销售收入45万元。张同学通过所学的成本的经济实质判断，该机械厂产品生产成本为41万元。

问题：请问张同学这种认识是否正确？为什么？

理解要点：该机械厂5月份的生产成本是41万元。成本是资源的一种耗费，是生产部门为制造产品所发生的成本，即产品的生产成本，同时产品成本是已耗费而又必须在价值或实物上得以补偿的支出，即该厂5月份的成本从销售收入中能够得到补偿。

1.1.2 成本的作用

1）成本是制订和选择决策方案的重要依据

在市场价格一定的条件下，成本直接影响企业的盈利水平和参与市场竞争的能力。企业进行生产经营或投资的决策，多是以经济效益作为评价决策方案的标准，而衡量决策方案经济效益时，成本是必须考虑的主要因素。

同步案例1-1

蛋糕店的新增服务

背景与情境：小王经营一家蛋糕店，现打算增加一项送货上门服务。该决策从经济效益考虑是否可行，这取决于增加此项服务后收入和成本的变动情况（见

表1-1）。

表1-1　**蛋糕店利润表（预计）**　单位：元

项　目	原经营项目金额	增加送货上门服务后金额	差　异
销售收入	20 000	26 000	6 000
成本：			
原料	8 000	10 400	2 400
人工	3 200	4 100	900
水电费	1 000	1 200	200
租金	4 000	4 000	0
折旧	1 000	1 000	0
其他	800	880	80
成本合计	18 000	21 580	3 580
营业利润	2 000	4 420	2 420

小王拿不定主意，于是请来了学会计的高中同学刘伟和大同。刘伟认为增加销量，就意味着增加收入，可以增加送货上门服务；大同不同意，认为虽然增加收入，但也增加成本，如果再增加雇员那就不赚钱了。

问题：

（1）本案例中，你同意谁的观点？为什么？

（2）本案例中，刘伟和大同提出的哪些观点是正确的？是否有欠缺？分析其原因。

（3）小王该如何解决此问题？

分析提示：

（1）同意刘伟的观点。通过收入和成本对比分析可以发现，增加送货上门服务每月可以增加2 420元营业利润。

（2）本案例中，刘伟认为增加销量，就意味着增加收入是正确的，欠缺的是对成本增加的考虑；大同提出的虽然增加收入，但也增加成本是正确的，欠缺的是对成本和收入对比后利润增加的考虑。

（3）小王以此为依据，应决定增加送货上门服务，如果需要增加雇员，其费用小于增加的利润即可。由此可见，对于制定决策来说，过去的成本信息是进行决策分析的重要工具或依据，没有过去的准确的成本信息是无法进行正确决策的。

2）成本是业绩评价的重要依据

一家企业会将各种工作责任分派给不同的员工，如将一家分厂安排给一名厂长负责，将一个车间安排给一名车间主任负责，将一个事业部安排给一名部门经理负责等。这些分厂、车间和事业部等部门从管理会计角度讲就是责任中心，责任中心的负责人对其所管辖部门机构的经营和资源利用负责。责任中心根据它的控制区域和权责范围的大小，一般可分为成本中心、利润中心和投资中心，其中成本中心是基础，因为三类中心的任何一类中心都要进行成本核算。划分责任中心的目的是充分调动一切积极因素，使各中心在其职责范围内，恪尽职守，努力工作，并根据业绩评价的优劣进行奖惩。业绩评价的方法一般是将各责任中心的有关项目的实际发生数与其预算数进行比较。这里的有关项目，根据责任中心不同，其评价的内容也不完全相同，但成本是最重要的，没有成本数据的对比考核，任何中心的业绩评价都是没有实际意义的。

3）成本是制定价格的依据

根据价值规律，产品价格取决于产品的价值。但在产品价值无法直接计算的情况下，只能通过产品成本间接地反映产品价值水平。正如马克思所说："商品出售价格的最低经济界限，是由商品的成本价格决定的。如果商品低于它的成本出售，生产资本中已经消耗的组成部分，就不能全部由出售价格得到补偿。如果这个过程继续下去，预付资本价值就会消失。"企业之间的竞争主要是成本的竞争，谁的成本低，谁就获利高；反之，获利低。所以，成本是制定价格的依据。

4）成本是生产耗费的补偿尺度

维持企业的再生产是发展市场经济的必然要求。要能维持企业的生产，首先要求及时、足额地补偿生产过程中的劳动耗费。成本是补偿劳动耗费的尺度，是维持企业再生产的最低补偿界限。如果按成本提供的补偿尺度不能被满足，企业生产就无法维持。成本补偿是社会总产品的分配，属于社会分配领域的范畴。国家依据成本的经济内容，结合不同时期的管理需要，运用成本这一补偿手段，统一规定成本补偿的标准和补偿的范围，对规范企业劳动耗费的补偿行为具有重要作用。企业为了保证生产的顺利进行，都要求对生产中的劳动耗费进行补偿。而企业要通过销售实现补偿，就必须充分运用成本这一补偿手段，通过加强管理，降低耗费，力求以较少的耗费寻求补偿，并取得更多的盈利。可见，成本作为补偿劳动耗费的标准，对加强宏观成本管理和微观成本管理具有重要作用。

1.2 成本会计对象

1.2.1 成本会计的概念

成本会计（cost accounting），就是运用会计的基本原理和一般原则，采用一定的技术方法，结合企业具体的生产经营特点，对企业生产经营过程中所发生的各项费用和产品或劳务成本进行连续、系统、全面和综合的核算和监督的一个会计分支。成本会计实际上是成本与费用会计。

1.2.2　成本会计对象

成本会计对象指的是成本会计核算和监督的内容。由于成本会计研究的主要是物质生产部门为制造产品而发生的成本，即产品生产成本，所以成本会计核算和监督的内容也主要是产品生产成本。要说明的是，在产品生产过程中，除了发生直接材料、燃料和动力、直接人工和制造费用外，还会发生筹资支出、管理支出和销售支出，即财务费用、管理费用和销售费用。由于这些费用支出大多按时期发生，难以按产品归集，因此作为期间费用直接计入当期损益而不作为产品成本的构成内容。但这些费用作为生产者的经营管理费用，与产品生产不是毫不相干的，而是服务于产品生产的。可以说，没有这些费用支出的发生，产品生产就不可能正常进行。因此，为了促使生产者节约这些费用，增加盈利，把它们连同产品成本都作为成本会计对象。

由此可见，对于工业生产企业来说，成本会计对象包括产品的生产成本和经营管理费用。

成本会计对象不仅包括工业生产企业的产品生产成本和经营管理费用，还包括其他行业企业，如农业、批发零售业、建筑业、房地产业、采矿业、交通运输业、信息传输业、软件及信息技术服务业、文化业等企业的成本和经营管理费用。因为，成本作为经济范畴，遍及各行业企业的经济活动，这些行业企业从事经济活动发生的耗费也就理所当然地成为成本会计对象的内容。

综上所述，成本会计对象可以概括为：各行业企业的生产经营业务成本和有关的经营管理费用，简称为成本费用。所以，成本会计实际上是成本费用会计。

随着商品经济的不断发展，成本概念的内涵和外延处于不断发展变化之中。所以，在现代成本会计中，还出现了许多新的成本概念，如变动成本、固定成本、边际成本、机会成本、目标成本、标准成本、可控成本和责任成本（又称专项成本）等，从而组成了多元化的成本概念体系。

1.2.3　支出、费用与成本之间的关系

要深刻理解成本会计的对象，对支出、费用、成本之间的关系要有明确的认识。

1）支出

支出是指企业在经济活动中发生的一切开支与耗费。一般而言，企业的支出可分为资本性支出、收益性支出、所得税支出、营业外支出和利润分配性支出五大类。

资本性支出是指该项支出的发生不仅与本期收入有关，也与其他会计期间的收入有关，而且主要是为以后各期的收入取得而发生的支出，如企业购建的固定资产、取得的无形资产、对外投资等。

收益性支出是指一项支出的发生仅与本期收益的取得有关，因而它直接冲减

当期收益，如企业为生产产品而发生的材料、工资等开支。

所得税支出是指企业在取得经营所得与其他所得的情况下，按我国税法的规定，根据企业应纳税所得额计算并缴纳所得税而发生的支出。所得税支出作为所得税费用，直接用当期收益补偿。

营业外支出是指与企业生产经营业务没有直接联系的各项支出，如企业支付的各项罚款、违约金、赔偿金、赞助支出以及非常损失等。

利润分配性支出是指利润分配过程中发生的开支，如支付的现金红利等。

2）费用

费用是指企业为销售商品、提供劳务等日常活动所发生的经济利益的流出。其具体体现为企业在出售产成品、商品、提供劳务或服务等带来收入的过程中，对企业拥有或控制的资产的耗费。费用按其同产品生产的关系，可划分为产品成本和期间费用两类。产品成本是指产品生产过程中发生的物化劳动和活劳动的货币表现，如直接材料、燃料和动力、直接人工和制造费用等耗费，它同产品的生产有直接关系。期间费用是指同企业的经营管理活动有密切关系的耗费，它同产品的生产没有直接关系，但与发生的期间相配比，应作为当期收益的扣减。期间费用包括销售费用、管理费用和财务费用。

同步思考1-2

资料：某企业发生下列支出：

（1）工厂机器设备采用直线法计提的折旧；（2）生产椅子使用木材的成本；（3）工厂厂房的保险费；（4）工厂的水电费；（5）工厂采购部经理的薪资；（6）销货人员的佣金；（7）组装线上工人的工资；（8）行政管理部门领导的薪资；（9）办公使用纸张的费用；（10）机器使用润滑油的费用；（11）生产椅子所用机器耗用柴油的费用。

问题：以上支出应计入何种成本费用项目？为什么？运用费用的概念及相关分类理论回答。

理解要点：产品成本是指产品生产过程中发生的物化劳动和活劳动的货币表现，如直接材料、燃料和动力、直接人工和制造费用等耗费，它同产品生产有直接关系；期间费用是指同企业的经营管理活动有密切关系的耗费，它同产品的生产没有直接关系，但与发生的期间相配比。所以，事项（2）为直接材料，事项（7）为直接人工，事项（1）、（3）、（4）、（10）为车间制造费用，事项（6）为销售费用，事项（5）、（8）、（9）为管理费用，事项（11）为燃料和动力。

3）成本

成本是一种耗费，有广义与狭义之分。广义的成本指企业发生的全部费用，包括产品成本与期间费用；狭义的成本通常仅指产品成本。产品成本是指企业在生产产品的过程中所发生的材料费用、职工薪酬等，以及不能直接计入而按一定标准分配计入的各种间接费用，不包括产品生产过程完成后发生的支出。

如上所述，支出是企业在经济活动中所发生的所有开支与耗费。费用是支出的主要组成部分，是企业支出中与生产经营相关的部分。产成品成本是产品成本的对象化，产品成本是计算产成品成本的基础，产成品成本是产品成本费用的最后归宿。如果企业没有在产品，当期产品成本即为当期完工产品成本，也就是产成品成本；如果企业有在产品，则产品成本与完工产品成本的关系是：本期完工产品成本（产成品成本）=期初在产品成本+本期产品成本-期末在产品成本。

课程思政1-1

企业亏损的原因

背景与情境：小明应聘到一家私营企业做会计工作，但他到企业后发现该企业一直处于亏损状态。进一步看账发现该企业的成本一直很高，原因是企业原会计人员按照老板的要求，对企业生产产品耗用的材料一直都是按照“公允价值”即“市场价值”计算成本，同时虚列企业的管理费用、销售费用，造成了支出数额增加，企业一直为亏损状态，以达到不纳税的目的。

问题：该企业原会计人员这样处理是否违背《中华人民共和国会计法》（以下简称《会计法》）与会计人员职业道德要求？如违背，违背了哪些要求？

研判提示：原会计人员的处理违背了《会计法》与会计人员职业道德要求。《会计法》规定，“各单位必须根据实际发生的经济业务事项进行会计核算”，如实反映企业的财务状况、经营成果和现金流量，以虚假的经济业务事项或资料进行会计核算是一种严重的违法行为。

作为一名专职会计人员，在工作中每天都会面临着道德问题。而会计人员个人的道德选择不仅影响自我形象和自我发展，更会影响广大投资人、债权人以及国家的利益。会计人员在核算过程中应当以实际发生的交易或事项为依据，如实地反映企业的财务状况、经营成果和现金流量。为了规范会计工作，国内外许多专业组织或政府制定了会计人员道德准则。我国会计职业道德规范的主要内容包括：（1）爱岗敬业；（2）诚实守信；（3）廉洁自律；（4）客观公正；（5）坚持准则；（6）提高技能；（7）参与管理；（8）强化服务。上述例子中，原会计人员违背了会计职业道德中的会计人员应当诚实守信、客观公正、坚持准则的要求。

业务链接1-1

产品成本是多少？

某生产企业6月份有关数据如下：

（1）购进材料100 000元，其中60%被生产领用；

（2）生产工人工资50 000元，生产车间管理人员工资5 000元，职工澡堂人员工资3 000元，企业技术人员工资10 000元；

（3）贷款购买设备支付利息6 000元；

（4）发生广告费10 000元；

（5）生产设备计提折旧3 000元。

根据该企业6月份有关数据计算产品成本。

解析： 产品成本为事项（1）的直接材料60 000元、事项（2）的直接人工50 000元和10 000元、事项（5）的生产设备计提折旧3 000元，共计123 000元。

同步案例1-2

鲲鹏公司支出、费用、成本

背景与情境： 鲲鹏公司8月份发生如下业务：支付本月生产产品的工人工资100万元，行政管理人员工资10万元，车间管理人员工资5万元，并按规定的比例2%、8%分别提取工会经费和职工教育经费；支付车间办公费5万元；生产耗用前库存原材料400万元，辅助材料50万元；购买一台车间使用的设备70.2万元，该设备预计使用8年，无残值；支付广告费40万元；向支付银行借款利息2万元；支付违约罚款15万元；本月折旧费50万元，其中公司管理部门15万元，车间35万元；本月应交企业所得税18万元；应分配给投资人利润15万元。本月产品全部完工，没有在产品。

成本会计小王计算得出公司支出291.7万元、费用610.5万元、生产成本553.5万元；成本会计小张计算得出公司支出291.7万元、费用678.5万元、生产成本553.5万元。

问题：

（1）本案例中，你同意谁的结论？为什么？

（2）本案例中，小张和小王的计算哪一项是正确的？哪一项是不正确的？分析其原因。

（3）鲲鹏公司支出、费用、成本各是多少？

分析提示：

（1）小张和小王均不正确，因为支出是指企业在经济活动中发生的一切开支与耗费；费用包括产品成本和期间费用两类；产成品成本是产品成本费用的对象化，产品成本是计算产成品成本的基础，如果企业没有在产品，当期产品成本即为当期完工产品成本（产成品成本）。二人计算均有不正确的地方。

（2）公司本期的支出：100+10+10+1+5+0.5+5+40+2+15+70.2+18+15=291.7（万元）。小张和小王均计算正确。

产品生产成本：100+10+400+50+5+0.5+5+35=610.5（万元）；管理费用：10+1+15=26（万元）；销售费用：40万元；财务费用：2万元。

营业外支出：15万元；资本性支出：70.2万元；所得税支出：18万元；利润分配支出：15万元。

公司本期的费用：610.5+26+40+2=678.5（万元）。小张计算正确。

综上，小王计算正确的是公司本期的支出，其余不正确；小张计算正确的是公司本期的支出和费用，其余不正确。

（3）鲲鹏公司支出为291.7万元；费用=产品成本费用+期间费用=678.5（万元）；成本为610.5万元。本月产品全部完工，没有在产品，所以产品成本即为产成品成本。

互动专栏1-1

互动问题：

（1）支出、费用与成本是否都是由企业的生产经营活动产生的？

（2）支出、费用与成本是否都是合理的经济活动？如不合理，是否可以记账？

要求：5~8人组成一个小组，每人独立思考、自由发表见解，形成小组意见，之后由一名代表阐述本小组观点。所有小组发表完观点后，由教师点评，然后各小组给其他小组评分，计算出每组学生自评的平均分，再加上教师评分，作为总评价。

1.3　成本会计的内容、职能和任务

1.3.1　成本会计的内容

成本会计的内容是成本会计对象的具体化，也是成本会计的职能。成本会计可以分为广义成本会计和狭义成本会计。广义成本会计包括成本预测、成本决策、成本计划、成本控制、成本核算、成本分析、成本考核和成本检查八项相互联系、相互依存的内容。狭义成本会计则指成本核算和成本分析。本教材以狭义成本会计为主。

1.3.2　成本会计的职能

成本会计的职能是指成本会计所具有的功能。成本会计最初的职能是成本核算，以确定产品的价格和经营盈亏。随着社会经济发展和管理水平的提高，现代成本会计的职能至少包括了成本核算、成本分析、成本预测、成本决策、成本计划、成本控制和成本考核七个方面。

1）成本核算职能

成本核算是根据一定的成本计算对象，采用适当的成本核算方法，按规定的成本项目，通过各成本项目的归集和分配，计算出各成本计算对象的总成本和单位成本。通过成本核算可以反映成本计划的完成情况，并为进行成本预测、编制下期成本计划提供可靠的资料，同时也为以后的成本分析和成本考核提供必要的依据。

2）成本分析职能

成本分析是利用成本核算等资料与本期计划成本、上年同期实际成本、本企业历史先进成本以及国内外同类产品先进成本进行比较，用以揭示产品成本差异并分析产生差异的原因，以便采取相应措施，改进管理，降低耗费，提高经济

效益。

3）成本预测职能

成本预测是根据成本的有关数据，以及可能发生的企业内外环境变化和可能采取的各项措施，运用一定的技术方法对未来的成本水平及其发展趋势所作出的科学估计。

4）成本决策职能

成本决策是在成本预测的基础上，根据其他有关资料，在若干与生产经营和成本有关的方案中，选择最优方案以确定目标成本。

5）成本计划职能

成本计划是根据成本决策所确定的目标成本，具体规定出在计划期内为完成规定的任务所应达到的水平，并提出为达到规定的成本水平所应采取的各项措施。成本计划是进行成本控制、成本分析和成本考核的依据。

6）成本控制职能

成本控制是根据成本计划，对成本发生和形成过程以及影响成本的各种因素进行限制与监督，使之能按预定的计划进行的一种管理活动。通过成本控制可以保证成本目标的实现。成本控制包括事前控制、事中控制和事后控制。

7）成本考核职能

成本考核是定期对成本计划及其有关指标实际完成情况进行总结和评价，以监督和促使企业加强成本管理责任制，履行经济责任，提高成本管理水平。

成本会计的各项职能是相互联系、相互依存的。成本预测是成本决策的前提，成本决策是成本预测的结果；成本计划是成本决策所确定目标的具体化；成本控制是对成本计划实施进行的监督；成本核算是对成本计划是否完成的检验；成本分析是对成本计划完成与否的原因进行的检查；成本考核则是实现成本计划的重要手段。在这七项职能中，成本核算是基础，没有成本核算，其他各项职能都无法进行。

成本会计是会计中的一种，成本会计岗位主要负责成本方面的财务计算和管理，日常岗位职责主要包括：进行有关成本管理工作，主要做好成本的核算和控制；每月末进行费用分配，及时与生产和销售部门核对在产品、产成品数量与金额，并编制差异原因上报；负责成本核算，编制生产成本、产成品有关成本报表；协助和督促有关部门建立健全原始记录和定额管理工作；收集有关信息和数据进行有关盈亏预测工作；做好成本核算经济业务会计处理等财务管理工作；协助有关部门进行盘点，以便账实核对；对各部门进行成本经济核算，并分解下达成本费用控制指标；督促、监督有关部门认真贯彻执行经济责任制；保管好成本核算会计资料并按月装订，定期归档；完成领导交办的其他工作。

业务链接1-2

某企业成本会计职责要求

春城机械厂为新注册的企业，在首次财务工作会议上确定各会计岗位职责，管理上要求进行成本控制，成本效益与经济效益挂钩。

请制定春城机械厂成本会计职责。

解析：春城机械厂成本会计职责如下：

（1）在财务负责人的领导下，按照国家财会法规、公司财会制度和成本管理的有关规定，负责拟定公司各成本核算实施细则，在上级批准后组织执行。

（2）有关人员对公司重大项目、产品等进行成本预算，编制项目成本计划，提供有关的成本资料。

（3）公司推行全面成本核算管理与控制，协助有关主管制定总体方案和实施办法，确定各类成本定额、标准，并协助各部门和下属企业的推广培训。

（4）不断监督、调查各部门执行成本计划的情况，并就出现的问题及时上报。

（5）学习、掌握先进的成本管理和成本核算方法及计算机操作方法，提出降低成本的控制措施和建议。

（6）做好相关成本资料的整理、归档以及数据库的建立、查询、更新工作。

（7）完成财务负责人临时交办的其他任务。

1.3.3 成本会计的任务

根据企业成本管理的要求，成本会计不可能全面地实现企业经营管理各个方面的要求，而只能在成本会计对象和职能的范围内，为企业经营管理提供所需的信息资料，以达到降低成本和费用的目的。因此，成本会计的任务有：

1）正确计算产品成本，及时提供成本信息

计算产成品成本是成本管理的最基本的任务，它是完成成本管理其他任务的前提条件。没有产成品成本资料，就无法进行成本管理其他方面的工作。所以，成本管理的首要任务就是要计算出产成品的成本，向有关方面提供有关成本的信息。成本计算工作，应根据国家的有关规定、制度进行，按照规定的方法计算，使成本资料真实、可靠。

2）加强成本预测，优化成本决策

成本预测和成本决策是成本管理的重要职能。成本决策应建立在可靠的成本预测的基础之上。只有成本预测准确，成本决策才能实现优化。所以，成本预测与优化成本决策是密切联系的，它们相互联系地在成本管理中发挥着作用。把两者有机地结合起来，可以为企业挖掘降低成本的潜力、提高经济效益。

3）制定目标成本，加强成本控制

目标成本是企业在一定时期内为保证目标利润的实现而制定的成本控制指标。目标成本一般包括计划成本、定额成本和标准成本三类。制定目标成本的目的是进行有效的成本控制。因此，目标成本制定得准确与否，直接关系到成本控制能否达到目的。所以，企业应根据其特点，采用科学的方法、可靠的数据计算目标成本，使其先进合理，切实可行，经过努力能够达到。

4）建立成本责任制，加强成本控制

成本责任制是对企业内部各部门和人员在成本方面的责权利所作的规定。成本责任制的建立，可以提高企业内部各部门以及全体职工努力降低成本的责任心和积极性。在建立成本责任制时，应在划清各部门、各位职工职责的前提下，将成本责任指标按一定的方式进行分解，并具体落实到相关的部门和每位职工。建立成本责任制的核心是要将权责利结合起来，以增强各单位、人员降低成本的责任心和积极性，从而增强企业的活力。

以上任务的核心就是降低成本，提高经济效益。

同步思考1-3

资料：天胜集团一直以来都在利用贴近市场的优势，采取低价格优势来占领市场，天胜集团总经理说："降低成本是我们竞争的诀窍。"天胜集团一贯坚持在企业内部培养成本管理意识和能力，并建立了一种成本管理模式，力求使企业每位职员都知道多花一分钱就减少一分竞争力和一分利润。因此，每位职工每花一分钱，都要考虑究竟能给企业或一种产品带来多少价值。天胜集团认为，不仅要控制成本，而且要充分利用成本的运作，这才是取得竞争优势的利器。每家公司都要做好两件事：一是提高产品对用户的价值；二是降低产品的成本。公司的规模、流程、人员、岗位职责以及制定各种制度的出发点就是这两点。应该说，每做一件事都要映射、折射到增加价值和降低成本。

问题：降低成本是企业提高经济效益的必经之路吗？

理解要点：由天胜集团的例子可以看出，在企业内部，完善成本核算体系，充分发挥成本会计职能，完成成本会计任务，严格控制产品成本，是提高企业核心竞争力、达到企业发展和获利目标的根本途径之一。

1.4 成本会计工作的组织

为了发挥成本会计的职能作用，完成成本会计的任务，必须建立与之相适应的组织机构和工作环境。成本会计组织机构设置与否，直接影响成本会计工作乃至整个会计工作的开展。成本会计工作的组织一般包括成本会计机构的设置、成本会计人员的配备以及成本会计制度的制定等。

1.4.1 成本会计的机构设置

成本会计机构是从事成本会计工作的职能部门，是企业会计机构的有机组成部分。企业要根据生产类型的特点、经营规模的大小、成本管理的要求合理设置成本会计机构。

成本会计机构可以单独设置，也可以并入企业会计机构之中。对单独设置的成本会计机构需要进行内部分工，明确各自的工作职责。内部分工可以按成本会计的职能分工，分设成本核算组、成本分析组等；也可以按成本会计的对象分工，分设产品成本核算组、期间费用核算组等。

成本会计工作的组织形式，分别采用集中工作方式或分散工作方式。

1）集中工作方式

集中工作方式是将本企业所有的成本会计核算、成本计划编制、成本会计分析等工作集中在企业的成本会计机构中进行，车间等其他部门通常只配备成本核算人员，负责登记原始记录、填制原始凭证并对原始资料进行初步审核、整理和汇总，及时报送企业成本会计机构。

这种方式的优点是有利于企业管理层及时全面地掌握成本会计的各种信息，便于使用计算机集中进行成本数据处理，减少成本会计机构设置的层次和成本会计人员的人数。不足之处是直接从事生产经营的部门不能及时掌握成本信息，影响这些部门对成本费用进行控制的积极性。集中工作方式通常适用于成本会计工作较为简单的企业。

2）分散工作方式

分散工作方式又称非集中工作方式，也称二级核算制，是将成本会计的各项具体工作分散由车间等其他部门的成本会计机构来进行，企业的成本会计机构只负责对成本会计工作的指导、监督和成本会计数据的最后汇总，以及处理不便于分散核算的成本会计工作。

这种方式的优点与不足正好与集中工作方式相反。分散工作方式通常适用于成本会计工作比较复杂的大中型企业。

在实际工作中也可以将两种方式相结合，部分车间部门采用分散工作方式，其他车间部门采用集中工作方式。

业务链接1-3

中国铁路沈阳局集团有限公司成本会计核算组织形式

中国铁路沈阳局集团有限公司是负责东北区域铁路运输生产的企业，其铁路线覆盖黑龙江、吉林、辽宁三个省份，下设车务、机务、工务、电务、车辆五个方面的各站段，广泛分布在铁路线上，属于集团企业。

中国铁路沈阳局集团有限公司成本核算应采用哪种组织形式？

解析：中国铁路沈阳局集团有限公司成本核算应采用二级核算制，除铁路局应设置成本核算机构外，基层站段应单独设置成本会计机构。

1.4.2 成本会计的人员配备

《会计法》第五章第三十八条规定：会计人员应当具备从事会计工作所需要的专业能力。担任单位会计机构负责人（会计主管人员）的，应当具备会计师以上专业技术职务资格或者从事会计工作三年以上经历。《会计法》第五章第三十九条规定：会计人员应当遵守职业道德，提高业务素质。对会计人员的教育和培训工作应当加强。

成本会计人员的素质直接影响成本会计的工作质量。企业无论采用何种成本会计工作方式，都要注意合理配置成本会计人员，做到“配齐、胜任”。配置的成本会计人员应具备与所从事会计工作相适应的专业知识和业务能力，要求做到热爱会计工作、恪守职业道德、搞好成本核算、参与成本管理、懂得法规制度、熟悉工艺流程、出色完成任务。

业务链接1-4

某星级酒店成本会计负责人任职条件

世纪大饭店是一家四星级综合酒店，为加强财务管理，要对会计各岗位人员的任职条件进行规范。

请制定世纪大饭店成本会计负责人任职条件。

解析：成本会计负责人任职条件如下：

（1）认同企业理念，坚持原则，廉洁奉公；

（2）财会专业（或相关专业），中专以上学历，具有从事会计工作所需要的专业能力；

（3）会计师以上职称或三年以上工作经验；

（4）熟悉国家财经法律、法规、方针、政策和制度，掌握与企业有关的知识；

（5）具有有关财务分析各项指标的运算能力，并具备用电脑操作和调用各项数据的能力；

（6）身体健康，能胜任本职工作。

课程思政1-2

错误的举动

背景与情境：鲲鹏公司会计赵慧因业务能力强，且公司规模较小，被会计主管指派担任出纳及费用账簿的登记工作。任职期间，赵慧采用编造、伪造原始凭证以及涂改账簿等方式，非法挥霍公司近20万元的财物，2年后才被公司偶然发现。

问题：

（1）赵慧存在哪些思政问题？

（2）哪些单位或部门可以对赵慧违反会计职业道德的行为进行处理？说明理由。

（3）造成公司损失的原因包括哪些？

研判提示：

（1）赵慧违反了会计职业道德要求中的诚实守信、廉洁自律，以及党的“二十大”报告中提出的关于“明大德、守公德、严私德”的公民道德建设要求。

（2）财政部门、会计职业组织、鲲鹏公司对赵慧违反会计职业道德的行为，均可以在各自的职权范围内进行处理。《会计法》（2017年修订版）第三十九条、第四十条规定，会计人员应当遵守职业道德，提高业务素质。因有提供虚假财务会计报告，做假账，隐匿或者故意销毁会计凭证、会计账簿、财务会计报告，贪污，挪用公款，职务侵占等与会计职务有关的违法行为被依法追究刑事责任的人员，不得再从事会计工作。《会计人员管理办法》（自2019年1月1日起施行）第三条明确规定，会计人员从事会计工作要遵守《会计法》和国家统一的会计制度等法律法规，具备良好的职业道德。所以，县级以上地方人民政府财政部门可以依法对单位任用（聘用）会计人员及其从业情况进行管理和监督检查，并将监督检查情况及结果及时向社会公开。如果会计职业组织会员违反了会计职业道德要求，会计职业组织可以根据行业自律性监管的有关规定，对其会员采取公开谴责，甚至取消其会员资格等惩戒措施。此外，根据《会计法》的规定，单位负责人对本单位的会计工作和会计资料的真实性、完整性负责。单位负责人有责任建立和完善内部控制制度，开展会计职业道德教育，检查和考核本单位会计人员会计职业道德遵守情况，对违反会计职业道德的行为，可以按照单位内部有关制度进行处理甚至开除。

（3）本案例说明了建立单位内部控制制度的重要性，《会计法》明确规定出纳不得兼任稽核，会计档案保管与收入、支出、费用账簿的登记工作，目的就是实现“钱、账、物”分管的内部牵制。而该公司会计岗位的设置严重违反了《会计法》的规定，对公司损失负有很大的责任。

互动专栏1-2

互动问题：

（1）成本会计工作组织形式取决于企业生产性质，还是规模？

（2）成本会计岗位人员多、分工细好，还是岗位人员少、综合管理好？

要求： 同“互动专栏1-1”的“要求”。

1.4.3 成本会计的法律、规章制度

成本会计的法律、规章制度是成本会计机构和人员从事成本会计工作的规范，是成本会计工作组织的重要组成部分，也是会计法规制度的重要组成部分。为了统一企业会计核算口径，规范企业会计核算方法，国家制定了“一法、二则、三制度”，形成了全国性会计法规制度的三个层次。“一法”即《中华人民共和国会计法》；“二则”即企业会计准则和《企业财务通则》；“三制度”即《企业会计制度》、《财务成本制度》和《小企业会计制度》。成本会计作为一种以企业成本费用为对象的企业会计，必须在“一法、二则、三制度”的规范下进行工作。2013年，为进一步加强企业产品成本核算，保证产品成本信息真实、完整，促进企业和经济社会的可持续发展，根据《中华人民共和国会计法》和企业会计准则等国家有关规定，财政部制定了《企业产品成本核算制度（试行）》（财会〔2013〕17号），自2014年1月1日起在除金融保险业以外的大中型企业范围内施行，鼓励其他企业执行。执行该制度的企业不再执行《国营工业企业成本核算办法》。

企业作为会计主体，各自存在不同的生产工艺特点和成本管理要求，为规范

本企业的成本会计工作，还应当制定适合本企业经营规模、生产组织类型、生产过程特点、管理要求的内部成本会计制度，作为企业进行成本会计工作的操作依据。企业内部成本会计制度一般包括以下内容：

（1）成本会计工作的组织形式、人员分工和职责权限。

（2）成本定额、成本计划和费用预算的编制方法。

（3）成本核算的具体规定，包括成本计算对象的确定、成本核算方法的选择、成本项目的设置、产品成本费用的归集和分配方法、在产品成本的确认方法、成本核算基础工作的要求等。

（4）成本预测、成本决策、成本考核和成本分析制度。

（5）成本报表制度，包括成本报表的种类、格式、指标体系、编制方法、编制期限、报送对象等。

1.4.4 成本会计的基础工作

要组织好成本会计工作，算好和管好成本，必须算好和管好各项实物消耗和工时消耗，并且做好以下各项基础工作：

1）健全原始记录

原始记录是指按照规定的格式，对企业的生产、技术经济活动的具体事实所做的最初书面记载。它是进行各项核算的前提条件，是编制费用预算、严格控制成本费用支出的重要依据。成本会计有关的原始记录主要包括以下内容：反映生产经营过程及其结果的原始记录，如生产通知书、产品入库单、废品报告单等；反映材料物资动态的原始记录，如领料单、退料单等；反映劳动耗费方面的原始记录，如考勤记录、加班加点记录、工资结算单等；其他原始记录。

原始记录是一切核算的基础。因此，原始记录必须真实正确，内容完整，手续齐全，要素完备，以便为成本计算、控制、预测和决策提供客观的依据。

2）健全存货的计量、验收、领退和盘点制度

为了保证入库材料物资的数量与质量，必须搞好计量与验收工作，准确的计量和严格的质量检测是保证原始记录可靠性的前提；为了保证领、退的材料物资准确无误，还必须及时办好领料和退料凭证手续，使成本中的材料费用相对准确。由于材料物资等存货的品种、规格多，进出频繁，尽管严格管理，但由于种种原因，账实不符还经常存在，所以对材料物资还得进行定期或不定期的清查盘点，进行账面调整，以保证库存材料物资的真实性，确保成本中的材料等费用更加准确。

3）实施有效的定额管理

定额是指在一定生产技术组织条件下，对人力、财力、物力的消耗及占用所规定的数量标准。科学先进的定额，是对产品成本进行预测、核算、控制和考核的依据。与成本核算有关的消耗定额，主要包括工时定额、产量定额以及材料、燃料、动力、工具等消耗的定额，还有有关费用的定额，如制造费用的

预算等。消耗定额的制定是企业产品生产发生耗费应该掌握的标准，但由于消耗定额服务于不同的成本管理目的，可以表现为不同的消耗水平。当企业编制成本计划时，是根据计划期内平均消耗水平所制定的定额；当定额作为分配实际成本标准时，是以能体现现行消耗水平的定额为依据来衡量的；当企业为实现预期利润而控制成本时，是根据企业实现预期利润必须达到的消耗水平作为衡量尺度的。定额制定后，为了保持它的科学性和先进性，还必须根据生产的发展、技术的进步、劳动生产率的提高不断进行修订，使它为成本管理与核算提供客观的依据。

4）建立适合企业内部的结算价格

在生产经营过程中，企业内部各单位之间往往会相互提供半成品、材料、劳务等，为了分清企业内部各单位的经济责任，明确各单位工作业绩以及总体评价与考核的需要，应制定企业内部结算价格。

制定内部结算价格的主要依据有：

（1）内部转移的材料物资等，应以当时的市场价格作为内部结算价格；

（2）材料物资、劳务等，也可以市场价格为基础，双方协商定价，即我们通常所说的“议价”，以其作为内部结算价格；

（3）企业生产的零部件、半成品等在内部转移时，可以用标准成本或计划成本作为内部结算价格；

（4）在原有成本的基础上，加上合理的利润作为内部结算价格。

除上述计价方法外，企业还可以根据生产特点和管理要求以及结算上的具体情况来确定其合理的结算价格进行结算。

课程思政1-3

财务会计人员聘用之判

背景与情境：红旗服装厂是家私营企业，规模为中型企业，2018年注册为有限责任公司。公司成立伊始，在确定财务会计机构及聘用人员时，老板提出要独立设置成本核算中心，任用自己的妻子王某作为成本核算中心的负责人，这样有利于企业管理；王某也表示一切以企业利益为中心，可以为企业设置两套账，这样既可以满足企业领导意愿，又可以应对工商、税务及主管部门的检查。王某2009年毕业于一所大专的会计专业，同年取得会计从业资格证书，毕业后一直没有从事会计岗位工作。在会上，副经理兼总会计师不同意，认为王某不具备做成本核算负责人的条件，做一般成本核算员还可以，王某的聘用违背了国家对会计人员禁止任用条款。为此二人发生激烈争吵，老板还说若总会计师不同意就请他走人。

问题：

（1）本案例存在哪些思政问题？

（2）试对王某的聘用作出你的思政研判。

（3）通过适当途径搜集你作思政研判所依据的相关规范。

（4）本案例对你有哪些启示？

研判提示：

（1）本案例中私企老板和王某的行为，存在既违法违规，又背离会计职业道德，特别是有违党的“二十大”报告中提出的“明大德、守公德、严私德”公民道德建设要求等思政问题。

（2）案例中关于王某的聘用，需要研判的有三点：其一，这家私企的老板对会计主管人员的聘用有违《会计法》相关规定；其二，默许王某为企业设置两套账的意向，旨在通过隐匿收入、增加成本来逃税，这是税法明令禁止的行为；其三，无论是这位私企老板的任人唯亲，还是王某的损公济私、违法办事等图谋，都有违会计职业道德。

（3）搜集到的思政研判依据如下：

①研判（1）和（2）中提及的“违法违规”依据有四：

A.《会计法》第三十八条规定：“会计人员应当具备从事会计工作所需要的专业能力。担任单位会计机构负责人（会计主管人员）的，应当具备会计师以上专业技术职务资格或者从事会计工作三年以上经历。”王某显然不具备这样的资历。

B.《会计法》第十六条规定：“各单位发生的各项经济业务事项应当在依法设置的会计账簿上统一登记、核算，不得违反本法和国家统一的会计制度的规定私设会计账簿登记、核算。”

《会计法》第四十二条规定：“违反本法规定，有下列行为之一的，由县级以上人民政府财政部门责令限期改正，可以对单位并处三千元以上五万元以下的罚款；对其直接负责的主管人员和其他责任人员，可以处二千元以上二万元以下的罚款……”

C.《中华人民共和国税收征收管理法》第六十三条规定：纳税人伪造、变造、隐匿、擅自销毁账簿、记账凭证，或者在账簿上多列支出或者不列、少列收入……不缴或者少缴应纳税款的，是偷税。第六十四条规定：纳税人、扣缴义务人编造虚假计税依据的，由税务机关责令限期改正，并处五万元以下的罚款。

D.《中华人民共和国刑法》第二百零一条规定：纳税人采取欺骗、隐瞒手段进行虚假纳税申报或者不申报，逃避缴纳税款数额较大并且占应纳税额百分之十以上的，处三年以下有期徒刑或者拘役，并处罚金；数额巨大并且占应纳税额百分之三十以上的，处三年以上七年以下有期徒刑，并处罚金。

②研判（1）中提及的“背离会计职业道德”和研判（2）“其三”中提及的“任人唯亲”、“损公济私”和“违法办事”，至少违反了会计职业道德中的“坚持准则”、“客观公正”和“诚实守信”等“职业守则”：“坚持准则”要求会计人员熟悉国家法律、法规和国家统一的会计制度，始终坚持按法律、法规和国家统一的会计制度的要求进行会计核算，实施会计监督；“客观公正”要求会计人员端正态度，依法办事，实事求是，不偏不倚，保持应有的独立性；“诚实守信”要求会计人员做老实人，说老实话，办老实事，执业谨慎，信誉至上，不为利益所

学习微平台

资源1-03

诱惑，不弄虚作假，不泄露秘密。

（4）本案例对我的启示有三：①干会计这行，要事事谨慎。如发现有骗税行为，应立即向税务机关举报。②作为会计，在公司经营管理中一定要遵纪守法，切勿违法违规记假账，更不能参与偷税和骗税等违法行为。③身为会计专业的学生，应自觉加强职业道德修养，为将来职业生涯中的行为自律打好基础。

第2章 产品成本核算概述

学习目标

通过本章学习，应该达到以下目标：

理论目标： 学习和把握工业企业生产类型、产品成本计算对象的内容，影响成本核算方法选择的因素，成本核算原则和要求的内涵等陈述性知识；能用所学理论知识指导“产品成本核算概述”的相关认知活动，并正确解答《训练手册》中本章“客观题”和“主观题”的“理论题”各题型问题。

实务目标： 学习和把握企业成本核算方法及其选择，熟知产品成本核算基本程序和主要会计账户的应用，以及“业务链接”等程序性知识；能用所学实务知识规范“产品成本核算概述”的相关技能活动，并正确解答《训练手册》中本章“客观题”和“主观题”的“实务题”各题型问题。

案例目标： 能运用所学理论与实务知识研究“产品成本核算概述”的相关案例，通过分析解答“同步案例”和《训练手册》中本章“客观题”与“主观题”的“案例题”，培养和提高学生在特定业务情境中分析问题与决策设计的能力；能结合“产品成本核算概述”的教学内容，依照相关规范、要求或标准，对“课程思政”2-1至2-3和《训练手册》本章相关案例中的企业或人员行为进行思政研判，培养高尚的职业道德情操，践行社会主义核心价值观。

实训目标： 以所学“产品成本核算概述”的理论与实务知识为前提，在正确解答《训练手册》中本章“客观题”与“主观题”的“实训题”各题型问题，并了解和把握本实训所及“能力与道德领域”相关技能点的“规范与标准”基础上，参加“产品成本核算基本原理运用”业务胜任力的实践训练。在了解和把握本实训所涉及的“能力与道德领域”相关技能点的“规范和标准”基础上，通过切实体验各实训任务的完成、系列技能操作的实施以及相应《实训报告》的准备、撰写、讨论与交流等有质量、有效率的活动，培养其“产品成本核算基本原理运用”的专业能力，强化其“信息处理”、“与人交流”、“解决问题”和“革新创新”的职业核心能力（中级），并通过“认同级”践行“职业情感”、“职业态度”、“职业良心”、“职业作风”、“职业守则”和“会计职业道德”等行为规范，促进其健全职业人格的塑造。

学习微平台

资源2-01

引例 春城机床厂的成本核算

背景与情境：春城机床厂主要生产Ⅰ型机床和Ⅱ型机床两种产品，产品销往全国各地。厂内设有铸造、机械加工和装配三个基本生产车间，机修和配电两个辅助生产车间。

该企业经两年的建设于2020年5月进入正式生产运营，在成本核算方法选择、成本核算账户确定以及成本核算要求讨论会上，大家各抒己见，最后达成如下共识：

第一，根据企业机床产品的生产特点，管理上要求各车间进行成本控制，将成本效益与经济效益挂钩，所以企业成本采用分步法核算。

第二，企业成本核算明细账设置到车间、产品，将“基本生产成本”、“辅助生产成本”和“制造费用”设为一级账户，各自下设明细账。明细账账页均采用多栏式账页格式。

第三，辅助车间的费用直接在“辅助生产成本”账户归集。

第四，根据有关经济活动的原始凭证，在准确、审核无误的情况下，汇总原始凭证、分配材料费用、分配工资及相关费用、分配燃料和动力费用、分配辅助产品成本费用、分配制造费用、计算产品成本以及产品成本结转；填制记账凭证，登记与生产成本核算相关的明细账和总账。成本核算按国家相关要求和实际成本进行。

2020年，按照上述成本核算方法、成本计算对象以及成本核算要求的相关规定，企业财务部门完成成本核算任务，并为企业各车间下一步成本控制提供了可靠依据，得到了工作奖励。

第五，2021年，企业根据自身生产特点和管理要求，依照财政部颁布的《企业产品成本核算制度（试行）》（财会〔2013〕17号），取消了企业成本分步法核算，采用作业成本法核算。

你认为该企业与成本核算相关的做法正确吗？

学习微平台

资源2-02

本章将系统地阐述成本计算对象与成本核算方法的选择、成本核算的原则与要求、成本核算的基本程序和成本核算主要会计账户的应用。

2.1 产品成本计算对象与成本核算方法

工业企业产品成本计算的过程，就是对生产经营过程中所发生的费用，按照一定的对象进行归集和分配，计算出产品的总成本和单位成本的过程。因此，在研究产品成本计算对象和成本核算方法之前，首先要了解工业企业的生产类型及其对成本计算的影响。

2.1.1 工业企业生产类型

不同部门、行业企业的生产千差万别，工业企业生产可以根据生产工艺过程和生产组织的特点将其划分为不同类型。

1）按生产工艺过程的特点分类

工业企业的生产，按照生产工艺过程的特点，可以分为单步骤生产和多步骤生产两种类型。

单步骤生产也称简单生产，是指生产工艺过程不能间断，或者由于工作场地的限制不便于分散在几个不同地点进行的生产，如发电、采掘、化肥生产等。该类生产通常只能由一家企业整体进行。

多步骤生产也称复杂生产，是指生产工艺过程由若干个可以间断、分散在不同地点、分别在不同时间进行的生产步骤所组成的生产，如钢铁冶炼、机械制造等生产。该类生产可以由一家企业的各个生产单位进行，也可以由几家企业协作进行。多步骤生产按其产品加工方式的不同，又可以分为连续式多步骤生产和装配式多步骤生产。连续式多步骤生产，是指投入生产的原材料要依次经过各个生产步骤的加工，直到最后的生产步骤，才成为产成品的生产，如冶金、纺织、造纸等。装配式多步骤生产，是指先将原材料分别加工为零件、部件，再将零件、部件装配为产成品的生产，如机床制造、汽车制造、仪表制造等。

2）按生产组织的特点分类

工业企业的生产，按照生产组织的特点，可以分为大量生产、分批生产和单件生产三种类型。

大量生产，是指不断重复品种相同的产品的生产。在这种生产类型的企业或车间中，产品的品种比较稳定，如食品、发电、酿酒、造纸等。

分批生产，是指按照预先规定的产品批别和数量进行的生产。在这种生产类型的企业或车间中，产品的品种比较多，而且各种产品的生产往往成批地重复进行，生产具有一定的重复性，如服装加工、制鞋、某些大型机械制造等。分批生产按照产品批量的大小，又可以分为大批生产和小批生产。大批生产的性质接近大量生产，小批生产的性质接近单件生产。

单件生产，是指按照购买单位订单的要求生产个别的、性质特殊的产品而进行的生产。在这种生产类型的企业或车间中，产品很少重复生产，如飞机制造、房屋建造和船舶制造等。

2.1.2 产品成本计算对象

成本计算对象，是指计算产品成本过程中，确定归集与分配产品成本的承担客体，即成本费用的承受者。它是根据企业生产特点、产品成本费用的发生情况和管理上的需要来确定的。作为成本核算的初始环节，成本计算对象是设置产品成本明细账户的依据，亦是区分不同成本核算方法的显著标志。一般来说，成本计算的对象就是各种耗费的受益物，也就是耗费各种投入资源后形成的产出物，是“制造”活动取得的直接成果，即“产成品”。工业企业产品成本计算的对象，应当根据生产类型，结合成本管理的要求来确定。在分批生产或单件生产的企业里，生产的安排和对产品成本的分析是根据产品批别或订单来进行的，因此产品成本计算对象为每批产品或订单，成本计算单按产品的批别或订单设置。在大量生产的企业里，产成品和半成品的品种较固定，生产的安排和对产品成本的分析是根据产成品和半成品的品种来进行的，当企业的工艺特点是简单生产时，成本计算对象就是每种产品；当企业的工艺特点虽是复杂生产，但企业在管理上并不需要计算及分析半成品成本或零部件成本时，成本计算对象也是每种产品，成本计算单按每种产品来设置；当企业的工艺特点为复杂生产，且企业在管理上需要计算及分析半成品成本或零部件成本时，成本计算对象应是各加工步骤的半成品、零部件及每种产成品，成本计算单也要分别按半成品、零部件和各种产成品来设置。

产品规格繁多的，可以将产品结构、耗用原材料和工艺过程基本相同的产品，适当合并作为成本计算对象。企业内部管理有相关要求的，还可以按照现代企业多维度、多层次的管理需要，确定多元化的产品成本计算对象。多维度，是指以产品的最小生产步骤或作业为基础，按照企业有关部门的生产流程及其相应的成本管理要求，利用现代信息技术，组合出产品维度、工序维度、车间班组维度、生产设备维度、客户订单维度、变动成本维度和固定成本维度等不同的成本计算对象。多层次，是指根据企业成本管理需要，划分为企业管理部门、工厂、车间和班组等成本管控层次。

确定产品成本计算对象是进行产品成本计算的前提。为了正确计算产成品成本，首先要确定成本计算对象，以便按照每一个成本计算对象，分别设置产品成本明细账（或成本计算单），来归集各个对象所应承担的产品成本费用，计算出各对象的总成本和单位成本。因此，正确确定成本计算对象，是保证成本核算质量的关键问题。

业务链接2-1

红旗服装加工厂成本计算对象的确定

红旗服装加工厂主要对外承接服装加工业务，通过签订合同方式完成销售；同时，常年加工四种化工企业工作服，销往全国各地。加工过程为：下料裁剪车间—缝纫车间—熨烫整理车间，最后产成品入库。红旗服装加工厂设有一个机修辅助车间。

请确定红旗服装加工厂成本计算对象。

解析：红旗服装加工厂对外承接服装加工部分，以签订合同的批别为成本计算对象；常年加工化工企业工作服部分，以工作服的品种或工作服的生产步骤为成本计算对象。

2.1.3 产品成本核算基本方法

产品成本核算方法，是指将一定会计期间发生的产品成本费用归集到产品成本计算对象上，据以确定各个产成品总成本与单位成本的方法。产品成本核算基本方法有三种，即品种法、分批法和分步法，另外还有相关的成本核算辅助方法。

1）品种法

品种法是以产品品种作为成本计算对象的一种成本核算方法。品种法是产品成本核算方法中最基本的方法。

（1）品种法的成本计算对象

品种法的成本计算对象为产品品种。在实际工作中，可以将成本计算对象确定为产品品种、产品类别、产品规格等。如果企业（或者生产单位）只生产一种产品，成本计算对象就是该种产品，在这种情况下，本月发生的全部产品成本都是直接费用，不存在将产品成本费用在各种产品之间分配的问题。如果生产两种或两种以上的产品，就需要以每种产品作为成本计算对象，分别设置产品成本明细账，发生的直接费用直接记入各产品成本明细账的有关成本项目，间接费用先按发生单位和地点归集，月终再采用适当的分配方法，在各成本计算对象之间进行分配，分别记入各产品成本明细账的有关成本项目内。

（2）品种法的特点

品种法的特点主要表现在以下几个方面：

① 以产品品种作为成本计算对象，并据以设置产品成本明细账归集产品成本费用，计算完工产品成本。

② 成本计算期与会计报告期一致，即按月定期计算产品成本。

③ 月末一般有完工产品和在产品，因而产品成本需要在完工产品和在产品之间进行分配。

④ 以“产品品种”为主要对象进行成本分析。

（3）品种法的适用范围

品种法适合于大量、大批、单步骤生产的企业，如发电业、采掘业。对于大量、大批、多步骤生产类型的企业或车间，如果生产规模较小，或者按流水线组织生产，或者产品生产的全过程是集中封闭式生产，而成本管理上又不要求按照各生产步骤计算产品成本，也可以采用品种法计算产品成本。

2）分批法

分批法是以产品批别作为成本计算对象的一种成本核算方法。在实际工作中，产品的品种和每批产品的批量往往是根据客户的订单确定的，因而按照产品批别计算完工产品成本，往往就是按照订单计算完工产品成本，所以分批法亦称为订单法。

（1）分批法的成本计算对象

分批法的成本计算对象为产品的“批”。分批法是一种广义的成本核算方法，在实际工作中，有“批号”和“批次”的定义，可以将成本计算对象确定为生产批次、产品批号、客户订单等。在小批、单件生产中，产品的种类和每批产品的批量，大多根据购买单位的订单来确定。但是，如果在一张订单中包括几种产品或虽然只有一种产品但其数量较大而且要求分批交货时，企业生产计划部门可将订单中的产品按照品种划分批别组织生产。如果在一张订单中只有一件产品，但其属于大型复杂的产品，价值较大，生产周期较长，也可以按照产品的组成部分分批组织生产。如果在同一时期内，企业接到不同客户要求生产同一产品的几张订单，企业生产计划部门可以将其合为一批组织生产，进行完工产品成本的计算。

（2）分批法的特点

分批法的特点主要表现在以下几个方面：

① 以产品的批次（订单或生产通知单等）为成本计算对象，开设产品成本计算单或设置基本生产成本明细账。

② 产品成本计算期不固定，即成本计算期与生产周期相同，而与会计报告期不一致。

③ 一般不需要计算期末在产品成本，这主要是由成本计算期与产品生产周期一致决定的。

④ 以“产品批别”为主要对象进行成本分析。

（3）分批法的适用范围

分批法适合于单件、小批量生产的企业。这些企业为管理上不要求分步骤计算成本的多步骤生产企业，如船舶制造、飞机制造、重型机械制造、精密仪器制造、服装加工、印刷以及企业新产品的试验或试制、专业修理等企业。

3）分步法

分步法是按照产品的生产步骤归集产品成本费用、计算各步骤半成品和最后产成品成本的一种方法。在这类企业中，产品的生产可以分为若干“生产阶段”或“步骤”。分步法是以产品品种的“生产阶段”和“步骤”作为成本计算对象的一种成本核算方法。

（1）分步法的成本计算对象

分步法的成本计算对象是各产品的“生产阶段”和“步骤”。分步法下的“步”是广义的，在实际工作中有丰富的、灵活多样的具体内涵和应用方式。在实际应用中，分步法成本计算对象可以为车间、工序、特定的生产和加工阶段、部门成本等。在计算产品成本时，应按照产品的生产步骤设立产品成本明细账。如果只生产一种产品，成本计算对象就是该种产品及其所经过的各生产步骤，产品成本明细账应按照产品的生产步骤设立。如果生产多种产品，成本计算对象则是各种产品及其所经过的各生产步骤，应按照每个产品的各个步骤设立产品成本明细账。在计算成本时，应按照生产步骤分产品分配和归集产品成本费用，能直接计入某种产品的，应直接记入该生产步骤产品成本明细账中相应的成本账户；不能直接计入某种产品的，应先在生产步骤中归集，月末再采用适当的分配方法分配计入。

在实际工作中，产品成本计算步骤与实际产品生产步骤的口径有可能一致也可能不一致。我们可以根据成本管理的需要，对于有必要分步骤计算产品成本的生产步骤单独开设生产成本明细账计算成本；对于没有必要分步骤计算产品成本的就将该生产步骤与其他的生产步骤合并统一计算成本。此外，通常情况下，可以将企业的生产车间视为生产步骤。但当企业生产车间的规模很大，生产车间内部又按照生产工段划分生产步骤，而管理上也需要在车间内分步骤计算和考核产品成本时，也可以将生产车间内部的生产工段作为成本计算对象；反之，当企业规模较小，管理上又不要求分车间计算和考核产品成本的，也可以将几个车间合并为一个生产步骤计算产品成本。因此，企业应根据企业自身的具体情况确定成本计算对象。

（2）分步法的特点

分步法的特点主要表现在以下几个方面：

① 以各个加工步骤的各种产品作为成本计算对象，并据以设置基本生产成本明细账。

② 产品成本计算期与会计报告期一致，按月份进行，但与生产周期不一致。

③ 月末一般有完工产品和在产品，因而生产成本需要在完工产品和在产品之间进行分配。

④ 以“产品的步骤或生产车间”为主要对象进行成本分析。

（3）分步法的适用范围

分步法适合于大量、大批、多步骤、多阶段生产，且管理上要求按照生产阶段、步骤或车间计算成本的企业。

业务链接2-2

红旗服装加工厂成本核算方法的选择

红旗服装加工厂主要对外承接服装加工业务，通过签订合同方式完成销售；同时，常年加工四种化工企业工作服，通过市场销往全国各地。红旗服装加工厂对外承接服装加工部分，以签订合同的批别为成本计算对象；常年加工四种化工企业工作服部分，以工作服的品种或四种工作服的生产步骤为成本计算对象。

请选择红旗服装加工厂的成本核算方法。

解析：红旗服装加工厂对外承接服装加工部分，因以签订合同的批别为成本计算对象，所以可以采用分批法核算产品成本；常年加工化工企业工作服部分，因以工作服的品种或四种工作服的生产步骤为成本计算对象，所以可以采用品种法或分步法核算完工产品成本。

2.1.4　产品成本核算辅助方法

1）分类法

分类法是为了适应一些企业产品品种规格繁多，成本核算工作量繁重的情况而设计的一种简化成本核算方法。它的基本特点是：以产品类别为成本计算对象，将产品成本费用先按照产品的类别进行归集，计算各类产品的成本，然后按照一定的分配标准在类内各种产品之间分配，计算各种产品的成本。它主要适用于产品的品种规格多，但每类产品的结构、所用原材料、生产工艺过程基本相同的企业。

2）定额法

定额法是在定额管理基础较好的企业，为了加强产品成本费用和产品成本的定额管理，加强成本控制而采用的成本核算方法。它的基本特点是：以产品的定额成本为基础，加上或减去脱离定额差异以及定额变动差异来计算产品的实际成本。它适用于管理制度比较健全、定额管理基础工作较好、产品生产定型和消耗定额合理且稳定的企业。

3）作业成本法

作业成本法（ABC法）是一种将制造费用等间接费用不按传统的（以车间为费用归集和分配对象）方法归集和分配，而是以“作业”为费用归集和分配对象的方法，它能够更加合理地分配间接费用，使成本的计算更加合理。作业成本的计算思路是：产品消耗作业，作业消耗资源，产品成本应根据其发生的原因汇集到作业，并计算出作业成本，再按产品生产所消耗的作业量，将作业成本计入产品成本。由于它只是间接费用的一种分配方法，因此企业实际上还要结合其他基本核算方法共同使用。

产品成本核算的辅助方法是从基本方法中延伸出来的，这些成本核算方法都不是独立的成本核算方法，在进行成本核算时，必须与三种成本核算的基本方法的某一种结合使用。这些方法与生产类型的特点没有直接的联系，不涉及成本计算对象。它们的应用或者是为了简化成本核算工作，或者是为了加强成本管理，只要具备条件，各种生产类型的企业都可以使用。因此，从计算产品实际成本的角度来说，它们不是必不可少的，这些方法称为成本核算的辅助方法。

2.2 影响成本核算方法选择的因素

学习微平台

资源2-03

为了正确计算产品成本，企业必须根据其生产特点，并考虑成本管理的要求，选择适当的成本核算方法。

2.2.1 生产特点对成本核算方法选择的影响

企业采用什么成本核算方法，在很大程度上是由产品的生产特点即生产类型所决定的，而生产类型不同，对成本管理的要求也不一样。因此，生产特点和管理要求必然对产品成本核算方法的选择产生影响。这一影响主要表现在对成本计算对象、产品成本费用计入产成品成本的程序、成本计算期的确定，以及产品成本在完工产品与在产品之间的分配方法等方面。

1）对成本计算对象的影响

在大量、大批、单步骤的生产中，由于不间断地重复生产同类产品，中间又没有自制半成品存在，因而只能以产品的品种作为成本计算对象来归集产品成本；而在大量、大批、多步骤的生产中，由于各个步骤相对独立地生产半成品，产品成本完全可以按产品的生产步骤归集，因而可以将各个加工步骤的产品作为成本计算对象，以计算各步骤半成品（最后步骤为产成品）的成本；至于单件或小批量生产，由于产品是以客户的订单或批别组织生产，因而决定了可以产品的订单或批别作为成本计算对象，以某订单或批别来归集产品成本，以计算各订单或各批别的产成品总成本。

2）对产品成本费用计入产成品成本程序的影响

产品成本费用计入产成品成本程序，是指产品生产过程中发生的各种耗费，经过一系列的归集与分配，最后汇总成产成品成本的步骤和方法。

在单件生产的情况下，成本计算对象就是该件产品，因而生产该产品所发生的全部产品成本费用都可以直接计入该产成品成本。在分批生产的情况下，由于产品批别较多，产品生产所发生的产品成本费用，若能确定是为生产某一批产品而发生的，则直接计入该批产品成本；若不能直接计入，则需要按一定标准分配计入各有关批别产品成本。在大量、多步骤生产的情况下，产品成本费用计入产品成本的程序比较复杂。如果是分步骤计算半成品成本，则各步骤生产中发生的产品成本费用除了分别归集到各步骤产品中之外，还要将上一步骤归集的半成品成本随着半成品实物的转移而逐步结转到下一步骤的产品成本中，直至累计到最后步骤，成为完工产品的成本。如果不需要计算各步骤半成品成本，则各生产步骤仅归集本步骤产品生产所发生的产品成本费用，并计算出由产成品负担的份额，最后组合成完工产品的成本。

3）对成本计算期的影响

成本计算期，是指产品成本费用计入产品成本所规定的起止时期。

在大量、大批生产的情况下，由于产品生产不间断进行，在会计分期的原则下，只能按月定期计算产品成本，以满足分期计算损益的需要，所以成本计算期与会计报告期一致。

在小批或单件生产的情况下，各批产品的生产周期往往不同，而且批量小，生产不重复或重复少，这样宜按照各批产品的生产周期计算产品成本，这使得成本计算期与产品的生产周期一致，但与会计报告期不同。

4）对产品成本在完工产品与在产品之间分配方法的影响

在大量、大批生产的情况下，由于成本计算期与产品的生产周期不一致，月末一般会有在产品存在，因而要将产品的生产成本采用适当的方法在完工产品与月末在产品之间分配。

在单件或小批量生产的情况下，由于成本计算期与产品的生产周期一致，什么时候产品完工，什么时候计算完工产品的成本，因而在每个报告期末一般不需要将产品成本在完工产品与在产品之间分配。

2.2.2 管理要求对成本核算方法选择的影响

成本核算方法主要受企业生产特点的制约，但并不完全服从于生产特点。企业对成本管理的不同要求，对成本核算方法（主要是成本计算对象）的确定也会产生影响。如在大量、大批、多步骤生产的企业，由于产品生产过程可以间断，并可分散在不同地点进行生产，这样客观上具备了按生产步骤计算半成品成本的条件。如果企业管理上要求分步骤计算各步骤所产产品的成本，以提供半成品成本资料，那么成本计算对象就可确定为各加工步骤的半成品和最后步骤的产成品；但如果管理上不要求提供半成品的成本，各车间也不进行独立核算，那么尽管这种生产具备了按步骤计算产品成本的条件，也不以各步骤的半成品作为成本计算对象，而以最终产成品作为成本计算对象。

单步骤生产或多步骤生产的企业，管理上不要求分步骤计算成本，以品种或批别为成本计算对象，归集和计算完工产品成本，适用品种法或分批法。

多步骤生产的企业，管理上要求分步骤计算半成品成本，以生产步骤为成本计算对象，归集和计算完工产品成本，适用分步法。

在产品品种、规格繁多的企业，管理上要求尽快提供成本资料，为简化成本核算工作，可对产品按一定标准进行分类，以产品类别为成本计算对象，归集和计算完工产品成本，适用分类法。

在定额管理基础较好的企业，为加强定额管理工作，可采用定额法进行成本核算。

制造企业可以根据自身经营管理的特点和条件，利用现代信息技术，采用作业成本法对不能直接归属于成本计算对象的成本进行归集和分配。

业务链接2-3

红旗服装加工厂成本核算方法的确定

红旗服装加工厂主要对外承接服装加工业务，通过签订合同方式完成销售；同时，常年加工四种化工企业工作服，通过市场销往全国各地。红旗服装加工厂实行集中核算制，因服装在生产过程中不存在半成品具有独立经济意义的情况，所以不核算半成品，不设半成品库。

请确定红旗服装加工厂的成本核算方法。

解析： 红旗服装加工厂对外承接服装加工部分，以签订合同的批别为成本计算对象，应该采用分批法核算产品成本，以服装加工期为成本计算期，月末一般不存在完工产品与在产品之间分配费用的问题，待产品完工时结转成本并交货；常年加工化工企业工作服部分，可以以工作服的品种或工作服的生产步骤为成本计算对象，但本企业管理上不要求核算半成品成本，所以以工作服的品种为成本计算对象，应该采用品种法核算产品成本，以会计期（月份）为成本计算期，月末一般存在完工产品与在产品之间分配费用的问题，计算结转完工产品成本。

2.2.3　选择适当的成本核算方法

不同的制造企业在产品生产过程中，存在不同的生产组织方式、不同的生产工艺特点、不同的成本管理要求，因而可以采用不同的产品成本核算方法。我国制造企业的产品成本计算基本方法主要有品种法、分批法、分步法，辅助方法有分类法、定额法、作业成本法等。企业在选择成本核算方法时需要考虑生产特点和管理要求两个因素。

确定恰当的成本计算对象，选择适当的成本核算方法，不是一件容易的事。因为企业的规模、生产组织形式和技术特点不同，成本计算对象也会不一样。例如，有的企业只生产最终的产成品，而有的企业除生产最终的产成品外，还生产各种各样的半成品。有的企业是采用大批量生产，而有的企业是采用小批量生产，甚至是单件生产等。如果企业的产品不是分批生产，且只有一个步骤，一般可以直接以产品品种为成本计算对象，即品种法。如果产品生产是以按批生产为主，则以批次作为成本计算对象，即分批法。如果产品生产要分成若干个步骤，中间有半成品，并且产品是连续不断地大量生产或大批量生产，则以每个步骤的半成品和最终产品为成本计算对象，即分步法。

我们知道，不同的企业，其生产过程有不同的特点，成本管理的要求也是不一样的，这给成本核算的具体方法选择造成了很大影响。也就是说，只有根据企业生产的特点和成本管理的不同要求，选择不同的成本核算方法，才能正确地计算产品成本。

同步思考2-1

资料： 红旗服装加工厂常年加工四种化工企业工作服，通过市场销往全国各地。该厂设有裁剪、缝纫、熨烫整理三个基本生产车间，一个机修辅助车间。因服装在生产过程中半成品不具有独立经济意义，所以不核算半成品，不设半成品库。企业可以以工作服的品种或工作服的生产步骤为成本计算对象，采用品种法或分步法核算，而企业采用了品种法核算。

问题： 企业为什么采用品种法核算？运用影响成本核算方法选择的因素理论回答。

理解要点： 企业成本核算方法的选择要考虑两个因素，即产品的生产特点和成本管理的要求。

根据加工四种化工企业工作服的生产特点，可以以工作服的品种或四种工作服的生产步骤为成本计算对象，采用品种法或分步法核算。但根据企业的管理要求，服装在生产过程中半成品不具有独立经济意义，所以不核算半成品。在这种情况下，企业没有必要再以四种工作服的生产步骤为成本计算对象，而应直接以工作服的品种为计算对象就能满足要求。所以，综合两个因素，企业采用品种法核算产品成本。

互动专栏2-1

互动问题：

（1）同一个车间是否可以同时选用两种成本核算基本方法？

（2）对于成本核算方法的选择，生产特点和管理要求哪一个因素起决定性作用？

要求： 同“互动专栏1-1”的“要求”。

2.3　产品成本核算的原则与要求

产品成本实质上是产品生产过程中的各种劳动耗费和补偿价值，是企业生产经营管理工作水平的综合反映，同时又是确定产品价格的基础，从而决定了成本核算的严肃性和规范性。

2.3.1　产品成本核算的原则

成本核算原则是进行成本核算应当遵循的规范，是人们在成本核算实践中总结的经验，并把感性认识上升为理性认识而逐渐形成的，是成本核算方法的基础和依据。

1）实际成本核算原则

实际成本核算原则亦称历史成本计价原则，主要包含三个方面的含义：第一，对生产所耗用的原材料、燃料和动力等都要按实际成本计价；第二，对固定资产折旧必须按原始价值和规定使用年限计算；第三，对产成品成本要按实际成本计价。“原材料”“库存商品”账户及其明细账也可按计划成本计价，对于实际成本与计划成本之间的差额，另设“材料成本差异”“产品成本差异”账户登记，并按规定定期结转成本差异。

2）成本分期核算原则

企业生产经营活动是连续不断进行的，为了取得一定期间所生产产品的成本，企业必须将其生产经营活动划分为若干相等的成本计价期间，分别计算各期产品的成本。

3）合法性原则

合法性原则是指计入产品成本的费用必须符合国家法律、法规和制度的规定。例如，国家规定的产品成本开支范围是企业计算产品成本的重要依据，凡不符合规定的费用，就不能计入产品成本。

4）可靠性原则

可靠性原则包括真实性和可核实性两个方面的内容。真实性是指核算出的成本数据与客观的经济事项相一致，没有任何掺假或人为提高、降低成本的成分；可核实性则是指同一成本核算资料按一定原则由不同成本会计人员计算，得出的结果应该相同。

5）权责发生制原则

从成本核算角度看，权责发生制是确定本期成本的基础。这一原则的运用，要求正确处理当期费用和以后各期费用，不能利用费用摊销人为地调整成本，必须按此原则结转成本。

6）一致性原则

企业在进行成本核算时，一般应根据企业生产的特点和管理的要求，选择不同的成本核算方法。产品成本核算方法一经确定，没有特殊的情况，不应经常变动，以便于各期计算出来的成本资料进行比较。如情况特殊确需改变原有成本核算方法的，应在有关的财务会计报告中加以说明，并对对比的原成本信息中的有关数字进行必要的调整。

7）重要性原则

在进行成本核算时，要考虑成本核算所耗的劳动与取得效益之间的关系。一些主要产品、主要费用应采用比较详细的方法进行分配和计算，而一些次要的产品和费用，则应采用简化的方法进行合并计算和分配，不能不分主次，影响成本核算的及时性和降低成本核算效益。

2.3.2　产品成本核算的要求

1）对生产经营费用进行合理分类

企业在生产经营过程中发生的各项耗费，称为生产经营费用，包括产品成本费用和期间费用。为了便于合理地确认和计量成本费用，正确地计算产品成本，应恰当地对生产经营费用进行合理的分类。

（1）生产经营费用按经济内容（或要素）分类

生产经营费用按经济内容（或要素）划分，可分为劳动对象消耗的费用、劳动手段消耗的费用和活劳动中必要劳动消耗的费用（或构成成本的活劳动费用），这构成工业企业费用的三大要素，具体由以下八个项目组成：

① 外购材料：企业耗用的从企业外部购入的原材料及主要材料、半成品、辅助材料、包装物、修理用备件和低值易耗品等。

② 外购燃料：企业耗用的从企业外部购入的各种燃料，包括固体燃料、液体燃料和气体燃料。

③ 外购动力：企业耗用的从企业外部购入的各种动力，包括热力、电力和蒸汽等。

④ 职工薪酬：企业应计入生产经营费用的职工工资，以及企业按照工资总额的一定比例计提并计入的各项费用。

⑤ 固定资产折旧费、修理费：企业所控制的固定资产按照使用情况计提的折旧费和保证固定资产运行的修理费。

⑥ 利息支出：企业计入期间费用的负债利息净支出（即利息支出减利息收入后的余额）。

⑦ 税费：企业计入成本费用的各种税费，如印花税、房产税、车船税和城镇土地使用税等。

⑧ 其他费用：不属于以上各项费用要素的其他费用，如办公费、差旅费等。

生产经营费用按经济内容分类，是企业花钱买了物品回来，将这些物品进行分类，相当于企业的投入。

（2）生产经营费用按经济用途分类

生产经营费用按经济用途划分，可分为应计入产品成本的费用和不应计入产品成本的费用两大类。

应计入产品成本的费用称为产品成本费用，是指企业在生产产品过程中所发生的材料费用、职工薪酬等，以及不能直接计入而按一定标准分配计入的各种间接费用。对于应计入产品成本的费用，应再进一步划分为直接费用和间接费用。直接费用包括直接材料、直接人工、燃料和动力以及其他直接费用；间接费用指制造费用。这些项目作为产品成本构成内容，在会计上称为成本项目。

对于成本项目的设置，企业应根据生产特点和管理要求进行。在进行成本核算过程中，一般应设置以下成本项目：

① 直接材料，是指直接用于产品生产，构成产品实体的原料以及有助于产品形成的主要材料和辅助材料。

② 直接人工，是指直接从事产品生产工人的职工薪酬。

③ 燃料和动力，是指直接用于产品生产的燃料和动力。

④ 制造费用，是指企业为生产产品和提供劳务而发生的各项间接费用，包括企业生产部门（如生产车间）发生的水电费、固定资产折旧、无形资产摊销、管理人员的职工薪酬、劳动保护费、国家规定的有关环保费用、季节性和修理期间的停工损失等。

企业应当根据生产经营特点和管理要求，按照成本的经济用途和生产要素内容相结合的原则或者成本性态等设置成本项目；还可以按照现代企业多维度、多层次的成本管理要求，利用现代信息技术对有关成本项目进行组合，输出有关成本信息。

不应计入产品成本的费用称为期间费用。对于不应计入产品成本的费用，再进一步划分为管理费用、财务费用和销售费用，这些费用不能计入产品成本，由当期损益负担。其主要包括：行政管理部门为组织和管理生产经营活动而发生的管理费用；为筹集资金而发生的财务费用；为销售商品而发生的销售费用。

生产经营费用按经济用途分类，是企业花钱买了物品回来后都分给了哪些部门，将这些物品进行归属，相当于企业的产出。

（3）产品成本费用的其他分类

企业发生的产品成本费用，还有以下两种分类：

① 产品成本费用按与生产工艺的关系分类。计入产品成本的各项产品成本费用，按与生产工艺的关系，可分为直接产品成本费用和间接产品成本费用。直接产品成本费用是指由于生产工艺本身引起的、直接用于产品生产的各项费用，如材料费用、生产工人工资和机器设备折旧费等。间接产品成本费用是指与生产工艺没有联系，间接用于产品生产的各项费用，如机物料消耗、辅助车间工人工资和车间厂房折旧费等。

② 产品成本费用按计入产品成本的方法分类。计入产品成本的各项产品成本费用，按计入产品成本的方法不同，可分为直接计入费用（一般称为直接费用）和间接计入（或称分配计入）费用（一般称为间接费用）。直接计入费用是指可以分清由哪种产品所耗用、可以直接计入某种产品成本的费用。间接计入费

用是指不能分清由哪种产品所耗用、不能直接计入某种产品成本，而必须按照一定标准分配计入有关的各种产品成本的费用。

业务链接2-4

恒利制药厂产品成本费用的确定

恒利制药厂期末材料汇总表显示，基本生产车间领用淀粉18 000元，磺胺类化工原料20 000元，工人领用工作服800元，工人领用老虎钳200元；期末工资汇总表显示，基本生产车间工人工资120 000元，车间技术人员工资20 000元，车间主任工资8 000元；另外，车间排污不符合环保要求，支付环保罚款2 000元，生产工人违纪收缴罚款500元。

请计算恒利制药厂本月产品成本费用（料、工、费）。

解析： 恒利制药厂本月产品成本费用为187 000元（18 000+20 000+800+200+120 000+20 000+8 000），产品成本费用各成本项目中直接材料38 000元（18 000+20 000）、直接人工120 000元、制造费用29 000元（800+200+20 000+8 000）。支付环保罚款和收缴违纪罚款不属于成本费用范围。

2）正确划分各种费用界限

（1）正确划分支出是否计入生产经营费用界限

企业的经济活动是多方面的，企业发生的支出也是多方面的，有的用于生产经营活动，有的用于生产经营以外的活动。

企业用于产品生产和销售、用于组织和管理生产经营活动以及用于筹集生产经营资金的各种费用，即收益性支出，包括：①产品生产过程中实际消耗的原材料、辅助材料、修理用备件、外购半成品、燃料、动力、包装物等。②企业直接从事产品生产的生产人员工资以及各种社会保险费用及住房公积金等；生产部门使用的低值易耗品摊销、固定资产折旧费、租赁费、修理费。③生产部门发生的停工损失、废品损失等；生产部门为组织、管理生产活动所发生的各项间接支出。④企业为销售产品发生的销售费用，管理部门组织和管理生产经营活动所发生的管理费用，企业为筹集资金发生的财务费用等。这些支出应计入生产经营费用。

对于资本性支出或不是由于企业日常生产经营活动而发生的费用支出，如企业购建固定资产、无形资产和其他资产的支出，对外投资的支出，固定资产盘亏和清理损失，非正常原因的停工损失和自然灾害损失，被没收的财物损失，支付的滞纳金、违约金、罚款以及企业的赞助支出、股利分配等，都不应计入生产经营费用。企业应严格遵守成本费用开支范围，执行国家相关规定。

如果把资本性支出列作收益性支出，其结果将会导致企业少计了资产价值，多计了当期费用，导致当期营业净收益减少；反之，则可能多计了资产价值，少计了当期费用，导致当期营业净收益增加。不论是何种情况，所提供的会计信息都未能反映客观实际，不利于正确进行产品成本核算和企业的成本管理工作。

课程思政 2-1

调整成本费用，套现发奖金

背景与情境： 甲车辆段隶属中国铁路沈阳局集团有限公司，主要承担铁路车辆检测和修理任务，20××年12月份发生以下事项：(1) 以空调客车调试工费名义虚开税务发票5.4万元，列入客车整备费用中，从而套取现金用于发放奖金；(2) 未将发生的超运车检修材料费4.1万元列入当期成本费用，在“预收账款——超运车检修费”科目挂账；(3) 该段有12项固定资产被封存，固定资产原值为250.22万元，12月份这部分固定资产没有提取折旧（如果提取，折旧费用为0.42万元）；(4) 供给该段多种经处理废油273吨，应收取废油成本5.46万元冲减主营业务成本，实际未冲减，收取的现金用于发放奖金。审计部门查账时，领导以不了解详细工作为由，强调会计人员业务不精，才造成这样的局面。

问题： 以上问题的处理都不正确吗？若不正确，违反了哪项规定？领导的解释和会计人员的行为有违职业道德与会计伦理吗？

研判提示： 以上问题的处理都不正确。以上行为违反了《会计法》第九条“各单位必须根据实际发生的经济业务事项进行会计核算，填制会计凭证，登记会计账簿，编制财务会计报告。任何单位不得以虚假的经济业务事项或者资料进行会计核算”的规定；违反了《会计法》第二十六条关于不得“随意改变费用、成本的确认标准或者计量方法，虚列、多列、不列或者少列费用、成本”的规定；违反了《会计法》第四条关于“单位负责人对本单位的会计工作和会计资料的真实性、完整性负责”的规定。

领导的解释和财会人员的行为，严重违背了职业道德与会计伦理，也有违党的“二十大”报告中提出的关于“明大德、守公德、严私德”的公民道德建设要求。企业领导推卸责任；财会人员进行成本核算时，不能如实反映企业成本费用，应计入成本费用的不计，而且巧立名目，套现发奖。

(2) 正确划分产品成本费用和期间费用界限

企业发生的生产经营支出，一部分构成产品成本，一部分列入期间费用。在工业企业中，生产一定种类和数量的产品而发生的材料耗费、人工费、燃料和动力费、制造费用等生产性支出，都计入产品的成本，而产品成本要在产成品出售后转入当期损益。企业为销售产品而发生的销售费用、为管理和组织企业生产经营活动而发生的管理费用，以及为筹集资金而发生的财务费用均是在经营过程中发生的，与产品生产无直接关系，因而作为期间费用，直接计入当期损益。为了正确计算产品成本，必须分清哪些支出属于产品的成本费用，哪些应作为期间费用，防止混淆两者的界限，将某些期间费用计入产品成本，或者将产品的成本费用计入期间费用，借以调节各期产品成本和各期损益。

(3) 正确划分各个会计期间的产品成本费用界限

企业在生产过程中发生的产品成本费用，有的应计入当期的产品成本，有的应计入以后各期产品的成本。为了按月分析和考核产品成本，正确计算各期的损益，必须将已经发生的支出在各个月份之间进行正确的划分，防止出现任意列支成本、人为调节各个期间成本的现象。

（4）正确划分不同产品的产品成本费用界限

为了便于分析和考核不同产品的成本计划执行情况，对于计入产品成本的费用，必须划清不同产品之间所应负担成本的界限。属于某种产品单独耗用的资源，应直接计入该种产品的成本；属于应由几种产品共同耗用的资源，应选择合理的分配方法分配后，分别计入这几种产品的成本，以正确反映各种产品的成本水平。

（5）正确划分完工产品和在产品的费用界限

通过以上几种成本界限的划分，确定了各成本计算对象本期应负担的成本。期末，如果某种产品部分完工、部分未完工，就需要采用适当的分配方法，将该成本计算对象应负担的成本在完工产品与在产品之间进行分配，分别计算出该产品的完工产品成本与未完工产品成本。

各种费用界限的划分，应贯彻受益原则，即谁受益谁负担成本，何时受益何时负担成本，负担成本多少应与受益程度大小成正比。

业务链接2-5

协和玻璃器皿厂产品原材料耗费的确定

协和玻璃器皿厂共生产四种玻璃器皿，期末原材料汇总表显示四种产品领用原材料100 000元，按消耗定额标准分配后，四种产品领用原材料分别为26 000元、22 000元、26 800元和25 200元；期末产品成本计算单显示四种完工玻璃器皿耗用原材料分别为18 000元、20 000元、20 800元和20 200元，四种在产品耗用原材料分别为8 000元、2 000元、6 000元和5 000元。

请确定四种完工玻璃器皿的原材料耗费确定程序。

解析： 第一，将企业领用的生产用原材料确认为成本费用范畴中的产品成本费用；第二，企业领用的生产用原材料为本期使用；第三，企业领用的生产用原材料为四种产品共用，采用消耗定额标准分配后，计算出每种玻璃器皿的原材料耗费；第四，将计算出的每种玻璃器皿的原材料耗费在完工产品与在产品之间分配，得出四种完工玻璃器皿的原材料耗费。

课程思政2-2

年终决算之判

背景与情境： 江南机床制造厂是有限责任公司。在年终财务决算会议上，财务负责人提出以下调账事宜：将企业为生产车间购买一台1.2万元的电脑服务器已计入企业固定资产，调成车间制造费用计入成本；将一部分管理人员的奖金已计入管理费，调成车间管理费用；将车间在产品成本除材料外一律计入完工入库产品成本，调成已销售产品的成本。这样就在合理的范围内增加了企业的产品成本，达到了调整利润的目的，而且报表是真实的。成本核算员小张认为第一笔调账不合规，原账是正确的；第二、三笔在合规范围内，可以调整。

问题：

（1）本案例中财务负责人和小张谁是正确的？本案例中存在哪些思政问题？

（2）对财务负责人的三笔调账作出你的思政研判。

（3）通过适当途径搜集你作思政研判所依据的相关规范。

（4）本案例对你有哪些启示？

研判提示：

（1）本案例中财务负责人和小张都不正确，违背了成本核算必须正确划分各种费用界限的要求，存在既违法违规，又背离会计职业道德等思政问题。

（2）本案例中的调账，需要研判的有三点：其一，成本核算要求必须正确划分各种费用界限，小张反对财务负责人第一笔调账是正确的，但认可第二、三笔调账是错误的；其二，年终财务决算会议上的三笔调账，随意改变前期会计核算方法，使其增加成本、降低利润，减少企业所得税，达到逃税目的，这是会计法和税法明令禁止的行为，一旦实施，企业和会计人员都要承担法律责任；其三，本案例有计划、有针对性的三笔调账，既违背了《会计基础工作规范》《会计法》相关规定，也违背了会计职业道德。

（3）搜集到的思政研判依据如下：

①研判（1）和（2）中提及的“违法违规”依据有四：

A.成本核算要求必须正确划分各种费用界限，包括正确划分支出是否计入生产经营费用界限、正确划分产品成本费用和期间费用界限、正确划分各个会计期间的产品成本费用界限、正确划分不同产品的产品成本费用界限、正确划分完工产品和在产品的费用界限。本案例中的调账行为，没有分清各项费用的界限：第一笔调账从业务上看，混淆了应计入生产经营费用和不应计入生产经营费用的界限，1.2万元电脑服务器即便调入车间还应该作为固定资产管理，以累计折旧方式计入“制造费用”，不能改变核算方法直接计入制造费用，直接计入制造费用后调增了企业当期产品成本，达到避税的目的；第二笔调账是将管理费用调成制造费用，混淆了应计入产品成本和不应计入产品成本的界限，降低管理费用，规避管理费用超支缴纳企业所得税的风险；第三笔调账是全部成本，除材料外，均由完工产品承担，混淆完工产品成本和在产品成本的费用界限，从而提高已销产品成本，达到减少利润的目的。财务负责人的这三笔调账行为常见，但反映出理论不扎实、技能不精湛，并违反了国家法规和会计职业道德。

B.《会计法》第二章第十八条规定：各单位采用的会计处理方法，前后各期应当一致，不得随意变更；确有必要变更的，应当按照国家统一的会计制度的规定变更；第三章第二十六条规定：公司、企业进行会计核算不得有下列行为：……（三）随意改变费用、成本的确认标准或者计量方法，虚列、多列、不列或者少列费用、成本；……第六章第四十二条对“随意变更会计处理方法”的行为，由县级以上人民政府财政部门责令限期改正，可以对单位并处三千元以上五万元以下的罚款；对其直接负责的主管人员和其他直接责任人员，可以处二千元以上二万元以下的罚款；属于国家工作人员的，还应当由其所在单位或者有关单位依法给予行政处分（征求意见稿的处罚力度加大很多）；构成犯罪的，依法追究刑事责任。企业调账行为，是任意改变企业前期已确定并实施的会计处理方法，违反了国家《会计法》的相关规定。

C.《中华人民共和国税收征收管理法》第六十三条对偷税和偷税处罚作出的规定，适用于本案例；同时，《中华人民共和国刑法》第二百零一条对逃税罪也作了相关规定。

D.《会计基础工作规范》第十八条规定：会计人员应当热爱本职工作，努力钻研业务，使自己的知识和技能适应所从事工作的要求；第二十条规定：会计人员应当按照会计法律、法规和国家统一会计制度规定的程序和要求进行会计工作，保证所提供的会计信息合法、真实、准确、及时、完整；第三十八条规定：各单位的会计核算应当以实际发生的经济业务为依据，按照规定的会计处理方法进行，保证会计指标的口径一致、相互可比和会计处理方法的前后各期相一致。

②研判中提及的“背离会计职业道德”行为，至少违背了“职业良心”和“职业守则”，违背了会计职业道德中“诚实守信”“坚持准则”“提高技能”等行业规范：“职业良心”要求会计人员在履行职业义务时具有强烈的道德责任感和较高的自我评价能力；“职业守则”要求会计人员爱岗敬业、诚实守信、廉洁自律、客观公正、坚持准则、提高技能、参与管理、强化服务；“诚实守信”要求会计人员做老实人，说老实话，办老实事，执业谨慎，信誉至上，不为利益所诱惑，不弄虚作假，不泄露秘密；“坚持准则”要求会计人员熟悉国家法律、法规和国家统一的会计制度，始终坚持按法律、法规和国家统一的会计制度要求进行会计核算，实施会计监督；“提高技能”要求会计人员增强提高专业技能的自觉性和紧迫感，勤学苦练，刻苦钻研，不断进取，提高业务水平。

（4）本案例对我的启示有四：①从事会计行业工作，必须增强提高专业技能的自觉性和紧迫感，不断提高业务水平；②掌握国家相关法律法规，不能为企业一己之私违法违规进行调账，不做违法的事情；③合理避税是国家法律法规允许的，但必须合法合规，不能随意调账；④身为会计专业的学生，要刻苦钻研专业知识，勤学苦练专业技能，自觉加强职业道德修养，为将来就业实现岗位“零距离对接”打下基础。

3）正确确定财产物资的计价与价值结转方法

（1）直接消耗物资的计价与价值结转

直接消耗的物资主要是企业在生产经营过程中耗用的原材料、辅助材料、燃料、包装物等。对这些物资可以采用实际成本计价，也可以采用计划成本计价。采用实际成本计价时，对消耗物资的价值应当采用先进先出法、加权平均法、个别计价法等方法进行计量和确认，并将确认的物资消耗价值结转计入当期的成本费用。采用计划成本计价时，对消耗物资的价值先按事先确定的计划成本计入当期的成本费用，到月末再确认消耗物资应负担的材料成本差异，据以将计入当期成本费用的消耗物资的计划成本调整为实际成本。

（2）间接消耗物资的计价与价值结转

间接消耗的物资主要是为企业生产经营服务的劳动资料及其他长期资产，如固定资产、无形资产等。对间接消耗物资的计价，包括初始价值计价及磨损价值计价。初始价值通常以历史成本原则计价，即按取得这些物资时所发生的实际支出作为入账价值；磨损价值则依据国家有关规定结合企业实际情况确定计价方法。

无论是直接消耗物资还是间接消耗物资，都必须正确确定计价方法和价值结转方法，做到既合理又简便。企业对消耗物资的计价和价值结转方法属于企业的会计政策，一旦确定不得随意变更，更不能利用任意改变财产物资的计价和价值结转方法来调节成本费用。

4）做好成本核算基础工作

为了保证成本费用核算的正确，以便加强成本费用的管理，提供真实可靠的成本会计信息，必须做好成本核算的基础工作。

（1）健全原始记录

健全的原始记录包括材料物资购进、验收、领用与消耗的记录，燃料和动力费用的发生与分配记录，人工费用的发生与分配记录，辅助产品成本费用的发生与分配记录，制造费用的发生与分配记录，工时消耗记录，半成品转移记录，产品质量检验记录，废品发生与分配记录，产品入库记录，在产品盘存记录等。

企业需要制定原始记录制度，确定原始记录的责任人员，明确记录人员的岗位职责，规范原始记录的传递程序和传递时限，保证原始记录真实、可靠、正确、及时。

课程思政2-3

王强的工作观点

背景与情境：2020年，王强大学毕业后应聘到一家企业从事出纳工作，他意气风发，决心靠自己的努力有一番作为。4月，王强在办理报销工作中，发现采购科送来报销的3张由购货方开具的发票有更改现象，其中2张发票分别更改了数量和用途，另外1张发票更改了金额，3张发票的更改处均盖有本公司采购科的业务印章。王强犹豫了一下，但考虑到3张发票已经公司总经理、财务科长签字同意，最后均予以报销。月末，在财务工作会议上，王强提到，《中华人民共和国会计法》规定了公司领导对单位会计信息的真实性负责，作为一般会计人员应该服从领导的安排，领导让干啥就干啥，公司的一些业务也没有必要去问个明白，领导签字同意就给报销，只要两袖清风，不贪不占，就能把会计工作做好。

问题：王强对3张更改的发票予以报销的做法是否符合规定？从会计职业道

德角度看，王强在财务工作会议上的观点是否正确？简要说明理由。

研判提示： 王强对3张更改的发票予以报销的做法不符合规定。健全的原始记录包括材料物资购进凭证的真实、完整。会计制度规定：原始凭证所记载的各项内容均不得涂改；原始凭证记载的内容有错误的，应当由开具单位重开或更正，更正工作须由原始凭证出具单位进行，并在更正处加盖出具单位印章，对更改了金额的发票应予以退回，应当由出具单位重开。

王强在财务工作会议上的观点不正确，不符合“坚持准则”的会计职业道德规范。会计职业道德要求会计人员“坚持准则”，始终坚持按法律、法规和国家统一的会计制度的要求进行会计核算，实施会计监督。

（2）强化定额管理

工业企业制定的定额主要有生产工时定额、产品产量定额、材料单耗定额、费用开支定额、资金管理定额等。定额的制定要体现先进性、科学性、可控性、可行性的要求，并根据企业生产经营条件的变动、经营管理水平的提高、生产工艺技术的改进，适时进行修订，真正起到定额的作用。

（3）严格计量验收

严格的计量验收制度应当包括计量器具的配置、检测和校正制度，财产物资的出入库手续制度，有关责任人员的岗位责任制度及财产物资的清查制度等。

（4）实施内部结算

对企业内部各单位、各部门之间发生财产物资的转移和劳务的供应等，可以在合理确定内部结算价格的基础上，进行内部结算，计算内部各单位、各部门的经营业绩。采取内部结算方式，可以方便成本费用的核算工作，但由于内部结算价格背离了材料、物资、劳务的实际成本，必须在月末采用一定的方法，对内部结算价格与实际成本之间的差异进行调整，保证产品成本和期间费用核算的正确性。

（5）适应生产特点和管理要求，采用适当成本核算方法

企业在进行成本核算时，应根据本企业的具体情况，选择适合于本企业特点的成本核算方法进行成本核算。成本核算方法的选择，应同时考虑企业生产类型的特点和管理要求两个方面。在同一企业里，可以采用一种成本核算方法，也可以采用多种成本核算方法，即多种成本核算方法同时使用或多种成本核算方法结合使用。成本核算方法一经选定，一般不得随意变更。

同步思考2-2

资料： 小华根据自己的特长，完成学业后进行自主创业，筹资24万元（贷款20万元，贷款利率6%，自筹资金4万元），在某大学附近开办一家学习用品加工厂，房屋投资21万元，设备年租金3 840元，然后到市场监督管理部门申办了个体工商户营业执照，开始正式营业。经营之初，商店雇用1名工人（月工资1 500元），经过1个月的生产经营，学习用品直接材料成本5 000元，获得

销售收入8 400元，同时支付进货费用100元，缴纳市场管理费200元、增值税252元，并支付商店雇员的工资。小华一算账，认为自己盈利280元，初战有点成绩，又不放心自己的计算，找来做会计的朋友小张再算一算，结果亏损70元。

问题：小店为什么由盈利变成了亏损？运用成本核算要求的理论回答。

理解要点：

（1）小华的计算为：8 400−5 000=3 400（元），这是毛利，再扣除相关经营费用即为利润，最终盈利280元。

相关经营费用包括雇员工资1 500元，利息1 000元（200 000×6%÷12），进货费用100元，管理费200元，月租金320元，则利润为280元（3 400−1 500−1 000−100−200−320）。

（2）小张的计算为：8 400元为收入，再扣除相关成本费用和其他支出即为利润，最终亏损70元。

房屋投资21万元属于资本性投资，购买了长期资产，不属于成本费用范畴，但该项投资需要在受益期内，按财产物资的计价与价值结转的方法进行结转，即按国家要求房屋使用50年，采用平均年限法计提折旧，月折旧额为350元（210 000÷50÷12），因折旧计提没有原始凭证，需要会计人员做会计记录，这是成本核算基础工作。另外，5 000元为直接原材料成本；1 500元为人工费用；100元为进货费用，属于购买原材料费用，计入原材料采购成本，为产品成本费用；320元为设备月租金，属于制造费用，计入产品成本；200元为缴纳市场管理费，属于管理费用；1 000元（200 000×6%÷12）为贷款利息，属于财务费用；252元为增值税，属于价外税金，不计入成本费用。总计生产经营费用为8 470元（350+5 000+1 500+100+320+200+1 000），利润为−70元（8 400−8 470），即亏损70元。

同步案例2-1

山地自行车厂应该招聘哪位做成本会计

背景与情境：山地自行车厂由于业务拓展成立了分厂，需要招聘成本会计，在业务考核中给出了5月份发生的各项支出，要求应聘人员按自己的理解给出答案。5月份领用材料汇总表显示：钢管50 000元，自行车外胎10 000元，自行车里胎5 000元，自行车外圈2 000元，自行车车轴15 000元，自行车车条2 000元，油漆1 000元，其他配件2 000元。5月份动力汇总表显示：车间用电费3 000元，厂部用电费800元。5月份工资汇总表显示：生产工人工资80 000元，车间技术员及车间领导工资10 000元，厂长等行政管理人员工资30 000元。其他发票显示：贷款200 000元购买设备已经安装使用，外聘厂外机修员修理机器费用500元。银行计息单据显示：设备款贷款当月利息1 000元。会计人员会计记录显示：生产设备折旧费10 000元，行政管理办公楼折旧费2 000元。生产自行车当月投产至月末时，完工产品成本占产品成本费用的90%，未完工产品成本占产品成本费用的10%。

应聘人员得出以下三种结果：

①外购材料87 000元，外购动力3 800元，职工薪酬120 000元，折旧费12 000元，修理费500元，利息支出1 000元。成本费用合计224 300元。

②产品成本费用191 300元，其中直接材料90 800元（50 000+10 000+5 000+2 000+15 000+2 000+1 000+2 000+3 000+800），直接人工80 000元，制造费用20 500元（10 000+10 000+500）。期间费用33 000元，其中管理费用32 000元（30 000+2 000），财务费用1 000元。完工产品成本191 300元。

③产品成本费用191 300元，其中直接材料90 800元（50 000+10 000+5 000+2 000+15 000+2 000+1 000+2 000+3 000+800），直接人工80 000元，制造费用20 500元（10 000+10 000+500）。期间费用33 000元，其中管理费用32 000元（30 000+2 000），财务费用1 000元。完工产品成本172 170元，在产品成本19 130元。

问题：如何贯彻执行成本核算要求？三种结果哪一种正确？为什么？应招聘哪位做成本会计？

分析提示：成本核算要求包括对企业生产经营费用进行正确分类，正确划分各种费用界限，正确确定财产物资的计价与价值结转的方法，做好成本核算的基础工作，选择适当的成本核算方法等。当企业发生生产经营活动支出时，按照成本核算要求，第一，确认企业的支出是否为生产经营费用范畴；第二，如果属于生产经营费用范畴就要区分是产品成本费用还是期间费用；第三，企业的支出要确认是全部当期负担还是以后各期分摊；第四，企业当期的产品成本费用要分清归属对象；第五，考虑期末完工产品与在产品之间的分配问题；第六，注重企业基础工作，特别是原始凭证的审核；第七，考虑财产物资的计价与结转方法，特别是原材料等的计划成本核算以及固定资产折旧等；第八，恰当选择成本核算方法。这样才能正确核算企业的产品成本。

正确结果为答案③。应招聘给出答案③的应聘者为成本会计。

因为按照上述成本核算要求，每发生支出都要经过上述八步，企业发生支出时是企业购入，即用钱买了什么，也就是按经济内容分类，得到答案①；而企业成本核算是将发生的支出进行归属，即用钱买的东西都分给了谁，也就是按经济用途分类，得到答案②；答案②和答案③的区别为是否考虑期末产品完工与未完工情况，成本核算最终结果必须计算出完工产品成本，得到答案③。

2.4　产品成本核算的基本程序和主要会计账户

成本核算的基本程序，是对生产过程的各项支出进行分类核算，将生产过程中的要素支出按经济用途归类反映的过程。为了将生产过程中发生的支出计入各成本计算对象，计算出各成本计算对象的生产成本，需要建立一个完整的账户体系。

2.4.1 产品成本核算的基本程序

产品成本核算程序是指企业在计算产品成本过程中，从产品成本费用的归集、分配到确定完工产品成本的工作过程。这一工作过程包括确定成本计算对象、确定成本项目、确定成本计算期、审核产品成本费用、归集分配产品成本费用、计算完工产品成本。

学习微平台

资源2-04

1）确定成本计算对象

对大量、大批生产的产品，通常以产品品种作为产品成本计算对象；对小批或单件组织生产的产品，通常以产品的生产批次作为产品成本计算对象；对产品生产步骤较多，又需要计算每一生产步骤半成品成本的产品，则可以以产品的生产步骤作为产品成本计算对象；对生产过程相同、生产工艺相近的同类产品，还可以以产品的类别作为产品成本计算对象。

2）确定成本项目

产品成本项目一般分为四个项目：直接材料、直接人工、燃料和动力、制造费用。成本项目也可以按照成本管理的需要分为原料及主要材料、燃料和动力、人工费、其他直接费、废品损失、停工损失和制造费用等七项。

3）确定成本计算期

当企业以产品品种、产品生产步骤、产品生产类别作为成本计算对象时，产品成本的计算期通常与会计期间相同，即在每月月末计算产品成本。当企业以产品的生产批别作为产品成本计算对象时，产品成本的计算期则与该批产品的生产周期相一致，即在该批产品完工时计算产品成本。

4）审核产品成本费用

审核产品成本费用是指对发生的产品成本费用进行审查与核实，审核产品成本费用是否客观真实、合法合理、正确无误，是否属于产品成本的开支范围，是否符合产品成本的开支标准，把住关口，以保证产品成本核算的真实正确。

5）归集分配产品成本费用

对审核无误的产品成本费用要按产品成本计算对象进行归集，并按其经济用途分别计入各个成本项目之中。归集和分配产品成本费用的原则是：谁受益，谁承担。归集和分配产品成本费用的方法是：直接计入费用直接认定，间接计入费用按合适的分配方法分配计入。

6）计算完工产品成本和在产品成本

产品成本计算期要按规定计算当期完工产品的总成本与单位成本。具体有两种情况：一是到了产品成本计算期末，本期生产的产品已全部完工，则在成本计算期内所归集的产品成本费用就是完工产品的总成本；二是到了产品成本计算期末，还有部分产品尚未完工而存在月末在产品，要运用一定的方法将所归集的产品成本费用在完工产品与月末在产品之间进行分配，先计算出月末在产品应负担的产品成本费用，作为月末在产品成本，再确定本期完工产品应负担的产品成本费用，作为完工产品的总成本。

同步思考2-3

资料：毛泽东在《党委会的工作方法》中指出："要学会弹钢琴。"弹钢琴要十个指头都有动作，不能有的动，有的不动。但是，十个指头同时都按下去，那也不成调子。要想将乐曲弹奏好，十个指头的动作要有节奏、相互配合，即先后有序、轻重配合，否则，就变成"乱弹琴"了。

问题：企业成本核算工作与"弹钢琴"同理吗？运用成本核算的基本程序理论回答。

理解要点：企业成本核算工作与"弹钢琴"的道理相同，必须先后有序、轻重配合。企业成本核算程序：确定成本计算对象→确定成本项目→确定成本计算期→审核产品成本费用→归集分配产品成本费用→计算完工产品成本和在产品成本，这样才能完成单位产品成本的核算。同时，成本核算的各项工作，各个阶段重点不同，这样才能做好管理。

互动专栏2-2

互动问题：

（1）产品成本核算程序的六步是否可以调换顺序？

（2）产品成本核算是基本职能，产品成本核算程序中最重要的是归集分配产品成本费用吗？

要求：同"互动专栏1-1"的"要求"。

2.4.2 产品成本核算应用的主要会计账户

产品成本核算的过程是：确定成本核算方法，设置有关的成本核算账户，归集并分配发生的直接产品成本费用、辅助产品成本费用、制造费用，计算产成品成本。在这一过程中，所应用的主要会计账户如下：

学习微平台

资源 2-05

1）"生产成本"账户

"生产成本"账户用来核算企业进行产品生产（包括完工产品、自制半成品生产和提供劳务等）、自制材料、自制工具、自制设备等所发生的各项产品成本费用。下设"基本生产成本"和"辅助生产成本"两个二级账户，分别用来核算企业发生的基本生产成本与辅助生产成本。对于生产规模较大、业务量较多的企业，为了核算方便，企业根据需要，也可以将"基本生产成本"和"辅助生产成本"设为一级账户。

（1）"基本生产成本"账户

基本生产是指为完成企业主要生产目的而进行的产品生产。为了归集生产所发生的各种产品成本费用，计算基本生产产品成本，应设置"基本生产成本"账户。该账户借方登记企业为进行基本生产而发生的各种费用；贷方登记转出的完工入库的产品成本；余额在借方，表示基本生产的在产品成本，即基本生产在产品占用的资金。该账户应按产品品种或产品批别、生产步骤等成本计算对象设置产品成本明细分类账。产品成本明细账采用多栏式账页，其基本格式见表2–1。在实际工作中还有成本计算单，其基本格式见表2–2。

表2–1　　基本生产成本明细账

生产车间：　　总第　页

产品名称：　　年　月　　金额单位：　　字第　页

年		凭证		摘要	成本项目				合计
月	日	字	号		直接材料	直接人工	燃料和动力	制造费用	

表2–2　　车间制造成本计算单

产品名称：　　年　月　日　　完工产量：

成本项目	月初在产品成本	本月生产费用	费用合计	完工产品数量	约当产量	分配率	完工产品成本	月末在产品成本
直接材料								
直接人工								
燃料和动力								
制造费用								
合计								

制表：

（2）“辅助生产成本”账户

辅助生产是指为整个企业服务而进行的其他产品生产和劳务供应（如机械行业的工具制造，修理、运输、供水、供电等劳务的提供）。辅助生产产品的主要目的不是对外销售，而是供企业内部使用，应设置“辅助生产成本”账户。该账户借方登记辅助生产过程发生的全部耗费；贷方登记转出完工产品成本或分配转出的劳务耗费；期末一般无余额，若有余额在其借方，表示辅助生产在产品的成本。该账户应按辅助生产车间和生产的其他产品品名或不同劳务设置明细分类账，若辅助生产车间生产其他产品，则账页格式与基本生产成本明细账相同；若辅助生产车间提供劳务，一般采用多栏式明细账页，其基本格式见表2–3。

表2-3 **多栏式明细账**

________级科目编号及名称：辅助生产成本

________级科目编号及名称：××车间

年		凭证号数	摘要	借或贷	余额									（ ）方金额																	
														发生支出各项目									…								
月	日				百	十	万	千	百	十	元	角	分	百	十	万	千	百	十	元	角	分	百	十	万	千	百	十	元	角	分

2）“制造费用”账户

制造费用是指企业生产车间在生产产品或提供劳务过程中发生的各项间接费用，包括企业生产部门（如生产车间）发生的水电费、固定资产折旧、无形资产摊销、管理人员的职工薪酬、劳动保护费、国家规定的有关环保费用、季节性和修理期间的停工损失等，应设置“制造费用”账户。该账户借方登记企业各个生产单位（分厂、车间）为组织和管理产品生产、提供劳务所发生的各项间接费用；贷方登记转给“基本生产成本”“辅助生产成本”等相关账户的制造费用；除季节性生产企业外，本账户结转后期末无余额。为了反映不同生产车间所发生的制造费用，应当按不同的生产车间分户设置制造费用明细账。对制造费用发生额较少的辅助生产车间，或生产单一产品的基本生产车间，可以不设制造费用明细账，发生制造费用时，直接计入成本。制造费用明细账一般采用多栏式账页，格式同表2-3。

3）“废品损失”账户

需要单独核算废品损失的企业，应设置“废品损失”账户。该账户借方登记不可修复废品的生产成本和可修复废品的修复费用；贷方登记废品残料回收的价值、应收的赔款以及转出的废品净损失；期末应无余额。该账户应按车间设置明细分类账，账内按产品品种设专户，并按成本项目设置专栏或专行进行明细登记。

4）“库存商品”账户

企业生产产品完工入库，应设置“库存商品”账户。该账户借方登记完工入库产品生产成本；贷方登记已销售产品结转的生产成本；期末余额在借方，表示尚未出售的完工产品生产成本。

业务链接2-6

红旗服装加工厂成本核算账户的设置

红旗服装加工厂主要对外承接服装加工业务，通过签订合同方式完成销售，采用分批法核算产品成本；同时，常年加工四种化工企业工作服，通过市场销往全国各地。半成品不核算，不设半成品库，采用品种法核算产品成本。红旗服装加工厂设有裁剪、缝纫、熨烫整理三个基本生产车间，一个机修辅助车间。

请设置红旗服装加工厂成本核算账户。

解析：红旗服装加工厂成本核算账户的设置：①采用分批法核算产品成本应设置“基本生产成本——××批号产品”“辅助生产成本——机修车间”“制造费用——裁剪车间”“制造费用——缝纫车间”“制造费用——熨烫整理车间”“库存商品——××批号产品”等账户，根据需要还可以设置“废品损失”或“基本生产成本——废品损失”明细账。②采用品种法核算产品成本应设置“基本生产成本——A产品”“基本生产成本——B产品”“基本生产成本——C产品”“基本生产成本——D产品”“辅助生产成本——机修车间”“制造费用——裁剪车间”“制造费用——缝纫车间”“制造费用——熨烫整理车间”“库存商品——A产品”“库存商品——B产品”“库存商品——C产品”“库存商品——D产品”等账户。

成本核算的基本程序和主要会计账户，用产品成本核算账务处理程序图表示，如图2-1所示。

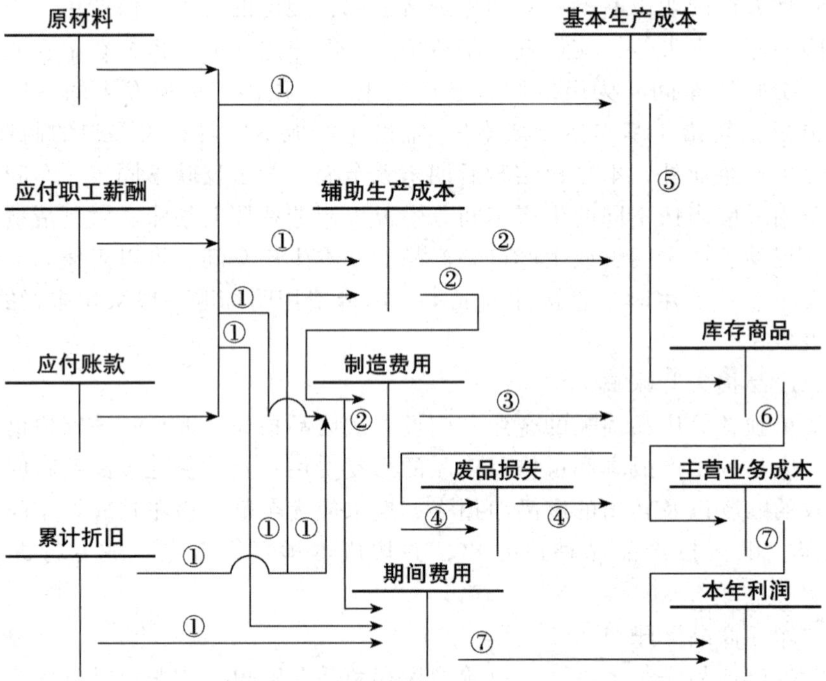

说明：
① 对发生的要素费用进行归集与分配；
② 按受益情况分配辅助生产成本；
③ 分配基本生产车间的制造费用；
④ 核算废品损失；
⑤ 确定月末在产品成本，计算并结转完工产品成本；
⑥ 产品出售结转成本；
⑦ 期末结转损益类科目，计算本年利润。

图2-1　产品成本核算账务处理程序图

同步案例2-2

江城织袜厂成本核算及管理要求

背景与情境：江城织袜厂生产男袜、女袜、儿童袜三个类别系列产品，每个系列有五个品牌，通过市场将产品销往全国各地。企业注册资金2 000万元，全厂职工200人。产品花色棉线袜生产过程为：绞装原料→煮练→丝光→染色→络纱→织罗口→织袜→检验→缝头→检验→烫袜→整理→成品。该厂设有四个基本生产车间，即织袜车间、缝头车间、定型车间、包装车间；设有两个辅助生产车间，即机修和配电车间，负责全厂机器设备的维修及接受外来电源、厂内供给用电及电器的维修。

企业通过成本数据核算发现产品成本波动较大，不知是核算有误还是成本控制不好。在财务管理会议上，会计负责人认为，财务部门应设成本核算中心，成本中心负责成本核算的全面工作、成本报表的编制与分析和成本考核，这样才能真正控制成本；李会计认为，没有必要成立成本核算中心，根据企业生产特点和管理要求，采用品种法核算同时辅以分类法即可。

问题：

（1）会计负责人的观点是否正确？该企业设置成本中心对吗？为什么？

（2）李会计的观点是否正确？该企业成本核算应选择哪种方法？说明原因。

（3）企业成本核算应设置哪些成本明细账？选择哪种账页格式？

分析提示：

（1）会计负责人的观点正确，该企业应设置成本中心。因为该企业产品市场竞争较为激烈，产品定价的基础必须相对稳定，成本控制与成本核算是市场竞争的保证，从某种程度上讲，成本控制的好坏决定了利润水平的高低，也就是成本管理质量决定了企业经济效益。企业设置成本中心，能够更好地为成本管理和控制提供信息，这也体现了重要性原则。

（2）李会计的观点部分不正确，该企业应设置成本中心。李会计的观点部分正确，成本核算应选择品种法与定额法相结合核算产品成本。该企业可以以产品的品种或生产步骤为成本计算对象，但织袜在生产过程中半成品不具有独立经济意义，所以半成品不核算，而且原材料投入基本都在第一车间完成，在这种情况下，企业没有必要以生产步骤为成本计算对象，而直接以产品的品种为计算对象就能满足要求，即采用品种法；同时，该企业的产品又分为三个大类别，为了简化核算工作，适用分类法。所以，综合两个因素，企业采用品种法与分类法相结合核算产品成本。

（3）企业成本核算应选择多栏式明细账账页格式。第一步，设置“基本生产成本——男袜类”“基本生产成本——女袜类”“基本生产成本——儿童袜类”“辅助生产成本——机修车间”“辅助生产成本——配电车间”“制造费用——基本生产车间”等账户。第二步，在第一步的基础上，将各类分为各个品种，即“基本生产成本——女袜类（A产品）”“基本生产成本——女袜类（B产品）”

“基本生产成本——女袜类（C产品）”“基本生产成本——女袜类（D产品）”“基本生产成本——女袜类（E产品）”“库存商品——女袜类（A产品）”“库存商品——女袜类（B产品）”等账户，根据需要还可以设置“废品损失”或“基本生产成本——废品损失”明细账。男袜与儿童袜的核算同理。

企业成本核算及管理的具体要求根据国家的规定和企业的实际确定，可以考虑以下因素：

① 使用财政部统一规定的会计科目名称。

② 库存现金限额，按中国人民银行的规定办理。

③ 发生支出审批程序。

④ 坏账损失核算方法。

⑤ 存货（原材料、低值易耗品、包装物、产成品等）按实际成本核算还是计划成本核算，包装物和低值易耗品价值的摊销方法。

⑥ 辅助产品成本费用是否包含辅助生产车间的制造费用。

⑦ 基本生产车间制造费用的分配标准。

⑧ 产品成本核算方法，产品成本费用在完工产品与在产品之间的分配方法。

⑨ 固定资产折旧方法。

⑩ 职工福利费、工会经费、职工教育经费按国家规定的比例列支或计提。

⑪ 税费的计算按国家标准。

学习微平台

资源2-06

第3章 产品成本费用要素的归集与分配

学习目标

通过本章学习，应该达到以下目标：

理论目标： 学习和把握产品成本费用要素的分类和内容，产品成本费用、辅助产品成本费用和制造费用归集与分配中的相关概念与内涵，生产损失核算中的相关概念与内涵等陈述性知识；能用所学理论知识指导“产品成本费用要素的归集与分配”的相关认知活动，并正确解答《训练手册》中本章“客观题”和“主观题”的“理论题”各题型问题。

实务目标： 学习和把握产品成本费用要素分配的一般原则与程序，材料费用、燃料和动力费用、人工费用、折旧费用等产品成本费用要素的计量与计价，各要素分配程序、方法（或原则）、计算公式及账务处理原则与方法，辅助产品成本费用和制造费用的归集与各种分配方法运用与计算公式，生产损失的核算及会计处理方法，以及“业务链接”等程序性知识；能用所学实务知识规范“产品成本费用要素的归集与分配”的相关技能活动，并正确解答《训练手册》中本章“客观题”和“主观题”的“实务题”各题型问题。

案例目标： 能运用所学理论与实务知识研究“产品成本费用要素的归集与分配”的相关案例，通过分析解答“同步案例”和《训练手册》中本章“客观题”与“主观题”的“案例题”，培养和提高学生在特定业务情境中分析问题与决策设计的能力；能结合“产品成本费用要素的归集与分配”的教学内容，依照相关规范、要求或标准，对“课程思政”3-1至3-3和《训练手册》本章相关案例中的企业或人员行为进行思政研判，培养高尚的职业道德情操，践行社会主义核心价值观。

实训目标： 以所学“产品成本费用要素的归集与分配”的理论与实务知识为前提，在正确解答《训练手册》中本章“客观题”与“主观题”的“实训题”各题型问题，并了解和把握本实训所及“能力与道德领域”相关技能点的“规范与标准”基础上，参加“产品成本费用要素的归集与分配运作”业务胜任力的实践训练。通过切实体验各实训任务的完成、系列技能操作的实施以及相应《实训报告》的准备、撰写、讨论与交流等有质量、有效率的活动，培养其“产品成本费用要素的归集与分配”的专业能力，强化其“数字应用”、“与人交流”、“与人合作”、“解决问题”和“革新创新”等职业核心能力（中级），并通过“认同级”践行“职业理想”、“职业态度”、“职业良心”、“职业作风”、“职业守则”和“会计职业道德”等行为规范，促进其健全职业人格的塑造。

学习微平台

资源3-01

引例 春城机床厂的产品成本费用要素分配

背景与情境：春城机床厂主要生产Ⅰ型机床和Ⅱ型机床两种产品，产品销往全国各地。厂内设有铸造、机械加工和装配三个基本生产车间，机修和配电两个辅助生产车间。

企业成本核算采用分步法，管理上要求各车间进行成本控制，成本效益与经济效益挂钩。同时，企业有Ⅰ型机床和Ⅱ型机床两种产品的材料消耗定额，有Ⅰ型机床和Ⅱ型机床两种产品的生产工人工时定额和生产工人工资资料，有两个辅助生产车间劳务量资料。

企业成本核算员对实际发生的各项产品成本费用是这样处理的：领用的材料费用，能分清成本计算对象的直接记入相应的账户中，两种产品共同耗用的原材料，能取得第一手资料的，就按该资料显示的标准分配，确实没有相应资料的，就按产品数量分配；支付的人工费用分配，能分清成本计算对象的直接记入相应的账户中，两种产品共同耗用的计时工资形式下的人工费用，按工人的人数进行分配；耗用的燃料和动力费用，按电表记录的耗电度数进行分配，两种产品共同耗用的电费，各自一半平均分配电费；各部门使用固定资产的折旧费，按各使用部门分配，基本生产车间固定资产折旧费直接记入“制造费用”账户，不直接分配给两种产品；归集的辅助产品成本费用，因企业管理上要求各车间进行成本控制，成本效益与经济效益挂钩，采用交互分配法进行分配；归集的制造费用，按各生产车间采用生产工人工时比例法进行分配。

各生产车间负责人认为成本核算员对实际发生的各项产品成本费用的处理符合实际，没有意见，但财务负责人对成本核算员的处理提出了质疑。如果你是该企业成本核算员，你想怎样分配各项产品成本费用？

学习微平台

资源 3-02

本章将系统地阐述产品成本费用要素，产品成本费用、辅助产品成本费用和制造费用等要素的归集与分配，以及生产损失的核算。

3.1 产品成本费用要素概述

企业在生产经营过程中发生的各项耗费，称为**生产经营费用**，也可称为成本费用或产品成本费用与期间费用。为了便于合理地确认和计量产品成本费用，正确地计算产品成本，应确定产品成本费用要素的内容。

3.1.1 产品成本费用要素分类

1）按支出（投入）的内容划分

企业的生产经营投入，是企业花钱买回物资、人工等用于企业生产经营，相当于企业的投入，即产品成本费用要素支出（投入）的内容。

产品成本费用要素按支出（投入）的内容划分，也是按经济内容划分，可分为劳动对象消耗的费用、劳动手段消耗的费用和活劳动中必要劳动消耗（或构成成本的活劳动费用）的费用，这构成工业企业费用的三大要素，具体由以下几个项目组成，简称费用要素：

① 外购材料：企业耗用的从企业外部购入的原材料及主要材料、半成品、辅助材料、包装物、修理用备件和低值易耗品等。

② 外购燃料：企业耗用的从企业外部购入的各种燃料，包括固体燃料、液体燃料和气体燃料。

③ 外购动力：企业耗用的从企业外部购入的各种动力，包括热力、电力和蒸汽等。

④ 职工薪酬：企业应计入生产经营费用的职工工资，以及企业按照工资总额的一定比例计提并计入的各项费用。

⑤ 固定资产折旧费、修理费：企业所控制的固定资产按照使用情况计提的折旧费和企业保证固定资产运行的修理费。

⑥ 其他费用：不属于以上各项费用要素的其他费用，如办公费、差旅费等。

2）按归属（产出）的内容划分

生产经营费用要素按归属（产出）的内容划分，也是按经济用途划分，可分为应计入产品成本的费用和不应计入产品成本的费用两大部分。应计入产品成本的费用，称为产品成本费用内容，即**产品成本费用**是指企业在生产产品过程中所发生的材料费用、职工薪酬等，以及不能直接计入而按一定标准分配计入的各种间接费用。产品成本费用再进一步划分为直接费用和间接费用。其中，直接费用包括直接材料、直接人工、燃料和动力、其他直接费用，间接费用指制造费用，这些项目作为产品成本构成内容，在会计上称为成本项目。对于不应计入产品成本的费用，再进一步划分为管理费用、财务费用和销售费用，这些费用不能计入产品成本，由当期损益负担的费用项目，在会计上称为期间费用。

（1）产品成本费用（应计入产品成本的内容）

产品成本费用要素应计入产品成本的内容就是成本项目的内容。对于产品成本费用的成本项目设置，企业应根据生产特点和管理要求来进行。在进行成本核算的过程中，一般应设置以下成本项目：

① 直接材料：直接用于产品生产，构成产品实体的原料及主要材料、外购半成品（外购件）、修理用备件（备品配件）、包装物、有助于产品形成的辅助材料、燃料以及其他直接材料。

② 直接人工：企业在生产产品和提供劳务的过程中，直接从事产品生产的工人工资以及按生产工人工资总额和规定的比例计算提取的职工教育经费、工会经费、各种保险费及住房公积金等。

③ 燃料和动力：企业在生产产品和提供劳务的过程中，直接用于产品生产的燃料和动力。

④ **制造费用**：企业为生产产品和提供劳务而发生的各项间接费用，包括企业生产部门（如生产车间）发生的水电费、固定资产折旧、无形资产摊销、生产管理人员的职工薪酬、劳动保护费、国家规定的有关环保费用、季节性和修理期间的停工损失等，但不包括企业行政管理部门为组织和管理生产经营活动而发生

的管理费用。

需要说明的是，企业可根据管理需要对成本项目进行适当调整，如设置“废品损失”“停工损失”等成本项目。

（2）期间费用（不应计入产品成本的内容）

对于不能计入产品成本的费用，在国家规定的成本费用开支范围内的应作为期间费用计入当期损益，主要包括管理费用、财务费用和销售费用。

管理费用是指企业行政管理部门为组织和管理生产经营活动而发生的各项费用，如企业行政管理部门人员的工资、工会经费、职工教育经费、劳动保险费、固定资产折旧费、差旅费、公司经费、董事会费、咨询费、审计费、诉讼费、绿化费、土地使用补偿费、转让费、技术开发费、无形资产摊销、开办费摊销、业务招待费、坏账损失和存货盘亏、毁损、报废（减盘盈），以及其他管理费用等。

财务费用是指企业为筹集生产经营所需资金等发生的费用，如利息净支出、汇兑净损失、金融机构的手续费等。

销售费用是指企业在销售产品的过程中，为销售商品而发生的各项支出，如销售过程中应由企业负担的运输费、装卸费、包装费、保险费、展览费、广告费，以及为销售本企业商品而专设销售机构产生的各种费用等。

业务链接 3-1

富源食品厂产品成本费用和管理费用的确定

富源食品厂为单步骤生产企业，设有一个基本生产车间，大量生产甲、乙两种产品。本月甲产品直接材料费用50万元、直接人工费用20万元，乙产品直接材料费用40万元、直接人工费用20万元，车间管理人员工资2万元，行政管理人员工资10万元；本月生产车间水电费2万元、固定资产折旧费10万元，管理部门水电费0.5万元、固定资产折旧费1万元、办公费0.2万元、业务招待费1万元。

请计算富源食品厂的产品成本费用（料、工、费）和管理费用。

解析：本月企业产品成本费用144万元，其中直接材料90万元（50+40）、直接人工40万元（20+20）、制造费用14万元（2+2+10）；企业管理费用12.7万元（10+0.5+1+0.2+1）。

课程思政 3-1

陈刚的业务技能与职业态度

背景与情境：陈刚是万达机车车辆厂成本核算会计。2021年6月5日，机械加工车间核算员找到陈刚，认为本车间上月成本核算有误：其一是原料领用后未用部分已办理了退料手续，而成本核算未予扣除；其二是为本车间购买的一项新技术费用不应归属本车间，因为是全厂受益。陈刚答复，办理了退料手续的材料费用可以予以扣除，但上月账已算完，等到下月处理；新技术是机械加工车间使用的，费用就应该由机械加工车间承担。

问题：陈刚的答复是否正确？是否符合职业道德规范？

研判提示：陈刚的答复不正确。首先，办理了退料手续的材料费用应该在材料领用中予以扣除，应在当月处理，这样才能保证成本核算的正确性，不能账算完了就不更正了；其次，购买新技术费用属于管理费用范围，不应计入产品成本。可见，陈刚的业务不精，不注重业务学习，其行为不符合“职业观念”“职业态度”“职业理想”等职业道德规范。

3.1.2　产品成本费用要素分配的一般原则

费用要素的归集与分配原则，应按照费用要素的用途和发生的地点，将各种费用要素区分为应计入产品成本的费用要素和不应计入产品成本的费用要素。对于应计入产品成本的各种费用要素，还应按其与产品的关系进行归集和分配：凡是专为某种产品所直接耗用的直接费用（即形成产品实体的费用），如直接材料费、直接人工费等，能直接确认归属的，应根据原始凭证直接计入某种产品成本；不能直接确认归属的，应按照一定的分配标准确定其负担数额，分配计入某种产品成本；凡是多种产品共同耗用的间接费用，如制造费用，则应先行归集，然后采取适当的方法分配计入产品成本。在费用要素的分配中，应特别强调直接费用与直接计入费用不能等同，直接费用是为某种产品所直接耗用的费用，可以直接计入成本，也可以分配计入成本。间接费用通常为分配计入费用。凡是能够确认为某种产品所发生费用的，都应尽量采取直接计入的方式，若采用一定的标准进行分配，其结果的准确性要差一些，进而影响产品成本的真实性。

在只生产一种产品的企业，产品成本费用不存在分配问题，应直接计入产品成本。在生产多种产品的企业，产品成本费用应计入产品成本，有的是为某种产品所耗用，有的是为几种产品共同耗用，这就要根据实际情况，按照上述费用要素分配的一般原则区别对待。对于能够确定为某种产品所耗用的直接费用要直接计入或直接分配计入；确定为几种产品共同耗用的间接费用要采用一定的方法分配计入。

产品成本费用要素的归集与分配，是通过编制费用要素分配表来进行的。费用要素分配表的编制，应根据成本核算的体制、凭证的份数以及传递程序等具体条件的不同而有所区别。企业实行一级成本核算体制时，费用要素分配表应由财会部门来编制；实行两级成本核算体制的，则由各车间的成本会计人员来编制。费用要素分配表不论由谁来编制，其编制的要求和基本方法都是一样的。财会部门和各车间或部门要合理分工、互相配合，认真做好各项费用要素分配工作，以便正确计算产品成本。

3.1.3 产品成本费用要素分配的一般程序

产品成本费用要素分配的一般程序为：

（1）根据发生费用的原始凭证或原始凭证汇总表，编制费用分配表或费用汇总分配表；

（2）根据原始凭证或费用分配表编制记账凭证；

（3）根据原始凭证和记账凭证登记各种成本明细账；

（4）根据选定的账务处理程序要求登记成本类总账。

3.2 产品成本费用要素的归集与分配

产品生产过程中发生的各项产品成本费用应采用一定的方法进行归集并分配计入产品成本。产品成本费用要素的归集是指企业为生产产品所发生的各项产品成本费用按照成本计算对象汇集到各自明细账户的过程；产品成本费用要素的分配是指企业生产多种产品共同耗用某一资源（金额），因无法直接确认该产品资源耗用量（金额），需要按照一定标准进行分配，然后确定该产品耗用某一资源（金额）的过程。

企业发生的产品成本费用需要按照产品成本计算对象进行归集。生产单一产品的产品成本费用处理：不论是基本生产车间还是辅助生产车间，如果一个车间只生产一种产品，则该车间发生的全部产品成本费用都应当由该产品负担，在费用发生时直接计入该产品成本。生产多种产品的产品成本费用处理：一个生产车间同时生产几个品种的产品，发生在该车间的产品成本费用，有的费用可以在发生时就明确是用于何种产品的，有的费用则是几种产品共同承担的，共同承担的费用称为间接计入费用，对间接计入费用要采用一定分配标准进行分配，分配后计入各种产品的生产成本。费用分配率=待分配费用金额÷分配标准总数，某受益对象应负担费用=该受益对象耗用的分配标准数×费用分配率。运用公式分配各种间接计入费用，必须合理确定分配标准，才能正确分配各种产品成本费用，保证产品成本核算的正确性。

学习微平台

资源3-03

3.2.1 材料费用的归集与分配

材料是产品成本的重要组成部分。企业产品的生产过程，也是各种材料的消耗过程。材料费用归集与分配的主要任务有：一是反映和监督材料采购计划的执行情况，控制材料采购支出，降低材料采购成本；二是反映和监督材料的收入、发出和结存情况，降低材料储备所占用的资金和储存成本，做到既要满足生产需要，又要防止储备不足；三是反映和监督材料费用的归集情况，应按材料发生的地点和用途进行材料费用的归集；四是反映和监督材料费用的分配情况，材料费用发生后，要按材料的用途，采用既简便又合理的方法，将材料费用在各种产品中进行分配。材料费用的分配方法一经确定后，没有特殊情况，不应经常变动，以便于各期的成本资料进行比较。

企业的材料包括原材料、辅助材料、修理用备件、外购半成品、燃料、低值易耗品和包装物等。材料费用的归集与分配要解决的问题是如何将发生的材料费用计入各个受益对象的成本费用之中。

1）材料费用的归集

对于生产过程中所发生的材料费用，应首先按其发生地点和用途进行归集。

材料费用的归集是进行材料费用分配的基础和前提。为了完成材料费用归集任务，要做好材料费用归集的基础工作，主要包括以下内容：

（1）材料消耗的原始记录

材料消耗的原始记录是通过领料凭证来体现的，包括收料单（入库单）（见表3-1）、领料单（见表3-2）、限额领料单、领料登记簿、退料单（见表3-3）。

表3-1 **收 料 单**

××××年××月××日

供应单位： 提货单号数： 收料仓库：

发票号数： 发票金额： 短缺损坏清单号数：

材料编号	材料名称、型号、规格	计量单位	数量		计划价格（元）		备注
			应收	实收	单价	总额	
××××	圆钢Φ10	吨	10	10	2 000	20 000	

记账： 收料： 制单：

表3-2 **领 料 单**

领料部门：××××车间 开票日期：××××年××月××日 字第 004 号

材料编号	材料名称	规格	单位	请领数量	实发数量	价格（元）	
						单价	金额
1601	润滑油		千克	7	7	25	175
用途	$1^{\#}$机械产品、$2^{\#}$机械产品	领料部门			发料部门		
		负责人	领料人		核准人	发料人	
			王冠			李大力	

（2）材料消耗量的计算

企业材料消耗量的计算通常采用：

①永续盘存制，也称账面盘存制。这种方法必须按材料的具体品种设置材料明细账，逐笔或逐日登记收入和发出的数量，因而随时可以从账上结算出每种材料的收、发、存数量。材料的收入、发出、结存均逐笔登记入账。其计算公式为：

期末结存数量=期初结存数量+本期收入数量-本期发出数量

表3-3 **退 料 单**

××××年××月30日

退料原因： 退料单位： 收料仓库：××库

材料编号	材料名称、型号、规格	计量单位	数量		计划价格（元）		备注
			交库	实收	单价	总额	
××××	木材	立方米	1	1	500	500	

记账： 收料： 退料：

②实地盘存制，也称实物盘存制。这种方法是在期末通过实地盘点实物来确定材料发出的数量。材料出库不入账，当期材料消耗量通过期末盘点后倒挤算出。其计算公式为：

材料发出数量=期初结存数量+本期收入数量-期末结存数量

（3）消耗材料的计价

企业消耗材料的计价通常采用：

①材料按计划成本计价

企业对原材料采用计划成本计价时，发出材料时均按计划单价确认其价值，计划成本与实际成本之间存在的差异在“材料成本差异”中归集，然后按材料成本差异率分摊材料成本差异，将发出材料的计划成本调整为实际成本，正确核算产品成本。

消耗材料的实际成本=消耗材料的计划成本+消耗材料应分摊的成本差异

消耗材料的计划成本=材料实际消耗量×计划单价

消耗材料应分摊的成本差异=消耗材料的计划成本×材料成本差异率

$$\text{材料成本差异率}=\left(\frac{\text{月初结存}}{\text{材料的成本差异}}+\frac{\text{本月收入材料的}}{\text{成本差异}}\right)\div\left(\frac{\text{月初结存材料的}}{\text{计划成本}}+\frac{\text{本月收入材料的}}{\text{计划成本}}\right)\times 100\%$$

②材料按实际成本计价

材料一般分批分次购入，其单价并不一致，材料发出时可采用先进先出法、加权平均法、个别计价法。

先进先出法是假定先收入的材料先发出，并按这种假定的成本流程确定发生材料成本与期末结存材料成本的方法。

加权平均法是以总数量为权数计算出材料的加权平均单价，据以确定期末结存材料的价值和本期发出材料的价值的方法。

个别计价法是按材料实际购入价对每一项购入物资进行具体计价的方法。

2）材料费用的分配

对于材料费用的分配，企业应定期编制发出材料汇总表，并对材料的发出进行财务核算。成本核算人员要对材料进行分配，并编制材料费用分配表。材料费用的分配有广义分配和狭义分配之分。广义分配是指材料在全企业各部门之间的分配；狭义分配是指材料在各种产品之间的分配。

（1）分配程序

材料费用的分配程序是指对发生的原材料费用分配计入各个受益对象的会计处理顺序。一般而言，凡能辨清原材料费用承担对象的，应直接计入该分配对象；属于几种产品共同耗用的，即间接计入，应采用适当的分配方法分配计入各有关产品成本。

材料费用的分配程序通常包括：确定被分配的原材料费用数额→确定各个原材料费用受益对象的分配标准→计算原材料费用的分配率→计算每一受益对象应负担的原材料费用→编制材料费用分配表→根据分配结果进行账务处理。

（2）分配方法

材料费用的分配方法是费用分配基本方法在材料费用分配中的具体运用。在多种产品共同消耗原材料的情况下，必须按一定的分配标准分配原材料费用。分配方法的计算步骤为：计算某种产品材料分配标准总量→计算单位材料分配标准费用分配率→计算某种产品应分摊的材料费用。具体计算公式如下：

产品材料分配标准总量=∑某种产品实际产量 × 单位产品消耗材料分配标准

材料费用分配率=材料实际耗用量费用÷产品材料分配标准总量

某种产品应负担的材料费用=该种产品耗用分配标准×材料费用分配率

由于选择的分配标准不同，费用分配率基本公式的分母发生了变化，从而产生了材料定额耗用量比例分配法、材料定额费用比例分配法和材料实际耗用量比例分配法等材料费用分配方法。

①材料定额耗用量比例分配法。材料定额耗用量是指企业生产一定数量的产品按事先核定的单位产品消耗定量计算确定的材料理论耗用数量。材料定额耗用量比例分配法是指以各个材料费用受益产品的原材料定额耗用量为分配标准，以单位材料定额耗用量应负担的材料费用为分配率，据以分配材料费用的方法。其适用于材料消耗比较单一，单位产品消耗定量比较准确的产品。

在采用材料定额耗用量比例分配法分配原材料费用时，涉及的计算公式如下：

受益产品定额耗用量=受益产品产量×单位产品消耗定量

材料费用分配率=待分配原材料费用÷各受益产品材料定额耗用量之和

某受益产品应负担的材料费用=该受益产品定额耗用量×材料费用分配率

业务链接 3-2

1#、2#产品的材料费用

某机械制造厂铸造车间，1#、2#产品共同领用生铁43吨，每吨生铁2 400元，已知1#产品产量30台，单位消耗定额1 050千克；2#产品产量15台，单位消耗定额400千克。

请计算1#、2#产品各自应负担的材料费用。

解析： 生铁费用=2 400×43=103 200（元）

生铁消耗定额总数=1 050×30+400×15=37 500（千克）

材料费用分配率=103 200÷37 500=2.752（元/千克）

1#产品应负担的材料费用=2.752×（1 050×30）=86 688（元）

2#产品应负担的材料费用=2.752×（400×15）=16 512（元）

借：基本生产成本——1#产品	86 688	
——2#产品	16 512	
贷：原材料——生铁		103 200

②材料定额费用比例分配法。材料定额费用是指企业生产一定数量的产品按事先核定的单位产品定额费用计算确定的理论原材料费用。材料定额费用比例分配法是指以各个材料费用受益产品的原材料定额费用为分配标准，以实际消耗的原材料费用占各受益产品定额费用之和的比例为分配率，据以分配原材料费用的方法。其适用于产品生产过程中消耗的原材料品种较多，不宜按品种确定原材料消耗定量，但有比较合理的材料费用消耗定额的产品。

在采用材料定额费用比例分配法分配原材料费用时，涉及的计算公式如下：

受益产品定额费用=受益产品产量×单位产品定额费用

材料费用分配率=待分配原材料费用÷各受益产品材料定额费用之和

某受益产品应负担的材料费用=该受益产品定额费用×材料费用分配率

业务链接3-3

甲、乙产品的材料费用

某企业生产甲、乙两种产品，共同耗用某种材料1 100千克，每千克8元。甲产品的实际产量为150件，单件产品材料定额费用为32元；乙产品的实际产量为80件，单件产品材料定额费用为40元。

请计算甲、乙产品各自应负担的材料费用。

解析：甲产品材料定额费用=150×32=4 800（元）

乙产品材料定额费用=80×40=3 200（元）

材料费用分配率=1 100×8÷（4 800+3 200）=1.1

甲产品应负担的材料费用=4 800×1.1=5 280（元）

乙产品应负担的材料费用=3 200×1.1=3 520（元）

账务处理原理同“业务链接3-2”。

③材料实际耗用量比例分配法。材料实际耗用量是指企业在生产产品过程中所记录的各种产品的材料消耗重量或产量。材料实际耗用量比例分配法是指以各种产品的材料实际耗用量（重量或产量）为分配标准，以实际发生的材料费用占各受益产品材料实际耗用量之和的比例为分配率，据以分配材料费用的方法。其适用于能够分清材料消耗对象，并有健全的材料消耗记录的产品。

在采用材料实际耗用量比例分配法分配原材料费用时，涉及的计算公式如下：

材料费用分配率=待分配原材料费用÷各受益产品材料实际耗用量之和

某受益产品应负担的材料费用=该受益产品实际耗用量×材料费用分配率

业务链接3-4

甲、乙产品的材料费用

某企业生产甲、乙两种产品，共同耗用某种材料1 100千克，每千克8元。甲产品的实际产量为300件，单件产品材料重量为1.6千克；乙产品的实际产量为160件，单件产品材料重量为2.0千克。

请计算甲、乙产品各自应负担的材料费用。

解析：甲产品材料重量=300×1.6=480（千克）

乙产品材料重量=160×2.0=320（千克）

材料费用分配率=1 100×8÷（480+320）=11（元/千克）

甲产品应负担的材料费用=480×11=5 280（元）

乙产品应负担的材料费用=320×11=3 520（元）

账务处理原理同“业务链接3-2”。

3）材料费用的账务处理

对发生的材料费用进行分配后，要编制材料费用分配表反映分配结果，以便进行会计核算。企业材料费用分配结果的账务处理原则是：被分配的材料记入贷方，分配给材料费用受益（承担）对象的记入借方，即借记“基本生产成本”“辅助生产成本”“制造费用”“管理费用”等账户，贷记（也可以借记）“原材料”“材料成本差异”等账户。

在实际工作中，材料费用分配的过程与材料费用分配表的编制过程是结合在一起进行的。操作时，由仓库保管人员依据材料发料凭证（领料单、限额领料单、领料登记簿等）及余料退回凭证、废料交库凭证等确定实际的原材料发出数量，填制发出材料明细表（见表3-4）；财会部门根据仓库部门提供的发出材料明细表，结合产量记录、定额资料或投料记录等分配原材料费用，编制材料费用分配表（见表3-5），一般在月末进行汇总编制；再根据材料费用分配表等原始凭证编制记账凭证，登记有关账簿。

表3-4 **发出材料明细表**

××××年××月××日

材料类别	发料数量	单位成本	用途
原材料A	1 100千克	8元	甲、乙两种产品共用
燃料B	50千克	240元	管理部门用
辅助材料	200千克	40元	基本生产车间用
修理用备件	50件	20元	基本生产车间修理用

制表：

表3-5 **材料费用分配表**

××××年××月××日 金额单位：元

应借账户		成本或费用明细项目	间接计入			直接计入	合计
			定额耗用量	费用分配率	分配额		
基本生产成本	××产品	直接材料					
	××产品	直接材料					
	小计						
辅助生产成本	××车间	直接材料					
	××车间	直接材料					
	小计						
制造费用	基本生产车间	机物料消耗					
		⋮					
		小计					
管理费用		机物料消耗					
合计							

制表：

企业的辅助材料分配、燃料和动力分配、外购半成品分配、低值易耗品和包装物的分配，与上述分配原理相同。修理用备件属于固定资产维修费用，记入“制造费用”账户，然后对制造费用进行分配。

燃料和动力费用，通常情况下企业应设置“燃料及动力”成本项目进行分配和核算。发生的燃料费用也可以与动力费用一起，在“燃料及动力”成本项目中予以反映。如燃料和动力费用发生额较小，可以将其作为“制造费用”处理。

低值易耗品费用是价值较低的劳动工具在使用过程中磨损的价值。低值易耗品的摊销方法有三种：一次摊销法、分次摊销法、五五摊销法。一次摊销法，是将领用的低值易耗品价值一次性计入有关的成本费用，报废低值易耗品的残料价值作为当月低值易耗品摊销额的减少，冲减有关的成本费用；分次摊销法，是将领用的低值易耗品价值先记入“周转材料——低值易耗品”或“长期待摊费用”账户，再在预计的受益期内，分期均衡地进行摊销并计入各期的成本费用，报废处理与一次摊销法相同；五五摊销法，是在领用低值易耗品时先将一半的价值计入当月的成本费用，报废时再将另一半价值扣除残值后计入报废当月的成本费用。当期发生的低值易耗品费用，按低值易耗品的用途计入成本费用各项目：生产领用低值易耗品，能分清领用对象的，借记“基本生产成本——××产品”账户，不能分清领用对象的，借记“制造费用——基本生产车间”账户，贷记“低值易耗品”账户；辅助生产领用低值易耗品时，借记“辅助生产成本”账户，贷记“低值易耗品”账户；行政管理部门领用低值易耗品时，借记“管理费用”账户，贷记“低值易耗品”账户。

包装物费用是企业使用包装物品形成的费用。根据包装物品领用的发生环节及价值确认方式的不同，包装物费用的分配与核算亦有所不同：在生产过程中领用的包装物，作为产品成本的构成部分，借记“基本生产成本——××产品”账户的“直接材料”成本项目，贷记“包装物”（或“原材料——包装物”）账户；在产品销售时领用，随同产品出售的包装物，区分是否单独计价作不同处理，对于不单独计价的包装物，作为产品销售成本，借记“销售费用”账户，贷记“包装物”（或“原材料——包装物”）账户，对于单独计价的包装物，取得的销售收入作为企业的“其他业务收入”处理，结转的包装物成本作为“其他业务成本”处理。

业务链接3-5

婕凯汽车配件厂甲、乙产品材料分配方法的选择与材料费用计算

婕凯汽车配件厂生产甲、乙两种产品，耗用材料品种比较单一，且每种产品有较为准确的消耗定额。甲、乙产品共同耗用某种材料1 300千克，每千克8元。甲产品的实际产量为200件，单件产品材料消耗定额为4千克；乙产品的实际产量为100件，单件产品材料消耗定额为5千克。

请问婕凯汽车配件厂甲、乙产品材料费用分配应选择哪种方法？其负担的材料费用各是多少？

解析：婕凯汽车配件厂甲、乙产品材料分配方法选择材料定额耗用量比例分配法。

其具体分配过程为：

甲、乙产品消耗定额总量=200×4+100×5=1 300（千克）

材料费用分配率=8×1 300÷1 300=8（元/千克）

甲产品应负担的材料费用=8×800=6 400（元）

乙产品应负担的材料费用=8×500=4 000（元）

3.2.2　燃料和动力费用的归集与分配

燃料和动力费用是指从企业外部购入或企业辅助生产部门提供的燃料、电力与蒸汽（热力）等动力费用。企业辅助生产部门提供燃料和动力费用的归集与分配详见本章3.3，企业外部购入燃料和动力费用的归集与分配详述如下。

外购燃料和动力的性质类似于原材料的购进，不同之处是外购动力没有实物形态。

外购燃料和动力应根据使用的数量，向供应单位支付款项。一般情况下，企业动力没有特殊要求，则将动力直接接入各生产车间，根据仪表上记录的耗用数分配动力费用；特殊情况下，企业对动力有特殊要求，则将动力接入动力车间（辅助生产车间），经动力车间转换后，接入生产车间，根据动力车间的辅助产品成本费用和提供的劳务量（动力数），分配辅助产品成本费用，然后才能确定产品耗用动力费用。

1）外购动力费用的归集

对于生产过程中所发生的动力费用，应首先按其发生地点和用途进行归集。

燃料和动力费用的归集是进行燃料和动力费用分配的基础和前提。为了完成燃料和动力费用的归集任务，要做好燃料和动力费用归集的基础工作，主要包括以下内容：

（1）外购动力费用的原始记录

企业外购动力费用的原始记录一般为外来账单（或外来发票），内部动力消耗通常采用仪表记录，分配标准明确。

（2）外购动力费用的计价

企业外购动力费用的计价是按照外来账单（或外来发票）金额进行计价的。

2）外购动力费用的分配

外购动力费用的分配原则是：在不同受益单位或对象有仪表记录的情况下，应根据各仪表所示耗用动力的数量以及动力的单价直接计算计入受益单位的成本、费用；在没有仪表的情况下，则要按一定的标准分配计入各受益对象，如可以按生产工时的比例、机器功率时数的比例或定额耗用量的比例分配。

外购动力费用的分配一般是通过编制外购动力费用分配表进行的，外购动力费用分配原理与材料费用分配原理相同。如果外购动力是通过动力车间转换进入生产车间的，则需要进行辅助产品成本费用的归集，然后将辅助产品成本费用分配，从而完成动力费用的分配。

3）外购动力费用的账务处理

在实际工作中，由于外购动力付款期与成本费用核算期并不一致，即外购动力付款日期往往是下月月初，而成本、费用核算期一般在月末进行，因而付款时并不是真实地反映本期成本、费用，所以先记入“应付账款”账户，等到月末核算成本费用时，再将其分配到各有关成本费用账户。

企业对发生的动力费用，一种情况是计入直接费用，可以和燃料费用合并单设“燃料及动力”成本项目，即借记“基本生产成本——××产品”“应交税费——应交增值税（进项税额）”“管理费用”账户，贷记“应付账款”账户；也可以不单设“燃料及动力”成本项目，而将发生的动力费用作为“制造费用”处理，即借记“制造费用——基本生产车间”“应交税费——应交增值税（进项税额）”“管理费用”账户，贷记“应付账款”账户。另一种情况是企业设置辅助生产动力车间，企业将发生的动力费用计入辅助生产成本，之后对辅助产品成本费用进行分配，即借记“辅助生产成本——××车间”“应交税费——应交增值税（进项税额）”“管理费用”账户，贷记“应付账款”账户。

3.2.3　人工费用的归集与分配

人工费用是产品成本的重要构成内容，人工费用归集与分配的主要任务有：

一是做好工资费用的原始记录，包括考勤记录、产量记录、质量检验记录及工时记录等；二是正确计算职工的工资，应采用适当的工资计算方法，正确计算每位职工的应付工资和实付工资；三是正确归集工资费用，按其发生地点和用途进行归集，按国家工资总额范围的规定进行归集；四是正确分配工资费用，分配时要区分应计入产品成本的工资费用和不应计入产品成本的工资费用，应计入产品成本的工资费用如果需要分配，还需选择正确的分配方法。

人工费用是企业根据有关规定应付给职工的各种薪酬，主要包括：①职工工资、奖金、津贴和补贴；②职工福利费；③社会保险费；④住房公积金；⑤工会经费和职工教育经费；⑥非货币性福利；⑦辞退福利；⑧股利。职工薪酬是企业必须付出的人力成本，既是职工对企业投入劳动获得的报酬，也是企业的成本费用。

1）人工费用的归集

对于生产过程中所发生的人工费用，应首先按其发生地点和用途进行归集。

人工费用的归集是进行人工费用分配的基础和前提。为了完成人工费用归集任务，要做好人工费用归集的基础工作，主要包括以下内容：

（1）应付职工薪酬的原始记录

企业计算职工工资的原始记录一般有考勤记录、产量记录等。考勤记录是登记职工出勤和缺勤情况的记录，为计时工资计算提供依据；产量记录是登记工人或生产小组在出勤时间内完成产品的数量、质量和耗用工时的原始记录，是计件工资计算的依据，同时是统计产量和工时的依据。

（2）应付职工薪酬的计算

应付职工薪酬的计算方法一般有两种：计件工资和计时工资。

①计件工资

计件工资是按照工人生产的产品数量、产品质量和单位计件工资标准计算的劳动报酬。计件工资的计算包括个人计件工资的计算和集体计件工资的计算。

个人计件工资的计算。个人计件工资是按个人完成的产品数量和单位计件工资标准计算的工资。其计算公式为：

$$个人计件工资=\sum[（合格品数量+客观原因废品数量）\times 单位计件工资额]$$

集体计件工资的计算。对需要两人以上共同生产产品的计件工资，要采用集体计件工资的方法进行计算。其计算公式为：

第一，计算出集体计件工资总额。

$$集体计件工资总额=\sum(集体完成工作数量\times 单位计件工资额)$$

第二，按一定分配标准分配集体计件工资。

$$集体计件工资分配率=集体计件工资总额\div 分配标准总数$$

$$个人计件工资=个人分配标准数\times 集体计件工资分配率$$

计件工资制只适用于产品生产工人工资的计算，因此计件工资的分配只涉及基本生产车间生产工人工资的分配。

②计时工资

计时工资是按照计时工资标准和职工工作时间支付的劳动报酬。计算计时工资的依据是企业劳动部门提供的工资条和考勤记录，分别反映职工工资级别及工资标准和职工出勤情况。计时工资的计算方法有月薪制和日薪制两种。

月薪制。按月薪制计算计时工资，不考虑当月的实际日历天数，职工只要出全勤，就可以得到固定的月标准工资。如有缺勤，按规定标准扣薪，又称扣缺勤法。其计算公式如下：

应付计时工资=月标准工资-缺勤应扣工资

缺勤应扣工资=缺勤天数×日工资×扣发比例

日工资=月标准工资÷月工作天数

其中，月工作天数的确定，一种是按月工作日30天计算，一种是按月工作日20.9天（（365-104-10）÷12）或月工作日21.75天（（365-104）÷12）计算。

缺勤包括旷工、事假、6个月以内的短期病假和超过6个月的长期病假。缺勤应扣发工资的比例为：旷工扣发比例根据企业管理需要自行确定；事假按日工资的100%扣发；病假扣发比例根据养老保险司发布的《中华人民共和国劳动保险条例实施细则修正草案》的规定比例执行，见表3-6。

表3-6 **企业职工病假工资扣发比例一览表**

项目	连续病假在6个月以内（短病假）					连续病假在6个月以上（长病假）		
工龄	2年以下	2~4年	4~6年	6~8年	8年及以上	不满1年	1~3年	3年及以上
扣发比例（%）	40	30	20	10	0	60	50	40
应发比例（%）	60	70	80	90	100	40	50	60

业务链接3-6

王某的月工资是多少

某企业工人王某的月工资标准为4 180元。4月份共30天，病假4天，周末休假8天，出勤18天。根据该工人的工龄，其病假工资按工资标准的60%计算。

请计算该工人本月应得工资。

解析： 该工人本月日工资=4 180÷20.9=200（元/天）

本月扣款=4×200×（1-60%）=320（元）

该工人本月应得工资=4 180-320=3 860（元）

特殊情况下支付的工资是指对职工非劳动时间所支付的工资。例如，职工享受国家规定的休假期间，因工受伤治疗休养期间，职工外出学习、参观、进修、开会期间，女职工产假期间等所支付的工资，可视同出勤处理。

日薪制。采用日薪制计算计时工资，按职工的出勤天数和日标准工资计算应付职工薪酬。如有病假，按病假期间应发工资比例加计应付职工薪酬，又称出勤工资累计法。其计算公式如下：

应付计时工资=出勤天数×日工资+病假应发工资

病假应发工资=病假天数×日工资×病假应发比例

企业可以根据本企业实际情况，确定计时工资的计算方法，一经确定，不得随意变动。

2）人工费用的分配

人工费用的分配方法是指人员工资计入产品成本的方法。人员工资计入产品成本的方法因工资计算形式的不同而有所区别。

（1）计时工资形式下工资的分配

在计时工资形式下，基本生产部门的生产工人工资计入产品成本的方法：

如果该生产部门只生产一种产品，则直接记入“基本生产成本”账户的“直接人工”成本项目；如果生产两种及两种以上的产品，则要把生产工人的工资按适当的标准分配记入“基本生产成本”账户的“直接人工”成本项目。其计算公式如下：

工资费用分配率=生产工人工资总额÷分配标准工时之和

某产品应负担的工资费用=该产品耗用分配标准工时×工资费用分配率

对工资费用进行分配的分配标准通常为生产工时，一般有定额生产工时、实际生产工时两种。

（2）计件工资形式下工资的分配

生产工人的计件工资与产品生产直接联系，因此发生时直接记入“基本生产成本”账户的“直接人工”成本项目。对于基本生产工人的奖金、津贴，则要采用一定的标准分配记入产品成本的“直接人工”成本项目。

在实际工作中，工资费用的分配一般是通过编制工资费用分配表进行的。人工费用分配原理与材料费用分配原理相同。

3）人工费用的账务处理

在实际工作中，月度终了时，根据工资费用汇总表和人工费用分配表对人工费用分配结果进行账务处理。直接从事产品生产的工人工资及附加费用由各种产品负担，借记“基本生产成本——××产品”账户的“直接人工”成本项目，贷记“应付职工薪酬”账户；辅助生产车间人员的工资及附加费用由各辅助车间的劳务或产品负担，借记“辅助生产成本”账户，贷记“应付职工薪酬”账户；各生产车间管理人员的工资及附加费用由制造费用负担，借记“制造费用”账户，贷记“应付职工薪酬”账户；从事基本建设工作的人员工资及附加费用由在建工程负担，销售人员的工资及附加费用由销售费用负担，企业管理人员的工资、附加费用及辞退福利由管理费用负担，分别借记“在建工程”“销售费用”“管理费用”等账户，贷记“应付职工薪酬”账户。

业务链接3-7

婕凯汽车配件厂甲、乙产品工资费用分配方法的选择与人工费用计算

婕凯汽车配件厂生产甲、乙两种产品，生产时间采用定额生产工时进行控

制，且生产工人工资采用计时工资与计件工资相结合的方式，基本工资采用计时工资，绩效工资采用计件工资，相关保险等费用按工资总额的36%计提。甲、乙产品生产共同耗用生产工人计时工资13 000元。甲产品的实际产量为200件，单件产品定额生产工时为4小时；乙产品的实际产量为100件，单件产品定额生产工时为5小时。

请问婕凯汽车配件厂甲、乙产品工资费用分配应选择哪种方法？其负担的工资费用各是多少？

解析：婕凯汽车配件厂甲、乙产品工资费用分配方法选择定额生产工时分配法。

其具体分配过程为：

甲、乙产品定额生产工时总量=4×200+5×100=1 300（小时）

工资费用分配率=13 000÷1 300=10（元/小时）

甲产品应负担的工资费用=800×10=8 000（元）

甲产品应负担的工资附加费用=8 000×36%=2 880（元）

乙产品应负担的工资费用=500×10=5 000（元）

乙产品应负担的工资附加费用=5 000×36%=1 800（元）

3.2.4 折旧费用的归集与分配

折旧费用是指企业固定资产在使用过程中因磨损而发生的耗费，通常采用平均年限法、工作量法、双倍余额递减法和年数总和法对固定资产计提折旧。

1）折旧费用的归集

对于生产过程中所发生的折旧费用，应首先按其发生地点和用途进行归集。

为了完成固定资产折旧费用归集任务，要做好折旧费用归集的基础工作，主要包括以下内容：

（1）计提固定资产折旧费用的原始记录

企业计提固定资产折旧费用的原始记录是会计人员作出的会计记录或固定资产折旧额汇总表，其金额是按照已经确定的固定资产折旧方法计算出的各项固定资产折旧额。

（2）固定资产折旧费用的计算

固定资产折旧是指在固定资产的使用寿命内，按照确定的方法对固定资产应计折旧额进行的系统分摊。固定资产折旧的范围除已经提足折旧超龄使用的固定资产、提前报废的固定资产和经营租入固定资产不提折旧外，其他一律计提固定资产折旧，折旧基数为“固定资产”账户期初余额，即当月增加固定资产当月不提折旧，当月减少固定资产当月照提折旧。固定资产折旧计算方法如下：

①平均年限法

平均年限法（又称直线法）的基本计算公式为：

年折旧率=（1-预计净残值率）÷预计使用年限

年折旧额=固定资产原价×年折旧率

月折旧率=年折旧率÷12

月折旧额=固定资产原价×月折旧率

=年折旧额÷12

②工作量法

工作量法的基本计算公式为：

单位工作量折旧额=固定资产原价×（1-预计净残值率）÷预计总工作量

某项固定资产月折旧额=该项固定资产当月工作量×单位工作量折旧额

③双倍余额递减法

双倍余额递减法是指在不考虑固定资产预计净残值的前提下，根据每期期初固定资产净值和双倍直线法折旧率计提折旧的方法。其基本计算公式为：

年折旧率=2÷预计折旧寿命（年）×100%

年折旧额=年初固定资产账面价值×年折旧率

月折旧率=年折旧率÷12

月折旧额=年折旧额÷12

实务中，采用双倍余额递减法计提折旧时，在固定资产使用寿命的最后两年里，将扣除预计净残值后的固定资产余额平均摊销。

④年数总和法

年数总和法的基本计算公式为：

年折旧率=尚可使用寿命÷预计使用寿命年数总和

月折旧率=年折旧率÷12

月折旧额=（固定资产原价-预计净残值）×月折旧率

2）折旧费用的分配

固定资产折旧费用的分配原则是：按受益对象进行分配，即谁使用固定资产，其折旧费用就由谁负担。

固定资产折旧费用的分配一般是通过编制固定资产折旧费用分配表进行的。

3）折旧费用的账务处理

在实际工作中，月度终了时，根据会计记录和固定资产折旧费用分配表对固定资产折旧费用分配结果进行账务处理。基本生产车间使用的固定资产，其固定资产折旧费用由基本生产车间负担，借记“制造费用——基本生产车间”账户，贷记“累计折旧”账户；辅助生产车间使用的固定资产，其固定资产折旧费用由辅助生产车间负担，借记“辅助生产成本”账户，贷记“累计折旧”账户；其他各部门使用的固定资产，其固定资产折旧费用由各部门负担，如管理部门、销售机构使用的固定资产，其固定资产折旧费用由管理部门、销售机构负担，借记“管理费用”“销售费用”等账户，贷记“累计折旧”账户。

业务链接3-8

婕凯汽车配件厂固定资产折旧费用的处理

婕凯汽车配件厂生产甲、乙两种产品，本月生产设备计提折旧1 000元，生产厂房计提折旧2 000元，行政办公大楼计提折旧1 000元。

请对婕凯汽车配件厂固定资产折旧费用进行会计处理。

解析：本月计提的生产设备和生产厂房折旧费用计入制造费用，共计3 000元；计提的行政办公大楼折旧费用计入管理费用，共计1 000元。

3.2.5 其他费用的归集与分配

其他费用为直接材料、直接人工、燃料和动力、折旧费用之外的其他要素费用，具体包括邮电费、租赁费、印刷费、图书报刊资料费、办公用品费、试验检验费、差旅费、保险费、交通补助费、误餐补贴费、职工技术补助费以及利息等，这些费用有的应计入产品成本，有的应计入期间费用。由于在成本核算时，对这些费用未设置相应的成本项目，因而在实际发生时，如果是基本生产车间发生的，记入“制造费用——基本生产车间”账户；如果是辅助生产车间发生的，记入“辅助生产成本”账户；不是基本生产车间和辅助生产车间发生的费用，在发生时列入“管理费用”“财务费用”“销售费用”账户。

同步思考3-1

资料：婕凯汽车配件厂生产甲、乙两种产品，耗用材料品种比较单一，且每种产品有较为准确的消耗定额；生产时间采用定额生产工时进行控制，且生产工人工资采用计时工资与计件工资相结合的方式，基本工资采用计时工资，绩效工资采用计件工资，相关保险等费用按工资总额的36%计提。

问题：企业材料费用分配为什么选择材料定额耗用量分配法？工资费用分配为什么选择定额生产工时分配法？运用产品成本费用要素分配的理论回答。

理解要点：企业材料费用分配选择材料定额耗用量分配法，是因为材料费用要素分配包括材料定额耗用量分配法、材料定额费用分配法、材料实际耗用量分配法。材料定额耗用量分配法，适用于材料消耗比较单一，单位产品消耗量比较准确的产品；材料定额费用分配法，适用于产品生产过程中消耗的原材料品种较多，不宜按品种确定原材料消耗量，但有比较合理的材料费用消耗定额的产品；材料实际耗用量分配法，适用于能够分清材料消耗对象，并有健全的材料消耗记录的产品。本企业生产的产品只有两种，材料消耗比较单一，而且单位产品消耗定额资料齐全又比较准确，所以宜采用材料定额耗用量分配法分配原材料费用。

企业工资费用分配选择定额生产工时分配法是因为生产工人计时工资的分配通常有按定额生产工时分配和按实际生产工时分配两种选择。因为本企业有生产工人定额生产工时资料，它是工人生产时间的考核依据，所以生产工人计时工资的分配宜采用定额生产工时分配法。对于计件工资，应能分清是哪位工人生产的，即能分清成本计算对象，所以不需要分配。

同步案例3-1

红河工厂产品成本费用要素的分配

背景与情境：红河工厂为单步骤生产企业，设有一个基本生产车间，大量生产A、B两种产品。原材料在生产开始时一次性投入，A产品投产150件，B产品投产200件，月末在产品完工程度为50%。该企业有关资料如下：

①产量：月末A产品完工100件，在产品50件；月末B产品200件全部完工。

②总工时记录：A产品实际工时共1 000小时；B产品实际工时共1 500小时。

③乙材料消耗定额：A产品10千克/件；B产品3千克/件。

④本月发生费用见表3-7、表3-8、表3-9。

表3-7　**本月材料费用表**　单位：元

用途	直接领用甲材料	共同耗用乙材料
A产品	5 000	
B产品	6 000	
小计	11 000	4 200
基本生产车间	1 300	
一般耗用		
合计	12 300	4 200

表3-8　**本月人工费用表**　单位：元

人员类别	应付职工薪酬
生产工人	28 500
基本生产车间管理人员	5 700
行政管理人员	5 700
合计	39 900

表3-9　**本月折旧及其他费用表**　单位：元

使用单位	折旧费用	其他费用（办公）
基本生产车间	10 000	500
管理部门	2 000	1 000
合计	12 000	1 500

该厂财务部要求其成本核算员王某根据上述资料回答如下问题：（1）红河工厂产品成本费用要素的内容是什么？（2）A、B产品共同耗用材料费用、人工费用分配各选择哪种方法？（3）红河工厂A、B产品直接材料、直接人工、制造费用各是多少？

王某提供的解答如下：

（1）红河工厂产品成本费用要素的内容包括：①原材料费用；②人工费用；③其他办公费用；④固定资产折旧费用；⑤制造费用。

（2）材料费用分配选择产品产量比例分配法，人工费用分配选择实际生产工时比例分配法。

（3）红河工厂A、B产品直接材料、直接人工、制造费用的计算为：

①乙材料费用分配率=4 200÷（100+200）=14（元/件）

A产品耗用乙材料费用=100×14=1 400（元）

B产品耗用乙材料费用=200×14=2 800（元）

A产品直接领用甲材料5 000元，则A产品直接材料费为6 400元。

B产品直接领用甲材料6 000元，则B产品直接材料费为8 800元。

②人工费用分配率=28 500÷（1 000+1 500）=11.4（元/小时）

A产品耗用人工费用=1 000×11.4=11 400（元）

B产品耗用人工费用=1 500×11.4=17 100（元）

③制造费用合计=车间机物料消耗+车间管理人员人工费用+基本生产车间折旧费用+基本生产车间办公费用

=1 300+5 700+10 000+500=17 500（元）

问题：

（1）本案例中，王某提供的哪些解答和说明正确无误？为什么？

（2）本案例中，王某提供的哪些解答和说明有误？分析其错误的原因。

（3）对本案例中的错误回答及其说明进行分析更正。

分析提示：

（1）王某对第（1）个问题的回答是正确的。因为根据产品成本费用要素所包含的内容，结合红河工厂发生的主要经济活动，按照成本核算产品成本费用的范围，本企业产品成本费用为：①原材料费用；②人工费用；③其他办公费用；④固定资产折旧费用；⑤制造费用。王某对第（2）个问题人工费用分配方法的选择和计算的回答是正确的。因为生产工人计时工资通常有按定额生产工时分配和按实际生产工时分配两种方法可供选择，而本企业有产品实际生产工时记录，资料比较准确，所以应选用实际生产工时比例分配法分配生产工人计时工资。王某对第（3）个问题的回答是正确的。因为制造费用包括车间机物料消耗、车间管理人员人工费用、车间固定资产折旧费用、车间办公费用等车间所发生的各项间接费用。

（2）王某对第（2）个问题材料费用分配方法的选择和计算的回答是错误的。王某选择的是按产品产量比例分配法分配原材料费用，错误在于A、B产品共同耗用乙材料的消耗定额是不同的，即单个产品耗用量有很大差异，A产品为10千克/件，B产品为3千克/件，因此不能用产品产量作为分配标准。

（3）A、B产品共同耗用的材料费用应选择材料消耗定额比例分配法进行分配。因为材料费用要素分配方法包括材料定额耗用量分配法、材料定额费用分配法、材料实际耗用量分配法等，而本企业有比较准确的单位产品消耗定量资料。

红河工厂A、B产品直接材料费用计算如下：

A、B产品共同耗用乙材料费用分配率=4 200÷（1 500+600）=2（元/千克）

A产品耗用乙材料费用=1 500×2=3 000（元）

B产品耗用乙材料费用=600×2=1 200（元）

A产品直接领用甲材料5 000元，A产品耗用直接材料费用8 000元。

B产品直接领用甲材料6 000元，B产品耗用直接材料费用7 200元。

3.3　辅助产品成本费用的归集与分配

辅助生产在工业企业指的是为基本生产服务而进行的产品生产和劳务供应。辅助生产车间的类型有两种：只生产一种产品或只提供一种劳务，如供电、供水、供气、运输等辅助生产车间；生产多种产品或提供多种劳务，如从事工具、模具、修理用备件的制造及机器设备修理等活动的辅助生产车间。**辅助产品成本费用**是辅助生产车间为生产产品或提供劳务而发生的材料费用、动力费用、人工费用以及辅助生产车间的制造费用。

学习微平台

资源3-04

3.3.1　辅助产品成本费用的归集

辅助产品成本费用的归集，是在产品成本费用发生时按照受益对象归属到辅助生产成本账户中的过程和结果。其具体内容包括：辅助生产车间领用材料费用；辅助生产车间生产和管理人员人工费用；辅助生产车间动力费用；辅助生产车间固定资产折旧费用；辅助生产车间制造费用；辅助生产车间其他费用。

辅助产品成本费用通过“辅助生产成本”账户归集和分配，为了反映各个辅助生产车间费用的发生情况，在“辅助生产成本”账户下按不同的辅助生产车间分户，进行辅助生产成本费用的明细分类核算。

需要说明的是，在辅助生产车间辅助生产为基本生产只提供劳务的情况下，一般不设置“制造费用”账户，辅助生产车间发生的各项费用直接记入“辅助生产成本”账户；在辅助生产车间辅助生产不仅为基本生产提供劳务，还提供辅助产品的情况下，可以设置“制造费用——辅助生产车间”账户，期末将制造费用分配记入“辅助生产成本”账户，其原理与基本生产车间相同。

业务链接3-9

辅助产品成本费用的归集

某机械制造厂设有配电和机修两个辅助生产车间，机修车间负责对全厂机器设备进行维修，配电车间接受外来电源，负责供给和记录全厂各部门的用电及电器的维修。本企业生产1#、2#机械产品。通过对本月经济活动过程中发生的费用进行归集，具体账务处理为：

转1	借：辅助生产成本——机修车间	7 500	
	贷：原材料		7 500
转2	借：辅助生产成本——机修车间	3 060	
	——配电车间	460	

贷：低值易耗品 3 520

转3 借：辅助生产成本——机修车间 10 495.98

——配电车间 4 514.40

贷：应付职工薪酬 15 010.38

转4 借：辅助生产成本——机修车间 357.15

——配电车间 478.58

贷：应付账款——水费 835.73

转5 借：辅助生产成本——配电车间 53 000

贷：应付账款——电费 53 000

转6 借：辅助生产成本——机修车间 2 480

——配电车间 3 600

贷：累计折旧 6 080

请自行设计辅助生产车间提供劳务量表，并登记辅助生产成本明细账。

解析：辅助生产车间提供劳务量见表3-10。

表3-10 **辅助生产车间提供机修和配电劳务量表**

××××年××月××日

辅助生产车间	铸造车间		机械加工车间		装配车间		机修车间	配电车间	厂部	合计
	生产	车间	生产	车间	生产	车间	生产	生产		
机修（检修时点）		12 400		30 100		26 026		300	5 000	73 826
配电（度）	15 000	1 144	6 000	1 644	3 000	1 214	3 180		21 810	52 992

辅助生产成本明细账归集结果见表3-11、表3-12。

表3-11 **辅助生产成本明细账（一）**

一级科目编号及名称：辅助生产成本　　二级科目编号及名称：机修车间

××××年		凭证号数	摘要	（借）方金额					
月	日			原材料	低值易耗品	人工费用	分配水费	计提折旧	合计
××	××	转1	领用原材料	7 500					7 500
		转2	领用工具		3 060				3 060
		转3	分配人工费用			10 495.98			10 495.98
		转4	分配水费				357.15		357.15
		转6	计提折旧					2 480	2 480
			合计						23 893.13

表3-12　**辅助生产成本明细账（二）**

一级科目编号及名称：辅助生产成本　　二级科目编号及名称：配电车间

××××年		凭证号数	摘要	（借）方金额					
月	日			低值易耗品	人工费用	分配水费	分配电费	计提折旧	合计
××	××	转2	领用工具	460					460
		转3	分配人工费用		4 514.40				4 514.40
		转4	分配水费			478.58			478.58
		转5	分配电费				53 000		53 000
		转6	计提折旧					3 600	3 600
			合计						62 052.98

3.3.2　辅助产品成本费用的分配

辅助产品成本费用分配是指将辅助生产成本各明细账上所归集的费用，采用一定的方法计算出产品或劳务的总成本和单位成本，并按受益对象耗用的数量计入基本生产成本或期间费用的过程。

辅助产品成本费用的分配可以采用直接分配和交互分配的方式。通常的分配方法有直接分配法、交互分配法、代数分配法、顺序分配法和计划成本分配法。

1）直接分配法

直接分配法是指将辅助生产部门发生的辅助产品成本费用，全部直接分配给辅助生产部门以外各受益对象负担的一种方法。它的特点是辅助生产部门之间相互提供的产品或劳务成本互不分配，既不转出，也不转入。其分配计算公式如下：

费用分配率（单位成本）= 某辅助生产部门待分配费用 ÷ 该辅助生产部门提供给辅助生产部门以外受益对象的劳务总量

某受益对象应负担的费用=该受益对象接受的劳务供应总量×费用分配率

业务链接3-10

按直接分配法分配辅助产品成本费用

按“业务链接3-9”给定的资料，机修车间辅助产品成本为23 893.13元，配电车间辅助产品成本为62 052.98元。

请采用直接分配法分配辅助产品成本费用。

解析：第一步，计算辅助生产车间对外分配费用的分配率。

机修车间费用分配率=23 893.13÷（73 826−300）=0.3250（元/检修时点）

配电车间费用分配率=62 052.98÷（52 992−3 180）=1.2457（元/度）

第二步，计算对外分配辅助费用。

铸造车间承担的机修费用=12 400×0.3250=4 030（元）

机械加工车间承担的机修费用=30 100×0.3250=9 782.50（元）

装配车间承担的机修费用=26 026×0.3250=8 458.45（元）

厂部承担的机修费用=23 893.13−4 030−9 782.50−8 458.45=1 622.18（元）

铸造车间1#、2#产品承担的配电费用=15 000×1.2457=18 685.50（元）

铸造车间承担的配电费用=1 144×1.2457=1 425.08（元）

机械加工车间1#、2#产品承担的配电费用=6 000×1.2457=7 474.20（元）

机械加工车间承担的配电费用=1 644×1.2457=2 047.93（元）

装配车间1#、2#产品承担的配电费用=3 000×1.2457=3 737.10（元）

装配车间承担的配电费用=1 214×1.2457=1 512.28（元）

厂部承担的配电费用=62 052.98−18 685.50−1 425.08−7 474.20−2 047.93−3 737.10−1 512.28
=27 170.89（元）

再将各车间1#、2#产品的电费按工时定额进行分配，铸造车间工时定额1#产品3 500小时、2#产品1 500小时；机械加工车间工时定额1#产品6 000小时、2#产品1 500小时；装配车间工时定额1#产品4 500小时、2#产品3 000小时。其分配结果为：

铸造车间产品电费分配率=18 685.50÷5 000=3.7371（元/小时）

铸造车间1#产品承担的电费=3 500×3.7371=13 079.85（元）

铸造车间2#产品承担的电费=18 685.50−13 079.85=5 605.65（元）

机械加工车间产品电费分配率=7 474.20÷7 500=0.9966（元/小时）

机械加工车间1#产品承担的电费=6 000×0.9966=5 979.60（元）

机械加工车间2#产品承担的电费=7 474.20−5 979.60=1 494.60（元）

装配车间产品电费分配率=3 737.10÷7 500=0.4983（元/小时）

装配车间1#产品承担的电费=4 500×0.4983=2 242.35（元）

装配车间2#产品承担的电费=3 737.10−2 242.35=1 494.75（元）

编制辅助产品成本费用直接分配表，见表3-13。

表3-13 **辅助产品成本费用直接分配表**

××××年××月××日

金额单位：元

项目			待分配辅助产品成本费用	劳务量	分配率	分配后金额	合计
直接分配	机修车间		23 893.13	73 826 (300)	0.3250		
	配电车间		62 052.98	52 992 (3 180)	1.2457		
铸造车间	1#、2#产品配电			15 000	1.2457	18 685.50	18 685.50
	制造费用	机修		12 400	0.3250	4 030	5 455.08
		配电		1 144	1.2457	1 425.08	
	合计					24 140.58	24 140.58

续表

项目			待分配辅助产品成本费用	劳务量	分配率	分配后金额	合计
机械加工车间	1#、2#产品配电			6 000	1.2457	7 474.20	7 474.20
	制造费用	机修		30 100	0.3250	9 782.50	11 830.43
		配电		1 644	1.2457	2 047.93	
	合计					19 304.63	19 304.63
装配车间	1#、2#产品配电			3 000	1.2457	3 737.10	3 737.10
	制造费用	机修		26 026	0.3250	8 458.45	9 970.73
		配电		1 214	1.2457	1 512.28	
	合计					13 707.83	13 707.83
管理部门	机修			5 000	0.3250	1 622.18	28 793.07
	配电			21 810	1.2457	27 170.89	
总计						85 946.11	85 946.11

编制动力费用分配表，见表3-14。

表3-14　**动力费用分配表**

××××年××月××日　　金额单位：元

项目		定额工时	分配率	动力费用分配额
铸造车间	1#产品	3 500		13 079.85
	2#产品	1 500		5 605.65
	合计	5 000	3.7371	18 685.50
机械加工车间	1#产品	6 000		5 979.60
	2#产品	1 500		1 494.60
	合计	7 500	0.9966	7 474.20
装配车间	1#产品	4 500		2 242.35
	2#产品	3 000		1 494.75
	合计	7 500	0.4983	3 737.10
总计		20 000		29 896.80

第三步，账务处理。

根据辅助产品成本费用分配表，对辅助产品成本费用结果进行账务处理。

借：基本生产成本——铸造车间（$1^{\#}$产品）　13 079.85
　　　　　　　——铸造车间（$2^{\#}$产品）　5 605.65
　　制造费用——铸造车间　5 455.08
　　基本生产成本——机械加工车间（$1^{\#}$产品）　5 979.60
　　　　　　　——机械加工车间（$2^{\#}$产品）　1 494.60
　　制造费用——机械加工车间　11 830.43
　　基本生产成本——装配车间（$1^{\#}$产品）　2 242.35
　　　　　　　——装配车间（$2^{\#}$产品）　1 494.75
　　制造费用——装配车间　9 970.73
　　管理费用　28 793.07
　贷：辅助生产成本——机修车间　23 893.13
　　　　　　　　——配电车间　62 052.98

采用直接分配法分配辅助产品成本费用比较简单，但分配结果不够准确。直接分配法通常适用于辅助生产车间之间互相消耗的劳务量较少的企业。

学习微平台

资源3-05

2）交互分配法

交互分配法是指将辅助生产部门相互提供的劳务先行交互分配，然后将各辅助生产部门交互分配后的实际辅助产品成本费用，全部分配给辅助生产部门以外各受益单位的一种分配方法。

这种方法的特点是两次分配。第一次分配，先根据各辅助生产部门相互提供的劳务量和交互分配前的分配率进行一次交互分配；第二次分配，将各辅助生产部门交互分配后的实际费用（交互分配前的费用加上交互分配转入的费用减去交互分配转出的费用），再按向辅助生产部门以外各受益单位提供的劳务量进行分配。其计算步骤及公式如下：

（1）计算交互分配的交互分配率

交互分配率=辅助产品成本直接归集费用额÷劳务供应总量

某辅助生产部门分入的辅助产品成本费用=该辅助生产部门受益的劳务量×对应的交互分配率

某辅助生产部门分出的辅助产品成本费用=提供给某辅助生产部门的劳务量×对应的交互分配率

（2）将交互分配后的辅助产品成本费用对外分配

某辅助生产部门对外费用分配率=该辅助生产部门对外待分配费用÷对外提供的劳务总量

某辅助生产部门对外待分配费用=该辅助生产部门直接费用+交互分入的费用−交互分出的费用

某受益单位应承担的辅助产品成本费用=该单位受益的劳务量×对外费用分配率

业务链接3-11

按交互分配法分配辅助产品成本费用

按“业务链接3-9”给定的资料，机修车间辅助产品成本为23 893.13元，配电车间辅助产品成本为62 052.98元。

请采用交互分配法分配辅助产品成本费用。

解析：第一步，计算辅助生产车间交互分配的费用分配率和交互分配结果。

机修车间交互分配率=23 893.13÷73 826=0.3236（元/检修时点）

配电车间交互分配率=62 052.98÷52 992=1.1710（元/度）

机修车间分出的机修费用=300×0.3236=97.08（元）

机修车间分入的电费=3 180×1.1710=3 723.78（元）

配电车间分出的电费=3 180×1.1710=3 723.78（元）

配电车间分入的机修费用=300×0.3236=97.08（元）

机修车间实际辅助产品成本费用=23 893.13−97.08+3 723.78=27 519.83（元）

配电车间实际辅助产品成本费用=62 052.98−3 723.78+97.08=58 426.28（元）

第二步，将辅助生产车间实际辅助产品成本费用对外分配。

分配原理同“业务链接3-10”。分配结果见表3-15、表3-16。

表3-15　**辅助产品成本费用交互分配表**

××××年××月××日　　金额单位：元

<table>
<tr><th colspan="3">项目</th><th>待分配辅助产品成本费用</th><th>劳务量</th><th>分配率</th><th>交互分配金额</th><th>合计</th></tr>
<tr><td rowspan="2">交互分配</td><td colspan="2">机修车间</td><td>23 893.13</td><td>73 826</td><td>0.3236</td><td>−97.08
+3 723.78</td><td>27 519.83</td></tr>
<tr><td colspan="2">配电车间</td><td>62 052.98</td><td>52 992</td><td>1.1710</td><td>−3 723.78
+97.08</td><td>58 426.28</td></tr>
<tr><td rowspan="2">对外分配</td><td colspan="2">机修车间</td><td>27 519.83</td><td>73 526</td><td>0.3743</td><td></td><td>27 519.83</td></tr>
<tr><td colspan="2">配电车间</td><td>58 426.28</td><td>49 812</td><td>1.1729</td><td></td><td>58 426.28</td></tr>
<tr><td rowspan="4">铸造车间</td><td colspan="2">1#、2#产品</td><td></td><td>15 000</td><td>1.1729</td><td>17 593.50</td><td>17 593.50</td></tr>
<tr><td rowspan="2">制造费用</td><td>机修分入</td><td></td><td>12 400</td><td>0.3743</td><td>4 641.32</td><td rowspan="2">5 983.12</td></tr>
<tr><td>配电分入</td><td></td><td>1 144</td><td>1.1729</td><td>1 341.80</td></tr>
<tr><td colspan="2">合计</td><td></td><td></td><td></td><td>23 576.62</td><td>23 576.62</td></tr>
<tr><td rowspan="4">机械加工车间</td><td colspan="2">1#、2#产品</td><td></td><td>6 000</td><td>1.1729</td><td>7 037.40</td><td>7 037.40</td></tr>
<tr><td rowspan="2">制造费用</td><td>机修分入</td><td></td><td>30 100</td><td>0.3743</td><td>11 266.43</td><td rowspan="2">13 194.68</td></tr>
<tr><td>配电分入</td><td></td><td>1 644</td><td>1.1729</td><td>1 928.25</td></tr>
<tr><td colspan="2">合计</td><td></td><td></td><td></td><td>20 232.08</td><td>20 232.08</td></tr>
<tr><td rowspan="4">装配车间</td><td colspan="2">1#、2#产品</td><td></td><td>3 000</td><td>1.1729</td><td>3 518.70</td><td>3 518.70</td></tr>
<tr><td rowspan="2">制造费用</td><td>机修分入</td><td></td><td>26 026</td><td>0.3743</td><td>9 741.53</td><td rowspan="2">11 165.43</td></tr>
<tr><td>配电分入</td><td></td><td>1 214</td><td>1.1729</td><td>1 423.90</td></tr>
<tr><td colspan="2">合计</td><td></td><td></td><td></td><td>14 684.13</td><td>14 684.13</td></tr>
<tr><td colspan="2" rowspan="2">管理部门</td><td>机修分入</td><td></td><td>5 000</td><td>0.3743</td><td>1 870.55</td><td rowspan="2">27 453.28</td></tr>
<tr><td>配电分入</td><td></td><td>21 810</td><td>1.1729</td><td>25 582.73</td></tr>
<tr><td colspan="3">总计</td><td></td><td></td><td></td><td>85 946.11</td><td>85 946.11</td></tr>
</table>

表3-16 **动力费用分配表**

××××年××月××日 金额单位：元

项目		定额工时	分配率	动力费用分配额
铸造车间	1#产品	3 500		12 315.45
	2#产品	1 500		5 278.05
	合计	5 000	3.51870	17 593.50
机械加工车间	1#产品	6 000		5 629.92
	2#产品	1 500		1 407.48
	合计	7 500	0.93832	7 037.40
装配车间	1#产品	4 500		2 111.22
	2#产品	3 000		1 407.48
	合计	7 500	0.46916	3 518.70
总计		20 000		28 149.60

第三步，账务处理。

根据辅助产品成本费用分配表，对辅助产品成本费用分配结果进行账务处理。

交互分配结果的账务处理如下：

借：辅助生产成本——机修车间　3 723.78
　　　　　　　　——配电车间　97.08
　贷：辅助生产成本——机修车间　97.08
　　　　　　　　　——配电车间　3 723.78

对外分配结果的账务处理如下：

借：基本生产成本——铸造车间（1#产品）　12 315.45
　　　　　　　　——铸造车间（2#产品）　5 278.05
　　制造费用——铸造车间　5 983.12
　　基本生产成本——机械加工车间（1#产品）　5 629.92
　　　　　　　　——机械加工车间（2#产品）　1 407.48
　　制造费用——机械加工车间　13 194.68
　　基本生产成本——装配车间（1#产品）　2 111.22
　　　　　　　　——装配车间（2#产品）　1 407.48
　　制造费用——装配车间　11 165.43
　　管理费用　27 453.28
　贷：辅助生产成本——机修车间　27 519.83
　　　　　　　　　——配电车间　58 426.28

采用交互分配法分配的结果较直接分配法分配的结果更符合实际，也比较准确，但增加了分配的工作量。同时，在进行交互分配时，需计算交互分配率及辅助生产车间提供劳务的实际单位成本，因而分配结果也不可能完全正确。交互分配法通常适用于辅助生产车间之间相互耗用劳务量较多的企业。

3）代数分配法

代数分配法是指运用代数中解联立方程组的原理求出辅助生产单位劳务或产品的单位成本后，再按各个受益对象耗用劳务或产品数量分配辅助产品成本费用的一种方法。其基本计算步骤如下：

① 设辅助生产单位成本为未知数，并根据辅助生产车间之间交互服务关系建立方程组，解方程组，计算出各种产品或劳务的单位成本。

② 用辅助生产单位成本乘以各受益部门的耗用量，求出各受益部门应承担的辅助产品成本费用。

业务链接3-12

按代数分配法分配辅助产品成本费用

按“业务链接3-9”给定的资料，机修车间辅助产品成本为23 893.13元，配电车间辅助产品成本为62 052.98元。

请采用代数分配法分配辅助产品成本费用。

解析：第一步，设机修车间单位成本为x，配电车间单位成本为y，建立联立方程组：

$$\begin{cases} 73\,826x = 23\,893.13 + 3\,180y \\ 52\,992y = 62\,052.98 + 300x \end{cases}$$

解得：x=0.3742，y=1.1731。

第二步，用求得的各单位成本分配辅助产品成本费用。

分配机修车间费用：

配电车间承担的机修费用=300×0.3742=112.26（元）

铸造车间承担的机修费用=12 400×0.3742=4 640.08（元）

机械加工车间承担的机修费用=30 100×0.3742=11 263.42（元）

装配车间承担的机修费用=26 026×0.3742=9 738.93（元）

厂部承担的机修费用=23 893.13+3 730.46−112.26−4 640.08−11 263.42−9 738.93
=1 868.90（元）

分配配电车间费用：

机修车间承担的配电费用=3 180×1.1731=3 730.46（元）

铸造车间1#、2#产品承担的配电费用=15 000×1.1731=17 596.50（元）

铸造车间承担的配电费用=1 144×1.1731=1 342.03（元）

机械加工车间1#、2#产品承担的配电费用=6 000×1.1731=7 038.60（元）

机械加工车间承担的配电费用=1 644×1.1731=1 928.58（元）

装配车间1#、2#产品承担的配电费用=3 000×1.1731=3 519.30（元）

装配车间承担的配电费用=1 214×1.1731=1 424.14（元）

厂部承担的配电费用=62 052.98+112.26−3 730.46−17 596.50−1 342.03−7 038.60−1 928.58−3 519.30−1 424.14

=25 585.63（元）

$1^{\#}$、$2^{\#}$产品承担的配电费用分配原理同“业务链接3-10”。

第三步，账务处理。

账务处理原理同“业务链接3-10”，这里不再赘述。

代数分配法是一种“运用数学方法，准确分配费用”的分配方法。其特点是运用数学方法求得辅助产品成本费用的分配率，使计算的结果准确，但计算过程比较复杂。代数分配法通常适用于实现会计信息化的企业。

4）顺序分配法

顺序分配法又称阶梯法，是指各辅助生产部门分配费用按照受益多少的顺序排列，受益少的排在前面，先行分配，受益多的排在后面，再行分配的一种方法。其分配特点是前者分配给后者，而后者不分配给前者，后者的分配额等于其直接费用与前者分配来的费用之和。其计算步骤及公式如下：

（1）确定辅助产品成本费用分配顺序

按照辅助生产部门之间受益的多少排序，受益少的排在前，先分配出去；受益多的排在后，后分配出去。

（2）按顺序进行分配

$$\text{费用分配率（单位成本）}=\left(\text{某辅助生产部门待分配费用}+\text{前已分配的辅助生产部门分配计入该部门的费用}\right)\div\left(\text{该辅助生产部门提供给受益对象的劳务总量}-\text{前已分配的辅助生产部门耗用本部门的劳务量}\right)$$

某受益对象应负担的费用=该受益对象接受的劳务供应总量×费用分配率

业务链接3-13

按顺序分配法分配辅助产品成本费用

按“业务链接3-9”给定的资料，机修车间辅助产品成本为23 893.13元，配电车间辅助产品成本为62 052.98元，机修车间用电3 180度，配电车间用300检修时点。

请采用顺序分配法分配辅助产品成本费用。

解析：第一步，确定辅助生产车间分配顺序。

根据给定资料，先计算各自的受益金额。根据交互分配法的交互分配结果，机修车间受益3 723.78元，配电车间受益97.08元。所以，配电车间分配顺序排在第一位，机修车间分配顺序排在第二位。

第二步，按顺序分配辅助产品成本费用。

分配配电车间辅助产品成本费用：

配电车间分配率=62 052.98÷52 992=1.1710（元/度）

机修车间承担的配电费用=3 180×1.1710=3 723.78（元）

铸造车间$1^{\#}$、$2^{\#}$产品承担的配电费用=15 000×1.1710=17 565.00（元）

铸造车间承担的配电费用=1 144×1.1710=1 339.62（元）

机械加工车间1#、2#产品承担的配电费用=6 000×1.1710=7 026.00（元）

机械加工车间承担的配电费用=1 644×1.1710=1 925.12（元）

装配车间1#、2#产品承担的配电费用=3 000×1.1710=3 513.00（元）

装配车间承担的配电费用=1 214×1.1710=1 421.59（元）

厂部承担的配电费用=6 2052.98−3 723.78−17 565−1 339.62−7 026−1 925.12−3 513−1 421.59
=25 538.87（元）

1#、2#产品承担的配电费用分配原理同“业务链接3−10”，这里不再赘述。

分配机修车间辅助产品成本费用：

机修车间实际辅助产品成本费用=23 893.13+3 723.78=27 616.91（元）

机修车间对外分配劳务量=73 826−300=73 526（检修时点）

机修车间分配率=27 616.91÷73 526=0.3756（元/检修时点）

铸造车间承担的机修费用=12 400×0.3756=4 657.44（元）

机械加工车间承担的机修费用=30 100×0.3756=11 305.56（元）

装配车间承担的机修费用=26 026×0.3756=9 775.37（元）

厂部承担的机修费用=27 616.91−4 657.44−11 305.56−9 775.37=1 878.54（元）

第三步，账务处理。

账务处理原理同“业务链接3−10”，这里不再赘述。

顺序分配法的分配顺序按受益的劳务金额从小到大排列，分配的过程是前者分配给后者，后者不分配给前者，每一辅助生产车间被分配的辅助产品成本费用是归集的辅助产品成本费用加上其他辅助生产车间分来的产品成本费用。顺序分配法通常适用于辅助生产车间较多、相互耗用的劳务金额相差较大的企业。

5）计划成本分配法

计划成本分配法是指根据辅助生产部门提供劳务的计划单位成本和各受益单位的受益量分配辅助产品成本费用的一种方法。其内容也是进行两次分配，先是按劳务的计划单位成本分配辅助生产部门为各受益单位（包括其他辅助生产部门）提供的劳务费用，然后将辅助生产部门实际发生的费用（包括交互分配转入的费用在内）与按计划成本分配出去的费用的差额，即成本差异，分配给辅助生产部门以外的受益单位。其计算步骤及公式如下：

（1）按计划成本分配辅助产品成本费用

某受益对象应承担的劳务费用（含辅助生产部门）=该受益对象的受益数量×计划单位成本

（2）分配计划成本差异

成本差异=各辅助生产部门发生的费用+按计划成本分配转入的费用−按计划成本分配转出的费用

成本差异分配率=成本差异÷辅助生产部门以外的受益单位劳务量（或分配的计划成本）

某受益单位应分摊的成本差异=该受益单位的受益量（或分配的计划成本）×成本差异分配率

业务链接3−14

按计划成本分配法分配辅助产品成本费用

按“业务链接3−9”给定的资料，机修车间辅助产品成本为23 893.13元，配电车间辅助产品成本为62 052.98元。设定机修车间计划成本率为0.3742元/机修时点，配电车间计划成本率为1.1732元/度。

请采用计划成本分配法分配辅助产品成本费用。

解析： 第一步，计算辅助生产车间计划成本分配结果。

分配机修车间费用：

配电车间承担的机修费用=300×0.3742=112.26（元）

铸造车间承担的机修费用=12 400×0.3742=4 640.08（元）

机械加工车间承担的机修费用=30 100×0.3742=11 263.42（元）

装配车间承担的机修费用=26 026×0.3742=9 738.93（元）

厂部承担的机修费用=5 000×0.3742=1 871.00（元）

机修车间按计划成本分配总额为27 625.69元。

分配配电车间费用：

机修车间承担的配电费用=3 180×1.1732=3 730.78（元）

铸造车间1#、2#产品承担的配电费用=15 000×1.1732=17 598.00（元）

铸造车间承担的配电费用=1 144×1.1732=1 342.14（元）

机械加工车间1#、2#产品承担的配电费用=6 000×1.1732=7 039.20（元）

机械加工车间承担的配电费用=1 644×1.1732=1 928.74（元）

装配车间1#、2#产品承担的配电费用=3 000×1.1732=3 519.60（元）

装配车间承担的配电费用=1 214×1.1732=1 424.26（元）

厂部承担的配电费用=21 810×1.1732=25 587.49（元）

配电车间按计划成本分配总额为62 170.21元。

第二步，计算辅助车间计划成本差异。

机修车间计划成本差异=23 893.13+3 730.78−27 625.69=−1.78（元）

配电车间计划成本差异=62 052.98+112.26−62 170.21=−4.97（元）

第三步，处理计划成本差异。

因差异很小，直接列入当月管理费用。账务处理原理同上，这里不再赘述。

在实际工作中，为简化核算手续，可以将上述劳务成本差异全部列为当月的管理费用。其特点是对辅助产品成本费用进行两次分配：第一次根据辅助生产车间提供的劳务总量，按计划单位成本进行分配；第二次对劳务成本差异采用直接分配法，在辅助生产车间以外的受益部门中进行分配，或全部列为管理费用。计划成本分配法通常适用于计划分配率比较准确的企业。

业务链接3-15

西安现代农药厂辅助产品成本费用分配方法的选择

西安现代农药厂属于季节性生产企业，夏季7、8两月因高温不生产农药，进行设备维修。辅助产品成本费用采用年度数进行控制。设有机修车间和配电车间两个辅助生产车间。机修车间负责全厂机器设备维修，配电车间负责全厂配电供给。

请选择辅助产品成本费用分配方法。

解析： 西安现代农药厂辅助产品成本费用分配方法应选择计划成本分配法，因为本企业辅助产品成本费用采用年度数进行控制，属于计划分配率比较准确的企业，适用于计划成本分配法。

同步思考3-2

资料： 西安现代农药厂属于季节性生产企业，夏季7、8两月因高温不生产农药，进行设备维修。辅助产品成本费用采用年度数进行控制。设有机修车间和配电车间两个辅助生产车间。机修车间负责全厂机器设备维修，配电车间负责全厂配电供给。西安现代农药厂辅助产品成本费用分配方法应选择计划成本分配法。

问题： 该企业辅助产品成本费用分配方法为什么选择计划成本分配法？运用辅助产品成本费用分配的理论回答。

理解要点： 辅助产品成本费用分配的方法通常有直接分配法、交互分配法、代数分配法、顺序分配法、计划成本分配法。计划成本分配法的特点是对辅助产品成本费用进行两次分配：第一次根据辅助生产车间提供的劳务总量，按计划分配率进行分配；第二次对劳务成本差异采用直接分配法进行分配。该分配方法适用于计划分配率比较准确的企业。

本企业辅助产品成本费用采用年度数进行控制，属于计划分配率比较准确的企业，适用计划成本分配法。

互动专栏3-1

互动问题：

（1）辅助产品成本费用分配方法与企业类型及生产特点是否紧密相连？

（2）辅助产品成本费用分配方法与企业辅助生产车间数量及管理要求是否相关？

要求： 同“互动专栏1-1”的“要求”。

3.4 制造费用的归集与分配

制造费用是企业为生产产品而发生的应该计入产品成本，但没有专设成本项目的各项产品成本费用，是在生产车间发生的各项间接费用。生产车间制造费用是本车间发生的各项间接费用，分配时，只能分配给本车间生产的产品或提供的劳务，不得分配给本车间以外的对象。

3.4.1 制造费用的归集

制造费用的归集是在产品成本费用发生时按照受益车间归属到“制造费用”账户中的过程和结果。具体内容为：①直接用于产品生产未单独设置成本项目的费用，如未单独设置“燃料及动力”成本项目的燃料和动力费，机器设备的折旧费、修理费、租赁费、保险费，生产车间的工具费、图纸设计费和产品试验检验费用等；②间接用于产品生产不能单设产品成本项目的费用，如房屋建筑物的折旧费、修理费、保险费、租赁费，机物料消耗费用，车间的照明、取暖、降温、通风、除尘等费用，工人的劳动保护费，发生的季节性停工或固定资产大修理期间停工造成的损失等；③为组织和管理产品生产而发生的费用，如生产管理人员人工费，生产管理部门使用的固定资产折旧费、修理费、保险费、租赁费，生产管理部门发生的照明、取暖、降温、通风、出差、办公费用等。

制造费用通过“制造费用”账户归集和分配，为了反映各个生产车间的费用发生情况，在“制造费用”账户下按不同的生产车间分户，进行制造费用的明细分类核算。

业务链接3-16

制造费用的归集

某机械制造厂设有铸造、机械加工和装配三个基本生产车间，顺序加工生产1#和2#产品。对经济活动过程中发生的费用进行归集，具体账务处理为：

转2	借：制造费用——铸造车间	700	
	——机械加工车间	494	
	——装配车间	990	
	贷：低值易耗品		2 184
转3	借：制造费用——铸造车间	4 902	
	——机械加工车间	4 560	
	——装配车间	3 516.90	
	贷：应付职工薪酬		12 978.90
转4	借：制造费用——铸造车间	1 071.45	
	——机械加工车间	785.73	
	——装配车间	571.44	
	贷：应付账款——水费		2 428.62
转6	借：制造费用——铸造车间	17 640	
	——机械加工车间	41 900	
	——装配车间	27 000	
	贷：累计折旧		86 540
转8	借：制造费用——铸造车间	5 983.12	
	——机械加工车间	13 194.68	
	——装配车间	11 165.43	
	贷：辅助生产成本		30 343.23

请登记制造费用明细账，并归集制造费用。

解析：登记制造费用明细账，归集结果见表3-17、表3-18和表3-19。

表3-17

制造费用明细账（一）

一级科目编号及名称：制造费用　　　　二级科目编号及名称：铸造车间

××××年		凭证号数	摘要	（借）方金额					
月	日			低值易耗品	应付职工薪酬	计提折旧	水费	辅助生产成本	合计
12	略	转2	领用劳动工具	700					
		转3	分配人工费		4 902				
		转4	分配水费				1 071.45		
		转6	计提折旧			17 640			
		转8	辅助生产成本转入					5 983.12	
	31	转9	分配制造费用						-30 296.57

注：转9为下一节分配制造费用登记的明细账。

表3-18

制造费用明细账（二）

一级科目编号及名称：制造费用　　　　二级科目编号及名称：机械加工车间

××××年		凭证号数	摘要	（借）方金额					
月	日			低值易耗品	应付职工薪酬	计提折旧	水费	辅助生产成本	合计
12	略	转2	领用劳动工具	494					
		转3	分配人工费		4 560				
		转4	分配水费				785.73		
		转6	计提折旧			41 900			
		转8	辅助生产成本转入					13 194.68	
	31	转9	分配制造费用						-60 934.41

注：转9为下一节分配制造费用登记的明细账。

表3-19

制造费用明细账（三）

一级科目编号及名称：制造费用　　　　二级科目编号及名称：装配车间

××××年		凭证号数	摘要	（借）方金额					
月	日			低值易耗品	应付职工薪酬	计提折旧	水费	辅助生产成本	合计
12	略	转2	领用劳动工具	990					
		转3	分配人工费		3 516.90				
		转4	分配水费				571.44		
		转6	计提折旧			27 000			
		转8	辅助生产成本转入					11 165.43	
	31	转9	分配制造费用						-43 243.77

注：转9为下一节分配制造费用登记的明细账。

3.4.2 制造费用的分配

通过制造费用的归集，企业在某一会计期间发生的制造费用都已归集到制造费用明细账中，在会计期末，为了正确计算产品的生产成本，还要将其合理地分配到有关产品的成本中去。

分配的原则是：在基本生产部门只生产一种产品的情况下，其归集的制造费用应直接计入该种产品的成本；在生产多种产品的情况下，制造费用则应采用适当的分配方法分配计入各种产品的成本。分配的方法很多，但通常采用的有生产工人工时比例法、机器工时比例法、年度计划分配率法等。

1）生产工人工时比例法

生产工人工时比例法是按照各种产品所用生产工人工时的比例分配制造费用的一种方法。其计算公式为：

制造费用分配率=制造费用总额÷各产品生产工人工时总数

某种产品应承担的制造费用=该种产品生产工人工时×制造费用分配率

业务链接 3-17

按生产工人工时比例法分配制造费用

按“业务链接 3-16”给定的资料，某机械制造厂生产1#、2#两种产品，月末归集各车间制造费用为：铸造车间 30 296.57 元，机械加工车间 60 934.41 元，装配车间 43 243.77 元。各产品在每个车间的生产工人工时为：铸造车间 1#产品 3 500 工时，2#产品 1 500 工时；机械加工车间 1#产品 6 000 工时，2#产品 1 500 工时；装配车间 1#产品 4 500 工时，2#产品 3 000 工时。

请采用生产工人工时比例法分配制造费用。

解析：制造费用分配过程如下：

铸造车间制造费用分配率=30 296.57÷（3 500+1 500）=6.0593（元/工时）

1#产品承担的制造费用=3 500×6.0593=21 207.55（元）

2#产品承担的制造费用=30 296.57−21 207.55=9 089.02（元）

机械加工车间制造费用分配率=60 934.41÷（6 000+1 500）=8.1246（元/工时）

1#产品承担的制造费用=6 000×8.1246=48 747.60（元）

2#产品承担的制造费用=60 934.41−48 747.60=12 186.81（元）

装配车间制造费用分配率=43 243.77÷（4 500+3 000）=5.7658（元/工时）

1#产品承担的制造费用=4 500×5.7658=25 946.10（元）

2#产品承担的制造费用=43 243.77−25 946.10=17 297.67（元）

制造费用分配结果见表 3-20。

账务处理如下：

借：基本生产成本——铸造车间（1#产品）　　21 207.55

　　　　　　　　——铸造车间（2#产品）　　9 089.02

　贷：制造费用——铸造车间　　　　　　　　　30 296.57

表3-20

制造费用分配表

××××年12月31日　　金额单位：元

车间、产品		生产工人工时	分配率	分配后金额
铸造车间	1#产品	3 500		21 207.55
	2#产品	1 500		9 089.02
	合计	5 000	6.0593	30 296.57
机械加工车间	1#产品	6 000		48 747.60
	2#产品	1 500		12 186.81
	合计	7 500	8.1246	60 934.41
装配车间	1#产品	4 500		25 946.10
	2#产品	3 000		17 297.67
	合计	7 500	5.7658	43 243.77

借：基本生产成本——机械加工车间（1#产品）　48 747.60
　　　　　　　　——机械加工车间（2#产品）　12 186.81
　贷：制造费用——机械加工车间　60 934.41
借：基本生产成本——装配车间（1#产品）　25 946.10
　　　　　　　　——装配车间（2#产品）　17 297.67
　贷：制造费用——装配车间　43 243.77

按生产工时比例分配制造费用，能将劳动生产率与产品负担的制造费用结合起来，使分配结果比较合理，在实际工作中应用得也较多。

2）机器工时比例法

机器工时比例法是按照各种产品生产时所用机器设备时数作为分配标准来分配制造费用的一种方法。其计算公式为：

制造费用分配率=制造费用总额÷各种产品机器工时总数

某种产品应负担的制造费用=该种产品机器工时数×制造费用分配率

制造费用分配原理同上，这里不再赘述。

当机器设备是主要的生产要素，机器工时与人工工时没有必然联系时，这种方法较为适用，特别是在机械化生产程度较高的生产部门，这种分配结果较为精确。但采用这种方法，必须具备各种产品所用的机器工时的原始记录。

3）年度计划分配率法

年度计划分配率法也叫预定分配率法，是根据企业正常经营条件下的年度制造费用预算数和预计产量的定额标准数预先计算分配率，然后按此分配率分配制造费用的一种方法。其基本计算步骤为：

（1）计算年度计划分配率

制造费用计划分配率=年度制造费用计划总额÷年度预计产量定额标准数

（2）按计划分配率分配制造费用

某种产品应分配的制造费用=该种产品的实际产量定额标准×计划分配率

（3）处理分配的差异

按计划分配率分配的制造费用数额与制造费用实际数额之间一般存在差异，对此差异的处理方法是：年末，将该差异额按已分配的比例进行一次再分配，计入各生产单位所生产的各产品成本中去。实际数大于已分配数的，用蓝字补计；实际数小于已分配数的，用红字冲回。

在这种分配方法下，年度中间制造费用明细账以及与之相联系的制造费用总账账户不仅可能有月末余额，而且既可能是借方余额，也可能是贷方余额。到年底时，如果制造费用账户仍然有余额，就是全年制造费用的实际发生额与计划分配额的差异，那么就要进行一次再分配，予以调整使之无余额。

业务链接 3-18

按年度计划分配率法分配制造费用

某企业某会计年度，一车间计划发生制造费用180 000元，该车间生产的A、B产品计划产量分别为20 000件和5 000件，A、B产品的定额工时分别为5小时和10小时。假定该车间当年12月份实际产品产量为A产品2 000件、B产品400件，该企业用年度计划分配率法分配制造费用后，出现借方差异（实际发生数大于计划分配数的差异）423.50元。

请采用年度计划分配率法进行制造费用再分配。

解析：第一步，计算制造费用年度计划分配率。

一车间制造费用计划分配率=180 000÷（20 000×5+5 000×10）=1.2（元/小时）

第二步，计算年度计划制造费用差异分配率。

A产品12月份应承担的计划制造费用=2 000×5×1.2=12 000（元）

B产品12月份应承担的计划制造费用=400×10×1.2=4 800（元）

制造费用差异分配率=423.50÷（12 000+4 800）=0.0252

第三步，分配差异。

A产品年末应承担的制造费用差异额=12 000×0.0252=302.40（元）

B产品年末应承担的制造费用差异额=423.50−302.40=121.10（元）

采用年度计划分配率法分配制造费用，分配手续简便，有利于及时计算产品成本，适用于季节性生产企业，使单位产品负担的制造费用相对均衡。为保证产品成本核算的正确性，要求采用年度计划分配率法的企业有比较准确的定额标准和较高的计划管理水平。

制造费用的分配方法，企业可根据自身实际情况合理地加以选用，而且在条件没有变化的情况下，不应随便改变。如需变更，应在会计报表附注中予以说明。

同步思考3-3

资料： 西安现代农药厂属于季节性生产企业，夏季7、8月份因高温不生产农药，进行设备维修。制造费用采用年度数进行控制。该厂设有机修车间和配电车间两个辅助生产车间。西安现代农药厂制造费用分配方法应选择年度计划分配率法。

问题： 该企业制造费用分配为什么选择年度计划分配率法？运用制造费用分配的理论回答。

理解要点： 制造费用分配通常有生产工人工时比例法、机器工时比例法、年度计划分配率法。生产工人工时比例法，能将劳动生产率与产品负担的制造费用结合起来，使分配结果比较合理，在实际工作中应用得也较多；机器工时比例法，当机器设备是主要的生产要素，机器工时与人工工时没有必然联系时，这种方法较为适用，特别是在机械化生产程度较高的生产部门，采用这种方法分配的结果较为精确，前提是具备各种产品所用的机器工时的原始记录；年度计划分配率法，采用年度计划分配率分配制造费用，分配手续简便，有利于及时计算产品成本，适用于季节性生产企业，使单位产品负担的制造费用相对均衡。

本企业属于季节性生产企业，且制造费用采用年度数进行控制，符合年度计划分配率法的特点，因此适用年度计划分配率法。

课程思政3-2

高参的建议

背景与情境： 红福汽车配件厂是为捷达汽车进行配套的私营企业，年终进行会计成果计算时，老板提出在合法范围内减少企业利润，进行合理避税。会计科召开会议，大家献计献策，最后一致认可了高参的方法，即将原来辅助产品成本费用交互分配法改成直接分配法，将原来制造费用生产工人工时比例法改成年度计划分配率法。原因有三：其一是经测算更改后计算的成本结果大于更改前；其二是制造费用采用年度计划分配率法，可以设定较大的计划分配率，不处理差异；其三是账面采用新方法，制造费用实际成本控制还采用原方法，这样两全其美。

问题： 将产品成本费用要素归集与分配方法更改是否符合规定？阐述的原因是否符合会计法规和会计职业道德规范的要求？

研判提示： 将产品成本费用要素核算方法更改，如果是企业根据生产特点和管理要求进行变更是允许的，但该企业是为调整利润，这样是不允许的。调整阐述的三个原因均不符合会计法规和会计职业道德规范的要求：其一不能将成本费用要素分配各方法之间差异作为调整依据；其二不能人为制造出没有发生的产品成本费用，不能存侥幸心理做违反会计法规、会计职业道德的事情，差异挂账不处理也不符合会计业务规范；其三，不能设置两套账。

3.5　生产损失的核算

生产损失是指企业在生产产品的过程中不能正常生产产品所发生的耗费，包括产品生产过程中发生的正常损耗、产生的边角废料、不符合产品质量标准的废品损失、因各种原因停工而造成的损失等。生产过程中发生的正常损耗及边角废料，在产品成本核算时已经进行了考虑。因此，真正属于成本核算中的生产损失主要指的是废品损失和停工损失。

3.5.1 废品损失的核算

废品是指不符合规定的技术标准，不能按原定用途使用，或需要加工修理后才能正常使用的产品，包括在生产过程中发现的不合格的在产品、入库时发现的不合格的半成品或完工产品，但不包括可以降价销售的次品或等外品、合格品入库后因保管不善发生损坏变质的产品、产品销售时发现的废品、实行“三包”的企业在产品出售后发现的废品等所发生的一切损失。

废品按照是否可以修复，分为可修复废品与不可修复废品两类。可修复废品是指经过加工修理后可以按原定用途使用，而且在经济上是合算的废品；不可修复废品是指在技术上无法修复，或修复成本过大，在经济上不合算而放弃修复的废品。

为了单独核算废品损失，可以专设“废品损失”账户，同时在“基本生产成本”账户中增设“废品损失”成本项目。“废品损失”账户借方反映不可修复废品的生产成本和可修复废品的修复费用；贷方反映废品材料回收的价值，有关赔偿的数额以及分配转出的废品损失。

1）不可修复废品损失的核算

对不可修复的废品损失进行核算需要解决两个问题：一是确定发生的废品损失；二是进行废品损失核算。

计算不可修复的废品损失，就是要将废品应负担的产品成本费用从全部产品成本费用中分离出来，具体有两种方法：按实际成本计算和按定额成本计算。

（1）按废品实际成本计算废品损失

采用此方法是将全部产品实际成本费用在合格品与废品之间进行分配，分配公式如下：

$$\frac{\text{废品承担的}}{\text{直接材料费用}}=\frac{\text{某产品直接}}{\text{材料费用总额}}\div\left(\text{合格品数量}+\frac{\text{废品数量}}{\text{或约当产量}}\right)\times\frac{\text{废品数量}}{\text{或约当产量}}$$

$$\frac{\text{废品承担的}}{\text{直接人工费用}}=\frac{\text{某产品直接}}{\text{人工费用总额}}\div\left(\text{合格品数量}+\frac{\text{废品数量}}{\text{或约当产量}}\right)\times\frac{\text{废品数量}}{\text{或约当产量}}$$

$$\frac{\text{废品承担的}}{\text{制造费用}}=\frac{\text{某产品}}{\text{制造费用总额}}\div\left(\text{合格品数量}+\frac{\text{废品数量}}{\text{或约当产量}}\right)\times\frac{\text{废品数量}}{\text{或约当产量}}$$

如果该产品于月末尚有部分未完工，则上述公式中的分母还应包括在产品数量或约当产量（或工时）。约当产量是指将在产品折合成相当于完工产品的数量。

业务链接3-19

废品损失的会计处理

某企业的基本生产车间生产甲产品500件，生产过程中发现不可修复废品10

件。本月生产甲产品的产品成本费用为：材料费用100 000元，人工费用24 750元，制造费用14 850元，合计139 600元。废品残料500元入库。分配材料费用时，废品按完工产品计算；分配其他产品成本费用时，废品数量折合为约当产量5件。

请确定废品损失，并进行会计处理。

解析：不可修复废品损失计算见表3-21。

表3-21　**不可修复废品损失计算表**

生产车间：××基本生产车间

产品名称：甲产品　××××年××月××日　金额单位：元

项目	产量（件）	直接材料	约当产量（件）	直接人工	制造费用	成本合计
产品成本费用	500	100 000	495	24 750	14 850	139 600
分配率		200		50	30	
废品成本	10	2 000	5	250	150	2 400
残料收回		500				500
废品损失		1 500		250	150	1 900

会计主管：××　复核：××　制单：××

根据不可修复废品损失计算表，编制会计分录如下：

①借：废品损失——甲产品　2 400

　贷：生产成本——基本生产成本（甲产品）　2 400

②借：原材料　500

　贷：废品损失——甲产品　500

③借：生产成本——基本生产成本（甲产品）　1 900

　贷：废品损失——甲产品　1 900

根据资料及会计分录（记账凭证）登记“生产成本——基本生产成本（甲产品）”明细账，见表3-22。

表3-22　**基本生产成本明细账**

生产车间：××基本生产车间　总第　页

产品名称：甲产品　字第　页

××××年		凭证号数		摘要	产量（件）	成本项目				合计
月	日	字	号			直接材料	直接人工	制造费用	废品损失	
××	××		×	材料费用	500	100 000				100 000
			×	人工费用			24 750			24 750
			×	制造费用				14 850		14 850
			×	转出废品损失		2 000	250	150		2 400
			×	转入废品损失					1 900	1 900
				产品成本费用合计	490	98 000	24 500	14 700	1 900	139 100

（2）按废品定额成本计算废品损失

采用此方法是按废品数量和事先核定的各项定额费用计算出废品的定额成本，再扣除废品残值及责任人赔偿款后确定为废品损失。其特点是不考虑废品实际发生的生产成本。

业务链接3-20

废品损失的计算

某企业第一基本生产车间生产A产品，本月发生不可修复废品20件。采用定额成本计算废品损失。该企业核定A产品单位直接材料成本300元；核定定额工时20小时，每小时定额人工费用6元，每小时定额制造费用4元。该产品所耗材料在生产开始时一次性投入，废品的平均完工率为50%。废品残值共计500元，责任人应付赔偿款1 000元。

请计算该企业的废品损失。

解析：不可修复废品损失计算见表3-23。

表3-23　　**不可修复废品损失计算表**

生产车间：第一基本生产车间

产品名称：A产品　　××××年××月××日　　金额单位：元

项目	废品数量（件）	直接材料	工时			直接人工	制造费用	合计
			定额工时	完工率	已耗工时			
单位定额	20	300	20	50%	10	6	4	
废品定额成本		6 000				1 200	800	8 000
减：残值收回		500						500
赔偿款		1 000						1 000
废品损失额		4 500				1 200	800	6 500

会计主管：××　　复核：××　　制单：××

采用定额成本计算废品损失的会计处理，与按实际成本计算废品损失的会计处理相同。

2）可修复废品损失的核算

可修复废品损失指的是在修复过程中发生的各种费用，即废品的修复费用。

可修复废品损失在废品修复时计算，计算公式如下：

可修复废品损失=修复废品材料费用+修复废品人工费用+修复废品制造费用

上述公式中的材料费用、人工费用和制造费用数额按实际发生额取得。

在不单独核算废品损失的生产企业，不设“废品损失”账户，在产品成本项目中也不设“废品损失”成本项目，只是在回收残值或应收赔偿款时冲减“基本生产成本”账户，并从其产品成本明细账的有关成本项目中扣除。

可修复废品损失是对废品进行修复所支付的修复费用。经修复后，其产品成本由原生产成本和修复费用构成。如果有废品收回残值或赔偿收入，冲减可修复废品的损失。可修复废品损失在进行修复时归集，其计算公式为：

可修复废品损失＝修复废品材料费用＋修复废品人工费用＋修复废品制造费用－废品收回残值或赔偿收入

对发生的修复费用，从各种费用分配表中取得，并据以编制会计分录如下：

（1）发生修复废品的材料费用（人工费用、制造费用）时：

借：废品损失——××产品

　贷：原材料（应付职工薪酬、银行存款、制造费用等）

（2）确定责任人赔偿款或收回废品残值时：

借：其他应收款（责任人赔偿款）

　　原材料（残值入库）

　贷：废品损失——××产品

（3）结转可修复废品损失时：

借：生产成本——基本生产成本（××产品）

　贷：废品损失——××产品

若对发生的废品损失不单独设置“废品损失”账户进行核算，则在“基本生产成本”账户中也不设“废品损失”成本项目。对发生的不可修复废品损失先记入“制造费用”账户，连同其他制造费用在受益产品中进行分配。对发生的可修复废品损失若不单独进行核算，则只反映收回的残值及赔偿款，冲减“基本生产成本”账户。

业务链接3-21

大连机车车辆厂废品损失的核算

大连机车车辆厂某月废品通知单见表3-24。

表3-24　**废品通知单**

大连机车车辆厂5号表

（检）

原因代码：

1.操作者　2.材料　3.机器

4.工具　5.安装调整　6.装卸运输

7.技术指导　8.设计　9.未知情况

<table>
<tr><td colspan="7">废品发现于</td><td colspan="2">产品工作号</td><td colspan="2">补废工号</td><td>责任单位</td></tr>
<tr><td>年</td><td>月</td><td>日</td><td>车间</td><td>班组</td><td colspan="2">责任人</td><td colspan="2">701</td><td colspan="2"></td><td>机加一车间</td></tr>
<tr><td>××××</td><td>××</td><td>××</td><td>机加一</td><td>波纹管</td><td colspan="2">赵军</td><td colspan="2">项目</td><td colspan="3">该废品加工的工序</td></tr>
<tr><td rowspan="4">废品</td><td colspan="2">名称</td><td colspan="4">小波纹管</td><td colspan="2">工序</td><td colspan="3">二次下料　车压型</td></tr>
<tr><td colspan="2">图纸号</td><td colspan="4">C8-71-31A</td><td colspan="2">时间</td><td colspan="3"></td></tr>
<tr><td colspan="2">数量</td><td>25个</td><td>单重</td><td colspan="2">0.547</td><td colspan="3" rowspan="2">发现单位：检察员</td><td colspan="2">调送　月　日</td></tr>
<tr><td colspan="2">材质</td><td>G18M911</td><td>总重</td><td colspan="2">13.759</td><td colspan="2">经手人</td></tr>
<tr><td>废品缺陷</td><td colspan="9">精度2　压型度5</td><td>原因代码</td><td>1；3</td></tr>
<tr><td rowspan="2">费用（金额单位：元）</td><td>工时</td><td>工资</td><td>材料</td><td>费用</td><td>损失总额</td><td colspan="2">残值</td><td>赔偿</td><td>净损失额</td><td>材料员定额员</td><td>会计员</td></tr>
<tr><td>32.80</td><td>317.25</td><td>1 412.77</td><td>200.87</td><td>1 930.89</td><td colspan="2">501.71</td><td>53.00</td><td>1 376.18</td><td colspan="2">刘丽　李梅</td></tr>
</table>

请核算该厂的废品损失，并进行会计处理。

解析：根据废品通知单，大连机车车辆厂小波纹管废品损失为：材料费用1 412.77元，人工费用317.25元，制造费用200.87元，总计损失1 930.89元；残值收入501.71元，赔偿53元。其会计处理如下：

借：废品损失　　1 930.89

　贷：基本生产成本——小波纹管　　1 930.89

借：原材料　　501.71

　　其他应收款　　53.00

　贷：废品损失　　554.71

借：基本生产成本——小波纹管　　1 376.18

　贷：废品损失　　1 376.18

互动专栏3-2

互动问题：

（1）可修复废品损失与不可修复废品损失的会计处理是否可以一致？

（2）废品损失是增加了总生产成本还是增加了单位生产成本？

要求：同“互动专栏1-1”的“要求”。

3.5.2 停工损失的核算

停工损失是指企业发生非季节性停工所造成的损失，造成停工的主要原因是停电、待料、机器故障或大修、灾害或事故、计划减产等。停工损失由停工期间消耗的燃料及动力、人工费用和制造费用等构成。由过失方或者保险公司支付的赔偿款，冲减停工损失。

企业发生停工，由生产车间将停工范围、起止时间、停工原因、过失方等情况在停工单中加以记录，送财会部门审核后，作为计算停工损失的原始依据。

为了单独核算停工损失，企业可以专设“停工损失”账户，同时在“基本生产成本”账户中增设“停工损失”成本项目。“停工损失”账户的借方归集本月发生的停工损失，贷方登记分配结转的停工损失，分配后该账户一般无余额。该账户应按车间分别设置明细账，账内分设专栏或专行进行明细分类核算。停工损失由于产生的原因不同，其分配结转的方法也不同。

由过失方或保险公司赔偿的停工损失，转作“其他应收款”；属于非正常损失引起的停工损失，列为“营业外支出”；对于其他原因引起的停工损失，计入产品成本。停工损失归集与分配的核算过程如下：

（1）发生各种停工损失时：

借：停工损失——××车间

　贷：应付职工薪酬

　　　累计折旧

　　　制造费用

（2）分配结转停工损失时：

借：基本生产成本——××产品（计入成本部分）

　　其他应收款（过失方或保险公司赔偿）

　　营业外支出（非正常损失）

　贷：停工损失——××车间

企业也可以不单设“停工损失”账户，而将发生的停工损失直接列入“制造费用”“其他应收款”“营业外支出”账户。

课程思政3-3

调账风波

背景与情境：浩宇机械制造厂是一家私营企业，注册为有限责任公司。年终会计结账前，老板提出要在合法范围内减少企业利润，进行合理避税，与会计主管协商调账事宜：一是将老板为自己购买的一辆20万元汽车调成辅助生产运输车间的固定资产，原因是老板是企业的员工，老板买的车就是企业使用的车，使得运输车间固定资产增加，累计折旧增加；二是将辅助生产费用全部转入“产品成本”，因辅助生产就是为生产产品服务的；三是企业外购原材料直接计入基本生产成本，原因是原材料就是为生产产品购入的，结果也是由产品承担，省掉中间环节。年终报表编制完成报出后，税务部门查账认定企业进行的调账均属错误并构成主观故意，为此与企业发生激烈辩论，企业不认为此种行为有错误。

问题：

（1）本案例存在哪些思政问题？

（2）对企业的三笔调账作出你的思政研判。

（3）通过适当途径搜集你作思政研判所依据的相关规范。

（4）本案例对你有哪些启示？

研判提示：

（1）本案例中老板和会计主管的调账业务处理不正确，存在既违法违规，又背离会计职业道德，特别是有违党的“二十大”报告中提出的“明大德、守公德、严私德”公民道德建设要求。

（2）本案例中的调账，需要研判的有三点：第一，企业必须按照工业企业成本核算的要求与规则进行记账、核算、报告，并对社会承担其法人责任，调账违背成本核算要求和企业会计准则；第二，三笔调账，通过表面“合理”的理由，随意改变成本核算方法，使其增加成本、降低利润，减少企业所得税，达到逃税目的，这是会计法和税法明令禁止的行为，一旦实施，企业和会计人员都要承担法律责任；第三，违背了《会计法》和《会计基础工作规范》相关规定，同时违背了会计职业道德。

（3）搜集到的思政研判依据如下：

①研判（1）和（2）中提及的“违法违规”依据有四个方面：

A. 三笔调账都违背了成本会计核算要求和企业会计准则。第一笔调账将老板为自己购买汽车调成辅助生产运输车间的固定资产，违反了会计主体的核算前提，即不同会计主体的经济业务不能通用，变相将个人支出纳入企业的成本支出，违背了国家法律法规。第二笔调账将辅助生产费用全部转入“产品成本”，这是成本核算不允许的：首先是辅助生产费用由其使用对象分摊，不一定都归属“生产成本”；其次，辅助生产费用分配有适用的分配方法，不能为了减少期间费用一刀切，有规避管理费用超支需缴纳企业所得税的嫌疑；第三笔调账，将企业外购原材料直接计入基本生产成本，省掉中间环节，更是成本核算所不允许的。外购材料必须入库、领用，再按适用的材料分配方法将材料费用计入所属产品的成本，而不仅仅是省掉中间环节的问题，调账加大了“产品成本”，增加企业当期成本费用，降低企业营业利润，达到少缴纳企业所得税的目的。《企业会计准则——基本准则》第一章第九条规定：企业应当以权责发生制为基础进行会计确认、计量和报告。这三笔调账都违背了成本核算要求和企业会计准则。

B.《会计法》第二章第九条规定：各单位必须根据实际发生的经济业务事项进行会计核算，填制会计凭证，登记会计账簿，编制财务会计报告。任何单位不得以虚假的经济业务事项或者资料进行会计核算。第二章第十八条规定：各单位采用的会计处理方法，前后各期应当一致，不得随意变更；确有必要变更的，应当按照国家统一的会计制度的规定变更。第三章第二十六条规定：公司、企业进行会计核算不得有下列行为：……（三）随意改变费用、成本的确认标准或者计量方法，虚列、多列、不列或者少列费用、成本；（四）随意调整利润的计算、分配方法，编造虚假利润或者隐瞒利润……。第六章第四十二条规定：对“随意变更会计处理方法的”，由县级以上人民政府财政部门责令限期改正，可以对单位并处三千元以上五万元以下的罚款；对其直接负责的主管人员和其他直接责任人员，可以处二千元以上二万元以下的罚款；属于国家工作人员的，还应当由其所在单位或者有关单位依法给予行政处分（征求意见稿的处罚力度加大很多）；构成犯罪的，依法追究刑事责任。第六章第四十三条规定：伪造、变造会计凭证、会计账簿，编制虚假财务会计报告，构成犯罪的，依法追究刑事责任。尚不构成犯罪的，由县级以上人民政府财政部门予以通报，可以对单位并处五千元以上十万元以下的罚款；对其直接负责的主管人员和其他直接责任人员，可以处三千元以上五万元以下的罚款；属于国家工作人员的，还应当由其所在单位或者有关单位依法给予撤职直至开除的行政处分；其中的会计人员，五年内不得从事会计工作。该企业的上述调账行为，显然都违反了国家《会计法》的相关规定。

C.《中华人民共和国税收征收管理法》第六十三条规定：纳税人伪造、变造、隐匿、擅自销毁账簿、记账凭证，或者在账簿上多列支出或者不列、少列收入，或者经税务机关通知申报而拒不申报或者进行虚假的纳税申报，不缴或者少缴应纳税款的，是偷税。对纳税人偷税的，由税务机关追缴其不缴或者少缴的税款、滞纳金，并处不缴或者少缴的税款百分之五十以上五倍以下的罚款；构成犯罪的，依法追究刑事责任。第六十四条规定：纳税人、扣缴义务人编造虚假计税依据的，由税务机关责令限期改正，并处五万元以下的罚款。

D.《会计基础工作规范》第十八条规定：会计人员应当热爱本职工作，努力钻研业务，使自己的知识和技能适应所从事工作的要求；第二十条规定：会计人员应当按照会计法律、法规和国家统一会计制度规定的程序和要求进行会计工作，保证所提供的会计信息合法、真实、准确、及时、完整；第三十八条规定：各单位的会计核算应当以实际发生的经济业务为依据，按照规定的会计处理方法进行，保证会计指标的口径一致、相互可比和会计处理方法的前后各期相一致；第七十七条规定：会计机构、会计人员对指使、强令编造、篡改财务报告行为，应当制止和纠正，制止和纠正无效的，应当向上级主管单位报告，请求处理。

②研判中提及的"背离会计职业道德"行为，至少违背了"职业观念"、"职业良心"和"职业守则"中"诚实守信""客观公正""坚持准则""提高技能"等行业规范："职业观念"要求会计人员对职业、职业选择、职业工作、会计人员职业道德、会计伦理等问题具有正确的看法；"职业良心"要求会计人员在履行职业义务时具有强烈的道德责任感和较高的自我评价能力；"诚实守信"要求会计人员做老实人，说老实话，办老实事，执业谨慎，信誉至上，不为利益所诱惑，不弄虚作假，不泄露秘密；"客观公正"要求会计人员端正态度，依法办事，实事求是，不偏不倚，保持应有的独立性；"坚持准则"要求会计人员熟悉国家法律、法规和国家统一的会计制度，始终坚持按法律、法规和国家统一的会计制度的要求进行会计核算，实施会计监督；"提高技能"要求会计人员增强提高专业技能的自觉性和紧迫感，勤学苦练，刻苦钻研，不断进取，提高业务水平。

（4）本案例对我的启示有四个方面：①从事会计行业工作，必须严格遵守"企业会计准则"和"会计基础工作规范"；②掌握国家相关法律法规，不能为企业一己之私违法违规进行调账，不做违法的事情；③合理避税是国家法律法规允许的，但必须合法合规，不能随意调账；④身为会计学专业的学生，要刻苦钻研专业知识，勤学苦练专业技能，自觉加强职业道德修养，成为具有健全职业人格的职业人。

同步案例3-2

红艺饰品公司产品成本费用要素分配方案

背景与情境：红艺饰品公司生产甲、乙、丙三种饰品，设有一个基本生产车间、一个辅助生产车间（机修车间）。产品生产工艺简单，期末没有在产品。主要过程是：材料采购入库、材料领出生产、支付水电费、支付生产及相关管理人员薪酬、计提固定资产折旧、产品完工入库、产品对外销售。该企业有关资料如下：

（1）产品工时定额：甲产品2小时/件，乙产品3小时/件，丙产品5小时/件。

（2）A材料定额：甲产品40克/件，乙产品80克/件。B材料定额：丙产品300克/件。

（3）本月投产甲产品800件、乙产品600件、丙产品500件。

（4）机修车间提供1 880机修小时，其中基本生产车间1 700小时、管理部门180小时。

（5）本月发生费用见表3-25、表3-26和表3-27。

表3-25 **本月材料费用表** 单位：元

用途	共同耗用A材料	直接领用B材料	领用劳动工具
生产甲产品			
生产乙产品			
生产丙产品		9 000	
小计	16 000		
基本生产车间一般耗用			500
机修车间耗用	1 000	1 000	1 000
合计	17 000	10 000	1 500

表3-26 **本月人工费用表** 单位：元

人员类别	应付工资	计提工资相关费用（工资的36%）
生产工人	59 000	21 240
基本生产车间管理人员	5 000	1 800
机修车间人员	10 000	3 600
管理人员	10 000	3 600
合计	84 000	30 240

表3-27 **本月折旧及其他费用表** 单位：元

使用单位	折旧费用	水电费用	其他办公费用
基本生产车间	11 000	5 000	720
机修车间	2 000	100	100
管理部门	4 000	500	1 000
合计	17 000	5 600	1 820

成本核算员余志认为该企业成本核算应做以下工作：一是确定成本核算的内容，包括：①材料费用；②人工费用；③水电费用及其他费用；④固定资产折旧费用。二是原材料费用采用材料消耗定额比例分配法分配、劳动工具费用计入生产成本、工资费用采用产品产量比例分配法分配、折旧费用和水电及办公费用按使用部门直接归集。三是辅助产品成本费用因只有一个辅助车间，不需要分配，

直接计入基本生产车间的制造费用。四是制造费用采用生产工人定额工时比例法分配。

问题：

（1）成本核算员余志认为该企业成本核算工作哪部分是正确的？为什么？

（2）成本核算员余志认为该企业成本核算工作哪部分是错误的？错在哪里？

（3）对成本核算员余志错误工作处理进行分析更正。

（4）设计各要素分配表格及分配结果。

（5）对产品成本费用要素分配结果进行会计处理。

分析提示：

（1）成本核算员余志认为该企业成本核算中原材料费用采用材料消耗定额比例分配法分配、折旧费用和水电及办公费用按使用部门直接归集、制造费用采用生产工人定额工时比例法分配的处理是正确的。因为根据企业经济活动，原材料费用分配方法为：丙产品能直接分清成本计算对象，不需要分配，甲、乙产品共同耗用原材料有消耗定额基础，原材料费用分配应采用材料消耗定额比例分配法分配；折旧费用和水电及办公费用能分清使用对象，所以按使用部门直接归集；制造费用为车间间接费用，本例中有生产工人定额工时资料，可以采用生产工人定额工时比例法分配制造费用。

（2）成本核算员余志认为该企业成本核算中成本核算内容、劳动工具费用计入生产成本、工资费用采用产品产量比例分配法分配、辅助产品成本费用不需要分配而直接计入基本生产车间的制造费用的处理是错误的。成本核算员余志确认的成本核算内容不全；劳动工具费用不能直接计入生产成本；工资费用分配没有产品产量比例分配法；辅助产品成本费用是按受益对象进行分配的，不能直接计入基本生产车间的制造费用。

（3）针对成本核算员余志的错误之处，正确的处理为：

首先，确定本企业产品成本费用要素包含的内容，根据红艺饰品公司发生的主要经济活动，按照成本核算产品成本费用的范围，确定本企业产品成本费用的内容有：①材料费用；②人工费用；③水电费用及其他费用；④固定资产折旧费用；⑤辅助产品成本费用；⑥制造费用。

其次，基本生产车间领用劳动工具属低值易耗品应计入基本生产车间的制造费用。

再次，因该企业有定额生产工时资料，工资费用应采用定额生产工时分配法进行分配。

最后，因只有一个车间，辅助产品成本费用应采用直接分配法按受益对象进行分配。

（4）按上述正确的处理方法，设计各要素分配表格及分配结果。

根据企业生产过程，按产品成本费用要素分配方法，设计各要素分配表格及分配结果见表3-28、表3-29、表3-30和表3-31。

表3-28 **材料费用分配表**

××××年××月××日　　　　金额单位：元

应借账户		成本或费用明细项目	A材料费用			B材料费用	低值易耗品	合计
			定额耗用量	费用分配率	分配额			
基本生产成本	甲产品	直接材料	800×40	0.2	6 400			6 400
	乙产品	直接材料	600×80	0.2	9 600			9 600
	丙产品	直接材料				9 000		9 000
	小计			0.2	16 000	9 000		25 000
辅助生产成本	机修车间				1 000	1 000	1 000	3 000
	小计				1 000	1 000	1 000	3 000
制造费用	基本生产车间	机物料消耗					500	500
		小计					500	500
合计					17 000	10 000	1 500	28 500

制表：

表3-29 **人工费用分配表**

××××年××月××日　　　　金额单位：元

应借账户		成本或费用明细项目	间接计入工资			直接计入工资	工资相关费用（36%）	合计
			生产工人定额工时	费用分配率	分配额			
基本生产成本	甲产品	直接人工	800×2	10	16 000		5 760	21 760
	乙产品	直接人工	600×3	10	18 000		6 480	24 480
	丙产品	直接人工	500×5	10	25 000		9 000	34 000
	小计			10	59 000		21 240	80 240
辅助生产成本	机修车间	辅助生产人员				10 000	3 600	13 600
	小计					10 000	3 600	13 600
制造费用	基本生产车间	车间管理人员				5 000	1 800	6 800
		小计				5 000	1 800	6 800
管理费用		管理人员				10 000	3 600	13 600
合计					59 000	25 000	30 240	114 240

制表：

表3-30　　**辅助产品成本费用直接分配表**

××××年××月××日　　金额单位：元

应借账户		待分配辅助产品成本费用	劳务量（小时）	分配率	分配后金额	合计
制造费用	基本生产车间		1 700		17 000	17 000
	小计				17 000	17 000
管理费用			180		1 800	1 800
合计		18 800	1 880	10	18 800	18 800

制表：

表3-31　　**制造费用分配表**

××××年××月××日　　金额单位：元

应借账户		成本或费用明细项目	生产工人定额工时	分配率	分配后金额
基本生产成本	甲产品	制造费用	800×2		11 124.8
	乙产品	制造费用	600×3		12 515.4
	丙产品	制造费用	500×5		17 379.8
	合计		5 900	6.953	41 020.0

制表：

（5）根据本企业产品成本费用要素分配结果，进行会计处理如下：

①材料费用分配账务处理：

借：基本生产成本——甲产品　　6 400

　　　　　　　　——乙产品　　9 600

　　　　　　　　——丙产品　　9 000

　　辅助生产成本——机修车间　　2 000

　贷：原材料——A材料　　17 000

　　　　　　——B材料　　10 000

借：制造费用——基本生产车间　　500

　　辅助生产成本——机修车间　　1 000

　贷：低值易耗品　　1 500

②人工费用分配账务处理：

借：基本生产成本——甲产品　　21 760

　　　　　　　　——乙产品　　24 480

　　　　　　　　——丙产品　　34 000

　　辅助生产成本——机修车间　　13 600

　　制造费用——基本生产车间　　6 800

　　管理费用　　13 600

贷：应付职工薪酬——应付工资　　84 000

——各种保险　　30 240

③折旧费用及其他费用账务处理：

借：制造费用——基本生产车间　　11 000

辅助生产成本——机修车间　　2 000

管理费用　　4 000

贷：累计折旧　　17 000

借：制造费用——基本生产车间　　5 720

辅助生产成本——机修车间　　200

管理费用　　1 500

贷：银行存款　　7 420

④辅助产品成本费用分配账务处理：

辅助产品成本费用=1 000+1 000+1 000+10 000+3 600+2 000+100+100=18 800（元）

借：制造费用——基本生产车间　　17 000

管理费用　　1 800

贷：辅助生产成本——机修车间　　18 800

⑤制造费用分配账务处理：

制造费用=材料费用+车间管理人员费用+辅助产品成本分配费用+折旧费用+水电费用+其他费用

=500+6 800+17 000+11 000+5 720=41 020（元）

学习微平台

资源3-06

借：基本生产成本——甲产品　　11 124.8

——乙产品　　12 515.4

——丙产品　　17 379.8

贷：制造费用——基本生产车间　　41 020.0

第4章 产品成本费用在完工产品和在产品之间的分配

学习目标

通过本章学习，应该达到以下目标：

理论目标： 理解在产品的含义，懂得在产品数量的确定和在产品清查的会计处理，掌握产品成本费用在完工产品和在产品之间分配方法的计算；能用所学理论知识指导“产品成本费用分配”的相关认知活动，并正确解答《训练手册》中本章“客观题”和“主观题”的“理论题”各题型问题。

实务目标： 熟知在产品数量的日常核算，根据各种产品的具体条件，选择既合理又简便的方法，将产品成本费用在完工产品与月末在产品之间进行分配并掌握各种分配方法的原理及应用，以及“业务链接”等程序性知识；能用所学实务知识规范“产品成本费用分配”的相关技能活动，并正确解答《训练手册》中本章“客观题”和“主观题”的“实务题”各题型问题。

案例目标： 能运用所学计算方法和理论与实务知识研究“产品成本费用在完工产品和在产品之间的分配”的相关案例，通过分析解答“同步案例”和《训练手册》中本章“客观题”与“主观题”的“案例题”，培养和提高学生在特定业务情境中分析问题与解决问题的能力；能结合“产品成本费用在完工产品和在产品之间的分配”的教学内容，依照相关规范、要求或标准，对“课程思政”4-1至4-3和《训练手册》本章相关案例中的企业或人员行为进行思政研判，培养高尚的职业道德情操，践行社会主义核心价值观。

实训目标： 以所学“产品成本费用在完工产品和在产品之间的分配”的理论与实务知识为前提，在正确解答《训练手册》中本章“客观题”与“主观题”的“实训题”各题型问题，并了解和把握本实训所及“能力与道德领域”相关技能点的“规范与标准”基础上，参加“产品成本费用在完工产品与月末在产品之间的分配”业务胜任力的实践训练。通过切实体验各实训任务的完成、系列技能操作的实施及单据填制，培养其“产品成本费用分配”的专业能力，强化其“信息处理”、“数字应用”、“与人交流”、“与人合作”、“解决问题”和“革新创新”的职业核心能力（中级），并通过“认同级”践行“职业理想”、“职业态度”、“职业良心”、“职业作风”、“职业守则”和“会计职业道德”等行为规范，促进其健全职业人格的塑造。

学习微平台

资源4-01

引例 春城机床厂产品数量的确定

背景与情境：春城机床厂生产的机床经过铸造、加工和装配三个工序完成，某月月末各工序在产品数量为：第一道工序200件，第二道工序300件，第三道工序400件。该月加工完成的产品有1 400件，但其中有200件虽已完工，但尚未办理入库手续。三道工序核定的单位产品工时定额分别为8小时、6小时和4小时。月末将直接材料费用、直接人工费用和制造费用在完工产成品与在产品之间分配时，会计李强将直接材料费用按照产成品数量1 400件和在产品数量900件进行了平均分配，即单位产成品和在产品负担的直接材料费用一样多；直接人工费用和制造费用则对单位在产品按照单位产成品的一半分配，即分给每件在产品的直接人工费用和制造费用等于每件产成品应负担的直接人工费用和制造费用的50%。主管会计张明达审核时告诉李强，产成品的数量应为1 200件，在产品的数量应为1 100件；另外，对直接人工费用和制造费用的分配不能简单地按完工产品的一半对在产品进行分配，要根据各工序的在产品完工程度确认在产品相当于产成品的数量比例来分配。这是怎么回事呢？

学习微平台

资源4-02

此案例涉及在产品数量的确认方法以及产品成本费用在完工产品和在产品之间分配的方法问题。学习本章内容将为你提供明确的思路。

4.1 在产品核算概述

学习微平台

资源4-03

4.1.1 在产品的含义

在产品就是尚未最终完工的产品，包括广义在产品与狭义在产品。广义在产品是指从投产开始至尚未制成最终产品入库的产品，包括正在加工过程中的在制品、正在返修过程中的废品、已完成一个或几个生产步骤还需继续加工的半成品、已完工但尚未入库的完工产品、等待返修的可修复废品等。狭义在产品仅是指正在各个生产车间处于相关生产步骤进行加工的在制品。这里所讲的在产品是狭义在产品。

同步思考4-1

资料：顺兴服装厂的经营范围是设计、加工各种职业装、工装，如工作服、汽修服、保洁服、连体服、校服、保安服、美容服、护士服以及各种棉大衣等，同时厂家直销全棉帆布、涤棉帆布、沙卡、细珠帆布、涤卡等面料。月末核算在产品数量时，刚来厂里实习的会计小李对以下事项是否为在产品犯了难：（1）正在第一生产车间加工中的校服为500件；（2）库存等待销售的涤棉帆布200匹；（3）库存等待下一生产环节领用的涤卡150匹；（4）已经加工完毕但尚未验收入库的校服2 000件。

问题：上述4批产品是完工产品还是在产品？运用在产品的含义分析回答。

从分配完工产品和月末在产品应负担产品成本费用的角度看，你认为哪些是月末在产品？

理解要点：在产品包括广义在产品和狭义在产品。广义在产品是指从投产开始至尚未制成最终产品入库的产品，包括正在加工过程中的在制品、正在返修过程中的废品、已完成一个或几个生产步骤还需继续加工的半成品、已完工但尚未入库的完工产品、等待返修的可修复废品等。狭义在产品仅是指正在各个生产车间处于相关生产步骤进行加工的在制品。根据在产品的含义，上述事项（2）、（3）、（4）属于广义在产品，事项（1）属于狭义在产品。

4.1.2 在产品数量与完工产品成本计算的联系

任何产品的生产，都要经历在产品的过程。除了简单的单步骤生产以外，企业在连续生产产品的每一个时点上，都会存在正处于加工过程中的在产品。在产品同样消耗了一定的材料费用、人工费用，同样要承担相应的制造费用。因此，存在月末在产品的制造企业，所归集的产品成本费用应当由本期完工产品与月末在产品共同负担。

在产品数量是核算在产品成本的基础，在产品成本与完工产品成本之和就是产品成本总额。由于本期期末在产品成本就是下期期初在产品成本，因此在产品成本与完工产品成本的计算关系可用以下公式表示：

月初在产品成本+本月发生产品成本=本月完工产品成本+月末在产品成本

公式的前两项是已知数，后两项是未知数。前两项的费用之和，在完工产品和月末在产品之间采用一定的方法进行分配。分配的方法有以下两种：

一是将公式前两项之和按照一定比例在完工产品和月末在产品之间进行分配，同时求得完工产品成本和月末在产品成本。

二是先计算确定月末在产品成本，然后倒算出完工产品成本，公式表示为：

本月完工产品成本=月初在产品成本+本月发生产品成本-月末在产品成本

无论采用哪一种方法，各月末在产品的数量和费用的大小以及数量或费用变化的大小，对于完工产品成本的计算都有很大影响。欲计算完工产品的成本，需取得在产品增减动态和实际结存的数量资料，因而需正确组织在产品收发结存的数量核算。

4.1.3 对在产品数量的确定

要确定月末在产品成本，必须先确定月末在产品数量。对在产品数量进行核算的方法一般有两种：一是设置“在产品台账”，进行台账记录，反映在产品的结存数量；二是通过实地盘点方式确定月末在产品数量。在实际工作中，往往将两种方法结合使用，通过“在产品台账”反映在产品的理论结存数量，通过实地盘点确定在产品的实际结存数量，两者的差额表现为在产品的盘点溢余或短缺的数量。“在产品台账”的格式见表4-1。

表4-1 在产品台账

生产车间： 工序： 在产品名称： 计量单位：

日期	凭证号数	摘要	收入数量	转出数量		结存数量			备注
				合格品	废品	已完工	未完工	废品	

4.1.4 对在产品清查结果的处理

在产品清查应当在每月月末进行，通过实地盘点确定在产品的实际结存数量，与“在产品台账”记录的结存数量进行核对，如有不符，编制“在产品盘盈盘亏报告表”，填明在产品名称、盈亏数量、金额、原因等。对于毁损的在产品还要登记残值，经有关领导批准后进行账务处理。为了反映在产品盘盈、盘亏和毁损的处理过程，应当设置“待处理财产损溢”账户，盘亏和毁损在产品价值登记在其借方，盘盈在产品价值登记在其贷方，盘盈、盘亏和毁损在产品经批准转销后，该账户应无余额。企业盘盈的在产品，冲减管理费用；由于日常管理原因造成的盘亏、毁损的在产品，扣除过失人或者保险公司赔款和回收的残料价值以后，计入管理费用；因非常损失造成毁损的在产品，扣除保险公司赔款和回收的残料价值以后，计入营业外支出。具体处理程序和方法如下：

1）盘盈的会计处理

（1）发生盘盈时：

借：基本生产成本——××产品

　贷：待处理财产损溢——待处理流动资产损溢

（2）经批准后予以转销时：

借：待处理财产损溢——待处理流动资产损溢

　贷：管理费用

2）盘亏及毁损的会计处理

（1）发生盘亏及毁损时：

借：待处理财产损溢——待处理流动资产损溢

　贷：基本生产成本——××产品

（2）经批准后转销时，区别不同情况处理：

借：直接材料（毁损在产品收回的残值）

　　其他应收款（应收过失人或保险公司的赔偿损失）

　　营业外支出（非常损失的净损失）

　　管理费用（无法收回的损失）

　贷：待处理财产损溢——待处理流动资产损溢

应注意的是，如果在产品发生非正常损失，其应负担的增值税进项税额也应转出，借记“待处理财产损溢”账户，贷记“应交税费——应交增值税（进项税额转出）”账户。

业务链接4-1

顺风工厂在产品清查的处理

顺风工厂基本生产车间在产品清查结果如下：A产品的在产品盘盈5件，单位成本10元；B产品的在产品毁损8件，单位定额成本15元，由过失人李林赔款80元，其余计入管理费用。

请对顺风工厂在产品清查结果进行账务处理。

解析：

（1）盘盈的处理：

借：生产成本——基本生产成本（A产品）　50

　贷：待处理财产损溢——待处理流动资产损溢　50

经批准后转销：

借：待处理财产损溢——待处理流动资产损溢　50

　贷：管理费用　50

（2）盘亏、毁损的处理：

借：待处理财产损溢——待处理流动资产损溢　120

　贷：生产成本——基本生产成本（B产品）　120

经批准后转销：

借：其他应收款——李林　80

　　管理费用　40

　贷：待处理财产损溢——待处理流动资产损溢　120

课程思政4-1

于涛的发现

背景与情境：会计师事务所注册会计师于涛在对某企业的审计过程中发现，该企业12月份的完工产品数量和在产品数量与以往各月数据相差很大，而该企业由于工艺连接紧凑，生产组织合理，期末在产品的数量往往比较稳定，该月份其他成本资料与同期没有太大差别。经过于涛的进一步调查，发现该企业的成本会计人员及相关人员在确认在产品数量时，通过少计在产品数量、少负担月末在产品成本的方法以达到调增完工产品成本进而增加产品销售成本以及调减产品销售利润的目的。产品销售利润虚减的结果直接导致少缴企业所得税，影响了国家财政收入，也影响了成本信息在不同期间的可比性。

问题：该企业的会计相关人员违反了哪些会计职业道德要求？说明理由。

研判提示：该企业会计人员在此过程中，违反了诚实守信、客观公正的会计职业道德要求，有违党的“二十大”报告中提出的“明大德、守公德、严私德”

公民道德建设要求。企业要确定月末在产品成本，必须先确定月末在产品数量。在实际工作中，通过“在产品台账”反映在产品的理论结存数量，通过实地盘点确定在产品的实际结存数量，会计人员应通过财产清查保证实存与账面数额相符。作为企业的会计人员，应确保会计核算资料的准确性和真实性，以实际发生的经济活动为依据，对会计事项进行确认、计量、记录和报告，客观地反映企业的生产经营活动，保护企业财产的安全，促进企业遵守财经纪律。

4.2 产品成本费用在完工产品与在产品之间的分配

由于各个制造企业的生产规模、工艺流程、成本构成、管理水平、核算要求各不相同，因此企业在选择完工产品和在产品之间分配费用的方法时，应考虑的因素有：月末在产品数量的多少；各月末在产品数量变化的大小；各项费用在成本中的比重；定额管理基础（定额是否准确、稳定）的好坏。《企业产品成本核算制度（试行）》规定，制造企业可以选择原材料消耗量、约当产量法、定额比例法、原材料扣除法、完工百分比法等方法，恰当地确定完工产品和在产品的实际成本，并将完工入库产品的成本结转至“库存商品”科目；在产品数量、金额不重要或在产品期初、期末数量变动不大的，可以不计算在产品成本。企业内部管理有相关要求的，还可以利用现代信息技术，在确定多维度、多层次成本计算对象的基础上，对有关费用进行归集、分配和结转。

目前常用的在产品成本核算方法有：在产品忽略不计算成本法、在产品按固定成本计价法、在产品按所耗直接材料费用计价法、约当产量法、在产品按定额成本计价法、在产品按完工产品成本计价法、定额比例分配法。企业可以根据实际情况选择使用，在产品成本核算方法一经确定，不得随意变更，以保证产品成本资料的可比性。

4.2.1 在产品忽略不计算成本法

在产品忽略不计算成本法，简称“不计成本法”，是指月末在产品不计算成本，本期归集的产品成本费用全部由本期完工产品承担的方法。

该方法的基本特点是：存在月末在产品，但不计算其应负担的产品成本费用。这种方法适用的条件是月末在产品数量很少，是否计算其成本对完工产品成本影响很小。如采煤企业，工作面小，在产品数量少，月末在产品就可以不计算成本。

采用这种方法确定在产品成本，则本月完工产品总成本就是本月该产品所归集的产品成本。其计算公式为：

本月完工产品总成本=本月发生产品成本

业务链接4-2

采用在产品忽略不计算成本法计算产品成本

明达工厂生产A产品，因为A产品生产周期较短，月末在产品数量很少，采用不计算在产品成本法。本月A产品成本计算单登记的产品成本总额为200 000

元，其中直接材料115 000元，直接人工50 000元，制造费用35 000元。本月完工入库A产品5 000件，在产品4件。

请根据本月发生的产品成本资料，计算A产品完工产品总成本和单位成本。

解析： 本月完工产品总成本=115 000+50 000+35 000=200 000（元）

本月完工产品单位成本=200 000÷5 000=40（元）

明达工厂产品成本计算见表4-2。

表4-2　**明达工厂产品成本计算单**

产品名称：A产品　　产量：件　　20××年××月　　单位：元

摘要	直接材料	直接人工	制造费用	合计
本月产品成本合计	115 000	50 000	35 000	200 000
本月完工产品成本	115 000	50 000	35 000	200 000
本月完工产品单位成本	23	10	7	40

4.2.2　在产品按固定成本计价法

该方法的基本特点是：年内各月在产品成本都按年初在产品成本计算，固定不变，也就是每年只在年末根据实地盘点法计算12月末在产品成本，在次年1—11月，不论在产品数量是否发生变化，都固定以上年12月末在产品成本作为各月在产品成本。它适用于各月末之间在产品数量变化不大的产品。在这种计价方法下，每月发生的产品成本就是该月份完工产品的成本。其计算公式为：

$$\text{本月完工产品成本}=\text{月初在产品成本（固定年初数额）}+\text{本月发生产品成本}-\text{月末在产品成本（固定年初数额）}=\text{本月发生产品成本}$$

如炼钢、化工企业等，有固定容器装置的在产品生产，在产品数量都较稳定，月初、月末在产品之间的差额对完工产品成本影响不大，为了简化计算，月末在产品成本都可以固定不变。但在年末，应该根据实际盘点的在产品数量，具体确认年末在产品的实际成本，并据以计算12月份的完工产品成本。将计算出的年末在产品成本，作为下一年度各月末的固定在产品成本，以免相隔时间过长，使在产品成本与实际出入过大，影响产品生产成本计算的准确性。

4.2.3　在产品按所耗直接材料费用计价法

该方法的基本特点是：在确定月末在产品成本时，只计算在产品所消耗的直接材料费用，将人工费用与制造费用全部由当期完工产品负担。它适用于各月在产品数量较多，且各月末在产品数量变化较大，并且直接材料费用在产品成本中所占比重较大的产品。因为在产品的成本构成中，如果材料费用占很大比重，不计算在产品应负担的人工费用与制造费用，对正确计算完工产品成本的影响不大。为了简化计算，在产品可以不计算人工费用及制造费用，如纺织、造纸和酿酒等生产企业的产品，直接材料费用比重较大都可以采用这种分配方法。

不同企业在投料方式、投料时间上不一致，因此在计算月末在产品所消耗的材料费用的方法也不同。以生产开始时材料一次性投入为例，具体的计算公式为：

本月完工产品成本=月初在产品成本+本月发生产品成本-月末在产品成本

业务链接4-3

大地工厂的在产品成本核算

大地工厂生产A产品，A产品直接材料费用在产品成本总额中所占比重较大，在产品只计算直接材料成本。A产品本月完工400件，月末在产品100件，原材料于生产开始时一次性投入。该工厂本月产品成本资料见表4-3。

表4-3 **大地工厂产品成本表**

产品名称：A产品 20××年××月 单位：元

摘要	直接材料	直接人工	制造费用	合计
月初在产品成本	1 000			1 000
本月发生产品成本	5 000	500	800	6 300
本月产品成本合计	6 000	500	800	7 300

请采用在产品按所耗直接材料费用计价法计算完工产品和在产品成本。

解析：由于原材料于生产开始时一次性投入，所以一件完工产品与一件在产品消耗的直接材料费用相同，直接材料费用可以按完工产品和月末在产品的数量比例分配。

根据以上资料，完工产品与月末在产品成本计算如下：

（1）月末在产品直接材料费用分配率=（1 000+5 000）÷（400+100）=12（元/件）

月末在产品成本=100×12=1 200（元）

（2）本月完工产品成本所耗直接材料费用=400×12=4 800（元）

本月完工产品成本=4 800+500+800=6 100（元）

上述计算结果见表4-4。

表4-4 **完工产品与月末在产品费用分配表**

产品名称：A产品 产量：400件 20××年××月 单位：元

成本项目	月初在产品成本	本月产品成本	合计	月末在产品成本	本月完工产品成本
直接材料	1 000	5 000	6 000	1 200	4 800
直接人工		500	500		500
制造费用		800	800		800
合计	1 000	6 300	7 300	1 200	6 100

同步思考4-2

资料：天宇公司是一家造纸企业，该企业生产的某包装纸月末在产品数量较多，变化也较大，用于造纸的原料木材、竹子等费用在产品成本总额中所占比重较大，达70%以上。该企业的在产品成本的处理方法应该选择哪种呢？高会计认为，该企业的在产品数量较多，应该按固定成本计价法，这样算起来比较简单，便于核算。王会计认为，天宇公司的原材料费用在产品成本总额中所占比重较大，各月在产品数量也较大，应该按所耗直接材料费用计价法。

问题： 在产品成本处理方法是按什么原则选择的？哪位会计的观点正确呢？

理解要点： 在产品按固定成本计价法适用于各月末之间在产品数量稳定、变化不大的产品，虽然月末在产品核算时考虑了各项成本项目，但由于各月末在产品数量的变化将导致各月末成本不一，因而高会计的观点是不对的。在产品按所耗直接材料费用计价法适用于各月在产品数量多，各月在产品数量变化较大，且直接材料费用在产品成本中所占比重较大的产品。因为在产品的成本构成中，如果材料费用占很大比重，不计算在产品应负担的直接人工费用与制造费用，对正确计算完工产品成本的影响不大。为了简化计算，在产品可以不计算人工费用及制造费用。如纺织、造纸和酿酒等生产企业的产品，直接材料费用比重较大，都可以采用这种分配方法。所以王会计的观点是正确的。

4.2.4　约当产量法

学习微平台

资源4-04

该方法的基本特点是：将期初结存的在产品成本与本期发生的产品成本费用之和，按完工产品数量与月末在产品约当产量的比例进行分配，以计算完工产品成本和月末在产品成本，分配时按成本项目进行。它适用于月末在产品数量较大，各月末在产品数量变化也较大，产品成本中直接材料费用和直接人工及制造费用的比重相差不大的产品。其计算公式为：

某项费用分配率=某项费用总额÷（完工产品数量+月末在产品约当产量）

完工产品应分配某项费用=完工产品产量×某项费用分配率

在产品应分配某项费用=在产品约当产量×某项费用分配率

采用约当产量法分配产品成本，关键在于对月末在产品约当产量的计算，将月末在产品数量按照其完工程度折算为相当于完工产品的产量，即约当产量。其计算公式为：

在产品约当产量=在产品实际数量×在产品完工程度（或投料程度）

计算约当产量，关键在于对在产品完工程度或投料程度的确定。由于在产品生产过程中，直接材料费用、直接人工费用和制造费用的发生情况不同，在产品完工程度（投料程度）的确认方法也不一样。下面按成本项目分别加以说明。

1）用以分配直接材料费用的在产品约当产量计算

用以分配直接材料费用的在产品约当产量一般是按投料程度计算的。因为月末在产品中的直接材料成本与在产品的投料程度关系密切，而与在产品的完工程度没有直接关系。在产品的投料程度是指在产品已投材料占完工产品应投材料的百分比。

在生产过程中，原材料投入方式通常有三种，即在生产开始时一次性投入，在生产过程中陆续投入以及在生产过程中分阶段批量投入。由于投料方式不同，在产品的投料程度也不一样。

（1）如原材料为生产开始时一次性投入，则在产品和完工产品所耗材料数量相同，因而在产品的投料程度为100%。这样无论在产品的完工程度如何，在分配直接材料费用时，直接按完工产品和在产品数量比例分配。

（2）如原材料为随生产过程陆续投入，则原材料的投料程度与生产工时的投入进度基本一致，因而分配直接材料费用的在产品约当产量按在产品的完工程度折算。

（3）如原材料为分工序投入，并在每道工序开始时一次性投入，则月末在产品的投料程度按下列公式计算：

$$\text{某工序投料程度}=\left(\text{在产品上道工序累计投入材料费}+\text{在产品在本工序投入材料费}\right)\div\text{完工产品应投全部材料费}\times100\%$$

上述公式中的材料费用或数量可以是实际数，也可以是定额数。

业务链接4-4

明达公司的在产品约当产量计算

明达公司A车间生产甲产品需经过三道工序，每道工序所需原材料均在开始时一次性投入，投料数量分别为第一道工序50千克、第二道工序30千克、第三道工序20千克。20××年5月31日各工序的月末在产品数量分别为100件、80件和120件。

请计算月末在产品约当产量。

解析： 月末在产品约当产量计算见表4-5。

表4-5 **甲产品月末在产品约当产量计算表**

20××年5月31日

项目	第一道工序	第二道工序	第三道工序	合计
产品投料数量（千克）	50	30	20	100
月末在产品数量（件）	100	80	120	300
各工序累计投料程度	50%	80%	100%	—
月末在产品约当产量（件）	50	64	120	234

会计主管：王华　　　　复核：李朋　　　　制单：肖强

（4）如原材料为分工序投入，并在每道工序随加工进度逐步投入，则月末在产品的投料程度按下列公式计算：

$$\text{某工序投料程度}=\left(\text{在产品上道工序累计投入材料费}+\text{在产品在本工序投入材料费}\times50\%\right)\div\text{完工产品应投全部材料费}\times100\%$$

2）用以分配直接材料费用以外的其他成本项目在产品约当产量的计算

对于直接材料费用以外的其他成本项目在产品约当产量计算，通常按完工程度进行。因为这些费用的发生与完工程度关系密切，它们随着工艺过程的进行而逐渐投入耗费，产品完工程度越高，该产品应负担的这部分费用也越多。完工程度可按照各道工序分别计算，也可不分工序，确定一个平均完工程度。

（1）分工序计算在产品完工程度

分工序计算在产品完工程度是指根据截至某一道工序在产品实耗工时（或定额工时）占完工产品实耗工时（或定额工时）的百分比，来确定各工序在产品的完工程度的。其计算公式为：

$$\text{某工序在产品完工程度}=\left(\begin{array}{c}\text{单位在产品前面}\\\text{各道工序实耗工时}\\\text{（或定额工时）之和}\end{array}+\begin{array}{c}\text{单位在产品}\\\text{本工序实耗工时}\\\text{（或定额工时）}\end{array}\times 50\%\right)\div\begin{array}{c}\text{单位完工产品}\\\text{实耗工时}\\\text{（或定额工时）}\end{array}\times 100\%$$

上述公式中，本工序的实耗工时（或定额工时）之所以乘以50%，是因为工序中各件在产品的完工程度不同，为了简化测算工作，都按平均完工50%计算；当在产品从上一道工序转入下一道工序时，其上一道工序已经完工，因而前面各道工序的实耗工时（或定额工时）应按100%计算。

业务链接4-5

在产品完工程度及约当产量计算

假定某企业丙产品需经过两道工序加工制成，其工时定额为100小时。在产品完工程度及约当产量计算见表4-6。

表4-6　**在产品完工程度及约当产量计算表**

20××年××月

工序	工时消耗定额（小时）	完工程度	在产品数量（件）	在产品约当产量（件）
第一道	20	10%	30	3
第二道	80	60%	60	36
合计	100		90	39

请写出表中各工序完工程度及约当产量的计算过程。

解析： 第一道工序在产品完工程度=（20×50%）÷100×100%=10%

第二道工序在产品完工程度=（20+80×50%）÷100×100%=60%

在产品约当产量=30×10%+60×60%=39（件）

（2）不分工序确定在产品完工程度

不分工序确定在产品完工程度是指企业对在产品确定一个平均完工程度（一般确定为50%）作为各工序在产品的完工程度。这种方法适用于各工序在产品数量和单位产品在各工序加工量都相差不多的情况。以“业务链接4-5”中丙产品为例，假定各工序在产品完工程度均为50%，则在产品约当产量为45件（30×50%+60×50%）。由此可以看出，不分工序确定在产品完工程度不能用于各工序在产品数量和单位产品在各工序加工量相差很大的产品，否则，计算出的约当产量与实际情况相差太大。

下面举例说明采用约当产量法分配产品成本费用的计算过程及原理。

同步案例4-1

采用约当产量法计算江城宏博机械厂完工产品和在产品成本

背景与情境：江城宏博机械厂的1#机械产品要经过三个车间生产完成，直接材料均于每个车间生产开始时一次性投入，每个车间在产品完工程度为50%。本月完工产品数量为50件，在产品数量为17件。本月有关产品成本费用资料见表4-7，在产品结存于各车间的数量及定额资料见表4-8。

表4-7 **本月有关产品成本费用表**

产品名称：1#机械产品　完工产量：50件　20××年12月31日　单位：元

摘要	直接材料	直接人工	制造费用	其他直接支出	合计
月初在产品成本	157 535	37 500	24 765	5 250	225 050
本月发生产品成本	615 495.60	205 599	95 901.25	20 056.59	937 052.44
产品成本合计	773 030.60	243 099	120 666.25	25 306.59	1 162 102.44

表4-8 **在产品结存于各车间的数量及定额资料表**

车间	在产品数量（件）	材料消耗（元）	定额工时（小时）
铸造车间	10	99 988	3 500
机械加工车间	5	76 668	6 000
装配车间	2	438 839.60	4 500
合计	17	615 495.60	14 000

黄晓明在用约当产量法计算时进行了以下分析：首先要计算在产品约当产量，然后将各项费用在完工产品和在产品之间分配。直接材料为每个车间生产开始时一次性投入，所以直接材料的分配计算如下：

铸造车间投料程度=99 988÷615 495.60×100%=16.25%

机械加工车间投料程度=（99 988+76 668）÷615 495.60×100%=28.70%

装配车间投料程度=（99 988+76 668+438 839.60）÷615 495.60×100%=100%

直接材料约当产量=16.25%×10+28.70%×5+100%×2=5.06（件）

直接材料费用分配率=773 030.60÷（50+5.06）=14 039.79（元/件）

完工产品应分摊的材料费用=14 039.79×50=701 989.50（元）

月末在产品应分摊的材料费用=14 039.79×5.06=71 041.34（元）

黄晓明认为接下来的计算过程就简单了，因为已经得出在产品约当产量是5.06件，所以接下来的其他三项成本项目的计算都可以将费用在完工产品产量50

件和在产品约当产量5.06件之间分配。并且他认为，应该将全部产品成本除以完工产品和在产品总量，即1 162 102.44÷（50+5.06）=21 106.11（元/件），得出单位成本，便可求出完工产品成本和在产品成本，这样计算更为简单。

问题：请对黄晓明的计算进行分析，找出正确与错误的地方。

分析提示：

①直接材料的分配计算正确。

②在计算直接人工费用、制造费用、其他直接支出的分配时不正确，在产品的完工程度与工时进度有关，所以应该用定额工时计算约当产量，而不能直接采用直接材料费用分配的依据5.06件，并且产品成本费用在完工产品和在产品之间的分配必须按照成本项目计算，不能只计算总成本的分配结果，这样不利于产品成本分析与成本控制。

③直接人工费用、制造费用、其他直接支出的分配计算如下：

铸造车间在产品完工程度=3 500×50%÷14 000×100%=12.50%

机械加工车间在产品完工程度=（3 500+6 000×50%）÷14 000×100%=46.43%

装配车间在产品完工程度=（3 500+6 000+4 500×50%）÷14 000×100%=83.93%

约当产量=12.5%×10+46.43%×5+83.93%×2=5.25（件）

直接人工费用分配率=243 099÷（50+5.25）=4 399.98（元/件）

完工产品应分摊的直接人工费用=4 399.98×50=219 999.00（元）

月末在产品应分摊的直接人工费用=4 399.98×5.25=23 099.90（元）

制造费用分配率=120 666.25÷（50+5.25）=2 184.00（元/件）

完工产品应分摊的制造费用=2 184×50=109 200.00（元）

月末在产品分摊的制造费用=2 184×5.25=11 466.00（元）

其他直接支出分配率=25 306.59÷（50+5.25）=458.04（元/件）

完工产品应分摊的其他直接支出=458.04×50=22 902.00（元）

月末在产品应分摊的其他直接支出=458.04×5.25=2 404.71（元）

根据上述计算归集完工产品和月末在产品成本分别为：

完工产品成本=701 989.50+219 999+109 200+22 902=1 054 090.50（元）

月末在产品成本=71 041.34+23 099.90+11 466+2 404.71=108 011.95（元）

互动专栏4-1

互动问题：

（1）为什么约当产量法下计算约当产量要按成本项目进行？

（2）如果原材料投料方式为分工序陆续投入，应如何计算约当产量？

要求：同“互动专栏1-1”的“要求”。

4.2.5　在产品按定额成本计价法

该方法的基本特点是：月末在产品成本根据月末在产品数量和单位定额成本计算，然后从本月该种产品的全部产品成本（如果有月初在产品，包括月初在产品成本）中扣除，以求得完工产品的成本。

这种方法适用于各项消耗定额或费用定额比较准确、稳定，各月末在产品数量变化不大的产品。如果产品各项定额准确，月初和月末单位在产品实际费用脱离定额的差异就不会大；各月末在产品数量变化不大，月初在产品费用总额脱离月末在产品定额费用的总额差异也就不大。所以，月末在产品成本不计算成本差异，对完工产品成本影响不大。另外，如果消耗定额不稳定，那么在修改消耗定额时，月末在产品按新定额计算所发生的差额由完工产品负担，这是不合理的，不利于对完工产品成本的分析和考核。因此，采用这种方法要求消耗定额比较稳定，不宜经常修改。

采用这种方法，应根据各种在产品有关定额资料，以及在产品月末结存数量，计算各种月末在产品的定额成本。月末在产品定额成本的计算公式为：

月末在产品直接材料成本=在产品数量×单位在产品定额材料费用

月末在产品直接人工成本=在产品数量×单位在产品定额人工费用

或 =在产品完成定额工时×单位工时定额人工费用

月末在产品制造费用=在产品数量×单位在产品定额制造费用

或 =在产品完成定额工时×单位工时定额制造费用

完工产品总成本=月初在产品定额成本+本月产品成本-该产品月末在产品定额成本

业务链接4-6

采用在产品按定额成本计价法计算月末在产品成本

荣发工厂B产品的生产分两道工序制成，原材料在各工序开始时一次性投入，各工序内在产品的平均加工程度为50%。在产品的有关资料如下：

费用定额：直接材料200元/件，直接人工0.8元/小时，制造费用1.0元/小时。工时定额：第一道工序44小时/件，第二道工序24小时/件。月末在产品：第一道工序55件，第二道工序45件。月初在产品和本月产品成本合计：直接材料64 000元，直接人工20 100元，制造费用23 200元。

请采用在产品按定额成本计价法分配计算本月完工产品和月末在产品成本。

解析：月末在产品定额成本计算见表4-9。

表4-9 **月末在产品定额成本计算表**

20××年××月

工序	在产品数量（件）	直接材料（元）	定额工时（小时）	直接人工（元）	制造费用（元）	定额成本合计（元）
第一道	55	11 000 （55×200）	1 210 （55×44×50%）	968	1 210	13 178
第二道	45	9 000 （45×200）	2 520 （45×（44+24×50%））	2 016	2 520	13 536
合计	100	20 000	3 730	2 984	3 730	26 714

完工产品与月末在产品费用分配见表4-10。

表4-10　完工产品与月末在产品费用分配表

产品名称：B产品　20××年××月　单位：元

成本项目	产品成本合计	月末在产品成本	本月完工产品成本
直接材料	64 000	20 000	44 000
直接人工	20 100	2 984	17 116
制造费用	23 200	3 730	19 470
合计	107 300	26 714	80 586

4.2.6　在产品按完工产品成本计价法

该方法的基本特点是：在产品视同完工产品分配产品成本费用。它适用于在产品已接近完工，或已经完工但尚未包装或尚未验收入库的产品。这是因为在这种情况下，在产品已接近完工，为了简化产品成本计算工作，可以将在产品视同完工产品，按两者的数量比例分配产品成本费用。

业务链接4-7

采用在产品按完工产品成本计价法计算月末在产品成本

明达工厂生产C产品，月初在产品费用和本月发生产品成本费用累计数为：直接材料费用12 800元，直接人工费用2 800元，制造费用3 200元。本月完工入库300件，月末在产品100件，该产品已经接近完工。

请采用在产品按完工产品成本计价法分配计算本月完工产品和月末在产品成本。

解析：产品成本分配计算见表4-11。

表4-11　C产品成本计算单

20××年××月　金额单位：元

摘要	直接材料	直接人工	制造费用	合计
产品成本合计	12 800	2 800	3 200	18 800
本月完工产品数量（件）	300	300	300	300
月末在产品数量（件）	100	100	100	100
费用分配率	32	7	8	
本月完工产品成本	9 600	2 100	2 400	14 100
月末在产品成本	3 200	700	800	4 700

课程思政 4-2

李强的选择

背景与情境： 某企业生产A产品，月末还需要进行一定时间的加工才能制造成产品，但在选用完工产品与在产品费用分配方法时，会计人员李强选择了在产品成本按完工产品成本计价法。审计人员对产品的生产、工艺过程等进行调查，了解在产品的加工情况，审阅生产成本计算单，确定了原因所在。原来是该企业总经理为了使企业的财务报表数据“好看一些”，指使会计人员想办法降低成本，增加利润。会计人员李强不得已而为之，明知该企业在产品还需进一步加工才能入库，但在月末计算完工产品与在产品成本时选择了在产品成本按完工产品成本计价法，这样做影响了完工产品成本计算的正确性，使得在产品成本加大，完工产品成本减少。

问题： 根据《会计法》和会计职业道德的要求，分析李强的做法违反了哪项职业道德？简要说明理由。

研判提示： 李强应当拒绝总经理的要求。因为总经理的要求违反了《会计法》第四条“单位负责人对本单位的会计工作和会计资料的真实性、完整性负责”、第五条“任何单位或者个人不得以任何方式授意、指使、强令会计机构、会计人员伪造、变造会计凭证、会计账簿和其他会计资料，提供虚假财务会计报告”。李强违背了会计职业道德中的会计人员应当诚实守信、客观公正、坚持准则的要求，作为会计人员应根据实际情况和具体条件选择合理的分配方法，正确计算月末在产品成本和完工产品成本。

4.2.7 定额比例分配法

该方法的基本特点是：完工产品和月末在产品的成本计算按照产品成本占完工产品和月末在产品的定额消耗量或定额费用的比例来分配求得，而且在计算时，也是分成本项目进行的。其中，直接材料费用按原材料定额消耗量或原材料定额费用比例分配，其他成本项目按定额工时比例分配。它适用于各项消耗定额或费用定额比较准确、稳定，但各月末在产品数量变动较大的产品，克服了定额计算法中将在产品实际成本与定额成本之间的差额计入完工产品成本，可能引起完工产品成本计算不够准确的问题。采用定额比例分配法计算产品成本的程序及计算公式为：

$$\text{完工产品应分配直接材料费用}=\text{完工产品定额直接材料费用}\times\text{直接材料费用分配率}$$

$$\text{月末在产品应分配直接材料费用}=\text{月末在产品定额直接材料费用}\times\text{直接材料费用分配率}$$

或

$$=\text{月初在产品成本}+\text{本月发生直接材料费用}-\text{完工产品直接材料成本}$$

$$\text{完工产品应分配直接人工费用、制造费用等}=\text{完工产品定额工时}\times\text{直接人工费用、制造费用分配率}$$

$$\text{月末在产品应分配直接人工费用、制造费用等}=\text{月末在产品定额工时}\times\text{直接人工费用、制造费用分配率}$$

或

$$=\text{月初在产品直接人工费用、制造费用等}+\text{本月发生直接人工费用、制造费用等}-\text{完工产品直接人工费用、制造费用等}$$

同步案例4-2

天丰制造厂本月产品成本费用在完工产品与在产品之间分配

背景与情境：天丰制造厂本月生产丙产品，本月完工产品2 000件，直接材料费用定额5元/件，工时定额2小时/件。月末在产品500件，直接材料费用定额4元/件，工时定额1小时/件。生产丙产品发生的费用资料见表4-12。

表4-12　**丙产品产品成本表**

20××年××月　　单位：元

摘要	直接材料	直接人工	制造费用	合计
月初在产品成本	2 000	800	1 500	4 300
本月发生产品成本	12 000	4 000	6 000	22 000
本月产品成本合计	14 000	4 800	7 500	26 300

该厂成本定额管理较好，计划采用定额法核算产品成本。同学们在讨论产品成本在完工产品与在产品之间的分配方法时，甲同学认为根据此题的条件只能采用定额比例分配法核算产品成本，而乙同学认为完全可以采用月末在产品定额成本法核算产品成本，且更为简便。

问题：根据以上资料是否能确定采用哪种方法？如果采用定额比例分配法分配本月产品成本，请完成计算。

分析提示：

(1) 根据以上资料采用两种方法都可以计算完工产品成本和月末在产品成本，但是以上资料不是决定采用哪种方法的关键，到底采用哪种方法是由各月末在产品数量变动的情况决定的。

各月末在产品数量变动较大的产品，适合采用定额比例分配法，因为该方法克服了定额成本法中将在产品实际成本与定额成本之间的差额计入完工产品成本，可能引起完工产品成本计算不够准确的问题。而各月末在产品数量变动不大的产品，适合采用月末在产品定额成本法。

(2) 根据以上资料，采用定额比例分配法计算本月完工产品成本和月末在产品成本的方法及结果见表4-13。

表4-13　**完工产品与月末在产品费用分配表**

产品名称：丙产品　　20××年××月　　金额单位：元

成本项目	月初在产品成本	本月产品成本	产品成本合计	分配率	本月完工产品		月末在产品	
					定额耗用或工时	实际费用	定额耗用或工时	实际费用
	1	2	3=1+2	4=3÷(5+7)	5	6=4×5	7	8=4×7
直接材料	2 000	12 000	14 000	1.1667	10 000	11 667.0	2 000	2 333.0
直接人工	800	4 000	4 800	1.0667	4 000	4 267.0	500	533.0
制造费用	1 500	6 000	7 500	1.6667	4 000	6 667.0	500	833.0
合计	4 300	22 000	26 300			22 601.0		3 699.0

在表4-13中，完工产品定额耗用量或工时和月末在产品定额耗用量或工时计算如下：

完工产品直接材料定额费用=5×2 000=10 000（元）

月末在产品直接材料定额费用=4×500=2 000（元）

完工产品直接人工（制造费用）定额工时=2×2 000=4 000（小时）

月末在产品直接人工（制造费用）定额工时=1×500=500（小时）

需要说明的是，在实务中，产品成本费用在完工产品与月末在产品之间的分配可以通过编制"完工产品与月末在产品费用分配表"来完成，更多的是直接在"产品成本计算单"中完成关于基本生产成本明细账的登记。"产品成本计算单"的基本格式与上述分配表基本相同，见表4-14。

表4-14 **产品成本计算单**

20××年××月

产品名称：丙产品　　完工产品：2 000件　　月末在产品：500件　　金额单位：元

摘要		直接材料	直接人工	制造费用	合计
月初在产品成本		2 000	800	1 500	4 300
本月发生产品成本		12 000	4 000	6 000	22 000
本月产品成本合计		14 000	4 800	7 500	26 300
定额耗用或工时	完工产品	10 000	4 000	4 000	
	月末在产品	2 000	500	500	
直接材料费用分配率		1.1667	1.0667	1.6667	
费用分配	完工产品	11 667.0	4 267.0	6 667.0	22 601.0
	月末在产品	2 333.0	533.0	833.0	3 699.0

互动专栏4-2

互动问题：

（1）根据相同的资料，采用完工产品和在产品成本分配的各种方法，计算出来的完工产品成本是否都应该相同？

（2）在各种完工产品和在产品的分配方法中，在产品忽略不计法是最简单也是最不精确的方法，这种说法对吗？

要求：同"互动专栏1-1"的"要求"。

4.3 完工产品成本的结转

4.3.1 账户设置

完工产品是指完成全部生产过程，符合技术与质量要求验收入库，具备对外销售条件的产品。为了反映完工产品的入库情况，需要设置“库存商品”账户进行核算。“库存商品”账户是资产类账户，用来核算企业自行生产完工并入库的完工产品。在制造企业中，该账户的借方登记验收入库的完工产品的实际成本，贷方登记结转的商品销售成本，余额在借方，表示企业在库产成品的实际成本。

4.3.2 会计处理

无论采用何种方法确定月末在产品成本，在计算出本期完工产品的总成本和单位成本后，都要根据编制的“产品成本费用分配表”或“产品成本计算单”，结合“产品入库单”进行会计处理。

借：库存商品（自制半成品）

　贷：生产成本——基本生产成本

根据会计分录（记账凭证）登记基本生产成本明细账，转出完工产品成本，结出月末在产品成本。

课程思政4-3

会计方法是否可以变更

背景与情境： 20××年1月，东方红公司新招进来的会计李长征，被任命担任出纳并兼任成本会计核算工作。上任3个月，李长征在工作中发现，东方红公司是一家生产实木门的小企业，但实行了成本核算的定额管理，原材料耗用定额及工时定额等的制定已经是2年前的事了，2年来由于财务人手紧张，所以没有再制订新的计划，已经与实际严重不符，而且企业成本在完工产品和在产品分配时采用的是月末在产品按定额成本计价法。可是由于企业主要是采取订单式加工产品方式，各月末在产品数量变动较大。据此，李长征向会计科长王万里提出了以下建议：企业应该重新制定原材料及各种成本项目的消耗定额，否则不利于企业的成本控制，计算出来的各项差异也没有实际意义，并且企业更适合采用定额比例法，建议变更。会计科长王万里认为：企业采用的会计处理方法前后各期应当一致，不得随意变更，否则不符合一贯性原则，因而告诉李长征做好本职工作即可，这些事不是他这个层次的会计人员应该担心的。

问题：

（1）本案例存在哪些思政问题？

（2）对王万里和李长征讨论的问题作出你的思政研判。

（3）通过适当途径搜集你作思政研判所依据的相关规范。

（4）本案例对你有哪些启示？

研判提示：

（1）本案例中会计科长王万里的行为没有严格遵循会计法律法规和企业会计准则，也没有较好地践行会计职业道德。

（2）关于王万里和李长征的讨论需要研判的有如下两点：

①李长征提出的建议都是符合企业实际情况的合理化建议，企业的会计处理

方法在下列情况下可以变更：一是在法律、行政法规或者国家统一的会计制度等要求变更的情况下；二是在会计政策变更能够提供更可靠、更相关的会计信息的情况下，王万里可以在充分调研考虑的基础上按照企业会计准则的规定作出是否变更的决定。②会计行业规范中的“参与管理”，要求会计人员在做好本职工作的同时，努力钻研相关业务，全面熟悉本单位经营活动和业务流程，主动提出合理化建议，协助领导决策，积极参与管理。因此，即使提出的建议不可行，李长征的做法也是符合准则要求的，作为会计科长的王万里应该给予鼓励和支持，并且应该不断钻研业务提高技能，并积极为公司财务工作的更好发展服务。

（3）搜集到的研判依据如下：

①研判（1）和（2）中提及的会计法规和准则依据有三：

A.成本会计“在产品与完工成品”成本费用分配方法中，“在产品按定额成本计价法”不适用于企业“各月末在产品数量变动较大”的情况，“定额比例法”适用于企业“各月末在产品数量变动较大”的情况。企业实行“成本核算的定额管理”，“定额”不能一成不变，应按实际情况进行修订。

B.《会计法》第二章第十八条规定：各单位采用的会计处理方法，前后各期应当一致，不得随意变更；确有必要变更的，应当按照国家统一的会计制度的规定变更，并将变更的原因、情况及影响在财务会计报告中说明。

C.《企业会计准则第28号——会计政策、会计估计变更和差错更正》第三章第八条规定：企业据以进行估计的基础发生了变化，或者由于取得新信息、积累更多经验以及后来的发展变化，可能需要对会计估计进行修订。会计估计变更的依据应当真实、可靠。会计估计变更，是指由于资产和负债的当前状况及预期经济利益和义务发生了变化，从而对资产或负债的账面价值或者资产的定期消耗金额进行调整。

②研判（1）中提及的“没有践行会计职业道德”和研判（2）中提及的会计合理化建议涉及的会计职业道德，有“提高技能”“参与管理”“强化服务”等规范：“提高技能”要求会计人员增强提高专业技能的自觉性和紧迫感，勤学苦练，刻苦钻研，不断进取，提高业务水平；“参与管理”要求会计人员在做好本职工作的同时，努力钻研相关业务，全面熟悉本单位经营活动和业务流程，主动提出合理化建议，协助领导决策，积极参与管理；“强化服务”要求会计人员树立服务意识，提高服务质量，努力维护和提升会计职业的良好社会形象。

学习微平台

（4）本案例对我的启示：作为一名爱岗敬业的会计人员，不能只满足于循规蹈矩，还应该在熟悉本单位经营管理流程和环境的基础上，主动提出符合单位情况的合理化建议，加强业务学习，努力提高自身技能，利用财务信息参与企业管理，无论在任何岗位都要树立主人翁意识，为企业、社会作出贡献。

二维码资源
4-05

第5章 成本核算基本方法

学习目标

通过本章学习，应该达到以下目标：

理论目标： 学习和把握成本核算基本方法——品种法、分步法、分批法各自的含义、特点、适用范围和优缺点等陈述性知识；能用所学理论知识指导“成本核算基本方法”的相关认知活动，并正确解答《训练手册》中本章“客观题”和“主观题”的“理论题”各题型问题。

实务目标： 学习和把握企业成本核算方法的选择，品种法、分步法和分批法的成本核算程序和账务处理规则，以及“业务链接”等程序性知识；能用所学实务知识规范“成本核算基本方法运用”的相关技能活动，并正确解答《训练手册》中本章“客观题”和“主观题”的“实务题”各题型问题。

案例目标： 能运用所学理论和实务知识研究“产品成本核算基本方法”的相关案例，通过分析解答“同步案例”和《训练手册》中本章“客观题”与“主观题”的“案例题”，培养和提高学生在特定业务情境中分析问题与决策设计的能力；能结合“成本核算基本方法”的教学内容，依照相关规范、要求或标准，对“课程思政”5-1至5-3和《训练手册》本章相关案例中的企业或人员行为进行思政研判，培养高尚的职业道德情操，践行社会主义核心价值观。

实训目标： 以所学“成本核算基本方法”的理论与实务知识为前提，在正确解答《训练手册》中本章“客观题”与“主观题”的“实训题”各题型问题，并了解和把握本实训所及“能力与道德领域”相关技能点的“规范与标准”基础上，参加“成本核算基本方法运用”业务胜任力的实践训练。通过切实体验各实训任务的完成、系列技能操作的实施以及相应《实训报告》的准备、撰写、讨论与交流等有质量、有效率的活动，培养其“成本核算基本方法运用”的专业能力，强化其“与人交流”、“与人合作”、“解决问题”和“革新创新”等职业核心能力（中级），并通过“认同级”践行“职业态度”、“职业良心”、“职业作风”、“职业守则”和“会计职业道德”等行为规范，促进其健全职业人格的塑造。

学习微平台

资源5-01

引例 春城机床厂的成本核算方法

背景与情境：春城机床厂主要生产Ⅰ型机床和Ⅱ型机床两种产品，产品销往全国各地。厂内设有铸造、机械加工和装配三个基本生产车间，顺序加工生产产品，各车间均不设半成品库；设有机修和配电两个辅助生产车间，机修车间负责对全厂机器设备的维修，配电车间接受外来电源，负责供给和记录全厂各部门的用电及电器的维修。

该企业成本核算要求如下：

第一，本企业是大量大批多步骤的机床生产企业，同时管理上要求各车间进行成本控制，提供各车间半成品成本，成本效益与经济效益挂钩。企业采用分步法核算。

成本计算对象是产成品及其所经生产步骤的半成品。各个生产步骤需要计算出半成品成本，并随着半成品实物的转移进行半成品成本的结转，直到最后步骤计算出最终产品成本。

第二，企业成本核算明细账设置到车间、产品，将“基本生产成本”和“辅助生产成本”账户设为一级账户，下设“基本生产成本——铸造车间（Ⅰ型机床）”、“基本生产成本——铸造车间（Ⅱ型机床）”、“基本生产成本——机械加工车间（Ⅰ型机床）”、“基本生产成本——机械加工车间（Ⅱ型机床）”、“基本生产成本——装配车间（Ⅰ型机床）”、“基本生产成本——装配车间（Ⅱ型机床）”、“辅助生产成本——机修车间”和“辅助生产成本——配电车间”等明细账；设置“制造费用”一级账户，下设“制造费用——铸造车间”、“制造费用——机械加工车间”和“制造费用——装配车间”等明细账。明细账账页均采用多栏式账页格式。

第三，辅助车间的产品成本费用和辅助生产车间的制造费用均在“辅助生产成本”账户归集。

学习微平台

资源5-02

第四，成本核算按国家的相关要求和实际成本进行。

第五，根据有关经济业务的原始凭证，在审核无误的情况下，进行汇总原始凭证、分配材料费用、分配工资及相关费用、分配其他费用、分配辅助产品成本费用、分配制造费用、计算产品成本以及产品成本结转；填制记账凭证，登记与生产成本核算相关的明细账和总账。

问题：你认为企业成本核算应采取哪种方法？

学习微平台

资源5-03

本章主要阐述产品成本计算的品种法、分步法和分批法的特点、适用范围、计算程序和相应的账务处理。

5.1 品种法

品种法亦称简单法，是指以产品品种作为成本计算对象来归集产品成本费用，计算完工产品成本的方法。品种法是最基本的产品成本核算方法。不论企业是何种生产类型、采用何种生产工艺、实行何种成本管理策略，最终都必须计算出每种产品的成本。因此，按照产品品种计算产品成本是进行产品成本核算最基本、最起码的要求。

学习微平台

资源5-04

5.1.1　品种法成本计算

1）品种法的适用范围

品种法广泛应用于大量大批单步骤生产的企业，如发电业、供水业、采掘业等。在大量大批多步骤生产类型的企业或车间，如果生产规模较小，或者按流水线组织生产，或者产品生产的全过程是集中封闭式生产，而成本管理上又不要求按照各生产步骤计算产品成本，也可以采用品种法计算产品成本。例如，砖瓦厂、糖果厂、织布厂、造纸厂和小型水泥厂等，虽然是大量大批多步骤生产，但也可以采用品种法计算产品成本。企业的辅助生产单位，如供水车间、供气车间和供电车间等，也可以采用品种法计算其产品（劳务）的成本。

2）品种法的特点

（1）以产品品种作为成本计算对象，设置基本生产成本明细账（产品成本计算单）

在采用品种法计算产品成本的企业或车间，产品的品种就是成本计算对象，以产品品种作为成本计算对象时，应以产品品种来开设基本生产成本明细账，并按成本项目设置专栏归集各种产品的成本费用，计算各种完工产品的成本。

采用品种法计算成本时，如果企业只生产一种产品，成本计算对象就是该种产品的产成品。基本生产成本明细账就是按该种产品设置的，所有产品成本都可以直接记入该种产品基本生产成本明细账相应的成本项目，不存在在各成本计算对象之间分配费用的问题。

如果生产多种产品，则应该按照产品的品种分别设置基本生产成本明细账，发生的直接费用可以直接记入各品种基本生产成本明细账相应的成本项目；间接费用应另行归集，然后采用适当的分配方法在各成本计算对象之间分配，再记入各品种基本生产成本明细账相应的成本项目。

（2）成本计算定期按月进行

品种法的成本计算是定期按月进行的，与会计报告期一致，与产品生产周期不一致。采用品种法计算成本的工业企业采用的是大量大批单步骤生产组织形式，以及不需要分步骤计算成本的大量大批多步骤生产组织形式。大量大批生产意味着原材料不断投入，就会不断有产品完工，所以也就不可能在产品全部完工以后才计算完工产品成本，因而完工产品成本的计算只能定期按月进行。

（3）有期末在产品时需要在本期完工产品和期末在产品之间分配费用

采用品种法的单步骤生产企业，产品生产周期较短，一般没有在产品或在产品数量很少，或期初在产品的数量比较稳定，因而一般不需要将产品成本费用在完工产品与在产品之间进行分配。

采用品种法的多步骤生产企业，由于其生产工艺过程是由若干可以间断的、分散在不同地点、分别在不同时间进行的生产步骤所组成的，因而月末一般都有在产品，这就需要选择适当的分配方法，将产品成本明细账中归集的产品成本费用在完工产品与在产品之间进行分配，以便计算确定在产品成本和完工产品成本。

同步思考5-1

资料：宏博火力发电厂只生产电力一种产品，设有燃料、锅炉、汽机和电气生产四个基本生产车间，一个机修辅助生产车间为电力生产和企业管理部门提供修理服务。该发电厂按车间分别登记各个生产车间发生的产品成本费用，并按成本项目汇总登记基本生产成本二级账。该企业管理部门耗用机修车间的服务较少，不分配机修车间的产品成本费用。该发电厂所生产的电力除了对外销售外，还有一部分供本企业使用。企业以电力为成本计算对象，采用品种法进行成本核算。

问题：企业为什么采用品种法核算？运用品种法的特点、适用范围和管理要求理论来回答。

理解要点：企业采用品种法进行成本核算要考虑以下因素，即品种法的特点、适用范围和管理要求。

因为品种法广泛应用于大量大批单步骤生产的企业。发电厂属于大量大批单步骤生产的企业，由于发电厂自燃料等投入燃料车间生产后，生产过程就不间断地进行，直至最终生产出电力产品为止，企业以电力为成本计算对象，设置生产成本明细账（产品成本计算单），成本计算定期按月进行，期末没有在产品。所以，企业采用品种法核算产品成本。

3）品种法成本计算程序

（1）按产品品种设置有关成本明细账

企业应以产品品种作为成本计算对象，开设基本生产成本明细账（产品成本计算单），并根据企业成本管理的要求设置成本项目或专栏，如果有月初在产品，在基本生产成本明细账中过入月初在产品成本。按照辅助生产单位或辅助生产单位提供的产品（劳务）品种，设置辅助生产成本明细账。在制造费用总分类账户下，按生产单位（分厂、车间）设置制造费用明细账，制造费用明细账应当按费用项目设专栏。

（2）归集和分配本月发生的各项费用

企业应根据发生各项费用的原始凭证和其他有关凭证归集和分配材料费用、人工费用和其他各项费用。按成本计算对象（产品品种）归集和分配产品成本费用时，凡能直接记入有关基本生产成本明细账的应当直接计入；不能直接计入的，应当按照受益原则分配，再根据有关费用分配表分别记入有关产品基本生产成本明细账。各生产单位发生的制造费用，先通过制造费用明细账归集，记入有关制造费用明细账。直接计入当期损益的管理费用、销售费用、财务费用，应当分别记入有关期间费用明细账。

（3）分配辅助产品成本费用

根据辅助生产成本明细账归集的本月辅助产品成本费用总额，按照企业确定的辅助产品成本费用分配方法，分别编制各辅助生产单位的“辅助产品成本费用分配表”，分配辅助产品成本费用。根据分配结果，编制会计分录，分别记入有关产品生产成本明细账（产品成本计算单）、制造费用明细账和期间费用明细账。

辅助生产单位发生的制造费用，如果通过制造费用明细账归集，应在分配辅助产品成本费用前分别转入各辅助生产成本明细账，并计入该辅助生产单位本期费用（成本）总额。

（4）分配基本生产单位制造费用

根据各基本生产单位制造费用明细账归集的本月制造费用，按照企业确定的制造费用分配方法，分别编制各基本生产单位的“制造费用分配表”，分配制造费用。根据分配结果，编制会计分录，分别记入有关产品基本生产成本明细账。

（5）计算本月完工产品实际总成本和单位成本

根据产品基本生产成本明细账归集的本月产品成本费用合计数，在本月完工产品和月末在产品之间分配，计算出本月完工产品的实际总成本和月末在产品成本。以各产品完工产品实际总成本分别除以其实际总产量，可以计算出该产品本月实际单位成本。

（6）结转本月完工产品成本

根据产品成本计算结果，编制本月“完工产品成本汇总表”，编制结转本月完工产品成本的会计分录，并分别记入有关产品基本生产成本明细账和库存商品明细账。

业务链接5-1

宏博服装加工厂采用品种法计算产品成本

宏博服装加工厂常年加工四种施工企业工作服，通过市场销往全国各地。加工过程为：裁剪车间→缝纫车间→熨烫整理车间，之后产成品入库。宏博服装加工厂设有一个机修辅助车间。宏博服装加工厂为大量大批多步骤生产的企业，成本管理不需要计算各步骤半成品成本。

请确定成本计算对象、成本核算方法，设置成本核算明细账。

解析：以工作服的品种为成本计算对象，采用品种法核算产品成本。核算产品成本时，应设置的生产成本明细账为：“基本生产成本——A产品”“基本生产成本——B产品”“基本生产成本——C产品”“基本生产成本——D产品”“辅助生产成本——机修车间”“制造费用——裁剪车间”“制造费用——缝纫车间”“制造费用——熨烫整理车间”等。

5.1.2　品种法应用举例

1）企业基本情况

宏博工厂为单步骤简单生产企业，设有一个基本生产车间，大量生产甲、乙两种主要产品；另设有供电、机修两个辅助生产车间，为全厂提供产品和劳务。辅助生产车间相互提供的产品和劳务，需进行交互分配，采用的是计划成本分配法，辅助生产不单独核算制造费用。月末在产品完工程度均为50%。原材料均为生产开始时一次性投入。

2）20××年10月，有关成本计算资料

（1）月初在产品成本

甲、乙产品的月初在产品成本，见表5-1。

表5-1 **甲、乙产品月初在产品成本表**

20××年10月 单位：元

产品名称	直接材料	直接人工	制造费用
甲产品	10 000	3 420	6 180
乙产品	9 000	1 140	3 060

（2）本月生产数量

甲、乙产品的产量，见表5-2。

表5-2 **甲、乙产品产量表**

20××年10月 单位：件

产品名称	月初在产品	本月投入	本月完工产品	月末在产品
甲产品	50	450	400	100
乙产品	80	400	480	

（3）本月发生产品成本费用

①本月发出材料汇总表，见表5-3。

表5-3 **发出材料汇总表**

20××年10月 单位：元

领料部门和用途	材料类别		合计
	原材料	低值易耗品	
基本生产车间耗用			
甲产品耗用	80 000		80 000
乙产品耗用	60 000		60 000
甲、乙产品共同耗用	28 000		28 000
基本生产车间一般耗用	5 000	4 000	9 000
辅助生产车间耗用			
机修车间耗用	12 000		12 000
供电车间耗用	6 000		6 000
厂部管理部门耗用	3 000	500	3 500
合计	194 000	4 500	198 500

②本月人工费用计算表（简化格式），见表5-4。

表5-4　**人工费用计算表**

20××年10月　单位：元

人员类别	人工费用总额
基本生产车间人员	47 880
产品生产工人	45 600
车间管理人员	2 280
辅助生产车间人员	14 820
机修车间人员	5 700
供电车间人员	9 120
厂部管理人员	11 400
合计	74 100

③本月固定资产折旧费用，见表5-5。

表5-5　**折旧费用表**

20××年10月　单位：元

车间部门	提取的折旧费用
基本生产车间	12 000
机修车间	3 000
供电车间	4 000
厂部管理部门	8 000
合计	27 000

④本月其他费用，见表5-6。

表5-6　**其他费用表**

20××年10月　单位：元

车间部门	费用项目					
	办公费	水费	保险费	其他	合计	支付方式
基本生产车间	1 500	2 200	2 000	500	6 200	银行付款5 500，现金付款700
机修车间	900	1 000	500	500	2 900	银行付款2 000，现金付款900
供电车间	600	500	1 200	700	3 000	银行付款2 500，现金付款500
厂部管理部门	6 000	1 500	1 800	700	10 000	银行付款8 500，现金付款1 500
合计	9 000	5 200	5 500	2 400	22 100	银行付款18 500，现金付款3 600

(4) 工时记录

甲产品2 000小时，乙产品3 000小时。

(5) 辅助生产产品及劳务供应量

见表5-7。

表5-7 辅助生产产品及劳务供应量

受益单位	机修车间（小时）	供电车间（度）	计划成本
供电车间	200		1.1元/度
机修车间		1 000	8.5元/小时
基本生产车间	2 300	14 000	
厂部管理部门	500	5 000	
合计	3 000	20 000	

计划成本与实际成本的差额全部计入管理费用。

(6) 有关费用分配方法

① 甲、乙产品共同耗用的材料费用按定额耗用量比例分配。甲产品定额耗用量1 000千克，乙产品定额耗用量1 800千克。

② 生产工人工资按甲、乙产品生产工时比例分配。

③ 制造费用按甲、乙产品生产工时比例分配。

3) 品种法实例计算过程

(1) 设置有关成本费用明细账和成本计算单

按品种设置基本生产成本明细账（见表5-17、表5-18）和成本计算单（略），按车间设置辅助生产成本明细账（见表5-11、表5-12）和制造费用明细账（见表5-14），以及其他与成本计算无关的管理费用明细账等。

(2) 归集和分配本月发生的各项费用

根据各项产品成本费用发生的原始凭证和其他有关资料，编制各项要素费用分配表，分配各项要素费用。

①分配材料费用，见表5-8。

根据材料费用分配表，编制会计分录如下：

借：基本生产成本——甲产品	90 000	
——乙产品	78 000	
辅助生产成本——供电车间	6 000	
——机修车间	12 000	
制造费用——基本生产车间	9 000	
管理费用	3 500	
贷：原材料		194 000
周转材料——低值易耗品		4 500

表5-8

材料费用分配表

20××年10月

金额单位：元

应借账户		成本或费用明细项目	直接计入	间接计入			合计
				定额用量（千克）	分配率	分配额	
基本生产成本	甲产品	直接材料	80 000	1 000		10 000	90 000
	乙产品	直接材料	60 000	1 800		18 000	78 000
	小计		140 000	2 800	10	28 000	168 000
辅助生产成本	机修车间	机物料消耗	12 000				12 000
	供电车间	机物料消耗	6 000				6 000
	小计		18 000				18 000
制造费用	基本生产车间	机物料消耗	5 000				5 000
		低值易耗品	4 000				4 000
		小计	9 000				9 000
管理费用	厂部管理部门	机物料消耗	3 000				3 000
		低值易耗品	500				500
		小计	3 500				3 500
合计			170 500			28 000	198 500

②分配工资费用，见表5-9。

表5-9

职工薪酬费用分配表

20××年10月

金额单位：元

应借账户			分配标准（小时）	分配率	应分配人工费
总账账户	明细账户	成本费用项目			
基本生产成本	甲产品	直接人工	2 000		18 240
	乙产品	直接人工	3 000		27 360
	小计		5 000	9.12	45 600
辅助生产成本	机修车间	职工薪酬			5 700
	供电车间	职工薪酬			9 120
	小计				14 820
制造费用	基本生产车间	职工薪酬			2 280
管理费用	厂部管理部门	职工薪酬			11 400
合计					74 100

根据职工薪酬费用分配表，编制会计分录如下：

借：基本生产成本——甲产品 18 240
——乙产品 27 360
辅助生产成本——供电车间 9 120
——机修车间 5 700
制造费用——基本生产车间 2 280
管理费用 11 400
贷：应付职工薪酬 74 100

③分配折旧及其他费用，见表5-10。

表5-10 **折旧及其他费用分配表**

20××年10月 单位：元

应借账户		金额					
总账账户	明细账户	折旧费	办公费	水费	保险费	其他	合计
制造费用	基本生产车间	12 000	1 500	2 200	2 000	500	18 200
辅助生产成本	机修车间	3 000	900	1 000	500	500	5 900
	供电车间	4 000	600	500	1 200	700	7 000
	小计	7 000	1 500	1 500	1 700	1 200	12 900
管理费用	厂部管理部门	8 000	6 000	1 500	1 800	700	18 000
合计		27 000	9 000	5 200	5 500	2 400	49 100

根据折旧及其他费用分配表，编制会计分录如下：

借：制造费用——基本生产车间 12 000
辅助生产成本——供电车间 4 000
——机修车间 3 000
管理费用 8 000
贷：累计折旧 27 000

借：制造费用——基本生产车间 6 200
辅助生产成本——供电车间 3 000
——机修车间 2 900
管理费用 10 000
贷：库存现金 3 600
银行存款 18 500

（3）分配辅助产品成本费用

根据上述有关费用要素分配表，将属于辅助生产车间耗用的费用归集到辅助生产成本明细账，见表5-11、表5-12。

表5-11　　**辅助生产成本明细账（一）**

车间名称：机修车间　　单位：元

20××年		凭证号数	摘要	机物料	职工薪酬	折旧费	办公费	水费	保险费	其他	合计
月	日										
10	31	略	材料费用分配表	12 000							12 000
	31		职工薪酬费用分配表		5 700						5 700
	31		折旧及其他费用分配表			3 000	900	1 000	500	500	5 900
	31		本月合计	12 000	5 700	3 000	900	1 000	500	500	23 600
	31		结转至各受益部门	12 000	5 700	3 000	900	1 000	500	500	23 600

表5-12　　**辅助生产成本明细账（二）**

车间名称：供电车间　　单位：元

20××年		凭证号数	摘要	机物料	职工薪酬	折旧费	办公费	水费	保险费	其他	合计
月	日										
10	31	略	材料费用分配表	6 000							6 000
	31		职工薪酬费用分配表		9 120						9 120
	31		折旧及其他费用分配表			4 000	600	500	1 200	700	7 000
	31		本月合计	6 000	9 120	4 000	600	500	1 200	700	22 120
	31		结转至各受益部门	6 000	9 120	4 000	600	500	1 200	700	22 120

根据辅助生产成本明细账中归集的辅助产品成本费用，采用计划成本分配法分配给各受益对象，见表5-13。

表5-13　　**辅助产品成本费用分配表**

20××年10月　　金额单位：元

劳务供应 / 劳务耗费			机修车间		供电车间		合计
			数量（小时）	金额	数量（度）	金额	
待分配数量和费用			3 000	23 600	20 000	22 120	45 720
计划单位成本				8.5		1.1	
辅助生产成本	机修车间	电费			1 000	1 100	1 100
	供电车间	修理费	200	1 700			1 700
	小计		200	1 700	1 000	1 100	2 800

续表

劳务耗费＼劳务供应			机修车间		供电车间		合计
			数量（小时）	金额	数量（度）	金额	
制造费用	基本生产车间	电费			14 000	15 400	15 400
		修理费	2 300	19 550			19 550
	小计		2 300	19 550	14 000	15 400	34 950
管理费用	厂部管理部门	电费			5 000	5 500	5 500
		修理费	500	4 250			4 250
	小计		500	4 250	5 000	5 500	9 750
按计划成本分配合计				25 500		22 000	47 500
辅助生产实际成本				24 700		23 820	48 520
辅助生产成本差异				-800		+1 820	+1 020

根据辅助产品成本费用分配表，结转辅助生产计划成本，编制会计分录如下：

借：制造费用——基本生产车间　　34 950
　　辅助生产成本——供电车间　　1 700
　　　　　　　　——机修车间　　1 100
　　管理费用　　9 750
　贷：辅助生产成本——供电车间　　22 000
　　　　　　　　　——机修车间　　25 500

结转辅助生产成本差异，为了简化成本计算工作，成本差异全部计入管理费用，编制会计分录如下：

借：管理费用　　1 020
　贷：辅助生产成本——供电车间　　1 820
　　　　　　　　　——机修车间　　800

（4）分配制造费用

制造费用明细账，见表5-14。

制造费用分配表，见表5-15。

根据制造费用分配表，编制会计分录如下：

借：基本生产成本——甲产品　　25 772
　　　　　　　　——乙产品　　38 658
　贷：制造费用——基本生产车间　　64 430

表5-14 **制造费用明细账**

车间名称：基本生产车间 单位：元

20××年		凭证号数	摘要	机物料	职工薪酬	折旧费	低值易耗品	办公费	保险费	水费	其他	修理费	电费	合计
月	日													
10	31	略	材料表	5 000			4 000							9 000
	31		工资表		2 280									2 280
	31		折旧表			12 000		1 500	2 000	2 200	500			18 200
	31		辅助表									19 550	15 400	34 950
	31		本月合计	5 000	2 280	12 000	4 000	1 500	2 000	2 200	500	19 550	15 400	64 430
	31		分配转出	5 000	2 280	12 000	4 000	1 500	2 000	2 200	500	19 550	15 400	64 430

表5-15 **制造费用分配表**

20××年10月 金额单位：元

分配对象	分配标准/生产工时（小时）	分配率	应分配金额
甲产品	2 000		25 772
乙产品	3 000		38 658
合计	5 000	12.886	64 430

（5）产品成本费用在完工产品与在产品之间分配

产品到月末时，既有完工产品又有在产品，因而要将甲产品基本生产成本明细账中归集的产品成本费用在完工产品与月末在产品之间进行分配。又因资料告知该企业月末在产品完工程度为50%，加上没有产品的定额成本以及成本核算方法的其他要求，因而适用约当产量法分配产品成本费用。乙产品由于没有月末在产品，则基本生产成本明细账中归集的产品成本费用全部是完工产品成本。

该企业本月甲产品完工入库400件，月末在产品100件，按约当产量法计算甲产品的完工产品成本和月末在产品成本。月末在产品约当产量计算，见表5-16。

表5-16 **在产品约当产量计算表**

产品名称：甲产品 20××年10月 单位：件

成本项目	在产品数量	投料程度（完工程度）	约当产量
直接材料	100	100%	100
直接人工	100	50%	50
制造费用	100	50%	50

基本生产成本明细账见表5-17、表5-18。

表5-17　　　　基本生产成本明细账（一）

产品名称：甲产品　　　完工数量：400件　　　在产品数量：100件　　　金额单位：元

20××年		凭证号数	摘要	成本项目			合计
月	日			直接材料	直接人工	制造费用	
10	1		月初在产品成本	10 000	3 420	6 180	19 600
10	31	略	材料费用表	90 000			90 000
	31	略	职工薪酬费用表		18 240		18 240
	31	略	制造费用表			25 772	25 772
	31		产品成本费用合计	100 000	21 660	31 952	153 612
	31		分配率	200	48.13	71	319.13
	31		结转完工产品成本	80 000	19 252	28 400	127 652
	31		月末在产品成本	20 000	2 408	3 552	25 960

表5-18　　　　基本生产成本明细账（二）

产品名称：乙产品　　　完工数量：480件　　　在产品数量：0　　　单位：元

20××年		凭证号数	摘要	成本项目			合计
月	日			直接材料	直接人工	制造费用	
10	1		月初在产品成本	9 000	1 140	3 060	13 200
10	31	略	材料费用表	78 000			78 000
	31	略	职工薪酬费用表		27 360		27 360
	31	略	制造费用表			38 658	38 658
	31		产品成本费用合计	87 000	28 500	41 718	157 218
	31		结转完工产品成本	87 000	28 500	41 718	157 218

（6）编制完工产品成本汇总表

根据表5-17、表5-18中的结果，编制完工产品成本汇总表（见表5-19），并据以结转完工产品成本。

表5-19　　　　完工产品成本汇总表

20××年10月　　　金额单位：元

成本项目	甲产品（400件）		乙产品（480件）	
	总成本	单位成本	总成本	单位成本
	127 652	319.13	157 218	327.5375
直接材料	80 000	200.00	87 000	181.2500
直接人工	19 252	48.13	28 500	59.3750
制造费用	28 400	71.00	41 718	86.9125

根据完工产品成本汇总表或成本计算单及产品入库单，结转完工入库产品的生产成本，编制会计分录如下：

借：库存商品——甲产品　　127 652
　　　　　　——乙产品　　157 218
　贷：基本生产成本——甲产品　　127 652
　　　　　　　　　——乙产品　　157 218

课程思政5-1

王明签发空头支票

背景与情境：2020年6月，春城供货商多次到宏博公司催要货款。双方合同约定交货时付款，宏博公司购买的原材料早已验收入库，但货款一直未付。为了解决当时的“困境”，出纳王明签发一张金额为20万元的转账支票，交给春城供货商。春城供货商到银行提示付款时，发现该支票是空头支票，遂要求宏博公司给予经济赔偿。

问题：供货商要求该公司因签发空头支票而承担经济赔偿责任是否符合规定？银行对该公司签发空头支票应如何处理？会计人员的行为是否违背职业道德与会计伦理？

研判提示：供货商要求该公司因签发空头支票而承担经济赔偿责任符合规定。持票人签发空头支票，银行应予以退票，并按票面金额处以5%但不低于1 000元的罚款；持票人有权要求出票人赔偿支票金额2%的赔偿金。

会计人员的行为有违职业道德与会计伦理，违背了会计职业道德中会计人员应当诚实守信、客观公正、坚持准则的要求。

同步案例5-1

鸿博企业产品成本核算方法——品种法

背景与情境：鸿博企业生产A、B两种产品，设有一个基本生产车间、一个辅助生产车间（机修车间）。产品生产工艺简单。主要过程是：材料采购入库、材料领出生产、支付生产及相关管理人员人工费用、计提固定资产折旧、产品完工入库、产品对外销售。该企业20××年10月有关资料如下：

①产品生产工时：A产品300小时，B产品500小时。

②丙材料定额：A产品60千克/件，B产品40千克/件。

③本月A产品完工200件，月末没有在产品；本月B产品完工160件，月末在产品40件，完工程度为50%。原材料在生产开始时一次性投入。

④机修车间提供1 200机修小时：提供给基本生产车间700小时，其中A产品300小时，B产品400小时；车间管理部门100小时；企业管理部门400小时。

⑤本月基本生产车间计提固定资产折旧费用12 000元。

⑥月初在产品成本，见表5-20。

表5-20　　A、B产品月初在产品成本表

20××年10月　　单位：元

产品名称	直接材料	直接人工	其他直接支出	制造费用
A产品	5 000	2 632	368	4 000
B产品	14 000	4 386	614	6 000

⑦本月发生费用见表5-21、表5-22。

表5-21　　发生材料费用表

20××年10月　　单位：元

用途	共同耗用丙材料	直接领用甲材料	直接领用乙材料
A产品		20 000	
B产品			28 000
小计	16 000	20 000	28 000
基本生产车间一般耗用		2 000	
机修车间耗用			3 900
合计	16 000	22 000	31 900

表5-22　　职工薪酬费用表

20××年10月　　单位：元

人员类别	应付职工薪酬
生产工人	27 360
机修车间人员	5 700
基本生产车间管理人员	5 244
行政管理人员	11 400
合计	49 704

该企业财务部要求其成本核算员周某根据上述资料回答下列问题：（1）鸿博企业应选择哪种成本核算方法？（2）A、B产品共同耗用丙材料，材料费用分配应选择哪种方法？（3）鸿博企业应设置何种成本费用明细账的账页格式？

周某提供的解答如下：

（1）鸿博企业应选择品种法作为成本核算方法。因为鸿博企业生产A、B两种产品，产品生产工艺简单，属于大量大批单步骤生产类型企业，适宜选择品种法进行成本计算。

（2）A、B产品共同耗用丙材料，材料费用分配应选择产品产量比例分配法。

（3）鸿博企业应设置的成本费用明细账账页格式为多栏式。

问题：

（1）本案例中，周某提供的哪些解答和说明正确无误？为什么？

（2）本案例中，周某提供的哪些解答和说明有误？分析其错误的原因。

（3）对本案例中的有误回答及其说明进行分析更正。

分析提示：

（1）周某对第（1）个问题的回答是正确的，因为根据品种法的特点和适用范围，结合本案例，鸿博企业生产A、B两种产品，产品生产工艺简单，属于大量大批单步骤生产类型企业，适宜选择品种法进行成本计算。

周某对第（3）个问题的回答是正确的，根据企业发生的主要经济活动，按照成本核算范围，确定的本企业成本费用明细账有“基本生产成本——A产品”“基本生产成本——B产品”“辅助生产成本——机修车间”“制造费用——基本生产车间”。应选择多栏式账页格式，见表5-23。

表5-23 **基本生产成本明细账**

产品名称：A产品　　完工数量：200件　　单位：元

20××年		凭证号数	摘要	成本项目				合计
月	日			直接材料	直接人工	其他直接支出	制造费用	
10	1		月初在产品成本	5 000	2 632	368	4 000	12 000
	31	略	材料费用表	29 600				29 600
	31	略	人工费用表		10 260			10 260
	31	略	辅助产品成本费用表			2 400		2 400
	31	略	制造费用表				7 516.50	7 516.50
			产品成本费用合计	34 600	12 892	2 768	11 516.50	61 776.50
			分配率	173	64.46	13.84	57.58	308.88
			结转完工产品成本	34 600	12 892	2 768	11 516.50	61 776.50

（2）周某对第（2）个问题丙材料费用分配方法选择的回答是错误的。周某选择的是按产量比例分配法分配材料费用，错误在于A、B产品共同耗用丙材料的消耗定额是不同的，即单个产品耗用量有很大差异：A产品60千克/件，B产品40千克/件，不能用产品数量作为分配标准。

（3）对A、B产品共同耗用丙材料的分配应选择材料消耗定额比例分配法，因为材料费用要素分配包括材料定额耗用量分配法、材料定额费用分配法、材料实际耗用量分配法等，而本企业有比较准确的单位产品消耗定量资料。

5.1.3 品种法优缺点

按照产品品种计算产品成本，是产品成本计算最一般、最起码的要求。因为不论何种组织方式的制造企业，不论何种生产类型的产品，也不论成本管理要求如何，最终都必须按照产品品种计算出产品成本。品种法成本计算程序简单，适用性强。但如果企业生产的产品品种繁多，就会增加成本核算的工作量。

5.2 分步法

分步法是指以产品的品种及所经生产步骤作为成本计算对象来归集产品成本费用，计算完工产成品生产成本的方法。

5.2.1 分步法种类、适用范围及特点

1）分步法的种类

采用分步法计算产品成本时，由于不同企业对于生产步骤成本管理有不同要求，出于简化成本核算工作的考虑，按照产品生产步骤来归集费用、计算产品成本时，各个生产步骤成本的计算和结转有逐步结转和平行结转两种不同方法，产品成本计算的分步法也就分为逐步结转分步法和平行结转分步法两种。

（1）逐步结转分步法

逐步结转分步法是按照生产步骤逐步计算并结转半成品成本，直到最后步骤计算出完工产成品成本的方法。计算各生产步骤所产半成品成本，是逐步结转分步法的显著特征。因此，逐步结转分步法也称计算半成品成本的分步法。

（2）平行结转分步法

平行结转分步法是将各生产步骤应计入相同产成品成本的份额平行汇总，以求得完工产成品成本的方法。平行结转分步法按照生产步骤归集费用，但只计算完工产成品在各生产步骤的成本“份额”，不计算和结转各生产步骤的半成品成本。因此，平行结转分步法也称不计算半成品成本的分步法。

2）分步法的适用范围

分步法主要适用于大量大批多步骤生产企业，包括冶金、纺织、造纸和机械制造等企业。在这类企业中，产品生产可以划分为若干生产步骤。例如，冶金企业的生产可以分为炼铁、炼钢等生产步骤；纺织企业的生产可以分为纺纱、织布、印染等生产步骤；造纸企业的生产可以分为制浆、制纸等生产步骤；机械制造企业的生产可以分为铸造、加工、装配等生产步骤。在这些企业中，为了加强各生产步骤的成本管理，不仅要求按照产品的品种计算各种产成品的实际总成本和单位成本，还要求按照生产步骤归集产品成本费用，计算各生产步骤的成本，以便考核产品及其生产步骤成本计划的执行情况。

（1）逐步结转分步法的适用范围

计算半成品成本的逐步结转分步法，主要适用于半成品可以加工为不同产品或者有半成品对外销售和需要考核半成品成本的企业，特别是大量大批连续式多步骤生产企业。在这些企业中，从原材料投入生产到产成品制成，中间要顺序经

过若干个生产步骤，前面各个生产步骤所生产的都是半成品，只有在最后生产步骤完工的才是产成品。各生产步骤所产半成品，既可以转交给下一生产步骤继续加工，耗用在不同产品上，又可以作为商品对外出售。例如，纺织企业生产的棉纱，既可以自用，继续加工成各种成品布，又可以作为商品，直接对外出售。在这种情况下，为了计算产品销售成本，除了需要计算各种产成品成本外，还必须计算各生产步骤所产半成品成本。有的企业自制半成品不一定对外销售，但为了考核半成品成本，也需要进行计算。

业务链接5-2

江城棉纺织厂采用逐步结转分步法进行成本核算

江城棉纺织厂主要生产棉纱和各种棉布产品，通过市场销往全国各地。生产工艺过程包括纺纱和织布两大步骤。在纺纱步骤中，原料（原棉）投入生产之后，经过清花、梳棉、并条、粗纺、细纱等工序，纺成各种棉纱；然后送往织布步骤，经过络经、整经、浆纱、穿筘、织造等工序，织成各种棉布；再经过整理、打包，即可入库等待销售。本企业生产的棉纱，既可以自用，继续加工成各种棉布，又可以作为商品，直接对外出售。

请说明成本核算采用的方法。

解析：在这种情况下，为了计算产品销售成本，除了需要计算各种产成品成本外，还必须计算各生产步骤所产半成品成本。江城棉纺织厂以棉布及其生产所经的各个生产步骤为成本计算对象，采用逐步结转分步法核算产品成本。

(2) 平行结转分步法的适用范围

不计算半成品成本的平行结转分步法，主要适用于在成本管理上要求分步骤归集费用，但不要求计算半成品成本的企业，特别是没有半成品对外销售的大量大批装配式多步骤生产企业。在这些企业中，从原材料投入生产到产成品制成，先由各生产步骤对各种原材料平行地进行加工，使之成为各种零件和部件（半成品），然后由总装车间（最后生产步骤）装配成各种产成品。如果各生产步骤所产半成品的种类比较多，半成品对外销售的情况也很少，为了简化和加速成本核算工作，可以采用平行结转分步法。在某些连续式多步骤生产企业，如果各生产步骤所产半成品仅供本企业下一步骤继续加工，不准备对外出售，也可以采用平行结转分步法。

业务链接5-3

江城机械制造厂采用平行结转分步法进行成本核算

江城机械制造厂主要生产各种机械产品，通过市场销往全国各地。企业的车间一般按生产工艺过程设置，设有铸工、锻工、加工、装配等车间。铸工车间利用生铁、钢、铜等各种原料熔铸各种铸件；锻工车间利用各种外购钢材锻造各种锻件。铸件和锻件都是用来进一步加工的毛坯。加工车间对各种铸件、锻件、外购半成品和外购材料进行加工，制造各种产品的零件和部件。装配车间对转入的零部件进行装配，生产各种机械产品。本企业各生产步骤所产半成品的种类很多，而半成品外售的情况却较少，因此在管理上不要求计算半成品成本。

请确定成本计算对象及成本核算方法。

解析：江城机械制造厂以各种机械产品及其所经生产步骤为成本计算对象，采用平行结转分步法核算产品成本。

3）分步法的特点

（1）以产品的品种及其所经生产步骤作为成本计算对象

分步法的成本计算对象是产品的品种及其所经过的生产步骤，但逐步结转分步法和平行结转分步法略有区别。

逐步结转分步法是计算半成品成本的分步法，其成本计算对象是产成品及其所经生产步骤的半成品。各个生产步骤需要计算出半成品成本，并随着半成品实物的转移进行半成品成本的结转，直到最后步骤计算出最终产品成本。

平行结转分步法是不计算半成品成本的分步法，其成本计算对象是产成品及其所经生产步骤。各个生产步骤只归集本步骤发生的产品成本费用，只计算和结转最终产成品在本生产步骤的成本份额，虽然半成品发生实物转移，但不计算也不结转半成品成本。

采用分步法计算产品成本时，应当按照产品的生产步骤设立基本生产成本明细账（产品成本计算单）。如果只生产一种产品，成本计算对象就是该种产成品及其所经生产步骤，基本生产成本明细账应当按照产品的生产步骤设立；如果生产多种产品，成本计算对象则是各种产品及其所经生产步骤，基本生产成本明细账应当按照生产步骤分产品品种设立。

企业各种产品发生的直接材料费用、直接人工费用和其他直接费用，凡能直接计入各成本计算对象的，应当直接记入按成本计算对象设立的基本生产成本明细账；不能直接计入各成本计算对象的，应当先按生产步骤归集，月末再按一定的标准分配记入各成本计算对象的基本生产成本明细账。企业发生的制造费用，应当先按生产单位（车间、分厂）归集，月末再直接记入或者分配记入各成本计算对象的基本生产成本明细账。

需要指出的是，分步法中作为成本计算对象的生产步骤，是按照企业成本管理要求来划分的。它与产品的实际生产步骤（加工步骤）可能一致，也可能不一致。在大量大批多步骤生产企业中，生产单位（分厂、车间）一般是按照生产步骤设立的，为了加强生产单位的成本管理，也要求按照生产单位（分厂、车间）来归集产品成本费用，计算产成品（完工产品）成本。

因此，分步骤计算成本一般也就是分生产单位（分厂、车间）计算成本。但是，当一个生产单位（分厂、车间）的规模比较大，生产单位内包含几个生产步骤，而企业成本管理上又要求在生产单位内部再分生产步骤计算成本时，成本计算对象中的生产步骤就不应当是生产单位（分厂、车间），而应当是生产单位内部的生产步骤。此外，为了简化成本核算，按照企业成本管理的要求，也可以将几个生产步骤或几个生产车间合并为一个成本计算对象（成本核算的一个步骤），来归集产品成本费用，计算生产步骤的成本。因此，采用分步法计算产品成本，应当根据企业生产特点和成本管理的要求，本着既要加强成本管理，又要简化成本核算的原则，合理确定作为成本计算对象的生产步骤。

（2）成本计算定期按月进行，与产品生产周期不一致

分步法以产品的品种及其所经生产步骤为成本计算对象，企业生产组织形式通常是大量大批生产。因此，成本计算期与生产周期无法一致，而是与会计报告期一致，即定期按月计算产品成本。

（3）通常需要在本月完工产品与月末在产品之间分配产品成本费用

由于分步法的成本计算期与生产周期不一致，在大量大批多步骤生产企业，月末通常有在产品。因此，分步法月末计算产品成本时，通常需要将已记入产品生产成本明细账的产品成本费用合计数在本月完工产品与月末在产品之间进行分配，即需要正确计算各生产步骤的月末在产品成本。

逐步结转分步法和平行结转分步法在成本计算对象上有所不同，产品成本费用在完工产品与在产品之间的分配上也有所不同。

逐步结转分步法的成本计算对象是产成品及其所经生产步骤的半成品。各个生产步骤都需要计算所产半成品成本。半成品成本随着半成品实物的转移而结转，直到最后生产步骤计算出完工产成品成本。因此，月末各生产步骤将产品成本费用在本月完工产品与月末在产品之间进行分配时，产品成本费用是本步骤发生的费用加上上一步骤转入的半成品成本。本月完工产品是指本生产步骤已经完工的半成品（最后生产步骤为产成品）；月末在产品是指本生产步骤正在加工尚未完工的在制品，即狭义的在产品。

平行结转分步法的成本计算对象是产成品及其所经过的生产步骤。各个生产步骤只归集本步骤发生的产品成本费用，不计算半成品成本。半成品的实物已经转移，但半成品的成本不结转。因此，月末各生产步骤将产品成本费用在本月完工产品与月末在产品之间进行分配时，产品成本费用仅指本步骤发生的费用，不包括上一步骤转入的费用。本月完工产品是指企业最终完工的产成品；月末在产品是指广义的在产品，既包括本生产步骤正在加工的在制品（狭义在产品），又包括本步骤已经加工完成，已经转入以后各生产步骤，但尚未最终制成产成品的半成品。平行结转分步法的本月完工产成品成本，是通过对各生产步骤本月应计入相同产成品成本项目的份额平行汇总求得的。

5.2.2 逐步结转分步法的成本计算程序

采用分步法计算产品成本，应当先计算各生产步骤的成本，再计算最终完工产成品成本。由于各生产步骤成本计算和结转方式不同而形成的逐步结转分步法和平行结转分步法，其成本计算程序是不相同的。

学习微平台

资源5-05

采用逐步结转分步法，其成本计算程序是：计算第一步骤所产半成品成本，并将其转入第二步骤；将第二步骤发生的各种费用，加上第一步骤转入的半成品

成本，计算出第二步骤所产半成品成本，并将其转入第三步骤；按照生产步骤逐步计算并且结转半成品成本后，在最后步骤计算出完工产成品成本。在设有半成品仓库的企业，还应当在半成品仓库和有关生产步骤（生产半成品和领用半成品的生产步骤）之间，随着半成品实物的收入（生产完工验收入库）和发出（生产领用），进行半成品成本的结转。逐步结转分步法的成本计算程序如图5-1、图5-2所示。

1）半成品完工和领用通过仓库收发

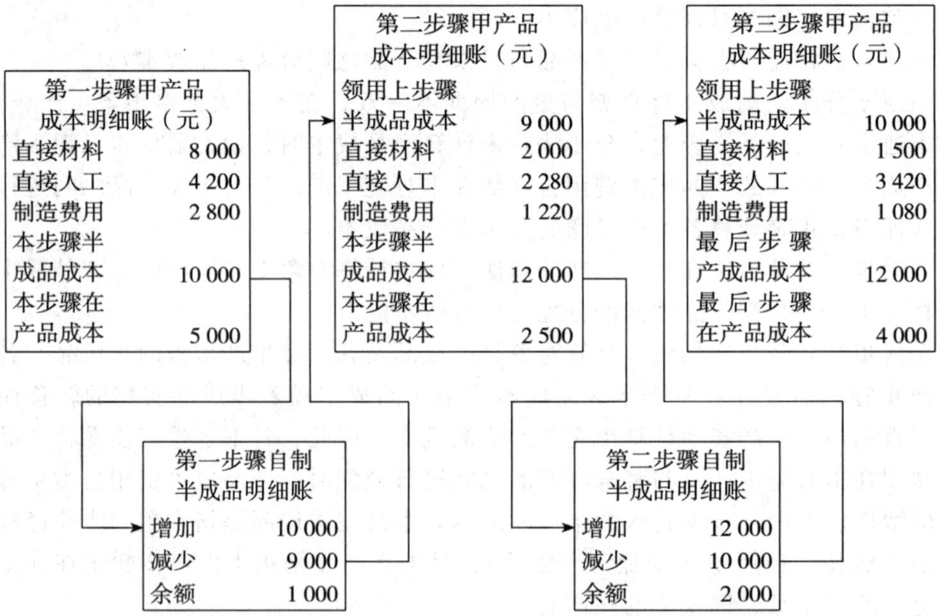

图5-1 逐步结转分步法的成本计算程序（通过仓库收发）

2）半成品不通过仓库收发

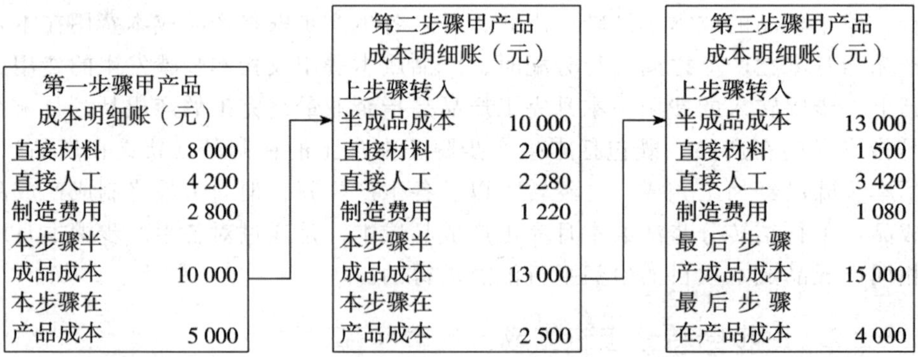

图5-2 逐步结转分步法的成本计算程序（不通过仓库收发）

从上述成本结转计算程序可以看出，逐步结转分步法实际上就是品种法的多次连续应用。在采用品种法计算上一步骤的半成品成本以后，按照下一步骤的耗用数量将成本转入下一步骤，下一步骤再一次采用品种法归集所耗半成品的费用和本步骤其他费用，计算其半成品成本，如此逐步结转，直至最后一个步骤计算出产成品成本。

3）半成品成本结转的方式

采用逐步结转分步法，各生产步骤之间半成品成本的结转，按照半成品成本在下一生产步骤产品生产成本明细账中反映方法的不同，分为综合结转法和分项结转法两种。

（1）逐步结转分步法的综合结转法

半成品成本的综合结转，是将上一生产步骤转入下一生产步骤的半成品成本，不分成本项目，全部计入下一生产步骤产品生产成本明细账中的“直接材料”成本项目或专设的“半成品”成本项目，综合反映各步骤所耗上一步骤所产半成品成本。半成品成本的综合结转可以按照上一步骤所产半成品的实际成本结转，也可以按照企业确定的半成品计划成本或定额成本结转。

（2）逐步结转分步法的分项结转法

半成品成本的分项结转，是将上一生产步骤转入本生产步骤的半成品成本，按照其原始成本项目，分别计入本生产步骤产品生产成本明细账中对应的成本项目，分项反映各步骤所耗上一步骤所产半成品成本。

5.2.3 逐步结转分步法应用举例

1）逐步综合结转分步法及其应用举例

（1）按实际成本综合结转半成品成本

按实际成本综合结转半成品成本时，对各步骤所耗上一步骤的半成品成本，应根据所耗半成品数量乘以半成品实际单位成本计算。在通过仓库收发半成品的情况下，发出半成品的单位成本可用加权平均法、先进先出法或个别计价法等存货计价方法计算。

业务链接5-4

宏博工厂按实际成本综合结转半成品成本

宏博工厂从20××年1月份开始生产A产品，该产品经过三个生产车间加工，一车间投入原材料加工成甲半成品，二车间领用甲半成品加工成乙半成品，三车间领用乙半成品加工成A产成品。原材料在一车间生产时一次性投入，各步骤的在产品在本步骤的完工程度均为50%。有关资料见表5-24、表5-25。

表5-24 **产量资料**

20××年1月　　单位：件

项目	一车间	二车间	三车间
投入产量（或领用量）	10	9	7
本月完工	9	7	6
月末在产品	1	2	1

表5-25　　费用资料

20××年1月　　单位：元

项目	直接材料	直接人工	制造费用
一车间	2 000	1 520	1 140
二车间		1 120	800
三车间		780	520

请计算该企业每个车间的半成品成本和产成品成本。

解析： 该企业每个车间的半成品成本和产成品成本计算见表5-26、表5-27和表5-28。

表5-26　　第一车间基本生产成本明细账

产品名称：甲半成品　　单位：元

20××年		凭证号数	摘要	成本项目			合计
月	日			直接材料	直接人工	制造费用	
1	31	略	材料费用	2 000			2 000
	31		职工薪酬费用		1 520		1 520
	31		制造费用			1 140	1 140
	31		产品成本费用合计	2 000	1 520	1 140	4 660
	31		单位产品成本	200	160	120	480
	31		完工半成品成本	1 800	1 440	1 080	4 320
	31		月末在产品成本	200	80	60	340

直接材料单位产品成本=2 000÷（9+1）=200（元）

直接人工单位产品成本=1 520÷（9+1×50%）=160（元）

制造费用单位产品成本=1 140÷（9+1×50%）=120（元）

表5-27　　第二车间基本生产成本明细账

产品名称：乙半成品　　单位：元

20××年		凭证号数	摘要	成本项目			合计
月	日			自制半成品	直接人工	制造费用	
1	31	略	上一步骤转入	4 320			4 320
	31		职工薪酬费用		1 120		1 120
	31		制造费用			800	800
	31		产品成本费用合计	4 320	1 120	800	6 240
	31		单位产品成本	480	140	100	720
	31		完工半成品成本	3 360	980	700	5 040
	31		月末在产品成本	960	140	100	1 200

直接人工单位产品成本=1 120÷（7+2×50%）=140（元）

制造费用单位产品成本=800÷（7+2×50%）=100（元）

表5-28　**第三车间基本生产成本明细账**

产品名称：A产成品　单位：元

20××年		凭证号数	摘要	成本项目			合计
月	日			自制半成品	直接人工	制造费用	
1	31	略	上一步骤转入	5 040			5 040
	31		职工薪酬费用		780		780
	31		制造费用			520	520
	31		产品成本费用合计	5 040	780	520	6 340
	31		单位产品成本	720	120	80	920
	31		完工产成品成本	4 320	720	480	5 520
	31		月末在产品成本	720	60	40	820

直接人工单位产品成本=780÷（6+1×50%）=120（元）

制造费用单位产品成本=520÷（6+1×50%）=80（元）

以上各步骤成本计算为没有月初在产品的情况，下面举例有月初在产品情况下的各步骤成本计算。

业务链接5-5

宏博工厂按实际成本综合结转半成品成本

假定“业务链接5-4”中该厂2月份继续生产A产品，原材料在一车间生产时一次性投入，各步骤的在产品在本步骤的完工程度均为50%。20××年2月份的有关资料见表5-29、表5-30。

表5-29　**产量资料**

20××年2月　单位：件

项目	一车间	二车间	三车间
月初在产品	1	2	1
投入产量（或领用量）	13	12	10
本月完工	12	10	9
月末在产品	2	4	2

请计算该企业每个车间的半成品成本和产成品成本。

解析：该企业每个车间的半成品成本和产成品成本计算见表5-31、表5-32和表5-33。

表5-30 **费用资料**

20××年2月 单位：元

项目	直接材料	直接人工	制造费用
一车间	2 600	2 000	1 500
二车间		1 540	1 100
三车间		1 140	760

表5-31 **第一车间基本生产成本明细账**

产品名称：甲半成品 单位：元

20××年		凭证号数	摘要	成本项目			合计
月	日			直接材料	直接人工	制造费用	
2	28	略	月初在产品成本	200	80	60	340
	28		材料费用	2 600			2 600
	28		职工薪酬费用		2 000		2 000
	28		制造费用			1 500	1 500
	28		产品成本费用合计	2 800	2 080	1 560	6 440
	28		单位产品成本	200	160	120	480
	28		完工半成品成本	2 400	1 920	1 440	5 760
	28		月末在产品成本	400	160	120	680

直接材料单位产品成本=2 800÷（12+2）=200（元）

直接人工单位产品成本=2 080÷（12+2×50%）=160（元）

制造费用单位产品成本=1 560÷（12+2×50%）=120（元）

表5-32 **第二车间基本生产成本明细账**

产品名称：乙半成品 单位：元

20××年		凭证号数	摘要	成本项目			合计
月	日			自制半成品	直接人工	制造费用	
2	28	略	月初在产品成本	960	140	100	1 200
	28		上一步骤转入	5 760			5 760
	28		职工薪酬费用		1 540		1 540
	28		制造费用			1 100	1 100
	28		产品成本费用合计	6 720	1 680	1 200	9 600
	28		单位产品成本	480	140	100	720
	28		完工半成品成本	4 800	1 400	1 000	7 200
	28		月末在产品成本	1 920	280	200	2 400

直接人工单位产品成本=1 680÷（10+4×50%）=140（元）

制造费用单位产品成本=1 200÷（10+4×50%）=100（元）

表5-33　**第三车间基本生产成本明细账**

产品名称：A产成品　　单位：元

20××年		凭证号数	摘要	成本项目			合计
月	日			自制半成品	直接人工	制造费用	
2	28	略	月初在产品成本	720	60	40	820
	28		上一步骤转入	7 200			7 200
	28		职工薪酬费用		1 140		1 140
	28		制造费用			760	760
	28		产品成本费用合计	7 920	1 200	800	9 920
	28		单位产品成本	720	120	80	920
	28		完工产成品成本	6 480	1 080	720	8 280
	28		月末在产品成本	1 440	120	80	1 640

直接人工单位产品成本=1 200÷（9+2×50%）=120（元）

制造费用单位产品成本=800÷（9+2×50%）=80（元）

上述两个例子都是上一步骤生产的半成品直接转入下一加工步骤继续加工，没有通过半成品仓库，因而不需要编制半成品入库和从仓库领用的会计分录。如果每个步骤加工完成的半成品先入半成品仓库，然后办理领料手续领料并用于下一步骤生产，则要作两步会计分录：

本步骤入库半成品时：

借：自制半成品——××产品

　　贷：基本生产成本——××车间（××产品）

下一步骤领用半成品时：

借：基本生产成本——××车间（××产品）

　　贷：自制半成品——××产品

以上两个例子又都是上一步骤生产的自制半成品全部转入下一步骤生产耗用。若下一步骤仅领用上一步骤部分自制半成品，则各步骤成本核算方法举例如下。

业务链接5-6

宏博工厂按实际成本综合结转半成品成本

假定“业务链接5-5”给定资料中，二车间、三车间领用量见表5-34，费用资料见表5-35，其余资料不变。

表5-34 **产量资料**

20××年2月 单位：件

项目	一车间	二车间	三车间
月初在产品	1	2	1
投入产量（或领用量）	13	11	9
本月完工	12	10	9
月末在产品	2	3	1

表5-35 **费用资料**

20××年2月 单位：元

项目	直接材料	直接人工	制造费用
一车间	2 600	2 000	1 500
二车间		1 540	1 100
三车间		1 140	760

请计算该企业每个车间的半成品成本和产成品成本。

解析：该企业每个车间的半成品成本和产成品成本计算见表5-36、表5-37和表5-38。

表5-36 **第一车间基本生产成本明细账**

产品名称：甲半成品 单位：元

20××年		凭证号数	摘要	成本项目			合计
月	日			直接材料	直接人工	制造费用	
2	28	略	月初在产品成本	200	80	60	340
	28		材料费用	2 600			2 600
	28		职工薪酬费用		2 000		2 000
	28		制造费用			1 500	1 500
	28		产品成本费用合计	2 800	2 080	1 560	6 440
	28		单位产品成本	200	160	120	480
	28		完工半成品成本	2 400	1 920	1 440	5 760
	28		月末在产品成本	400	160	120	680

直接材料单位产品成本=2 800÷（12+2）=200（元）

直接人工单位产品成本=2 080÷（12+2×50%）=160（元）

制造费用单位产品成本=1 560÷（12+2×50%）=120（元）

表5-37 **第二车间基本生产成本明细账**

产品名称：乙半成品　　单位：元

20××年		凭证号数	摘要	成本项目			合计
月	日			自制半成品	直接人工	制造费用	
2	28	略	月初在产品成本	960	140	100	1 200
	28		上一步骤转入	5 280			5 280
	28		职工薪酬费用		1 540		1 540
	28		制造费用			1 100	1 100
	28		产品成本费用合计	6 240	1 680	1 200	9 120
	28		单位产品成本	480	146.09	104.35	730.44
	28		完工半成品成本	4 800	1 460.90	1 043.50	7 304.40
	28		月末在产品成本	1 440	219.10	156.50	1 815.60

自制半成品本月产品成本费用=480×11=5 280（元）

自制半成品单位产品成本=6 240÷（10+3）=480（元）

直接人工单位产品成本=1 680÷（10+3×50%）=146.09（元）

制造费用单位产品成本=1 200÷（10+3×50%）=104.35（元）

表5-38 **第三车间基本生产成本明细账**

产品名称：A产成品　　单位：元

20××年		凭证号数	摘要	成本项目			合计
月	日			自制半成品	直接人工	制造费用	
2	28	略	月初在产品成本	720	60	40	820
	28		上一步骤转入	6 573.96			6 573.96
	28		职工薪酬费用		1 140		1 140
	28		制造费用			760	760
	28		产品成本费用合计	7 293.96	1 200	800	9 293.96
	28		单位产品成本	729.40	126.32	84.21	939.93
	28		完工产成品成本	6 564.60	1 136.88	757.89	8 459.37
	28		月末在产品成本	729.36	63.12	42.11	834.59

自制半成品本月产品成本费用=730.44×9=6 573.96（元）

自制半成品单位产品成本=7 293.96÷（9+1）=729.40（元）

直接人工单位产品成本=1 200÷（9+1×50%）=126.32（元）

制造费用单位产品成本=800÷（9+1×50%）=84.21（元）

（2）按计划成本综合结转半成品成本

采用这种方法结转时，半成品的日常收、发均按计划单位成本计算，在半成品的实际成本算出以后，再计算半成品成本差异率，调整半成品成本差异。

由以上各例可知，各个生产步骤领用上一步骤的半成品，就相当于领用原材料。因此，综合结转半成品成本的核算就相当于各生产步骤领用原材料的核算。

2）逐步综合结转法的成本还原

（1）成本还原的意义

逐步结转分步法采用半成品成本综合结转方式时，上一生产步骤转入的自制半成品成本，综合登记在本步骤产品生产成本明细账中的“自制半成品”（或“直接材料”）成本项目。综合结转法虽然可以简化成本核算工作，但是在最后生产步骤计算出的产品成本中，除了本步骤发生的加工费用是按原始成本项目反映外，前面各步骤发生的各种费用都集中在“自制半成品”一个成本项目中。

成本还原就是把本月产成品成本中所耗上一步骤半成品的综合成本，还原成“直接材料”、“直接人工”和“制造费用”等原始成本项目，从而取得按原始成本项目反映的产成品成本资料。

（2）成本还原的方法

成本还原是按照反工艺顺序进行的，即从最后一个生产步骤开始，将其所耗用的上一生产步骤自制半成品的综合成本，按照上一生产步骤所产半成品的成本构成，分解还原为原来成本项目的成本，直到第一个生产步骤；然后将各生产步骤相同成本项目的成本数额加以汇总，就可以求得成本还原以后产成品的实际总成本，即按原始成本项目反映的产成品实际总成本。这一实际总成本与成本还原前产成品的实际总成本一定是相等的。也就是说，成本还原恢复了产成品成本的原始构成情况，但不会增加或减少产成品的实际总成本。成本还原的具体方法有项目比重还原法和成本还原分配率还原法。下面主要介绍成本还原分配率还原法。

成本还原分配率还原法是按照本月完工产品所耗上一步骤半成品费用占本月所产该种半成品总成本的比例（即成本还原分配率）进行成本还原。具体的计算程序如下：

①计算成本还原分配率

成本还原分配率是本月产成品所耗上一步骤半成品费用与该步骤本月所产半成品成本的比率。

成本还原分配率=本月产成品所耗上一步骤半成品费用÷本月所产该种完工半成品成本合计

②计算半成品各成本项目还原值

$$\begin{matrix}\text{应还原为上一步骤} \\ \text{某项成本项目金额}\end{matrix} = \begin{matrix}\text{上一步骤生产的半成品} \\ \text{某个成本项目成本}\end{matrix} \times \begin{matrix}\text{成本还原} \\ \text{分配率}\end{matrix}$$

③计算产成品还原后各成本项目金额

在成本还原的基础上，将各步骤还原前和还原后相同的成本项目金额相加，即可计算出产成品还原后各成本项目金额，从而取得按原始成本项目反映的产成品成本资料。成本还原一般是通过成本还原计算表进行的。

业务链接5-7

对完工产品成本进行成本还原

江城机械制造厂主要生产1#机械产品，其经过两个步骤生产完工。20××年9月，部分成本资料见表5-39。

表5-39　**成本资料**

20××年9月　单位：元

成本项目	自制半成品	直接材料	直接人工	制造费用	成本合计
还原前产成品成本	13 500		7 900	2 900	24 300
本月所产半成品成本		8 000	2 000	5 000	15 000

请对完工产品成本进行成本还原。

解析： 成本还原分配率=13 500÷15 000=0.9

产成品所耗上一步骤半成品费用中的直接材料费用=8 000×0.9=7 200（元）

产成品所耗上一步骤半成品费用中的直接人工费用=2 000×0.9=1 800（元）

产成品所耗上一步骤半成品费用中的制造费用=5 000×0.9=4 500（元）

直接材料项目还原后总成本=7 200元

直接人工项目还原后总成本=7 900+1 800=9 700（元）

制造费用项目还原后总成本=2 900+4 500=7 400（元）

还原后总成本合计=7 200+9 700+7 400=24 300（元）

产品成品还原计算见表5-40。

表5-40　**产品成本还原计算表**

20××年9月　金额单位：元

项目	还原分配率	自制半成品	直接材料	直接人工	制造费用	合计
还原前产成品成本		13 500		7 900	2 900	24 300
本月所产半成品成本			8 000	2 000	5 000	15 000
成本还原	0.9 （13 500÷15 000）	−13 500	7 200	1 800	4 500	0
还原后产成品成本			7 200	9 700	7 400	24 300

业务链接5-8

对完工产品成本进行成本还原

沿用“业务链接5-6”给定的资料，具体数据见表5-34至表5-38。

请对完工产品成本进行成本还原。

解析： 从最后一个步骤起进行成本还原的方法和步骤如下：

第一次还原的成本还原分配率=6 564.60÷7 304.40=0.8987

A产成品所耗乙半成品费用中的直接材料费用=4 800×0.8987=4 313.76（元）

A产成品所耗乙半成品费用中的直接人工费用=1 460.90×0.8987=1 312.91（元）

A产成品所耗乙半成品费用中的制造费用=6 564.60−4 313.76−1 312.91=937.93（元）

第二次还原的成本还原分配率=4 313.76÷5 760=0.7489

乙半成品所耗甲半成品费用中的直接材料费用=2 400×0.7489=1 797.36（元）

乙半成品所耗甲半成品费用中的直接人工费用=1 920×0.7489=1 437.89（元）

乙半成品所耗甲半成品费用中的制造费用=4 313.76−1 797.36−1 437.89=1 078.51（元）

将成本还原以前和还原以后相同成本项目的成本汇总，就可以求得A产成品还原以后的总成本和单位成本。

直接材料项目还原后总成本=1 797.36元

直接人工项目还原后总成本=1 136.88+1 312.91+1 437.89=3 887.68（元）

制造费用项目还原后总成本=757.89+937.93+1 078.51=2 774.33（元）

还原后总成本合计=1 797.36+3 887.68+2 774.33=8 459.37（元）

产成品成本还原计算见表5-41。

表5-41 **产成品成本还原计算表**

20××年2月

金额单位：元

行次	项目	产量（件）	还原分配率	半成品	直接材料	直接人工	制造费用	合计
1	还原前产成品成本	9		6 564.60		1 136.88	757.89	8 459.37
2	第二步骤半成品成本			4 800		1 460.90	1 043.50	7 304.40
3	第一次成本还原		0.8987	4 313.76		1 312.91	937.93	6 564.60
4	第一步骤半成品成本				2 400	1 920	1 440	5 760
5	第二次成本还原		0.7489	−4 313.76	1 797.36	1 437.89	1 078.51	0
6	还原后产成品总成本				1 797.36	3 887.68	2 774.33	8 459.37
7	还原后产成品单位成本	9			199.71	431.96	308.26	939.93

采用综合结转法逐步结转半成品成本，便于分析和考核各步骤所耗半成品费用水平，以利于加强内部成本控制，努力降低成本，但成本还原工作量较大。因此，该方法一般适用于管理上既要求单独计算各步骤所耗半成品费用又不要求成本还原的情况。

同步案例5-2

宏博企业产品成本核算方法——逐步结转分步法

背景与情境：江城宏博机械制造厂是大批大量多步骤生产企业，主要生产1#机械产品，产品销往全国各地。厂内设有铸造车间、机械加工车间和装配车间三个基本生产车间，顺序加工生产产品。管理上要求提供半成品成本（半成品对外销售或以内部价格清算），所以以产品的生产步骤（生产车间）作为成本计算对象。铸造车间投入原材料后生产铸件半成品，交机械加工车间生产钢材半成品，再交装配车间加工成产成品1#机械产品。自制半成品通过半成品仓库收发，发出自制半成品的计价采用加权平均法。材料在铸造车间开始加工时一次性投入，月末在产品完工程度均为50%。该企业20××年4月份有关成本计算资料如下：

①产量情况见表5-42。

表5-42　**产量资料**

20××年4月　单位：件

项目	铸造车间	机械加工车间	装配车间
月初在产品	50	30	80
投入产量（或领用量）	300	250	190
本月完工	240	200	250
月末在产品	110	80	20

②期初在产品成本资料见表5-43。

表5-43　**期初在产品成本资料**

20××年4月　单位：元

项目	直接材料	自制半成品	直接人工	制造费用
铸造车间	3 500		690	1 400
机械加工车间		4 190	430	1 380
装配车间		18 250	7 100	3 950

③期初库存铸件半成品资料：铸件半成品仓库月初结存60件，实际成本8 700元。

④本月产品成本费用发生额见表5-44。

表5-44　**产品成本费用资料**

20××年4月　单位：元

项目	直接材料	直接人工	制造费用	合计
铸造车间	28 000	5 800	9 810	43 610
机械加工车间		10 850	10 620	21 470
装配车间		21 500	19 450	40 950

该厂财务部要求其成本核算员周某根据上述资料回答下列问题：(1) 江城宏博机械制造厂应采用哪种方法计算产品成本？(2) 该企业应设置哪些生产成本明细账（产品成本计算单）？(3) 该企业如何登记基本生产成本明细账？

周某提供的解答如下：

(1) 江城宏博机械制造厂应采用品种法计算产品成本。

(2) 根据企业发生的主要经济活动，按照成本核算范围，确定本企业生产成本明细账包括：①基本生产成本——铸造车间（铸件）；②基本生产成本——机械加工车间（钢材）；③基本生产成本——装配车间（1#机械产品）。

(3) 该企业登记基本生产成本明细账见表5-45、表5-46和表5-47。

表5-45　铸造车间基本生产成本明细账

产品名称：铸件半成品　单位：元

20××年		凭证号数	摘要	成本项目			合计
月	日			直接材料	直接人工	制造费用	
4	1	略	月初在产品成本	3 500	690	1 400	5 590
	30		材料费用	28 000			28 000
	30		职工薪酬费用		5 800		5 800
	30		制造费用			9 810	9 810
	30		产品成本费用合计	31 500	6 490	11 210	49 200
	30		单位产品成本	90	22	38	150
	30		完工半成品成本	21 600	5 280	9 120	36 000
	30		月末在产品成本	9 900	1 210	2 090	13 200

表5-46　机械加工车间基本生产成本明细账

产品名称：钢材半成品　单位：元

20××年		凭证号数	摘要	成本项目			合计
月	日			自制半成品	直接人工	制造费用	
4	1	略	月初在产品成本	4 190	430	1 380	6 000
	30		上一步骤转入	37 250			37 250
	30		职工薪酬费用		10 850		10 850
	30		制造费用			10 620	10 620
	30		产品成本费用合计	41 440	11 280	12 000	64 720
	30		单位产品成本	148	47	50	245
	30		完工半成品成本	29 600	9 400	10 000	49 000
	30		月末在产品成本	11 840	1 880	2 000	15 720

表5-47　　　装配车间基本生产成本明细账

产品名称：1#机械产品　　　　单位：元

20××年		凭证号数	摘要	成本项目			合计
月	日			自制半成品	直接人工	制造费用	
4	1	略	月初在产品成本	18 250	7 100	3 950	29 300
	30		上一步骤转入	46 550			46 550
	30		职工薪酬费用		21 500		21 500
	30		制造费用			19 450	19 450
	30		产品成本费用合计	64 800	28 600	23 400	116 800
	30		单位产品成本	240	110	90	440
	30		完工产成品成本	60 000	27 500	22 500	110 000
	30		月末在产品成本	4 800	1 100	900	6 800

问题：

（1）本案例中，周某提供的哪些解答和说明正确无误？为什么？

（2）本案例中，周某提供的哪些解答和说明有误？分析其错误原因。

（3）对本案例中的有误回答及其说明进行分析更正。

分析提示：

（1）周某对第（2）个问题的回答是正确的，根据企业发生的主要经济活动，按照成本核算范围，确定本企业生产成本明细账包括：①基本生产成本——铸造车间（铸件）；②基本生产成本——机械加工车间（钢材）；③基本生产成本——装配车间（1#机械产品）。

周某对第（3）个问题的回答是正确的，登记基本生产成本明细账见表5-45、表5-46和表5-47。

（2）周某对第（1）个问题的回答是错误的，周某采用品种法计算产品成本，错误在于江城宏博机械制造厂是大批大量多步骤生产企业，管理上要求提供半成品成本（半成品对外销售或以内部价格清算）。

（3）江城宏博机械制造厂是大批大量多步骤生产企业，主要生产1#机械产品，厂内设有铸造车间、机械加工车间和装配车间三个基本生产车间，顺序加工生产产品。管理上要求提供半成品成本（半成品对外销售或以内部价格清算），所以应以产品的生产步骤（生产车间）作为成本计算对象，选择逐步结转分步法进行成本计算。

3）逐步分项结转法及其应用举例

分项结转法是将各生产步骤所耗上一步骤半成品费用，按照成本项目分项转入该步骤产品成本明细账中相应的成本项目。如果半成品通过仓库收发，那么在自制半成品明细账中登记半成品成本时，也要按照成本项目分别登记。

业务链接5-9

宏博工厂按逐步分项结转法计算产品成本

宏博工厂甲产品本月生产数量见表5-48，月初在产品成本和本月发生产品成本费用见表5-49和表5-50。甲产品月初在产品成本为146 500元，其中第一车间为14 500元，第二车间为52 000元，第三车间为80 000元。在分项结转的情况下，上一步骤转入的半成品成本是按其原始成本项目登记的，因此月初在产品成本中各个成本项目的成本数额与在综合结转方式下的不同。

表5-48 **生产数量资料**

产品：甲产品　　20××年10月　　单位：件

项目	第一车间	第二车间	第三车间
月初在产品	40	80	80
本月投入或上一步骤转入	440	400	400
本月完工转入下一步骤或交库	400	400	440
月末在产品	80	80	40

表5-49 **产品成本费用资料（逐步综合结转法）**

产品：甲产品　　20××年10月　　单位：元

项目	第一车间	第二车间	第三车间
月初在产品成本	14 500	52 000	80 000
其中：直接材料（半成品）	10 000	38 000	66 000
直接人工	2 500	8 000	8 000
制造费用	2 000	6 000	6 000
本月本步骤发生产品成本费用	204 500	140 000	147 000
其中：直接材料	110 000		
直接人工	52 500	80 000	84 000
制造费用	42 000	60 000	63 000

请采用逐步分项结转法计算宏博工厂完工产品成本。

表5-50　　产品成本费用资料（逐步分项结转法）

产品：甲产品　　20××年10月　　单位：元

项目	第一车间	第二车间	第三车间
月初在产品成本	14 500	52 000	80 000
其中：直接材料	10 000	20 000	20 000
本步骤发生	10 000		
上一步骤转入		20 000	20 000
直接人工	2 500	18 000	34 000
本步骤发生	2 500	8 000	8 000
上一步骤转入		10 000	26 000
制造费用	2 000	14 000	26 000
本步骤发生	2 000	6 000	6 000
上一步骤转入		8 000	20 000
本月本步骤发生产品成本费用	204 500	140 000	147 000
其中：直接材料	110 000		
直接人工	52 500	80 000	84 000
制造费用	42 000	60 000	63 000

解析：产品成本计算程序如下：

（1）计算第一车间本月所生产A半成品的实际成本。

逐步结转分步法中的半成品按实际成本综合结转与分项结转，在成本核算程序上是完全相同的。第一车间为生产甲产品的第一个生产步骤，没有上一步骤转入费用，半成品按实际成本分项结转和综合结转在成本核算方法上也是完全相同的。为使分项结转实例完整，列示宏博工厂第一车间产品生产成本计算单（见表5-51）。产品生产成本明细账略。

表5-51　　第一车间产品生产成本计算单

产品：A半成品　　20××年10月　　金额单位：元

项目	直接材料	直接人工	制造费用	合计
月初在产品成本	10 000	2 500	2 000	14 500
本月发生产品成本费用	110 000	52 500	42 000	204 500
产品成本费用合计	120 000	55 000	44 000	219 000
完工产品数量（件）	400	400	400	
月末在产品约当产量（件）	80	40	40	
约当总产量（件）	480	440	440	
费用分配率（完工A半成品单位成本）	250	125	100	475
本月完工A半成品总成本	100 000	50 000	40 000	190 000
月末在产品成本	20 000	5 000	4 000	29 000

（2）计算第二车间本月所生产B半成品的实际成本。

采用逐步结转分步法，第二车间所生产B半成品成本包括上一生产步骤（第一车间）转入的A半成品成本。在半成品按实际成本分项结转的情况下，本月第一车间完工转入400件A半成品的总成本190 000元，应当按其原始成本项目分别在第二车间产品生产成本计算单中对应的成本项目栏内登记。第二车间上一步骤转入费用和本步骤发生费用的登记结果见表5-52。

表5-52 第二车间产品生产成本计算单

产品：B半成品　　20××年10月　　金额单位：元

项目	直接材料		直接人工		制造费用		合计
	上一步骤转入	本步骤发生	上一步骤转入	本步骤发生	上一步骤转入	本步骤发生	
月初在产品成本	20 000		10 000	8 000	8 000	6 000	52 000
本月本步骤发生费用				80 000		60 000	140 000
本月上一步骤转入费用	100 000		50 000		40 000		190 000
产品成本费用合计	120 000		60 000	88 000	48 000	66 000	382 000
完工产品数量（件）	400		400	400	400	400	
月末在产品约当产量（件）	80		80	40	80	40	
约当总产量（件）	480		480	440	480	440	
费用分配率（完工B半成品单位成本）	250		125	200	100	150	825
本月完工B半成品总成本	100 000		50 000	80 000	40 000	60 000	330 000
月末在产品成本	20 000		10 000	8 000	8 000	6 000	52 000

从表5-52可以看到，在登记第一车间转入的A半成品成本时，都登记在与A半成品原始成本项目相对应的成本项目中的上一步骤转入栏内。为什么在一个成本项目内要分为上一步骤转入和本步骤发生两栏呢？这是因为，对于月末在产品成本来说，上一步骤转入的半成品成本已经全部投入，应当与本月完工产品（半成品或产成品）同等分配产品成本费用；本步骤发生的产品成本费用尚未全部投入，应当在计算在产品的约当产量后，再由月末在产品与本月完工产品一起分配。这样，在采用分项结转方式时，产品生产成本计算单中的每一个成本项目都区分为上一步骤转入费用和本步骤发生费用，有利于正确计算月末在产品成本。为了简化计算，如果各成本项目不区分为上一步骤转入费用和本步骤发生费用，应当在考虑这两种费用投入的不同情况以后，再确定月末在产品各成本项目

的完工程度或已完成的定额工时等，正确地将产品成本费用在本月完工产品和月末在产品之间进行分配。

宏博工厂第二车间产品成本费用在本月完工B半成品和月末在产品之间的分配，由于区分了上一步骤转入费用和本步骤发生费用，采用约当产量法计算就比较简便。第二车间月末在产品数量为80件，在各成本项目中上一步骤转入费用栏内的在产品约当产量也为80件，即完工程度为100%；在本步骤发生费用栏内，在产品约当产量为40件，表明月末在产品约当产量是按照本步骤在产品完工程度为50%计算的。表5-52中完工产品单位成本（费用分配率）、完工产品总成本和月末在产品成本的计算过程不再列示。根据成本计算结果，编制结转本月完工入库B半成品成本的会计分录为：

借：自制半成品——B半成品 330 000

贷：基本生产成本——第二车间（B半成品） 330 000

（3）计算第三车间本月所生产甲产品的实际成本。

宏博工厂第三车间生产的甲产品成本，包括本步骤发生的产品成本费用和从半成品仓库领用的B半成品成本。逐步结转分步法在采用分项结转方式时，自制半成品明细账中的B半成品成本，应当分成本项目登记。采用加权平均法计算发出（生产领用）半成品成本时，也应当分成本项目计算。宏博工厂B半成品加权平均单位成本计算和自制半成品资料见表5-53。

表5-53 **自制半成品资料（汇总账页）**

产品：B半成品 20××年10月 金额单位：元

项目	数量（件）	合计	其中		
			直接材料	直接人工	制造费用
月初结存	80	66 000	20 000	26 000	20 000
本月第二车间交库	400	330 000	100 000	130 000	100 000
合计	480	396 000	120 000	156 000	120 000
加权平均单位成本		825	250	325	250
本月第三车间领用	400	330 000	100 000	130 000	100 000
月末结存	80	66 000	20 000	26 000	20 000

根据自制半成品资料的计算结果，编制结转本月第三车间领用B半成品总成本的会计分录为：

借：基本生产成本——第三车间（甲产品） 330 000

贷：自制半成品——B半成品 330 000

根据上述会计分录，将第三车间领用B半成品的总成本计入其产品生产成本计算单（见表5-54）时，应当分成本项目登记。

表5-54　　　　　　第三车间产品生产成本计算单

产品：甲产品　　　　　　20××年10月　　　　　　金额单位：元

项目	直接材料		直接人工		制造费用		合计
	上一步骤转入	本步骤发生	上一步骤转入	本步骤发生	上一步骤转入	本步骤发生	
月初在产品成本	20 000		26 000	8 000	20 000	6 000	80 000
本月本步骤发生费用				84 000		63 000	147 000
本月领用B半成品成本	100 000		130 000		100 000		330 000
产品成本费用合计	120 000		156 000	92 000	120 000	69 000	557 000
完工产品数量（件）	440		440	440	440	440	
月末在产品约当产量（件）	40		40	20	40	20	
约当总产量（件）	480		480	460	480	460	
费用分配率	250		325	200	250	150	1 175
本月完工甲产品总成本	110 000		143 000	88 000	110 000	66 000	517 000
月末在产品成本	10 000		13 000	4 000	10 000	3 000	40 000

在第三车间产品生产成本计算单中，有关月末在产品约当产量、完工产品单位成本（费用分配率）、完工产品总成本和月末在产品总成本的计算过程，与第二车间相同，这里不再列示。根据表5-54的成本计算结果，编制宏博工厂完工产品成本汇总表（见表5-55）。

表5-55　　　　　　完工产品成本汇总表

产品：甲产品　　产量：440件　　　20××年10月　　　　　　单位：元

项目	直接材料	直接人工	制造费用	合计
本月完工产品总成本	110 000	231 000 （143 000+88 000）	176 000 （110 000+66 000）	517 000
本月完工产品单位成本	250	525	400	1 175

根据完工产品成本汇总表，编制结转完工入库甲产品总成本的会计分录为：

借：库存商品——甲产品　　　　　　　　　　　　517 000

　贷：基本生产成本——第三车间（甲产品）　　　　　　517 000

表5-55的计算结果表明，本月完工甲产品440件的实际总成本为517 000元，其中直接材料110 000元、直接人工231 000元、制造费用176 000元。由此可见，采用分项结转法结转半成品成本，可以直接、准确地提供按原始成本项目反映的企业产品成本资料，不需要进行成本还原。但是，这种方式的成本结转工

作比较复杂，产品生产成本明细账中各个成本项目都要区分为上一步骤转入费用和本步骤发生费用，自制半成品明细账登记的生产成本也要分成本项目反映，成本计算、结转和登记的工作量比较大。

这种方法一般适用于管理上只要求按原始成本项目计算产品成本，不要求计算各步骤完工产品所耗半成品费用和本步骤加工费用的企业。

同步思考5-2

资料： 江城棉纺织厂主要生产棉纱和各种棉布产品，通过市场销往全国各地。生产工艺过程包括纺纱和织布两大步骤。在纺纱步骤中，原料（原棉）投入生产之后，经过清花、梳棉、并条、粗纺、细纱等工序，纺成各种棉纱；然后送往织布步骤，经过络经、整经、浆纱、穿筘、织造等工序，织成各种棉布；再经过整理、打包，即可入库等待销售。本企业生产的棉纱，既可以自用，继续加工成各种棉布，又可以作为商品，直接对外出售。在这种情况下，为了计算产品销售成本，除了需要计算各种产成品成本外，还必须计算各生产步骤所产半成品成本。江城棉纺织厂以棉布及其生产所经的各个生产步骤为成本计算对象，采用逐步结转分步法核算产品成本。

问题： 企业为什么采用逐步结转分步法核算？运用逐步结转分步法的特点、适用范围和管理要求理论来回答。

理解要点： 企业采用逐步结转分步法进行成本核算要考虑以下因素，即逐步结转分步法的特点、适用范围和管理要求。

因为本企业属于大量大批连续式多步骤生产企业，计算半成品成本的逐步结转分步法，主要适用于半成品可以加工为不同产品或者半成品对外销售和需要考核半成品成本的企业，特别是大量大批连续式多步骤生产企业。在这些企业中，从原材料投入生产到产成品制成，中间要顺序经过若干个生产步骤，前面各个生产步骤所生产的都是半成品，只有在最后生产步骤完工的才是产成品。各生产步骤所产半成品，既可以转交给下一生产步骤继续加工，耗用在不同产品上，又可以作为商品对外出售。

本企业生产的棉纱，既可以自用，继续加工成各种棉布，又可以作为商品，直接对外出售。在这种情况下，为了计算产品销售成本，除了需要计算各种产成品成本外，还必须计算各生产步骤所产半成品成本。

所以，江城棉纺织厂采用逐步结转分步法核算产品成本。

互动专栏5-1

互动问题：

（1）产品成本核算方法选择与企业类型及生产特点是否紧密相连？

（2）产品成本核算方法选择与企业成本管理要求是否相关？

要求： 同“互动专栏1-1”的“要求”。

5.2.4 逐步结转分步法的优缺点

逐步结转分步法有以下优点：

（1）逐步结转分步法的成本计算对象是企业产成品及其各步骤的半成品，这就为分析和考核企业产品成本规划、各生产步骤半成品成本规划的执行情况，以及正确计算半成品销售成本提供了资料。

（2）不论是综合结转还是分项结转，半成品成本都是随着半成品实物的转移而结转的，各生产步骤产品成本明细账中的产品成本费用余额，反映了留存在各生产步骤的在产品成本，因而还能为在产品的实物管理和生产资金管理提供资料。

（3）采用综合结转法结转半成品成本时，由于各生产步骤产品成本中包括所耗上一生产步骤半成品成本，从而能全面反映各步骤完工产品中所耗上一步骤半成品费用水平和本步骤加工费用水平，有利于各步骤的成本管理。

该方法也有如下缺点：核算工作比较复杂，核算工作的及时性也较差。如果采用综合结转法，需要进行成本还原；如果采用分项结转法，结转的核算工作量大。如果半成品按计划成本结转，还要计算和调整半成品成本差异；如果半成品按实际成本结转，各步骤则不能同时计算成本，成本计算的及时性差。

因此，采用这一方法时，必须从实际出发，根据管理要求，权衡利弊，做到既满足管理要求，提供所需的各种资料，又能简化核算工作。

学习微平台

资源5-06

5.2.5 平行结转分步法成本计算程序

1）平行结转分步法的成本计算程序

（1）按每种产品的品种及其所经过的生产步骤设置产品成本计算单归集产品成本费用。

（2）按每种产品及其所经过的生产步骤归集产品成本费用，计算出每一步骤所发生的产品成本费用总额。

（3）采用一定的方法计算每一生产步骤应计入产成品成本的“份额”。在计算各步骤应计入产成品成本的“份额”时，需将各步骤成本计算单上的产品成本费用，采用一定的方法在完工产品和在产品之间进行分配。这里所指完工产品是指最后步骤完工产成品，在产品是指广义在产品。在平行结转分步法下，上一步骤半成品的实物转入下一步骤时，半成品成本并不转入下一步骤。所以，在计算分配各步骤发生的费用时，凡各步骤已转出但尚未制成产成品的半成品，其费用都保留在原来的成本计算单中。因此，各步骤的在产品是指广义在产品，它不但包括本步骤尚未完工的在产品，还包括本步骤加工完成转入下一步骤或半成品库但尚未制成产成品的在产品。所要分配的费用只是本步骤发生的费用，不包括上一步骤转入的半成品的成本。

（4）将各生产步骤中确定的应计入产成品成本的“份额”平行汇总，计算出每种产成品的总成本。

（5）将各步骤产品成本计算单上归集的产品成本费用，扣除应计入产成品成本中的“份额”，其余额就是在产品成本。

平行结转分步法的成本计算程序如图5-3所示。

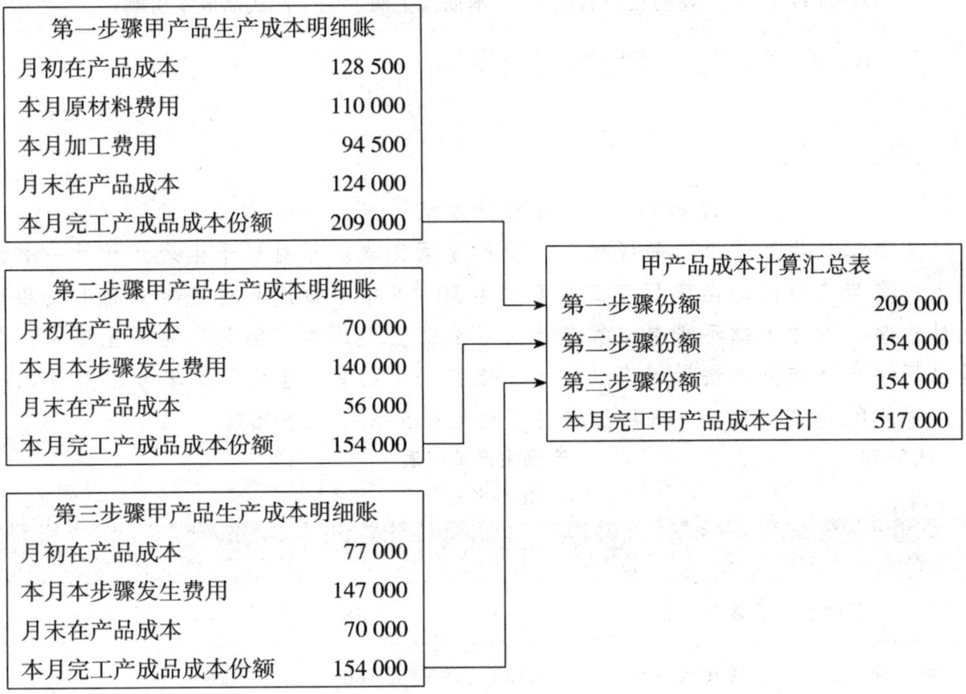

图5-3　平行结转分步法成本计算程序图（单位：元）

2）平行结转分步法下应计入产成品成本的“份额”及约当产量的计算

平行结转分步法的关键在于合理计算各步骤应计入产成品成本的“份额”。各步骤应计入产成品成本的“份额”，一般按下列公式计算：

$$\text{某步骤应计入产成品成本的份额}=\text{产成品数量}\times\text{该步骤半成品单位成本}$$

其中，该步骤半成品单位成本在实际计算时，要分成本项目进行确定，即分成本项目计算它的分配率。计算时可采用约当产量法求得。

在这种方法下，首先以某产品的完工产成品和期末广义在产品为产量基数，计算各步骤各项费用计入产成品的单位费用分配率，然后按完工产品数量，计算各步骤各项费用计入产成品成本的“份额”。其计算公式如下：

$$\begin{matrix}\text{某步骤某项费用应计入}\\\text{产成品单位费用分配率}\end{matrix}=\left(\begin{matrix}\text{该步骤该项费用}\\\text{期初在产品成本}\end{matrix}+\begin{matrix}\text{本步骤该项费用}\\\text{本期发生额}\end{matrix}\right)\div\left(\begin{matrix}\text{产成品}\\\text{数量}\end{matrix}+\begin{matrix}\text{该步骤期末广义}\\\text{在产品约当产量}\end{matrix}\right)$$

其中，期末广义在产品约当产量要分成本项目计算确定。

$$\begin{matrix}\text{某步骤分配材料费用的}\\\text{期末广义在产品约当产量}\end{matrix}=\begin{matrix}\text{已经本步骤加工而留存以后各步骤}\\\text{(含半成品库)的月末半成品数量}\end{matrix}+\begin{matrix}\text{本步骤期末}\\\text{在产品数量}\end{matrix}\times\begin{matrix}\text{本步骤期末在}\\\text{产品投料程度}\end{matrix}$$

$$\begin{matrix}\text{某步骤分配工资、}\\\text{制造费用的期末广义}\\\text{在产品约当产量}\end{matrix}=\begin{matrix}\text{已经本步骤加工而留存}\\\text{以后各步骤(含半成品库)的}\\\text{月末半成品数量}\end{matrix}+\begin{matrix}\text{本步骤期末}\\\text{在产品数量}\end{matrix}\times\begin{matrix}\text{本步骤期末}\\\text{在产品加工程度}\end{matrix}$$

$$\text{某步骤某项费用应计入产成品成本份额}=\text{产成品数量}\times\frac{\text{单位产成品需要}}{\text{该步骤半成品数量}}\times\text{该步骤该项费用应计入产成品单位费用分配率}$$

$$\text{某步骤某项费用期末在产品成本}=\text{该步骤该项费用期初在产品成本}+\text{该步骤该项费用本期发生额}-\text{该步骤该项费用应计入产成品成本份额}$$

5.2.6 平行结转分步法应用举例

业务链接 5-10

宏博工厂平行结转分步法计算产品成本

宏博工厂生产的甲产品经过三个生产车间完成。原材料于生产开始时一次性投入，各生产车间的在产品完工程度均为50%。由于该产品在各步骤的半成品不对外出售，管理上也不需要核算各步骤半成品生产成本。因此，为简化核算，企业采用平行结转分步法计算产品成本，而且采用约当产量法计算各步骤应计入产成品成本的份额。20××年8月份有关资料见表5-56、表5-57。

表5-56 产品生产情况表

20××年8月 单位：件

项目	一车间	二车间	三车间	产成品
月初在产品数量	16	28	44	
本月投产或上一车间转入数量	220	180	184	
本月完工或转入下一车间数量	180	184	200	200
期末各车间在产品数量	56	24	28	
完工程度	50%	50%	50%	

表5-57 产品成本费用表

20××年8月 单位：元

项目		直接材料	直接人工	制造费用	合计
一车间	月初在产品成本	10 060	3 760	1 920	15 740
	本月发生产品成本费用	50 000	11 360	6 480	67 840
二车间	月初在产品成本		1 900	1 360	3 260
	本月发生产品成本费用		8 660	7 040	15 700
三车间	月初在产品成本		1 080	1 320	2 400
	本月发生产品成本费用		9 620	7 882	17 502

根据上述资料，用约当产量法计算各生产车间应计入产成品的成本份额。

解析：用约当产量法计算各生产车间应计入产成品的成本份额程序如下：

（1）第一车间成本计算

①直接材料成本

第一车间期末广义在产品约当产量=56×100%+24+28=108（件）

材料费用分配率=（10 060+50 000）÷（200+108）=195（元/件）

原材料费用应计入产成品成本份额=200×195=39 000（元）

期末广义在产品原材料费用=10 060+50 000−39 000=21 060（元）

②直接人工成本

第一车间期末广义在产品约当产量=56×50%+24+28=80（件）

人工费用分配率=（3 760+11 360）÷（200+80）=54（元/件）

直接人工应计入产成品成本份额=200×54=10 800（元）

期末广义在产品直接人工费用=3 760+11 360−10 800=4 320（元）

③制造费用成本

制造费用分配率=（1 920+6 480）÷（200+80）=30（元/件）

制造费用应计入产成品成本份额=200×30=6 000（元）

期末广义在产品制造费用=1 920+6 480−6 000=2 400（元）

将上述计算结果，列入产品成本计算单，见表5-58。

表5-58 **第一车间产品成本计算单**

产品名称：甲产品　　完工产成品产量：200件　　金额单位：元

20××年		项目	直接材料	直接人工	制造费用	合计
月	日					
8	1	月初在产品成本	10 060	3 760	1 920	15 740
	31	本月发生产品成本费用	50 000	11 360	6 480	67 840
	31	合计	60 060	15 120	8 400	83 580
	31	单位费用分配率（元/件）	195	54	30	279
	31	应计入产成品成本份额	39 000	10 800	6 000	55 800
	31	期末在产品成本	21 060	4 320	2 400	27 780

（2）第二车间成本计算

①第二车间期末广义在产品约当产量

约当产量=24×50%+28=40（件）

②直接人工成本

人工费用分配率=（1 900+8 660）÷（200+40）=44（元/件）

人工费用应计入产成品成本份额=200×44=8 800（元）

期末广义在产品直接人工费用=40×44=1 760（元）

③制造费用

制造费用分配率=（1 360+7 040）÷（200+40）=35（元/件）

制造费用应计入产成品成本份额=200×35=7 000（元）

期末广义在产品制造费用=40×35=1 400（元）

将上述计算结果，列入产品成本计算单，见表5-59。

表5-59 **第二车间产品成本计算单**

产品名称：甲产品　　完工产成品产量：200件　　金额单位：元

20××年		项目	直接材料	直接人工	制造费用	合计
月	日					
8	1	月初在产品成本		1 900	1 360	3 260
	31	本月发生产品成本费用		8 660	7 040	15 700
	31	合计		10 560	8 400	18 960
	31	单位费用分配率（元/件）		44	35	79
	31	应计入产成品成本份额		8 800	7 000	15 800
	31	期末在产品成本		1 760	1 400	3 160

（3）第三车间成本计算

①第三车间期末广义在产品约当产量

约当产量=28×50%=14（件）

②直接人工成本

直接人工分配率=（1 080+9 620）÷（200+14）=50（元/件）

直接人工应计入产成品成本份额=200×50=10 000（元）

期末在产品直接人工费用=50×14=700（元）

③制造费用

制造费用分配率=（1 320+7 882）÷（200+14）=43（元/件）

制造费用应计入产成品成本份额=200×43=8 600（元）

期末在产品制造费用=43×14=602（元）

将上述计算结果，列入产品成本计算单，见表5-60。

表5-60 **第三车间产品成本计算单**

产品名称：甲产品　　完工产成品产量：200件　　金额单位：元

20××年		项目	直接材料	直接人工	制造费用	合计
月	日					
8	1	月初在产品成本		1 080	1 320	2 400
	31	本月发生产品成本费用		9 620	7 882	17 502
	31	合计		10 700	9 202	19 902
	31	单位费用分配率（元/件）		50	43	93
	31	应计入产成品成本份额		10 000	8 600	18 600
	31	期末在产品成本		700	602	1 302

甲产品按成本项目平行汇总：

直接材料应计入产成品成本份额汇总=39 000元

直接人工应计入产成品成本份额汇总=10 800+8 800+10 000=29 600（元）

制造费用应计入产成品成本份额汇总=6 000+7 000+8 600=21 600（元）

甲产品总成本合计=39 000+29 600+21 600=90 200（元）

由上述举例可以看出，平行结转分步法由于不计算各步骤半成品成本，只是平行汇总各步骤应计入产成品成本的份额，因而能加速成本计算；另外，不需要成本还原，大大地简化了成本计算工作。因而，这种方法适用于半成品种类较多，管理上不要求提供各步骤半成品成本资料的产品。

同步思考5-3

资料：江城机械制造厂主要生产各种机械产品，通过市场销往全国各地。企业的车间按生产工艺过程设置，设有铸工、锻工、加工、装配等车间。铸工车间利用生铁、钢、铜等各种原料熔铸各种铸件；锻工车间利用各种外购钢材锻造各种锻件。铸件和锻件都是用来进一步加工的毛坯。加工车间对各种铸件、锻件、外购半成品和外购材料进行加工，制造各种产品的零件和部件。装配车间将转入的零部件进行装配，生产各种机械产品。本企业各生产步骤所产半成品的种类很多，而半成品外售的情况却较少，因此在管理上不要求计算半成品成本。江城机械制造厂以各种机械产品及其所经生产步骤为成本计算对象，采用平行结转分步法核算产品成本。

问题：企业为什么采用平行结转分步法核算？运用平行结转分步法的特点、适用范围和管理要求来回答。

理解要点：企业采用平行结转分步法进行成本核算要考虑以下因素，即平行结转分步法的特点、适用范围和管理要求。

因为本企业属于大量大批装配式多步骤生产企业，不计算半成品成本的平行结转分步法，主要适用于在成本管理上要求分步骤归集费用，但不要求计算半成品成本的企业，特别是没有半成品对外销售的大量大批装配式多步骤生产企业。在这些企业中，从原材料投入生产到产成品制成，先由各生产步骤对各种原材料平行地进行加工，使之成为各种零件和部件（半成品），然后由装配车间（最后生产步骤）装配成各种产成品。如果各生产步骤所产半成品的种类比较多，半成品对外销售的情况也很少，为了简化和加速成本核算工作，可以采用平行结转分步法。

本企业各生产步骤所产半成品的种类很多，而半成品外售的情况却较少，因此在管理上不要求计算半成品成本。

所以，江城机械制造厂以各种机械产品及其所经生产步骤为成本计算对象，采用平行结转分步法核算产品成本。

5.2.7 平行结转分步法的优缺点

1）平行结转分步法的优点

（1）各步骤可以同时计算产品成本，然后将应计入完工产品成本的份额平行结转汇总计入产成品成本，不必逐步结转半成品成本，从而可以简化和加速成本计算工作。

（2）一般是按成本项目平行结转汇总各步骤成本中应计入产成品成本的“份额”，因而能够直接提供按原始成本项目反映的产成品成本资料，不必进行成本还原，省去了大量烦琐的计算工作，有利于生产单位独立考核。

2）平行结转分步法的缺点

（1）不能提供各步骤半成品成本资料及各步骤所耗上一步骤半成品费用资料，因而不能全面地反映各步骤生产耗费的水平，不利于各步骤的成本管理。

（2）由于各步骤间不结转半成品成本，半成品实物转移与费用结转脱节，因而不能为各步骤在产品的实物管理和资金管理提供资料。

3）平行结转分步法与逐步结转分步法的区别

（1）成本管理的要求不同

逐步结转分步法是计算半成品成本的分步法，平行结转分步法是不计算半成品成本的分步法。要不要计算自制半成品成本，取决于成本管理的要求。因此，这两种方法的区别首先表现在它们体现了不同的成本管理要求。当企业自制半成品的种类比较多且不对外销售时，在成本管理上可以不要求计算半成品成本。这样，采用平行结转分步法，各生产步骤可以同时计算应计入相同产成品成本的份额，不需要逐步计算和结转半成品成本，可以简化和加速成本核算工作。

当企业自制半成品可以加工为多种产成品，或者有自制半成品对外销售，或者需要进行半成品成本控制和同行业半成品成本比较时，在成本管理上必须要求计算自制半成品成本。这样，采用逐步结转分步法可以为分析和考核各生产步骤半成品成本计划的执行情况及正确计算自制半成品的销售成本提供资料。

（2）产成品成本的计算方式不同

平行结转分步法是将各生产步骤应计入相同产成品成本的份额汇总来求得产成品成本的，各生产步骤应计入相同产成品成本的份额可以同时计算，不需要等待，可以简化和加速成本核算工作。

逐步结转分步法按照产品成本核算所划分的生产步骤，逐步计算和结转自制半成品成本，直到最后步骤计算出产成品成本。各生产步骤的成本核算要等待上一步骤的成本核算结果（转入的自制半成品成本数额）。半成品按实际成本综合结转时，为了从整个企业的角度反映产品成本的构成，必须进行成本还原，从而增加了成本核算的工作量。

采用分项结转方式时，虽然可以直接、正确地提供按原始成本项目反映的产品成本构成，不需要进行成本还原，但成本结转工作比较复杂，在各生产步骤完工产品成本中也不能直接反映所耗上一步骤的自制半成品费用，不便于成本分析。自制半成品按计划成本结转时，各生产步骤的成本核算工作可以同时进行，但存在半成品成本差异的计算和分摊问题，也比较复杂。

（3）在产品的含义不同

平行结转分步法不计算也不结转自制半成品成本，各生产步骤完工产品仅指最终产成品所耗用的各步骤的半成品。月末在产品则既包括各步骤正在加工的在制品，又包括已经完工交给以后各步骤但尚未最终完工的半成品，即广义在产品。自制半成品的实物已经转移，但成本仍留在本步骤，即使由半成品仓库办理自制半成品的收入、发出和存放，也只进行数量核算。各生产步骤产品生产成本明细账中的月末在产品成本与该步骤月末在产品的实物不相符，不利于加强在产品和自制半成品的管理。

逐步结转分步法计算并结转半成品成本，自制半成品成本随着实物的转移而结转，设有半成品仓库时，设置“自制半成品”账户，同时进行数量和金额的核算。各生产步骤的完工产品是指本步骤已经完工的半成品（最后步骤为产成品），月末在产品仅指本步骤正在加工的在制品，即狭义在产品。这样，各生产步骤产品生产成本明细账中的月末在产品成本与该步骤月末在产品的实物一致，有利于加强在产品和自制半成品的管理。

课程思政5-2

产品成本核算方法变更和费用确认

背景与情境：宏博棉纺织厂主要生产棉纱和各种棉布产品，通过市场销往全国各地，其生产工艺过程包括纺纱和织布两大步骤。本企业生产的棉纱，既可以自用，继续加工成各种棉布，又可以作为商品，直接对外出售。原来成本核算方法采用分步法，后来成本核算会计为了简化成本计算工作量，将企业成本核算方法由分步法改成品种法；将企业支付的工资全部计入基本生产成本，原因是支付工资就是为生产产品服务的，行政管理费用也应由产品承担。你认为成本核算会计此种行为正确吗？

问题：

（1）本案例存在哪些思政问题？

（2）试对企业的产品成本核算方法变更和费用确认作出你的思政研判。

（3）通过适当途径搜集你作思政研判所依据的相关规范。

（4）本案例对你有哪些启示？

研判提示：

（1）本案例中企业成本核算会计的行为，存在既违法违规，又背离会计职业道德等思政问题。

（2）案例中关于企业的产品成本核算方法变更和费用确认，需要研判的有三点：其一，这家企业对成本核算方法的变更有违“成本会计核算”和《会计法》的相关规定；其二，企业支付的工资全部计入基本生产成本，对费用、成本的确认有误，有违《会计法》的相关规定；其三，成本核算会计为了简化成本计算工作，对产品核算方法变更和费用确认的行为有违会计职业道德。

（3）搜集到的思政研判依据如下：

①研判（1）和（2）中提及的“违法违规”依据有三：

A.该公司成本核算会计为了简化成本计算工作量，将企业成本核算方法由综合结转分步法改成品种法，不符合企业实际；该企业中间产品“棉纱”对外销售，而“品种法”不能核算出中间产品的成本，企业对外销售棉纱，没有定价依据，就会随意定价。成本核算方法变更按个人意愿变更是错误的；将支付的工资全部计入基本生产成本，不符合成本核算按其承担对象进行分配的要求，有规避管理费用超支需缴纳企业所得税的嫌疑。

B.《会计法》第二章第十八条规定：“各单位采用的会计处理方法，前后各期应当一致，不得随意变更；确有必要变更的，应当按照国家统一的会计制度的规定变更，并将变更的原因、情况及影响在财务会计报告中说明。”该企业成本核算会计为了简化成本计算，将企业成本核算方法由“分步法”改成“品种法”是错误的。

C.《会计法》第三章第二十六条规定：“公司、企业进行会计核算不得有下列行为：

（一）……（三）随意改变费用、成本的确认标准或者计量方法，虚列、多列、不列或者少列费用、成本……”该企业成本核算会计为了简化成本计算工作，将企业支付的工资全部计入基本生产成本是错误的。

②研判（1）中提及的“背离会计职业道德”和研判（2）“其三”中提及的“对产品核算方法变更和费用确认的行为”，至少违反了会计职业道德中的“坚持准则”、“客观公正”和“提高技能”等“职业守则”：“坚持准则”要求会计人员熟悉国家法律、法规和国家统一的会计制度，始终坚持按法律、法规和国家统一的会计制度的要求进行会计核算，实施会计监督；“客观公正”要求会计人员端正态度，依法办事，实事求是，不偏不倚，保持应有的独立性；“提高技能”要求会计人员增强提高专业技能的自觉性和紧迫感，勤学苦练，刻苦钻研，不断进取，提高业务水平。

（4）本案例对我的启示有三个方面：①干会计这行，一定要坚持准则，客观公正，提高技能；②作为会计，在公司经营管理中一定要遵纪守法，会计人员对违反会计法和国家统一的会计制度规定的会计事项，要及时改正；③身为会计学专业的学生，应自觉加强职业道德修养，为将来职业生涯中的行为自律打好基础，只有这样才能在以后的会计工作中遵纪守法。

5.3 分批法

产品成本计算的分批法，是指以产品批号、单件或订单作为成本计算对象，归集产品成本费用，计算完工产成品成本的一种方法。在小批、单件生产的情况下，企业通常是按照订货单位的订单签发生产通知单组织生产的，即产品的品种和每批产品的批量往往是根据客户的订单确定的，因此按照产品批号计算完工产成品成本，往往也就是按照订单计算完工产成品成本。所以，分批法也叫订单法。

5.3.1 分批法成本计算程序

1）分批法的适用范围

（1）按产品批号组织生产的企业，如根据购买者订单生产的企业、经常需要变换产品种类的小型企业等。

（2）提供机器设备修理等劳务的企业或生产单位。

（3）从事新产品试制、自制设备、自制工具、自制模具等生产任务的生产单位。

2）分批法的特点

（1）以产品批号作为成本计算对象

分批法以产品批号或订单作为成本计算对象，按产品批号或订单设置基本生产成本明细账，归集产品成本费用。对于能分清产品批次的直接计入费用，直接记入各批产品的基本生产成本明细账；对于各批产品共同消耗的间接计入费用，应采用适当的方法在各批产品之间进行分配，然后记入各批产品的基本生产成本明细账。在实际工作中，产品的订单与组织产品生产的批号之间存在以下三种情况：①一份订单一个批号；②一份订单几个批号；③几份订单一个批号。

（2）成本计算期与生产周期一致

在分批法下，要按月归集各批产品的实际产品成本费用，但只有该批产品全部完工，才能计算其实际产成品成本。因此，分批法的成本计算期就是每批产品的生产周期，它与会计报告期通常不一致。每一批次产品的生产周期依据合同要求而定，即分批法的成本计算期是不固定的。

（3）一般不需要在完工产品和在产品之间分配产品成本费用

从成本计算期与生产周期一致这一点来看，分批法不存在产品成本费用在本月完工产品和月末在产品之间分配的问题。按产品批号归集的产品成本费用，如果到月末该批产品都已完工，这些产品成本费用就是本月完工产品的实际总成本；如果该批产品全部未完工，这些产品成本费用就是月末在产品成本。

3）分批法成本计算程序

（1）按产品批别设置基本生产成本明细账（产品成本计算单）

分批法以产品批别作为成本计算对象，因此应当按产品批别设置生产成本明细账（产品成本计算单），用以归集和分配产品成本费用，计算各批产品的实际总成本和单位成本。

（2）按产品批别归集和分配本月发生的各种费用

企业当月发生的产品成本费用，能够按照批次划分的直接计入费用，包括直接材料费用、直接人工费用等，要在费用原始凭证上注明产品批号（或工作令号），以便据以直接记入各批产品生产成本明细账（产品成本计算单）。对于多批产品共同发生的直接材料和直接人工费用等，则应在费用原始凭证上注明费用的用途，以便按费用项目归集，按照企业确定的费用分配方法，在各批产品（各受益对象）之间进行分配以后，再分别记入各批产品生产成本明细账（产品成本计算单）。

（3）分配辅助产品成本费用

在设有辅助生产单位的企业，月末应将归集的辅助产品成本费用分配给各受益对象，包括直接分配给产品的基本生产成本和基本生产单位的制造费用等。

（4）分配基本生产单位制造费用

基本生产单位的制造费用应由该生产单位的各批产品负担，月末应将归集的基本生产单位的制造费用分配给各受益对象。

（5）计算完工产品成本

采用分批法一般不需要在本月完工产品和月末在产品之间分配产品成本费用。某批产品全部完工，则该批别产品生产成本明细账（产品成本计算单）归集的产品成本费用合计数就是该批产品的实际总成本。如果某批产品少量跨月陆续完工，可以用完工产品实际数量乘以近期实际单位成本或计划单位成本、定额单位成本，作为完工产品实际总成本。为了正确分析和考核该批产品成本计划的执行情况，在该批产品全部完工时还应计算该批产品的实际完工产品总成本和单位成本。

（6）结转完工产品成本

期末，根据成本计算结果结转本期完工产品的实际总成本。

业务链接5-11

上海重型机器厂采用分批法进行成本核算

上海重型机器厂是中国目前三个拥有万吨级锻造水压机的大型重机厂之一，是中国华东地区最大的重型机械制造厂和铸锻中心，位于闵行区黄浦江畔，水陆交通便利，全厂占地面积96.3万平方米，建筑面积33.4万平方米。本厂设有上海重型机械研究所、上海大型铸锻件研究所和工艺处，有专门从事技术开发的人员700余名，并配备了一些先进的现代化测试仪器，从事新产品、新技术、新工艺、新材料的开发研制工作。本厂拥有冷、热加工齐全的先进的大型生产设备，能为国内外用户提供冶炼、轧钢、电站、化工、锻压、矿山、水利和水泥建材等各类重型设备，以及各种优质大型铸锻件。该厂在扩大国内市场的同时，不断开拓国际市场。历年来，曾向美国、丹麦、日本、德国、法国、澳大利亚、新加坡等国家的厂商提供了各类机械产品及大型铸锻件，获得了良好的声誉。

请确定成本计算对象及成本核算方法。

解析：该厂主要以签订合同的订单为成本计算对象，应采用分批法核算产品成本。

5.3.2 分批法应用举例

业务链接5-12

宏博工厂按分批法计算产品成本

宏博工厂根据客户的订单组织生产，采用分批法计算产品成本。该厂有两个生产车间，原材料在一车间生产开始时一次性投入。20××年12月份的有关资料如下：

①各批产品的生产情况见表5-61。

表5-61 **各批产品生产情况**

产品批别	产品名称	开工日期	批量（台）	完工产量（台）		本月耗用工时（小时）	
				11月	12月	一车间	二车间
01批	甲产品	11月	30	15	15	6 000	3 200
02批	乙产品	12月	20		20	3 000	4 000
03批	丙产品	12月	20			2 000	3 000

②01批甲产品11月份的有关资料为：直接材料21 000元，直接人工37 800元，制造费用12 100元。

③12月份各批产品耗用材料的情况为：02批乙产品耗用材料81 000元，03批丙产品耗用材料19 000元。

④12月份的直接人工费用资料见表5-62。

表5-62 **直接人工费用表**

20××年12月 单位：元

产品批别	一车间	二车间
01批甲产品	19 800	8 000
02批乙产品	9 900	10 020
03批丙产品	6 600	7 500

⑤12月份的制造费用资料为：一车间11 000元，二车间12 240元，制造费用按生产工时比例在各批产品之间分配。

⑥该厂对订单内跨月陆续完工的产品，在月末计算成本时，按计划成本转出完工产品成本，待全部完工后重新计算完工产品的实际总成本和单位成本。本例中，01批甲产品11月月末完工15台，按计划单位成本结转完工产品成本，其中原材料计划单位成本650元，直接人工计划单位成本1 250元，制造费用计划单位成本400元。

请采用分批法计算宏博工厂完工产品成本。

解析：成本计算程序如下：

（1）以产品的批别作为成本计算对象

宏博工厂设置01批、02批、03批三个产品生产成本明细账（产品成本计算单），该厂成本项目为直接材料、直接人工和制造费用。

（2）产品成本费用在各成本计算对象之间的分配

宏博工厂本月发生的直接材料费用、直接人工费用都可以按照产品的批别加以区分，不需要在各成本计算对象之间进行分配，分别直接记入各批基本生产成本明细账（产品成本计算单）。

根据上述资料编制的制造费用分配表见表5-63。

表5-63 **制造费用分配表**

20××年12月 金额单位：元

产品批别	一车间			二车间			合计
	工时	分配率	金额	工时	分配率	金额	
01批	6 000		6 000	3 200		3 840	9 840
02批	3 000		3 000	4 000		4 800	7 800
03批	2 000		2 000	3 000		3 600	5 600
合计	11 000	1.00	11 000	10 200	1.20	12 240	23 240

设置并登记的01批、02批、03批产品基本生产成本明细账及其成本计算见表5-64、表5-65和表5-66。

表5-64 **基本生产成本明细账（一）** 批别：01

产品名称：甲产品 单位：元

开工日期：20××年11月 完工日期：20××年12月

20××年		凭证号数	摘要	直接材料	直接人工	制造费用	合计
月	日						
11	30	略	11月份成本合计	21 000	37 800	12 100	70 900
	30		11月份完工15台转出成本	9 750	18 750	6 000	34 500
	30		11月月末在产品成本	11 250	19 050	6 100	36 400
12	31	略	一车间费用分配		19 800	6 000	25 800
	31		二车间费用分配		8 000	3 840	11 840
	31		12月份成本合计		27 800	9 840	37 640
	31		12月份完工15台转出成本	11 250	46 850	15 940	74 040
	31		30台产品累计总成本	21 000	65 600	21 940	108 540
	31		单位成本	700	2 186.67	731.33	3 618

表5-65　　**基本生产成本明细账（二）**　　批别：02

产品名称：乙产品　　单位：元

开工日期：20××年12月　　完工数量：20台　　完工日期：20××年12月

20××年		凭证号数	摘要	直接材料	直接人工	制造费用	合计
月	日						
12	31	略	一车间费用分配	81 000	9 900	3 000	93 900
	31		二车间费用分配		10 020	4 800	14 820
	31		产品成本费用合计	81 000	19 920	7 800	108 720
	31		转出完工产品成本	81 000	19 920	7 800	108 720
	31		单位成本	4 050	996	390	5 436

表5-66　　**基本生产成本明细账（三）**　　批别：03

产品名称：丙产品　　单位：元

开工日期：20××年12月　　完工日期：

20××年		凭证号数	摘要	直接材料	直接人工	制造费用	合计
月	日						
12	31	略	一车间费用分配	19 000	6 600	2 000	27 600
	31		二车间费用分配		7 500	3 600	11 100
	31		12月份累计成本	19 000	14 100	5 600	38 700

同步思考5-4

资料：中信重工机械股份有限公司是中国建材设备的领先制造企业和成套设备出口制造基地，具备日产6 000~10 000吨水泥厂主机成套设备制造能力，可承接日产5 000吨以下成套水泥厂交钥匙工程，长期和丹麦史密斯公司、德国莱歇公司等世界知名公司合作与技术交流。主制产品——大型回转窑、大型磨机和辊压机荣获“中国品牌”，在建材行业享有很高的知名度，市场占有率达65%以上。该企业根据客户的订单组织生产，以生产批号为成本计算对象，采用分批法计算产品成本。设有原材料、工资、制造费用等成本项目，费用按月汇总，产品成本在一张订单的全部产品完工后才进行计算。如果一张订单有分月陆续完工情况，则按计划成本转出，待该产品全部完工后，再重新计算完工产品的总成本和单位成本。

问题：企业为什么采用分批法核算？运用分批法的特点、适用范围和管理要求来回答。

理解要点： 企业采用分批法进行成本核算要考虑以下因素，即分批法的特点、适用范围和管理要求。

因为本企业属于单件小批生产类型企业，计算产品成本的分批法，主要适用于在成本管理上不要求分步骤归集费用，也不要求计算半成品成本的生产企业。在这些企业中，产品的生产一般是根据用户的订单组织的，生产何种产品、每批产品的批量大小以及完工时间，通常要根据需用单位的订单加以确定，但同时也要考虑订单的具体情况，并结合企业的生产负荷程度合理组织产品生产的批次及批量。

中信重工机械股份有限公司根据客户的订单组织生产，以生产批号为成本计算对象。设有原材料、工资、制造费用等成本项目，费用按月汇总，产品成本在一张订单的全部产品完工后才进行计算。如果一张订单有分月陆续完工情况，则按计划成本转出，待产品全部完工后，再重新计算完工产品的总成本和单位成本。

所以，中信重工机械股份有限公司以产品批别为成本计算对象，采用分批法核算产品成本。

互动专栏5-2

互动问题：

（1）成本管理要求计算半成品成本与逐步结转分步法和平行结转分步法选择是否紧密相连？

（2）产品成本核算方法——品种法和分批法是否相关？

要求： 同“互动专栏1-1”的“要求”。

5.3.3 简化分批法

学习微平台

资源5-07

1）简化分批法的含义

简化分批法是指通过对间接费用采用累计分配率进行分配，以减少成本计算工作量的分批法，即对每月发生的人工费用和制造费用等间接费用，不再按月在各批产品之间进行分配，而是将这些间接费用累计起来，等某批产品完工时，再根据完工产品工时占累计总工时的比例，确认完工产品应负担的间接费用，据以计算完工批次的产品成本的方法。这种方法也称为“累计间接费用分配法”，由于简化分批法在月末未完工产品的批别之间不再分配间接费用，因此也称为“不分批计算在产品成本的分批法”。

2）简化分批法的特点

（1）必须设置生产成本二级账

采用简化分批法，仍应按照产品批别设置产品的基本生产成本明细账（产品成本计算单）；同时，必须按车间设置基本生产成本二级账。

基本生产成本明细账（产品成本计算单）平时只登记直接计入的该批产品原材料费用和生产工时，基本生产成本二级账则用来归集车间投产的所有批次产品的各项费用和累计的全部生产工时。只有在有完工产品的那个月份，才将基本生产成本二级账中累计起来的费用，按照本月完工产品工时占全部累计工时的比例，向本月完工产品分配；未完工产品的间接计入费用，保留在基本生产成本二级账中。本月完工产品从基本生产成本二级账分配转入的间接计入费用，加上基本生产成本明细账原已登记的直接计入费用，即为本月完工产品总成本。

（2）不分批次计算月末在产品成本

将本月完工产品应负担的间接计入费用转入各完工产品基本生产成本明细账（产品成本计算单）后，基本生产成本二级账反映全部批次月末在产品成本。各批次未完工产品的基本生产成本明细账（产品成本计算单）只反映累计直接计入费用和累计工时，不反映各批次月末在产品成本。月末，基本生产成本二级账与产品基本生产成本明细账（产品成本计算单）只能核对直接计入费用，不能核对全部余额。

（3）通过计算累计费用分配率来分配间接计入费用

简化的分批法将间接计入费用在各批次产品之间的分配与在本月完工产品和月末在产品（全部批次）之间的分配一次完成，大大简化了成本计算工作。间接计入费用的分配，是利用计算出的累计间接计入费用分配率进行的。其计算公式如下：

$$\frac{\text{全部产品某项累计}}{\text{间接费用分配率}}=\left(\frac{\text{期初结存该项}}{\text{全部产品间接费用}}+\frac{\text{本月发生该项}}{\text{全部产品间接费用}}\right)\div\left(\frac{\text{期初结存全部}}{\text{在产品累计工时}}+\frac{\text{本月发生}}{\text{全部工时数}}\right)$$

$$\frac{\text{某项完工产品应负担}}{\text{某项间接计入费用}}=\text{该批完工产品累计生产工时}\times\text{全部产品该项累计间接费用分配率}$$

3）简化分批法成本计算程序

（1）按产品批别设立基本生产成本明细账和基本生产成本二级账

采用简化分批法计算产品成本，应按产品批别设置基本生产成本明细账，同时开设基本生产成本二级账，归集所有批别的全部费用。产品完工前，基本生产成本明细账中只登记该批产品的直接材料费用以及生产工时，只有在该批产品完工时，才通过累计间接费用分配率计算分配该批产品应负担的人工费用和制造费用，并在完工批次产品的基本生产成本明细账中进行登记，计算出该批完工产品的成本。基本生产成本二级账平时只需登记全部产品的产品成本费用和全部产品耗用的生产工时即可。在有完工产品的月份，依据该账户记录的全部间接费用和全部生产工时计算累计间接费用分配率，确认各批完工产品应负担的人工费用和制造费用，并分配记入各完工批次产品的基本生产成本明细账。

（2）登记各批别产品发生的产品成本费用和生产工时

对各批别产品发生的直接费用和生产工时，平行记入该批别产品的基本生产成本明细账和基本生产成本二级账。对各批别产品共同发生的间接费用，在发生时应根据费用分配表记入基本生产成本二级账，不必分配记入各批产品的基本生产成本明细账。

（3）计算完工产品成本

某批产品当月完工，要根据基本生产成本二级账中的累计间接费用和累计总工时，计算各项累计间接费用分配率，并据以计算该批完工产品应负担的间接费用。该批产品的直接费用加上分配的间接费用，即为该批完工产品的总成本。

简化分批法成本计算程序如图5-4所示。

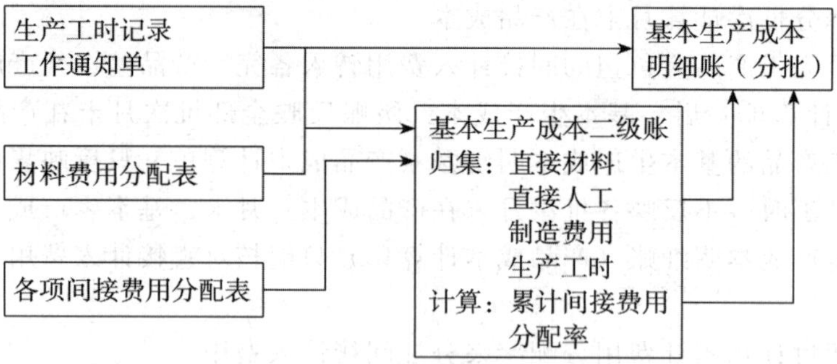

图5-4 简化分批法成本计算程序图

业务链接5-13

宏博工厂按简化分批法计算产品成本

宏博工厂属于小批生产类型企业，产品种类和批次都比较多，生产周期较长，月末经常有大量未完工的产品。为了简化成本计算，按累计费用分配率分配间接计入费用，即采用简化分批法计算产品成本。宏博工厂20××年4月份各批产品生产成本的有关资料如下：

①4月份生产批号有：

101批号：甲产品20件，2月投产，4月全部完工。

102批号：乙产品10件，3月投产，4月全部完工。

103批号：丙产品8件，3月投产，尚未完工。

②月初在产品成本：101批号直接材料7 500元，102批号直接材料4 400元，103批号直接材料3 200元。月初直接人工3 450元，制造费用4 700元。

③月初在产品耗用累计工时：101批号1 800小时，102批号590小时，103批号960小时。

④本月生产情况及发生工时和直接材料见表5-67。

表5-67 宏博工厂本月生产情况及发生工时和直接材料及产品批次明细表

产品名称	批号	批量（件）	投产日期	完工日期	本月发生工时（小时）	本月发生直接材料（元）
甲	101	20	2月	4月	450	500
乙	102	10	3月	4月	810	600
丙	103	8	3月	6月	1 640	600

⑤本月发生各项间接费用：直接人工2 800元，制造费用4 050元。

请采用简化分批法计算宏博工厂完工产品成本。

解析：成本计算程序如下：

根据上述资料，登记基本生产成本二级账和各批产品生产成本明细账；计算和登记累计间接计入费用分配率，并计算各批完工产品成本，见表5-68、表5-69、表5-70和表5-71。

表5-68

基本生产成本二级账

20××年

金额单位：元

20××年		凭证号数	摘要	生产工时（小时）	直接材料	直接人工	制造费用	合计
月	日							
3	31	略	月末在产品成本	3 350	15 100	3 450	4 700	23 250
4	30		本月发生	2 900	1 700	2 800	4 050	8 550
	30		累计发生数	6 250	16 800	6 250	8 750	31 800
			累计间接费用分配率			1.00	1.40	
			本月完工产品成本转出	3 650	13 000	3 650	5 110	21 760
			月末在产品	2 600	3 800	2 600	3 640	10 040

直接人工分配率=6 250÷6 250=1.00（元/小时）

制造费用分配率=8 750÷6 250=1.40（元/小时）

表5-69

基本生产成本明细账（一）

批号：101　　批量：20件　　金额单位：元

产品名称：甲产品　　投产日期：2月　　完工日期：4月

20××年		凭证号数	摘要	生产工时（小时）	直接材料	直接人工	制造费用	合计
月	日							
3	31	略	本月发生	1 800	7 500			
	31		本月累计	1 800	7 500			
4	30		本月发生	450	500			
	30		本月累计	2 250	8 000			
			累计间接费用分配率			1.00	1.40	
			分配间接费用			2 250	3 150	5 400
			本月完工产品成本转出	2 250	8 000	2 250	3 150	13 400
			本月完工产品单位成本		400	112.50	157.50	670

表5-70　　　　**基本生产成本明细账（二）**

批号：102　　　批量：10件　　　　金额单位：元

产品名称：乙产品　　投产日期：3月　　　完工日期：4月

20××年 月	20××年 日	凭证号数	摘要	生产工时	直接材料	直接人工	制造费用	合计
3	31	略	本月发生	590	4 400			
	31		本月累计	590	4 400			
4	30		本月发生	810	600			
	30		本月累计	1 400	5 000			
			累计间接费用分配率			1.00	1.40	
			分配间接费用			1 400	1 960	3 360
			本月完工产品成本转出	1 400	5 000	1 400	1 960	8 360
			本月完工产品单位成本		500	140	196	836

表5-71　　　　**基本生产成本明细账（三）**

批号：103　　　批量：8件　　　　金额单位：元

产品名称：丙产品　　投产日期：3月　　　完工日期：6月

20××年 月	20××年 日	凭证号数	摘要	生产工时	直接材料	直接人工	制造费用	合计
3	31	略	本月发生	960	3 200			
	31		本月累计	960	3 200			
4	30		本月发生	1 640	600			
	30		本月累计	1 640	600			

课程思政5-3

年终结账风波

背景与情境：宏博机械制造厂是股份有限公司。年终会计结账前，总经理提出要在合法范围内减少企业利润，进行合理避税，与会计主管协商调账事宜：一是企业成本核算方法由分步法改成分批法，生产成本按分批法核算均由完工产品成本承担，调整增加已销产品成本；二是企业公务用车运行维护费中的汽油款按照燃料费处理，原因是可以由管理费用转成制造费用，合理避税，该项费用10万元；三是企业支付的工资全部计入基本生产成本，原因是直接人工就是为生产产品服务的，行政管理费用也应由产品承担，使得基本生产成本直接人工增加30万元。年终报表编制完成报出后，税务部门查账，认定企业进行的调账均属错误并构成主观故意，为此与企业发生激烈辩论，企业不认为此种行为有错误。

问题：

（1）本案例存在哪些思政问题？

（2）对企业的三笔调账作出你的思政研判。

（3）通过适当途径搜集你作思政研判所依据的行业规范。

（4）本案例对你有哪些启示？

研判提示：

（1）本案例调账属主观故意，有违党的“二十大”报告中提出的“明大德、守公德、严私德”公民道德建设要求，违反了会计“职业作风”、“职业态度”、“职业良心”和“职业守则”。“职业作风”要求会计人员在职业模拟、职业实践或职业生活的自觉行动中，具有体现职业道德内涵的一贯表现；“职业态度”要求会计人员对职业选择或模拟选择有充分的认知和积极的倾向与行动；“职业良心”要求会计人员在履行职业义务时具有强烈的道德责任感和较高的自我评价能力；“职业守则”要求会计人员爱岗敬业、诚实守信、廉洁自律、客观公正、坚持准则、提高技能、参与管理、强化服务。

（2）对于企业的三笔调账，第一笔调账改为分批法核算，从表面上看似乎是正确的，而本质上核算是错误的，业务不精；另外，企业已确定的核算方法，不能随意更改，过后调账。第二笔和第三笔调账是错误的，企业为达目的不择手段，违反国家法规和会计职业道德。

（3）会计行业规范有：①爱岗敬业：热爱会计工作，安心本职岗位，忠于职守，尽心尽力，尽职尽责；②诚实守信：做老实人，说老实话，办老实事，执业谨慎，信誉至上，不为利益所诱惑，不弄虚作假，不泄露秘密；③廉洁自律：公私分明，不贪不占，遵纪守法，清正廉洁；④客观公正：端正态度，依法办事，实事求是，不偏不倚，保持应有的独立性；⑤坚持准则：熟悉国家法律、法规和国家统一的会计制度，始终坚持按法律、法规和国家统一的会计制度的要求进行会计核算，实施会计监督；⑥提高技能：增强提高专业技能的自觉性和紧迫感，勤学苦练，刻苦钻研，不断进取，提高业务水平；⑦参与管理：在做好本职工作的同时，努力钻研相关业务，全面熟悉本单位经营活动和业务流程，主动提出合理化建议，协助领导决策，积极参与管理；⑧强化服务：树立服务意识，提高服务质量，努力维护和提升会计职业的良好社会形象。

（4）合理避税是国家法律法规允许的，但必须合法合规，会计专业技能过硬。

5.3.4　分批法的优缺点

分批法是指以产品批号或订单作为成本计算对象，归集产品成本费用，计算产成品成本。成本计算期与生产周期一致，分批法一般不存在月末产品成本费用在本月完工产品和月末在产品之间分配的问题。

分批法成本计算程序，除了产品生产成本明细账的设置和完工产品成本的计算与品种法有所区别外，其他与品种法是完全一致的。

5.4　成本核算方法的结合应用

在实际工作中，由于其生产特点和管理要求并不完全相同，这样就有可能在同一家企业或同一个车间里同时采用几种成本核算方法进行成本计算。有时在生产一种产品时，在该产品的各个生产步骤以及各种半成品、各成本项目之间的结转，其生产特点和管理要求也不一样，这样就有可能同时采用几种成本核算方法来计算产品的成本。

5.4.1　几种成本核算方法同时应用

一家企业或企业的生产单位，除了可能同时应用几种成本核算方法外，在计算某种产品成本时，还可以以一种成本核算方法为主，结合采用几种成本核算方法。

在同一家企业的不同生产车间，由于各个生产车间的生产特点和管理要求不同，不同的生产车间可以应用不同的成本核算方法，从而形成几种成本核算方法同时应用于同一企业的不同生产车间。同一工业企业的基本生产车间和辅助生产车间往往应用不同的成本核算方法；不同的基本生产车间和不同的辅助生产车间也可以应用不同的成本核算方法。

例如，机床制造厂属于大量大批多步骤生产类型企业，其基本生产车间适宜应用分步法计算产品成本；而辅助生产的供电和供水车间属于大量大批单步骤生产类型，适宜应用品种法计算供电和供水成本；辅助生产的工具车间由于生产的工具品种繁多，则可应用分类法计算各种工具成本；基本生产的铸工车间属于大量大批单步骤生产类型，可应用品种法计算铸件成本。可见，一家机床制造厂，其基本的成本核算方法是分步法，但在不同的生产车间则同时分别应用品种法和分类法。

如果同一企业的基本生产车间和辅助生产车间的生产类型相同，但由于管理要求不同，也可应用不同的成本核算方法。例如，发电厂的基本生产部门——发电车间和辅助生产部门——供水车间，都属于大量大批单步骤生产类型，均可应用品种法计算成本。但由于供水车间不是该厂的主要生产部门，企业的规模又较小，管理上不要求单独计算供水成本，因而发电车间可应用品种法计算成本，供水车间则不需单独应用品种法计算成本。

同一企业或同一生产车间，由于生产的各种产品具有不同的生产类型，因而对不同的产品可应用不同的成本核算方法。一家企业或一个车间生产的老产品和生产的新产品，由于生产类型不同，其成本核算方法也不一样。例如，自行车厂生产的老产品——定型名牌自行车，属于大量大批多步骤生产类型，可应用分步法计算定型名牌自行车成本；对正在试制或者刚刚试制成功而未大量投入生产的新产品——各种赛车，属于单件小批多步骤生产类型，则应用分批法计算赛车成本。

一家企业或一个车间生产的各种定型产品，虽然生产组织相同，但生产工艺技术过程不同，也可应用不同的成本核算方法。例如，玻璃制品厂生产的定型产品——玻璃杯和玻璃仪器，都是大量大批生产，但生产玻璃杯是利用原料直接熔制而成的，属于大量大批单步骤生产类型，可应用品种法计算玻璃杯成本；生产的玻璃仪器，应将原料熔制成各种毛坯，然后加工装配成各种仪器，属于大量大批多步骤生产类型，可应用分步法计算玻璃仪器成本。

5.4.2 几种成本核算方法综合应用

一家企业或一个车间生产同一种产品，由于该产品的各个生产步骤具有不同的生产特点和不同的管理要求，因此同一种产品的成本计算，可以以一种成本核算方法为基础，并结合应用几种不同的成本核算方法。例如，单件小批多步骤生产类型的机器厂，其基本方法可应用分批法计算机器成本。同时，可在铸工车间应用品种法计算铸件成本；在加工装配车间应用分批法计算各批产品成本；在铸工和加工装配车间之间，可应用逐步结转分步法结转铸件成本；在加工和装配车间之间，如果不要求计算加工车间的半成品成本，可应用平行结转分步法结转成本。可见，该厂在分批法的基础上，可结合应用品种法、逐步结转分步法和平行结转分步法，完成整个产品成本的计算工作。

在同一产品的不同零部件之间，由于生产特点和管理要求不同，也可以应用不同的成本核算方法。例如，机械厂所产产品的各种零部件，其中不外售的专用件，可以不要求单独计算成本；外售的标准件以及各种产品通用的通用件，则应按照这些零部件的生产类型和管理要求，应用分批法、分步法或分类法单独计算零部件成本。

同一产品的不同成本项目，由于管理要求不同，也可以应用不同的成本核算方法。例如，机器制造厂生产的产品成本中，因原材料费用在产品成本中占有较大比重，而且原材料消耗定额资料准确、稳定，可应用定额法的原理计算原材料成本（定额法成本计算详见第6章），其他成本项目可应用分步法或分批法的原理计算。又如，钢铁厂生产的钢材成本中，原材料费用占有较大比重，而且又是直接费用，并经过若干连续的生产步骤形成最终产品，可应用分步法的原理计算原材料成本；其他成本项目则应用分类法的原理计算。尽管同一产品的不同成本项目，可以应用不同的成本核算方法，但就一家企业而言，必须应用一种基本的成本核算方法，并在基本方法的基础上，结合应用其他成本核算方法。上例的机器制造厂应用的基本方法是分批法或分步法，其结合应用的方法是定额法。上例的钢铁厂应用的基本方法是分步法，其结合应用的方法是分类法。

学习微平台

资源 5-08

可见，几种成本核算方法，通常应以品种法、分批法或分步法为基本方法，再结合应用其他方法。

第 6 章

成本核算辅助方法

学习目标

通过本章学习，应该达到以下目标：

理论目标：了解定额法、分类法的概念和原理，掌握定额比例法及系数分配法的概念及区别，理解作业成本法的概念、作业的成本动因，以及定额法、分类法、作业成本法的适用范围。通过对作业成本理论及产品成本计算程序的学习，理解其基本原理和优缺点，掌握作业成本法的适用性，并正确解答《训练手册》中本章“客观题”和“主观题”的“理论题”各题型问题。

实务目标：学习和掌握定额法、分类法和作业成本法的计算程序、步骤和核算过程，掌握各种方法的优缺点以及“业务链接”知识；能用所学实务知识规范“成本核算辅助方法”所涉及的相关技能活动，并正确解答《训练手册》中本章“客观题”和“主观题”的“实务题”各题型问题。

案例目标：能运用所学“定额法”及“作业成本法”的相关概念和观念研究相关案例，通过分析解答“同步案例”和《训练手册》中本章“客观题”与“主观题”的“案例题”，培养和提高学生在特定业务情境中分析问题与解决问题的能力；能结合“成本核算辅助方法”的教学内容，依照相关规范、要求或标准，对“课程思政”6-1至6-3和《训练手册》本章相关案例中的企业或人员行为进行思政研判，培养高尚的职业道德情操，践行社会主义核心价值观。

实训目标：以所学“成本核算辅助方法”的理论与实务知识为前提，在正确解答《训练手册》中本章“客观题”与“主观题”的“实训题”各题型问题，并了解和把握本实训所及“能力与道德领域”相关技能点的“规范与标准”基础上，参加“成本核算辅助方法运用”业务胜任力的实践训练。通过切实掌握品种法核算产品成本，系数法分配产品成本及填制生产成本明细账等系列技能操作的实施，培养其“成本核算辅助方法运用”的专业能力，强化其“数字应用”、“与人交流”、“与人合作”、“解决问题”和“革新创新”的职业核心能力（中级），并通过“认同级”践行“职业理想”、“职业态度”、“职业良心”、“职业作风”和“职业守则”等行为规范，促进其健全职业人格的塑造。

学习微平台

资源 6-01

引例　黎明木材加工厂的疑问

背景与情境：黎明木材加工厂在加工圆木时，会生产出不同等级的木材，另外还有副产品锯末。该厂每年的生产量非常大，现任成本会计采用品种法进行产品成本计算，工作量太大。新来的核算员王林建议，既然各个等级产品和副产品都是由同种原材料加工出来的，并且都在同一车间生产，因此可以将由圆木生产的产品的成本合并核算，最后将成本在各个等级产品和副产品中平均分配。主管会计刘强否定了王林的建议，认为不可行。

问题：

（1）你知道这是为什么吗？

（2）请问是否能找到一种既能准确核算不同等级产品和副产品的成本，又相对简单、工作量较小的成本核算方法呢？

学完本章“成本核算辅助方法”的内容后，将可以得到一个确实可行的方案。

学习微平台

资源6-02

6.1　定额法

6.1.1　定额法概述

定额法是指为了反映企业产品实际成本脱离定额成本的差异，配合企业加强产品成本费用和产品成本的定额管理并进行成本控制所采用的一种成本核算方法。它的基本特点是：以产品的定额成本为基础，加上或减去脱离定额差异以及定额变动差异来计算产品的实际成本。

定额法一般适用于产品已经定型，产品品种比较稳定，各项定额比较齐全、准确，原始记录健全的企业。定额法不是基本成本核算方法，它一般与企业的生产类型无关，它只是为了加强成本控制，及时揭露成本计划执行过程中存在的问题，及时采取措施加以改进而采用的。虽然手续及核算过程麻烦一些，但其对企业的成本控制是非常重要的。

采用定额成本计算产品成本时，实际成本的计算公式如下：

实际成本=定额成本±脱离定额差异±材料成本差异±定额成本变动差异

定额成本是指以企业在一定时期所实行的各种消耗的定额为基础计算的一种预计产品成本。

脱离定额差异是指产品成本费用脱离现行定额或预算的数额，它标志着各项产品成本费用支出的合理程度。

材料成本差异是指在定额法下，材料或半成品的日常核算以计划成本计价而产生的材料或半成品实际成本与计划成本的差异，它反映所耗材料或半成品的价差。

定额成本变动差异是指由于修订消耗定额而产生的新、旧定额成本之间的差额。它与产品成本费用的超支或节约无关，是定额成本本身运用的结果。

定额法的优点是：能及时反映、监督产品成本费用脱离定额的差异，加强日常定额管理和成本控制；能弥补成本计算其他方法只有在月末才能确定成本定额差异的缺陷；能及时核算并确定定额成本差异，并分析产生差异的原因，因而能将成本核算与成本分析、成本控制、成本考核有机地结合起来。

6.1.2　定额成本及其差异的计算

1）定额成本的计算

定额成本一般是以产品现行的消耗定额和计划价格或费用的计划分配率为依据，并分成本项目计算得到的。其具体计算公式如下：

某产品直接材料定额成本=产品原材料消耗定额×原材料计划单位成本

某产品直接人工定额成本=产品生产工时定额×计划小时工资率

某产品制造费用定额成本=产品生产工时定额×计划小时费用率

某产品定额成本=直接材料定额成本+直接人工定额成本+制造费用定额成本

定额成本一般是通过编制“定额成本计算表”的方式进行计算的。企业的具体情况不同，其“定额成本计算表”的编制方法也不一样。它主要受产品的结构、产品零部件的多少等因素影响。如果产品的零部件不多，一般先计算零件的定额成本，然后汇总计算部件和产成品的定额成本。如产品的零部件较多，为了简化成本计算工作，也可以不计算零件的定额成本，而根据列有零件材料消耗定额、工序计划、工时消耗定额的零件定额卡，以及材料计划单价、计划的工资率和费用率，计算部件的定额成本，然后汇总计算产品定额成本，或者根据零部件的定额卡直接计算产品定额成本。

2）定额差异的计算

定额差异的计算是采用定额法计算产品成本的一个重要环节。对于定额差异，一般是按成本项目进行计算的。

（1）直接材料费用脱离定额差异的计算

直接材料费用脱离定额差异的计算一般采用如下三种方法：

①限额领料法

限额领料法是指根据企业制定的材料消耗定额来核算材料定额差异的一种方法。一般采用本方法时，企业应采用限额领料制度。这种方法运用限额领料单和限额领料卡来反映材料领用数量和实际耗用数量。符合定额的材料应根据限额领料单等定额凭证领发，如果增加产品产量或需要增加用料，必须办理追加限额手续，然后根据定额凭证领发。由于其他原因需要超额领料或者领用代用材料，应根据专设的超额材料领用单、代用材料领用单等差异凭证，经过一定的审批手续领发。超额领用的材料，全部是定额差异；代用材料并不都是定额差异，要先计算出所代领代用材料相当于原定材料的数量，然后计算出差异。

课程思政 6-1

宏博配件厂车间主管的安排

背景与情境：叶琳是宏博配件厂车间成本核算员。20××年6月5日，工厂库管员请了10天病假，工厂主管认为叶琳业务精通，人品可靠，从事会计工作多年来从未出现过有违规章制度或违反职业道德的情况，因此让其暂时代理材料库管员。

问题：工厂主管的安排是否合适？为什么？

研判提示：工厂主管的安排不合适。不相容职务分离控制——“钱、账、物分管”是最基本的会计规章制度和企业会计内部控制制度内容之一。企业内部控制制度与会计道德自律两者之间的评价要求和标准不同。内部控制制度要求的是“必须”“硬性的”规定，客观上规范着会计人员及其他当事人的工作行为；会计道德自律要求的是“应该”“软性的”约束，是靠理念、习惯、传统和教育的力量来维系的。尽管会计工作的好坏在很大程度上依靠会计人员职业道德和修养，但是建立有效的内部控制制度并依法而行，也是保障会计工作真实有效所不可缺少的。

业务链接6-1

限额领料法下材料定额差异的计算

黎明木材厂本月生产甲产品600件，单位产品A材料消耗定额20千克，A材料的计划单价为每千克5元，超额领料单本月登记数量为150千克。

请计算材料定额成本和脱离定额差异。

解析：

甲产品A材料定额成本=600×20×5=60 000（元）

甲产品A材料脱离定额差异=150×5=750（元）

②切割法

为了更好地控制用料差异，对于需要切割才能使用的材料，如板材、棒材等，可以通过材料切割核算单来计算材料脱离定额的差异，控制用料。

材料切割核算单应当按切割材料的批别开立，填列切割材料的种类、数量、消耗定额以及应切割的毛坯数量；切割完成后，填列实际切割成毛坯的数量和材料的实际消耗量等。根据切割的毛坯数量和消耗定额，计算出材料的定额耗用量后，可以将定额耗用量与实际耗用量相比较，确定脱离定额的差异。

业务链接6-2

切割法下材料定额差异的计算

顺风玻璃厂发出材料500千克，切割成零件毛坯160个，每个零件消耗定额为3千克，每千克材料计划单价为5元。

请计算材料脱离定额差异。

解析：

定额耗用量=160×3=480（千克）

材料脱离定额差异（数量）=500−480=20（千克）

材料脱离定额差异（金额）= 5×20=100（元）

③盘存法

对于不能采用切割法核算的材料，为了更好地控制用料，可通过盘存的方法核算用料差异。其具体做法是：根据完工产品数量和在产品盘存数量计算产品投产数量；将产品投产数量乘以材料消耗定额，计算出材料消耗定额消耗量；根据限额领料单、超额领料单和退料单等凭证以及车间余料的盘存资料，计算出材料实际消耗量；最后将材料的定额消耗量与实际耗用量对比，确定材料脱离定额差异。

这种方法一般适用于原材料在生产开始时一次性投入的产品。其计算公式如下：

本期投产产品数量=本期完工产品数量+期末盘存在产品数量-期初盘存在产品数量

$$\text{直接材料脱离定额差异}=(\text{本期材料实际消耗量}-\text{本期投产产品数量}\times\text{单位产品材料消耗定额})\times\text{材料计划单价}$$

业务链接6-3

盘存法下材料脱离定额差异的计算

红发公司生产甲产品，原材料在生产开始时一次性投入，单位产品A材料消耗定额为20千克，A材料的计划单价为每千克10元。甲产品期初在产品40件，本期完工入库产品为1 000件，期末实地盘点确定的在产品为50件。根据限额领料单的记录，本期甲产品领用A材料20 000千克；根据车间材料盘存资料，A材料车间期初余料为80千克，期末余料为100千克。

请计算材料脱离定额差异。

解析：

本期投产甲产品数量=1 000 + 50−40 =1 010（件）

本期A材料定额消耗量– 1 010×20=20 200 （千克）

本期A材料实际消耗量=20 000+80−100=19 980（千克）

本期A材料脱离定额差异=（19 980−20 200）×10= −2 200（元）

无论采用哪种方法核算原材料定额消耗量和脱离定额差异，都应分批或定期汇总各种产品材料脱离定额差异，编制直接材料定额成本和脱离定额差异汇总表，作为登记产品生产成本明细账的依据。

业务链接6-4

材料定额差异汇总表的编制

黎明木材加工厂生产甲产品，根据单位产品材料定额成本和实际消耗材料数量编制直接材料定额费用和脱离定额差异汇总表（见表6-1）。

表6-1 **直接材料定额费用和脱离定额差异汇总表**

产品名称：甲产品

投产量：110件　　20××年12月　　金额单位：元

材料种类	材料编号	单位	计划单价	定额费用		按计划价格计算的实际费用		脱离定额差异		差异原因
				数量	金额	数量	金额	数量	金额	
H材料	2208	千克	6	11 600	69 600	10 800	64 800	−800	−4 800	略
M材料	2209	千克	4	9 200	36 800	9 600	38 400	+400	+1 600	略
合计					106 400		103 200		−3 200	

解析：

（1）限额法是控制领料的一般方法。采用该方法的企业必须建立限额领料制度。限额法是控制领料，促进用料节约的重要手段，但是它不能完全控制用料。切割法适用于使用必须经过切割的板材、棒材和棍材等。采用该方法控制用料时，应先采用限额法控制领料。

（2）限额法下差异计算的原始凭证就是超额材料领用单、代用材料领用单等差异凭证。超额领用的材料，全部是定额差异；代用材料并不都是定额差异，要先计算出所代领代用材料相当于原定材料的数量，然后计算出差异。

互动专栏6-1

互动问题：

（1）切割法、限额领料法是否属于两种完全独立的方法？

（2）限额领料法下脱离定额差异计算依据的原始凭证是什么？

要求：同“互动专栏1-1”的“要求”。

（2）直接人工费用脱离定额差异的计算

直接人工费用脱离定额差异的计算，因采用的工资形式的不同而有所区别。

在计件工资形式下，生产工人工资脱离定额差异的核算与原材料脱离定额差异的核算类似。其计算公式为：

直接人工定额费用=计件数量×计件单价

计件单价=计件单位工时人工费用÷每工时产量定额

在计时工资形式下，生产工人工资脱离定额的差异平时不能按产品直接计算，所以平时只以工时进行考核，在月末实际生产工人工资总额确定以后，才能按下列公式计算：

计划单位工时工资=计划产量的定额生产工人工资总额÷计划产量的定额生产工时总数

实际单位工时工资=实际生产工人工资总额÷实际生产工时总数

某产品定额工资=该产品实际产量的定额生产工时×计划单位工时工资

某产品实际工资=该产品实际产量的实际生产工时×实际单位工时工资

某产品直接人工费用脱离定额差异=该产品实际工资-该产品定额工资

业务链接6-5

直接人工脱离定额差异的计算

黎明木材加工厂生产甲、乙两种产品，计划工资总额为45 100元，计划产量为：甲产品600件，单位产品工时定额为20小时；乙产品170件，单位产品工时定额为50小时。本月实际工资总额为48 024元，实际产量为：甲产品600件，实际生产工时为13 200小时；乙产品160件，实际生产工时为7 680小时。

请计算甲、乙两种产品直接人工脱离定额差异。

解析：甲、乙两种产品直接人工脱离定额差异计算如下：

计划单位工时工资=45 100÷（600×20+170×50）=2.2（元/小时）

实际单位工时工资=48 024÷（13 200+7 680）=2.3（元/小时）

甲产品直接人工脱离定额差异=（22×2.3−20×2.2）×600=3 960（元）

甲产品直接人工工时差异=（22×2.2−20×2.2）×600=2 640（元）

甲产品直接人工小时工资额差异=（22×2.3−22×2.2）×600=1 320（元）

乙产品直接人工脱离定额差异=（48×2.3−50×2.2）×170=68（元）

乙产品直接人工工时差异=（48×2.2−50×2.2）×170=−748（元）

乙产品直接人工小时工资额差异=（48×2.3−48×2.2）×170=816（元）

（3）制造费用脱离定额差异的计算

制造费用属于间接费用，即发生时先按发生地点进行归集，月末才能直接或分配计入产品成本。所以，在日常核算中，不能按照产品直接核算费用脱离定额差异，只能根据费用计划、费用项目核算费用脱离计划的差异，据以控制和监督费用的发生。各种产品应负担的定额制造费用和制造费用脱离定额差异，在月末可比照上述计时工资的计算方法确定。

3）材料成本差异的计算

采用定额法计算产品成本的企业，应当按照计划成本计价来组织原材料的日常核算。因此，直接材料费用定额成本和脱离定额的差异都是按照原材料的计划单位成本计算的。这样，在月末计算产品的实际成本时，还应当计算和分配本月消耗材料应当负担的成本差异，其计算公式为：

某产品应分配的材料成本差异=（该产品材料定额成本±材料脱离定额差异）×材料成本差异率

4）定额变动差异的计算

定额变动差异是指由于修订消耗定额而产生的新、旧定额之间的差额。新定额一般在月初开始实行，当月投入的产品费用，都应按新定额来计算脱离定额差异，但在新定额运用后，月初在产品的定额成本并未修订，仍然是按旧定额计算的。为了使按旧定额计算的月初在产品定额成本和按新定额计算的本月投入产品的定额成本，在新定额的基础上相加起来能够计算产品的实际成本，必须计算月初在产品运用新、旧定额成本的差异，用以调整按旧定额计算的月初在产品定额成本为按新定额计算的定额成本。

由此可见，定额变动差异主要是指月初在产品由于定额变动产生的差异。其计算公式为：

$$\text{月初在产品定额变动差异}=\text{月初在产品按原定额计算的定额成本}-\text{月初在产品按调整后定额计算的定额成本}$$

对于计算出的定额变动差异，应分不同情况予以处理。在消耗定额降低的情况下产生的差异，一方面应从月初在产品定额成本中扣除，另一方面还应将属于月初在产品成本费用实际支出的该项差异，列入本月产品成本中；相反，在消耗定额提高的情况下，月初在产品增值的差异应列入月初在产品定额成本之中，同时从本月产品成本中予以扣除。

月末，对计算出的定额成本、脱离定额差异、定额变动差异以及材料成本差异，应在完工产品和月末在产品之间按照定额成本比例进行分配。如果各种差异数额不大，或者差异虽然较大，但各月在产品数量比较均衡，在这种情况下，月末在产品可按定额成本计价，即不负担材料成本差异，材料成本差异全部由产成品负担。

同步思考6-1

资料：红旗服装加工厂定额管理制度比较健全，一是定额管理工作的基础比较好；二是产品的生产已经定型，消耗定额比较准确、稳定。因此，在成本核算当中采用的是分步法与定额法相结合的成本核算方法。新毕业的大学生张磊进入成本会计工作岗位后，发现定额法核算产品成本的工作量很大，并且完工产品和月末在产品之间费用的分配方法掌握得不好。因此，他建议企业采用平行结转分步法核算产品成本。

问题：请代张磊回答定额法对企业的益处，并帮助他分析如何在完工产品和在产品之间按照定额成本比例分配产品成本费用。

理解要点：定额法的优点是：

（1）能够在各项耗费发生的当时反映和监督脱离定额费用（或计划）的差异，加强成本控制，从而及时、有效地促进节约生产耗费，降低产品成本；

（2）便于进行产品成本的定期分析，有利于进一步挖掘降低成本的潜力；

（3）有利于提高成本的定额管理和计划管理工作的水平；

（4）能够比较合理和简便地解决完工产品和月末在产品之间分配费用（即分配各种差异）的问题。

定额法的缺点是：由于要制定定额成本，需要单独计算脱离定额的差异，在定额变动时还要修订定额成本并计算定额变动差异，因而计算的工作量比较大。

但尽管计算的工作量很大，如果企业在管理当中需要严格控制生产实际脱离定额的差异，实时有效地加强成本控制，最好采用定额法与其他成本核算方法相结合的方法。

完工产品实际成本=完工产品定额成本+本期完工产品承担的脱离定额差异+材料成本差异+定额变动差异

期末在产品实际成本=期末在产品定额成本+期末在产品应承担的脱离定额成本差异

某项差异的分配率=（期初在产品承担的差异+本期投产产品的差异）÷（期末在产品定额成本+完工产品定额成本）

完工产品应负担的差异=完工产品定额成本×某项差异的分配率

期末在产品应负担的差异=期末在产品定额成本×某项差异的分配率

6.1.3 定额法应用举例

顺风加工厂实行定额法计算产品成本，生产A产品的有关资料如下：

1）产量记录（见表6-2）

表6-2　　**产量记录**　　单位：件

产品名称	月初在产品	本月投产	本月完工产品	月末在产品
A产品	20	80	70	30

2）定额成本资料（见表6-3）

表6-3　　**定额成本资料**　　金额单位：元

成本项目	计划单价	单位产品消耗定额		单位定额成本		单位成本定额变动差异	
		上月	本月	上月	本月	数量	金额
直接材料	5	120千克	114千克	600	570	-6	-30
直接人工	2	100小时	100小时	200	200		
制造费用	1	100小时	100小时	100	100		
合　计				900	870	-6	-30

3）月初在产品成本资料（见表6-4）

表6-4　　**月初在产品成本资料**　　单位：元

成本项目	月初在产品	
	定额成本	定额差异
直接材料	12 000	400
直接人工	2 000	100
制造费用	1 000	80
合　计	15 000	580

4）其他资料

① 原材料于生产开始时一次性投入。

② 直接材料成本差异率为-1%，全部由完工产品负担。

③ 定额变动差异全部由完工产品负担。

④ 本期直接材料脱离定额差异为-1 000元，制造费用脱离定额差异为-70元，直接人工脱离定额差异为200元。

5）计算完工产成品成本

在定额法下，产品实际成本的计算和其他成本核算方法一样，生产成本明细账也要列出产品成本项目。由于定额法下实际成本是在定额成本基础上加减脱离定额差异、定额变动差异和材料成本差异求得的，所以生产成本明细账还应设置定额成本、脱离定额差异、定额变动差异、材料成本差异专栏。A产品完工产成品成本计算见表6-5。

表6-5　　完工产成品成本计算单

产品名称：A产品　完工产量：70件　20××年10月　金额单位：元

成本项目			直接材料	直接人工	制造费用	合计
月初在产品定额成本	定额成本	（1）	12 000	2 000	1 000	15 000
	脱离定额差异	（2）	400	100	80	580
	定额成本调整	（3）	-600			-600
	定额变动差异	（4）	600			600
本月产品成本费用	定额成本	（5）	45 600	16 000	8 000	69 600
	脱离定额差异	（6）	-1 000	200	-70	-870
	材料成本差异	（7）	-446			-446
产品成本费用合计	定额成本	（8）	57 000	18 000	9 000	84 000
	脱离定额差异	（9）	-600	300	10	-290
	材料成本差异	（10）	-446			-446
	定额变动差异	（11）	600			600
脱离定额差异分配率		（12）	-1.05%	1.67%	0.11%	
产成品成本	定额成本	（13）	39 900	14 000	7 000	60 900
	脱离定额差异	（14）	-419	234	8	-177
	材料成本差异	（15）	-446			-446
	定额变动差异	（16）	600			600
	实际成本	（17）	39 635	14 234	7 008	60 877
月末在产品成本	定额成本	（18）	17 100	4 000	2 000	23 100
	脱离定额差异	（19）	-181	66	2	-113

表6-5的计算说明：

（1）、（2）栏根据月初在产品成本资料填列。

（3）、（4）栏根据如下公式计算填列。

定额变动系数=570÷600=0.95

定额成本调整=12 000×（0.95-1）=-600（元）

月初在产品定额变动差异=12 000×（1-0.95）=600（元）

（5）栏根据本月投产量和表6-3的资料计算填列。

直接材料=570×80=45 600（元）

直接人工=200×80=16 000（元）

制造费用=100×80=8 000（元）

（6）栏根据有关脱离定额差异资料填列。

（7）栏=［（5）栏+（6）栏］×（-1%）=（45 600-1 000）×（-1%）=-446（元）

（8）栏=（1）栏+（3）栏+（5）栏

（9）栏=（2）栏+（6）栏

（10）栏=（7）栏

（11）栏=（4）栏

（12）栏脱离定额差异分配率根据如下公式计算填列。

直接材料脱离定额差异率=-600÷57 000×100%=-1.05%

直接人工脱离定额差异率=300÷18 000×100%=1.67%

制造费用脱离定额差异率=10÷9 000×100%=0.11%

（13）栏用完工产量分别乘以定额成本资料计算填列。

直接材料=570×70=39 900（元）

直接人工=200×70=14 000（元）

制造费用=100×70=7 000（元）

（14）栏=（12）栏×（13）栏

（15）栏=（10）栏

（16）栏=（11）栏

（17）栏=（13）栏+（14）栏+（15）栏+（16）栏

（18）栏=（8）栏-（13）栏

（19）栏=（9）栏-（14）栏

6.2 分类法

学习微平台

资源6-03

6.2.1 分类法概述

1）分类法的概念

产品成本计算的分类法是指先以产品的类别作为成本计算对象，用以归集产品成本费用，计算出各类产品实际成本，再在类内产品之间进行成本分配，计算出类内各种产品完工产品成本的方法。

在一些工业企业中，生产的产品品种、规格繁多，如果以产品品种或规格作为成本计算对象来归集产品成本费用，计算完工产品成本，则成本计算工作量过大。产品成本计算的分类法，就是在产品品种、规格繁多，但可以按照一定标准分类的情况下，为简化成本计算工作而采用的一种成本核算方法。因此，分类法是一种简化的成本核算方法，必须与成本计算的各种基本方法结合使用。分类法主要适用于产品品种、规格较多的企业或车间，如电子元件厂、针织厂、制鞋厂、食品厂等。此外，分类法还可以用于联产品、副产品和等级品的成本计算。分类法与企业的生产类型没有直接联系。

2）分类法的特点

分类法的特点可概括为以下三个方面：

① 以产品的类别作为成本计算对象，归集各类产品的产品成本费用。归集时，直接费用直接计入，间接费用采用一定的分配标准分配计入。

② 成本计算期取决于生产特点及管理要求。如果是大批量生产，应结合品种法或分步法进行成本核算，则应定期在月末进行成本计算；如果与分批法结合运用，成本计算期可不固定，而与生产周期一致。所以，分类法并不是一种独立的成本核算方法。

③ 月末一般要将各类产品成本费用总额在完工产品和月末在产品之间进行分配。

分类法一般适用于使用同样的原材料，通过基本相同的加工工艺过程，生产产品的品种、规格、型号繁多，可以按一定标准予以分类的生产企业或车间，如鞋厂、轧钢厂等。采用分类法可以适当减少成本计算对象，简化成本计算工作。

3）分类法计算产品成本的程序

分类法计算产品成本的程序如下：

① 按产品类别设置基本生产成本明细账（成本计算单）。采用分类法计算产品成本，首先要将产品按照性质、结构、用途、生产工艺过程、耗用原材料的不同标准，划分为若干类别；然后以其类别作为成本计算对象设立成本计算单。

② 按规定的成本项目归集产品成本费用，计算各类产品的总成本。

③ 采用适当的方法将各类完工产品成本在该类各种不同规格的产品中进行分配，计算类内各产品的总成本和单位成本。

4）类内各种产品成本的分配方法

分类法下各类别产品总成本在类内各种产品之间分配的方法是根据产品生产特点确定的。它可以产品的经济价值指标（计划成本、定额成本、销售单价），也可以产品的技术指标（重量、长度、体积、浓度、含量等），还可以产品生产的各种定额消耗量来作为分配标准。

常用的分配方法有定额比例法和系数分配法两种。

（1）定额比例法

在分类法下，某类完工产品的总成本，可以按照该类产品内各种产品的定额成本或定额消耗量比例进行分配，计算出类内各种产品的总成本和单位成本，这种方法就是定额比例法。采用定额比例法简便易行，但要求企业定额管理基础良好，为每一种产品制定准确、稳定的消耗定额。定额比例法的具体应用步骤如下：

①计算类内每种产品成本项目的定额成本或定额消耗量，分成本项目计算耗费分配率。其计算公式如下：

$$\text{某类产品某项目耗费分配率}=\frac{\text{该类完工产品该项目耗费总额}}{\text{该类内各种产品定额成本(或定额耗用量)之和}}$$

②分成本项目计算类内各种产品的实际成本。其计算公式如下：

$$\text{类内某种产品某项目实际成本}=\text{该种产品该项目定额成本(或定额耗用量)}\times\text{该类内产品该项目耗费分配率}$$

（2）系数分配法

系数分配法是运用系数分配计算类内各规格产品成本的一种方法。这里的系数是指各种规格产品之间的比例关系。系数分配法的步骤如下：

①确定分配标准。选择与耗用费用关系最密切的因素作为分配标准，如定额消耗量、定额成本、计划成本、售价或重量、体积、长度等。

②将分配标准折算成固定系数。其方法是：在同类产品中选择一种有代表性的产品，如将产销量大、生产正常、售价稳定的产品作为标准产品，确定其标准系数为“1”，并定出其他产品与标准产品的比率，即系数。

某产品系数=该产品分配标准额÷标准产品分配标准额

③将类内各产品的产量按照系数折算出相当于标准产品的产量。其计算公式为：

该产品相当于标准产品的产量=该产品的实际产量×该产品系数

④计算出全部产品相当于标准产品的总产量，以此为标准分配类内各种产品的成本。

某种产品应分配的某项目耗费=该产品相当于标准产品的产量×该类产品某项目耗费分配率

采用系数分配法，既可按综合系数分配产品成本，也可分成本项目采用单项系数分配产品成本。

同步思考6-2

资料：宏大工厂生产A、B、C、D、E、F六种产品，根据产品的生产工艺流程及产品性质可将六种规格产品分为两大类。A、B、C为甲类产品，该类产品原材料是生产开始时一次性投入的，月末没有在产品。5月份甲类产品的直接材料费用为613 800元，有关资料见表6-6。

表6-6 **甲类产品产量及定额资料** 金额单位：元

产品	产量（件）	单位产品材料定额	材料定额总成本	单位产品工时定额（小时）	定额总工时（小时）
A	3 000	60	180 000	2	6 000
B	4 000	72	288 000	3	12 000
C	1 000	90	90 000	4	4 000
合计			558 000		22 000

该企业新来的大学生郝立认为应该采用定额比例法分配类内产品成本，而老会计王琳认为只有采用系数分配法才准确。郝立说，没关系，在现有条件下，完

全可以采用定额比例法，而且两种方法的结果一样。

问题：他们两个人谁的说法正确？请进行分析说明。

理解要点：采用系数分配法，既可按综合系数分配产品成本，也可分成本项目采用单项系数分配。如果采用单项系数分配法，在分配直接材料费用时，可以按照单位产品材料定额来进行分配，比如将A产品作为标准产品，系数为1，那么B产品的系数为1.2，C产品的系数为1.5，所有产品在分配直接材料费用时总标准产品产量为9 300件（3 000+4 000×1.2+1 000×1.5）。甲类产品的直接材料费用本月为613 800元，那么单位直接材料费用为66元（613 800÷9 300），A产品分得的材料费用为198 000元（66×3 000），B产品分得的材料费用为316 800元，C产品分得的材料费用为99 000元。如果采用定额比例法，仍然以单位产品材料定额作为分配标准进行分配计算，材料定额总成本为558 000元（3 000×60+4 000×72+1 000×90），直接材料费用分配率为1.1（613 800÷558 000），A、B、C三种产品分配的材料费用依次为198 000元、316 800元、99 000元，计算结果是一样的。分配其他成本项目时应该以定额总工时作为分配标准，无论采用定额比例法还是系数分配法，其结果也是一样的，原因在于两种方法都以材料定额成本和定额工时作为分配标准。

但是，如果采用综合系数分配法，两种方法的计算结果就会不一样。

课程思政6-2

新人遇到的问题

背景与情境：2021年1月，李强应聘东方公司，成为车间成本核算员，公司原成本核算员张友担任出纳。李强与张友在办理会计工作交接手续时，因财务科长在外地出差，遂指定财务科一名会计人员负责监交工作。在办理交接过程中，李强发现存在以下问题：（1）本企业采用限额领料制，但本月月末还有5 000元的原材料未使用完，也没有退回库房；（2）车间多年来生产产品存在许多边角余料，但账上没有反映，车间主任自行销售后用作车间活动经费。

于是，李强打电话向财务科长汇报，财务科长指示李强先办理完交接手续，并作出以下批示：（1）超额领用的原材料需要退回库房；（2）各车间的边角余料不用入账是该企业的习惯做法，可以将此经费作为各车间的小金库，反正都是用于车间集体的，不算违规。随后，李强、张友及监交人在移交清册上签字并盖章。之后，李强在工作中，发现企业规定领料单必须由企业总经理签字方可，但是在实际工作中由于总经理经常出差，所以都是由财务科长模仿总经理签字。尽管李强刚开始犹豫过，但考虑到一直都是这样做的，又新来到公司，不能挑科长的毛病，因此最后均予以接受。

问题：

（1）本案例存在哪些思政问题？

（2）对李强在工作中遇到的问题作出你的思政研判。

（3）通过适当途径搜集你作思政研判所依据的相关规范。

（4）本案例对你有哪些启示？

研判提示：

（1）本案例中的行为存在既违反会计法律法规，又背离会计职业道德，特别是有违党的“二十大”报告中提出的关于“明大德、守公德、严私德”的公民道德建设要求等问题。

（2）关于本案例李强对遇到的问题，需要研判的有如下四点：

第一，李强与张友办理会计工作交接程序有违《会计法》规定；第二，本月月末未使用的原材料不做退库处理属于会计误差，不符合会计工作中应遵循的权责发生制要求，会导致本月计算的生产成本虚增，不符合会计信息质量的谨慎性原则，进一步会导致利润计量的偏差，不能真实完整地记录会计信息；第三，企业剩余的边角余料只要有价值就必须作为资产入账，变卖所得收入也应该计入企业的其他业务收入，不入账既不符合《会计基本准则》，亦属隐匿收入少缴税款行为，严重违反税收法律规定；第四，财务科长模仿总经理签字违反了《会计法》企业内部控制制度中有关授权审批的相关规定。以上行为均背离了会计人员应遵守的职业道德。

（3）搜集到的研判依据如下：

①研判（1）和（2）中提及的“违法违规”依据有六：

A.《会计法》第五章第四十一条规定：“会计人员调动工作或者离职，必须与接管人员办清交接手续。一般会计人员办理交接手续，由会计机构负责人（会计主管人员）监交；会计机构负责人（会计主管人员）办理交接手续，由单位负责人监交，必要时主管单位可以派人会同监交。”本案例中的交接明显不符合法律规定，会计机构负责人没有引起重视，未按照法律规定办理。

B.《企业会计准则——基本准则》第一章第九条规定：“企业应当以权责发生制为基础进行会计确认、计量和报告。”第二章第十八条规定：“企业对交易或者事项进行会计确认、计量和报告应当保持应有的谨慎，不应高估资产或者收益、低估负债或者费用。”本案例中单位月末未使用的原材料，在会计上应该登记退料单，作退库处理，否则本月计算的生产成本就会虚增，利润结果不准确，进而影响企业会计报表数字的准确性。第六章第三十条规定：“收入是指企业在日常活动中形成的、会导致所有者权益增加的、与所有者投入资本无关的经济利益的总流入。”

C.《会计法》第二章第十条规定：“下列经济业务事项，应当办理会计手续，进行会计核算：（一）款项和有价证券的收付；（二）财物的收发、增减和使用……（五）收入、支出、费用、成本的计算……”根据制度规定，企业剩余的边角余料只要有价值就应该作为原材料入账，变卖所得收入也应该计入企业的“其他业务收入”并缴纳税款。

D.《中华人民共和国税收征收管理法》第六十三条对偷税作出了规定：纳税人伪造、变造、隐匿、擅自销毁账簿、记账凭证，或者在账簿上多列支出或者不列、少列收入…不缴或者少缴应纳税款的，是偷税。《中华人民共和国税收征收管理法》第六十四条规定：纳税人、扣缴义务人编造虚假计税依据的，由税务机关责令限期改正，并处五万元以下罚款。

E.《中华人民共和国刑法》第二百零一条规定：纳税人采取欺骗、隐瞒手段进行虚假纳税申报或者不申报，逃避缴纳税款数额较大并且占应纳税额百分之十以上的，处三年以下有期徒刑或者拘役，并处罚金；数额巨大并且占应纳税额百分之三十以上的，处三年以上七年以下有期徒刑，并处罚金。

F.《会计基础工作规范》第五章第八十五条规定：各单位应当建立内部会计管理体系。主要内容包括：单位领导人、总会计师对会计工作的领导职责；会计部门及其会计机构负责人、会计主管人员的职责、权限。第八十六条规定：各单位应当建立会计人员岗位责任制度。主要内容包括：会计人员的工作岗位设置；各会计工作岗位的职责和标准；各会计工作岗位的人员和具体分工。

②研判（1）中提及的“背离会计职业道德”和研判（2）中提及的“会计误差、隐匿收入、虚增资本、不遵守会计内部控制制度”，至少违反了会计职业道德中的“坚持准则”、“客观公正”、“诚实守信”和“参与管理”等“职业守则”：“坚持准则”要求会计人员熟悉国家法律、法规和国家统一的会计制度，始终坚持按法律、法规和国家统一的会计制度的要求进行会计核算，实施会计监督；“客观公正”要求会计人员端正态度，依法办事，实事求是，不偏不倚，保持应有的独立性；“诚实守信”要求会计人员做老实人，说老实话，办老实事，执业谨慎，信誉至上，不为利益所诱惑，不弄虚作假，不泄露秘密；“参与管理”要求会计人员在做好本职工作的同时，努力钻研相关业务，全面熟悉本单位经营活动和业务流程，主动提出合理化建议，协助领导决策，积极参与管理

（4）本案例对我的启示有三：①作为会计人员，在工作中应该严格遵守企业会计准则的要求，保证会计记录的真实有效，杜绝违法和失德行为，保持职业操守。② 干会计这行，要坚持准则，既要自己按规办事，也要发挥会计人员的监督作用，勇于指出单位会计工作中的不足，打造风清气正的会计工作环境；作为会计人员要对单位会计工作中的不足及时指出，勿以恶小而为之，避免造成犯罪行为。③身为会计人，从始至终都要强化职业道德修养，坚持遵纪守法。

互动专栏6-2

互动问题：

（1）系数分配法中采用综合系数和采用分项系数计算产品的成本是否相同？

（2）系数分配法中选用不同的产品作为标准产品分配产品成本的结果是否一样？

要求：同“互动专栏1-1”的“要求”。

6.2.2 分类法应用举例（按系数法）

某工业企业大量生产A、B、C三种产品，这三种产品结构相似，使用的原

材料相同，生产工艺过程相同，只是规格不同。为简化成本计算，将三种产品归为一类——甲类产品，采用分类法计算完工产品成本。甲类产品的月末在产品成本按定额成本计算，该类产品5月初在产品成本、本月生产耗费及月末在产品成本资料见表6-7。

表6-7　**甲类产品产品成本费用资料**　单位：元

项目	直接材料	直接人工	制造费用	合计
月初在产品成本	4 500	2 000	1 500	8 000
本月发生产品成本费用	23 700	14 360	10 770	48 830
月末在产品定额成本	3 800	1 600	1 200	6 600

本月完工甲类产品的耗费分配标准为：直接材料按各种产品的原材料费用系数分配，原材料费用系数按原材料消耗定额确定，选定B产品作为标准产品；直接人工、制造费用等加工费用按定额工时比例分配。

甲类产品产量、原材料单位消耗定额和工时单位定额资料见表6-8。

表6-8　**甲类产品产量、原材料消耗定额和工时定额资料**

产品名称	产量（件）	原材料单位消耗定额（千克）	工时单位定额（小时）
A产品	600	16	40
B产品	1 000	20	36
C产品	800	24	48

根据上述资料，该企业完工产品成本计算过程如下：

①按产品类别（甲类）开设产品成本明细账，根据该类产品月初在产品定额成本、本月发生产品成本费用和月末在产品定额成本，登记甲类产品成本计算单（见表6-9），计算该类完工产品成本。

表6-9　**产品成本计算单**

产品类别：甲类产品　20××年5月　单位：元

月	日	摘要	直接材料	直接人工	制造费用	合计
5	1	月初在产品定额成本	4 500	2 000	1 500	8 000
	31	本月发生产品成本费用	23 700	14 360	10 770	48 830
	31	累计产品成本费用	28 200	16 360	12 270	56 830
	31	完工产品成本	24 400	14 760	11 070	50 230
	31	月末在产品定额成本	3 800	1 600	1 200	6 600

②根据原材料单位消耗定额计算原材料费用系数，见表6-10。

表6-10 原材料费用系数表

产品名称	原材料单位消耗定额（千克）	系数
A产品	16	0.8
B产品	20	1.0
C产品	24	1.2

③分配计算甲类产品中A、B、C三种完工产品的总成本和单位成本，见表6-11。

表6-11 类内各种完工产品成本分配表

产品类别：甲类产品　　20××年5月　　金额单位：元

项目	产量（件）	原材料费用系数	原材料总系数（标准产量）	工时单位定额（小时）	定额总工时（小时）	总成本				单位成本
						直接材料	直接人工	制造费用	合计	
分配率						10	0.15	0.1125		
A产品	600	0.8	480	40	24 000	4 800	3 600	2 700	11 100	18.50
B产品	1 000	1.0	1 000	36	36 000	10 000	5 400	4 050	19 450	19.45
C产品	800	1.2	960	48	38 400	9 600	5 760	4 320	19 680	24.60
合计			2 440		98 400	24 400	14 760	11 070	50 230	

表6-11中各种耗费分配率计算如下：

原材料费用分配率=24 400÷2 440=10

直接人工分配率=14 760÷98 400=0.15

制造费用分配率=11 070÷98 400=0.1125

④根据产品入库单和完工产品成本计算单，编制结转甲类产品各种完工产品成本的会计分录。

借：库存商品——A产品　　11 100

　　　　　——B产品　　19 450

　　　　　——C产品　　19 680

　贷：基本生产成本——甲类产品　　50 230

6.2.3 联产品、副产品、等级产品的成本计算

1）联产品的成本计算

（1）联产品的含义

联产品是指用同样的原材料，经过一道或一系列工序的加工同时生产出几种

地位相同但用途不同的主要产品，并且这些产品都是企业的主要产品。例如，炼油厂从原油中可同时提炼出汽油、煤油、柴油等产品，这些产品都是炼油厂的主要产品。联产品的生产是联合生产，其特点是同一资源在同一生产过程中投入，分离出两种或两种以上的主要产品，其中个别产品的产出，必然伴随联产品同时产出。

各种联产品的产出，有的要到生产过程终了时才分离出来，有的可能在生产过程中的某个步骤先分离出来，有些产品分离后，还需继续加工。联产品分离出来时的生产步骤，称为“分离点”。分离点是联产品的联合生产程序结束，各种产品可以辨认的生产交界点。

（2）联产品联合成本的分配方法

联产品成本计算同一般产品的成本计算有所不同，要分三个步骤进行，即联产品分离点前成本计算、分离点的联合成本分配和分离点后加工成本的计算。而分离点前联产品联合成本计算和分离点后需继续加工的加工成本计算，都应根据生产类型和管理要求，选用基本的成本核算方法计算。而分离点联产品之间联合成本的分配则要采用专门的方法进行，常用的分配方法有系数分配法、实物量分配法和相对销售收入分配法等。

① 系数分配法。系数分配法是将各种联产品的实际产量乘以事先制定的各联产品的系数，把实际产量换算成相对产量，然后按各联产品的相对产量比例来分配联产品的联合成本。实践中，系数的确定标准有的是各联产品的技术特征（如重量、体积、浓度、含量和加工难易程度等），也有的是各联产品的经济价值指标（如定额成本、售价等）。

② 实物量分配法。实物量分配法是按分离点上各种联产品的重量、容积或其他实物量比例来分配联合成本。采用这种方法计算出的各产品单位成本是一致的，而且是平均单位成本，因此简便易行。但由于并非所有的成本发生都与实物量直接相关，容易造成成本计算与实际相脱节的情况。故此法一般适用于成本的发生与实物量关系密切，而且各联产品销售价值较为均衡的联合成本的分配。

③ 相对销售收入分配法。相对销售收入分配法是用各种联产品的销售收入比例来分配联合成本。这种分配法强调经济比值，认为既然联合生产过程的联产品是同时产出的，并不是只产出其中一种，因此从销售中所获得的收益，理应在各种联产品之间按比例进行分配。也就是说，售价较高的联产品应该成比例地负担较高份额的联合成本，售价较低的联产品应该负担较低份额的联合成本，其结果是各种联产品的毛利率相同。这种方法克服了实物量分配法的不足，但其本身也存在着缺陷，具体表现在：一方面，并非所有的成本都与售价有关，价格较高的产品不一定要负担较高的成本；另一方面，并非所有的联产品都具有同样的获利能力。这种方法一般适用于分离后不再加工，而且价格波动不大的联产品联合成本计算。

同步案例6-1

黎明木材厂联产品成本的核算

背景与情境： 黎明木材厂用同一种原材料在同一生产过程中同时生产甲、乙两种联产品。20××年12月，生产甲产品4 000千克，乙产品2 000千克，无期初、期末在产品。该月发生的联合成本分别为：直接材料成本60 000元，直接人工成本21 600元，制造费用38 400元。甲产品每千克的售价为500元，乙产品每千克的售价为600元，全部产品均已售出。

来实习的会计系同学小张、小赵、小李分别采用系数分配法、实物量分配法、相对销售收入分配法核算联产品的成本，结果发现小张和小李的计算结果相同，而小赵的不同，大家都认为小赵的计算有问题。

问题：

（1）请根据资料分别采用三种方法计算联产品的成本。

（2）根据计算结果分析三人计算的对与错。

分析提示：

根据资料分别用系数分配法、实物量分配法、相对销售收入分配法计算甲、乙联产品的成本。

（1）小张采用系数分配法，计算结果见表6-12。

表6-12　**联产品成本计算表（系数分配法）**　金额单位：元

产品名称	产量（千克）	系数	标准产量（千克）	分配比例	应负担的成本			
					直接材料	直接人工	制造费用	合计
甲	4 000	1①	4 000	62.5%	37 500	13 500	24 000	75 000
乙	2 000	1.2	2 400	37.5%	22 500	8 100	14 400	45 000
合计	6 000		6 400	100%	60 000	21 600	38 400	120 000

注：①以售价为标准确定系数，选择甲产品为标准产品，其系数为1，乙产品的系数为1.2。

小赵采用实物量分配法，计算结果见表6-13。

表6-13　**联产品成本计算表（实物量分配法）**　金额单位：元

产品名称	产量（千克）	联合成本				应负担的成本			
		直接材料	直接人工	制造费用	合计	直接材料	直接人工	制造费用	合计
分配率		10	3.6	6.4	20				
甲	4 000					40 000	14 400	25 600	80 000
乙	2 000					20 000	7 200	12 800	40 000
合计	6 000	60 000	21 600	38 400	120 000	60 000	21 600	38 400	120 000

注：①综合分配率=120 000÷6 000=20

②直接材料分配率=60 000÷6 000=10

③直接人工分配率=21 600÷6 000=3.6

④制造费用分配率=38 400÷6 000=6.4

小李采用相对销售收入分配法，计算结果见表6-14。

表6-14 **联产品成本计算表（相对销售收入分配法）** 金额单位：元

产品名称	产量（千克）	销售单价	销售价值	分配比例	应负担的成本			
					直接材料	直接人工	制造费用	合计
甲	4 000	500	2 000 000	62.5%	37 500	13 500	24 000	75 000
乙	2 000	600	1 200 000	37.5%	22 500	8 100	14 400	45 000
合计	6 000		3 200 000	100%	60 000	21 600	38 400	120 000

（2）小张和小赵、小李采用不同的方法计算联合产品的成本，计算过程全部正确，没有错误。小张和小李的计算结果相同，是因为小张采用系数分配法时，是以销售收入作为系数计算的，因而和小李的计算结果相同；如果采用其他标准作为系数，比如重量、体积等，结果很可能就不一样了。三种方法的计算过程全部正确，采用哪种方法由企业自身的生产特点决定，主要看产品的成本与哪些因素关联较大。

2）副产品的成本计算

副产品是指使用同种原材料在同一生产过程中生产主要产品的同时，附带生产的一些非主要产品，或利用生产中废料加工而成的产成品。副产品不是企业生产的主要目的，其价值与主要产品相比较低。例如，肥皂厂生产出来的甘油，炼油厂在炼油中产出的渣油、石油焦等。副产品和主要产品都是投入同一原材料，经过同一生产过程同时生产出来的。

由于副产品和主要产品是同一原材料经过同一生产过程生产出来的，因此其成本与主要产品成本在分离步骤前是共同发生的，这决定了副产品的成本计算就是确定其应负担分离点前的联合成本。又由于副产品的经济价值较小，在企业全部产品成本中所占的比重也较小，因此在实际操作中，可采用简单的计算方法，确定副产品的成本，然后从分离点前的联合成本中扣除，其余额就是主要产品的成本。

副产品的成本核算方法通常有以下几种：

（1）对分离后不再加工的副产品，若价值不大（与主要产品相比），可不负担分离点前的联合成本，或以定额单位成本计算其成本。

（2）对分离后不再加工但价值较高的副产品，往往以其销售价格作为计算的依据，销售价格扣除销售税金、销售费用和一定的利润后的金额即为副产品成本。

（3）对分离后仍需进一步加工才能出售的副产品，如价值较低，可只计算归属于本产品的进一步加工成本；如价值较高，则需同时负担可归属本产品的加工成本和分离点前的联合成本，以保证主要产品成本计算的合理性。

业务链接6-6

主、副产品成本的计算

黎明木材加工厂在生产主要产品甲产品的同时，附带生产出乙、丙、丁三种副产品。乙副产品按售价扣除销售税费等有关项目后的余额计价，并按比例从联合成本项目中扣除；丙副产品按计划成本计价，从联合成本的直接材料项目中扣除；丁副产品由于数量较少、价值较低，采用简化的方法不予计价。3月份有关产量、成本的资料见表6-15和表6-16。

表6-15　**主、副产品有关产量和计划成本资料**　金额单位：元

产品名称	产量（吨）	单位售价	单位税金	单位销售费用	计划单位成本
甲	1 500				
乙	270	40	5	6	
丙	80				20
丁	1				

表6-16　**主、副产品有关费用资料**　单位：元

项目	直接材料	直接人工	制造费用	合计
本月主、副产品共同成本	36 000	4 000	10 000	50 000
乙产品分离点后加工费用		500	580	1 080

根据上述资料，编制完工产品成本计算表。

解析：完工产品成本计算见表6-17。

表6-17　**完工产品成本计算表**　金额单位：元

<table>
<tr><th rowspan="3">项目</th><th colspan="2" rowspan="2">共同成本</th><th colspan="2" rowspan="2">丙产品（80吨）</th><th colspan="4">乙产品（270吨）</th><th colspan="2" rowspan="2">甲产品（1 500吨）</th></tr>
<tr><th colspan="3">总成本</th><th rowspan="2">单位成本</th></tr>
<tr><th>金额</th><th>比重</th><th>总成本</th><th>单位成本</th><th>分离点前</th><th>分离点后</th><th>合计</th><th>总成本</th><th>单位成本</th></tr>
<tr><td>直接材料</td><td>36 000</td><td>72%</td><td>1 600</td><td>20</td><td>4 860</td><td></td><td>4 860</td><td>18.00</td><td>29 540</td><td>19.69</td></tr>
<tr><td>直接人工</td><td>4 000</td><td>8%</td><td></td><td></td><td>540</td><td>500</td><td>1 040</td><td>3.85</td><td>3 460</td><td>2.31</td></tr>
<tr><td>制造费用</td><td>10 000</td><td>20%</td><td></td><td></td><td>1 350</td><td>580</td><td>1 930</td><td>7.15</td><td>8 650</td><td>5.77</td></tr>
<tr><td>合　计</td><td>50 000</td><td>100%</td><td>1 600</td><td>20</td><td>6 750</td><td>1 080</td><td>7 830</td><td>29.00</td><td>41 650</td><td>27.77</td></tr>
</table>

表6-17中有关数据计算如下：

乙产品总成本=（40-5-6）×270=7 830（元）

乙产品分离点前成本=7 830-500-580=6 750（元）

乙产品分离点前直接材料成本=6 750×72%=4 860（元）

乙产品分离点前直接人工成本=6 750×8%=540（元）

乙产品分离点前制造费用=6 750×20%=1 350（元）

甲产品直接材料成本=36 000−1 600−4 860=29 540（元）

甲产品直接人工成本=4 000−540=3 460（元）

甲产品制造费用=10 000−1 350=8 650（元）

甲产品总成本=29 540+3 460+8 650=41 650（元）

课程思政6-3

韩明对厂长提出的一个想法

背景与情境：韩明是宏博配件厂新来的会计。他发现，企业在生产主产品的同时，附带生产出大量的副产品，且其成本价值相对较低。因此，韩明对厂长提出了一个想法，他认为可以不在账上反映副产品的成本，将所有成本分配给主产品，副产品出售时的收入就可以不入账，这样既可以使企业多出一笔账上没有记录但可以灵活使用的收入，又少缴了税。

问题：韩明的提议违反了哪些会计职业道德？这些会计职业道德的内容是什么？其违反了《会计法》的哪些规定？

研判提示：韩明的提议违反了诚实守信、坚持准则的会计职业道德。诚实守信要求：诚实做人，光明磊落；保密守信，谨防泄密，不为利益所诱惑；坚持执业谨慎，信誉至上。坚持准则要求：熟悉准则，遵循准则办事，正确运用准则，提高执行准则的技能。

《会计法》第十条规定：款项和有价证券的收付，财物的收发、增减和使用，收入、支出、费用、成本的计算应当办理会计手续，进行会计核算。《会计法》第十三条规定：会计凭证、会计账簿、财务会计报告和其他会计资料，必须符合国家统一的会计制度的规定。使用电子计算机进行会计核算的，其软件及其生成的会计凭证、会计账簿、财务会计报告和其他会计资料，也必须符合国家统一的会计制度的规定。任何单位和个人不得伪造、变造会计凭证、会计账簿及其他会计资料，不得提供虚假的财务会计报告。

3）等级产品的成本计算

等级产品是指使用同种原材料，经过相同加工过程生产出来的品种相同但质量有所差别的产成品。等级产品与联产品、副产品的相同之处在于都是使用同种原材料，经过同一生产过程而产生的。它们的不同之处在于：联产品、副产品的性质、用途不同，属于不同种的产成品；而等级产品是性质、用途相同的同种产成品。等级产品与非合格品是两个不同的概念。等级产品质量上的差异一般是在允许的设计范围之内，而且这些差异一般不影响产品的使用寿命。

等级产品应视造成等级品质量差别的原因确定成本核算方法。如果等级产品主要是由于工人操作不当、技术不熟练等原因造成的，可以采用实物量分配法，以使各等级产品的单位成本相同。在成本相同的情况下，低等级产品由于售价较低而使其毛利低于正常品，从而能够比较直观地反映由于企业产品质量管理不善所导致的经济损失。

等级产品也可能是由于所用原材料的质量或受目前技术水平限制等原因而产生的，即客观原因造成的。这些情况下一般不能对各等级产品确定相同的单位成本，而要采用系数分配法计算各等级产成品成本。通常以单位售价比例定出系数，再按系数的比例计算出不同等级产品应负担的联合成本。这样，不同等级产品具有不同的单位成本，等级高、售价高的产品负担的成本多，等级低、售价低的产品负担的成本少。这种做法更符合收入与成本费用配比的要求。

6.3 作业成本法

学习微平台

资源 6-04

随着企业经营环境的日益复杂，企业管理已经进入战略管理时代。企业经营和发展是否成功，在很大程度上取决于战略决策和战略实施是否正确、有效。作业成本系统作为重要的战略支持系统，它所提供的大量相关、准确的成本信息能在很大程度上有助于实施战略管理。

6.3.1 作业成本法的有关概念

“作业”是作业成本法下最基本的概念，也是进行作业成本计算的核心和基础。一般认为，作业是企业为了提供一定产量的产品或劳务所消耗的人力、技术、原材料、方法和环境的集合体。

传统成本计算法是以某一总量（如人工总量、材料总量、机器工时总量等）为基础，计算同一间接费用分配率来分配间接费用。其主要目的是为分配间接费用提供同一基础，以有利于存货计价和利润计算。这种以产品的直接人工、直接材料或直接工时总量为基础的间接费用分配方法，在间接费用项目较少、间接费用在总成本中所占比重较小、对成本管理要求不高的情况下是可行的。随着生产自动化的日益发展，对机器人、特殊机器设备以及计算机控制程序使用的不断增加，成本中的间接费用比重急剧增加，传统成本计算法已不适应客观要求。

作业成本计算法对不同作业的间接成本采用不同的间接费用分配率进行分配，因此能够克服传统成本计算法存在的问题，对于正确分析作业成本、核算产品成本、进行资本支出评价有着十分重要的意义。

作业成本计算法的核心是在计算产品成本时，先将制造费用归集于每一项作业，然后由每一作业中心分摊到产品成本中。因此，进行作业成本计算，首先必须明确几个基本概念。

1）作业与作业中心

作业从广义上说是指产品制造过程中的一系列经济活动。这些经济活动事项，有的会发生成本，有的不会发生成本；有的会创造附加价值，有的不会创造附加价值。因为作业成本计算的目的在于计算产品成本，因此狭义的作业应当是指会发生成本的经济活动。另外，从作业管理角度出发，无附加价值的作业应当尽量剔除，所以作业成本计算中所指的作业是指会发生成本且具有附加价值的经济活动。

将类似的作业归集在一起便构成了**作业中心**。建立作业中心的主要目的是归集每一类作业的成本，简化作业成本计算。

2）作业链与价值链

作业链是指企业为了满足顾客需要而建立的一系列有序的作业集合体。一家企业简化的作业链为：研究与开发—设计—生产—营销—配送—售后服务。

价值链与作业链紧密相关。产品消耗作业，作业消耗资源，一项作业转移到另一项作业的过程，同时也伴随着价值量的转移，最终产品是全部作业的集合，同时也是全部作业的价值集合。作业分为增值作业和不增值作业。前者是指能够增加顾客价值的作业，也就是说，这种作业的增减变动会导致顾客价值的增减变动；后者是指不会增加顾客价值的作业，也就是说，这种作业的增加或减少不会导致顾客价值的变动。

3）成本动因

成本动因是指引起成本发生的因素，一般统称为分配基础。当作业选定，且作业的成本已归集后，就应解决如何将作业的成本分配到产品上的问题。作业的成本分配必须符合相关性的要求。如果某一作业的成本与产品产量直接相关，可以产量作为作业成本与产品之间的动因；如果某一作业的成本与产品消耗的机器小时直接相关，则可选择机器小时作为作业成本与产品之间的动因。成本动因可以分为资源动因和作业动因。前者反映了作业中心对企业资源的消耗情况，是资源成本分配到作业中心的标准；后者是将作业中心的成本分配到产品或劳务中的标准，也是将资源消耗与最终产出相沟通的中介。

课程思政6-7

Photon公司成本动因的确定

Photon公司有以下作业：①机器启动；②生产计划；③材料移动；④供电；⑤质量控制；⑥厂房维护；⑦设备保险；⑧员工监管。

请为以上作业选择合适的成本动因。

解析：①机器启动小时数；②生产批次数；③材料移动次数；④供电量；⑤检验次数；⑥厂房占地面积；⑦保险费；⑧直接人工工时。

同步思考6-3

资料：速达快递公司CEO向公司财务经理王先生咨询了几个问题："我想知道，快递员从国贸取一个银行的快件寄到厦门，这个单子的真实成本是多少？"王经理有些诧异，这还是第一次有人问这样的问题，他一时不知如何回答。"我们公司共有多少家分公司？"CEO又问。"90多家。"王经理回答。"各分公司的盈利情况如何？"CEO又问。"我们目前的成本核算方法都是以分公司为单位，按分公司归集成本费用，然后得到公司的总成本。至于分公司的盈利，因为一直以来我们都关注公司的整体业绩，没有做这方面的工作。"无法让领导满意，王经理有些沮丧。

“如果我们不能算出每个单子的真实成本，也不能很好地计算各分公司的成本，这将使公司进行盈利能力分析、产品定价决策、物流优化分析等受到限制。”

“这个，这个……”王经理有些不知所措。

“改革迫在眉睫，我们必须尽快找到合适的成本核算方法。你去想想办法。”CEO的语气很肯定。

为此，需要一套能解决问题的成本核算方法和成本管理工具，来解决如何把高额的间接费用准确地分配到复杂多样的产品中，如何把多个分支机构的成本串联为产品的成本，如何衡量单一产品和客户的盈利性等问题，以便于公司进行成本管理。

问题：快递公司可以采用哪种成本核算方法来进行改革？又需要进行哪些准备工作？

理解要点：速达快递公司根据其自身的特点可以引入作业成本法。作业成本法的核心思想就是，先将企业耗费的资源分配到作业上，再将作业的成本分配到成本计算对象上。由于引入了“作业”这一载体进行成本分配，作业成本法相对于传统的成本分配方法能更客观地描述资源与成本计算对象之间的关系，使成本核算的结果更加精细、准确。与传统成本核算方法相比，作业成本法采用了更加符合实际的成本分配观。这种分配观主张的原则是：作业耗用资源，产品耗用作业；谁耗用谁分摊，多用多摊，少用少摊，不用不摊。从而避免了平均分配导致的成本扭曲，提高了成本核算的准确性。这点符合快递公司的管理及成本核算要求。

速达快递公司需要做的工作包括以下内容：

首先，建立作业成本管理模型。建立成本管理模型的过程如下：

（1）寻找成本最终的承担者。作业成本法的直接目的是将企业消耗的各种资源分配到最终承担者，即成本计算对象。成本计算对象是归集和分配成本的主要依据，也是成本控制、成本预测和盈利分析的关注对象。

（2）明确生产经营过程消耗的所有资源。

（3）认定发生的活动（作业）。

（4）选择合适的成本动因。

（5）建立作业成本计算的多阶段分配体系。

（6）形成成本报告并进行分析。

其次，作业成本模型建立完成后，如何实现模型的高效、准确计算就是关键问题。在这个过程中，软件支持是不可缺少的，要想使作业成本得到实施则必须依靠有效软件工具的支持。

6.3.2　作业成本法与传统成本计算法的区别

1）传统成本计算以“产品”为中心，作业成本计算以“作业”为中心

传统成本计算是以“产品”为中心的，在成本计算时，以产品作为成本计算对象，归集产品成本费用，计算成本；而作业成本计算是以“作业”为中心的，通过对作业成本的确认、计量，为尽可能消除“不增加价值的作业”和改进“可

增加价值的作业”及时提供有用的成本会计信息。通过这种方式，可减少损失和浪费，挖掘降低成本的潜力，不断降低成本。作业成本计算法将作业、作业中心、顾客和市场纳入成本核算的范围，形成以作业为核心的成本计算对象体系。

2）传统成本计算就成本论成本，作业成本计算注重成本发生的前因后果

传统成本计算只是为了计算成本而计算，就成本论成本；而作业成本计算则把重点放在成本发生的前因后果上。在作业成本计算系统中，成本是由作业引起的，该作业是否应当发生，是由产品的设计环节所决定的。在产品设计中，要设计出产品由哪些作业组成、每一项作业预期的资源消耗水平；在作业执行过程中，应分析各项作业预期的资源消耗水平以及预期产品最终可为顾客提供价值的大小。对这些信息进行处理和分析，可以促使企业改进产品设计、提高作业水平和质量，减少浪费、降低资源的消耗水平。

3）作业成本法下的完工产品成本比传统成本计算法下的更符合实际

传统成本计算法下计算出来的产品成本在有期初、期末在产品成本的情况下，完工产品成本包括几个会计期间的费用，不便于进行成本分析和成本考核；而在作业成本制度下，由于采用了即时生产系统，该系统要求在供、产、销各个环节实现零存货。这样，按作业成本法计算出的完工产品成本同当期所发生的期间成本基本一致。

4）作业成本法提供的成本会计信息比传统成本计算法更准确

传统成本计算提供的成本会计信息不准确；而作业成本计算提供的成本会计信息则相对准确，从而提高了决策的准确性。传统成本计算将成本计算对象根据耗费的资源按单一标准进行分配，它是在假定所有的间接费用都与直接人工或机器工作小时或产出物数量有关，并以这些项目的数量为依据分配间接费用为前提的。但是，这种假定并不能全面反映成本计算对象及资源耗费之间的本质联系，因而使得成本信息被严重扭曲。特别是在自动化程度不断提高、人工工时在生产过程中日益减少的情况下，这种分配方法会导致间接费用分配的不真实，使得产量高、复杂程度低的产品成本高于其实际发生的成本，而产量低、复杂程度高的产品成本又低于其实际发生的成本。作业成本计算为了提高产品成本计算的准确性和成本控制的有效性，将重点放在制造费用上，解决了传统成本计算在制造费用分配上存在的问题。采用作业成本法，由于是从成本计算对象与资源耗费的因果关系着手，根据资源动因将间接费用分配到作业，再按作业动因将作业成本计入成本计算对象，揭示了资源与成本计算对象真正的“一对一”的本质联系，克服了传统成本计算假定的缺陷。作业成本计算分配基础的广泛性，使间接费用分配更具精确性和合理性。

5）作业成本法比传统成本计算法更有利于成本决策

传统成本计算模式由于提供的成本信息不准确，因而影响了企业的成本决策。采用作业成本法，由于间接费用不再是均衡地在产品之间进行分配，而是通过成本动因追踪到产品，因而有助于改进产品的定价决策，并为是否停产老产品、引进新产品和指导销售提供准确的信息。另外，采用作业成本法还可以不断

地改进企业的业绩评价体系，调动各部门挖掘盈利潜力的积极性。

作业成本法也有其本身的一些缺陷，其主要表现在：作为分配间接费用标准的成本动因的选择具有较强的主观性，若选择得不合适，也会引起成本信息的失真。另外，若企业的业务量较大，性质复杂，就需要选择很多的成本动因，使得成本计算过程过于繁杂，需要收集大量的数据，做许多基础性的工作。在激烈的市场竞争中，企业要想在竞争中取胜，就要不断进行技术革新及产品结构调整，这样就要重新进行作业的划分，这就需要增加采用作业成本计算的耗费。

6.3.3 作业成本法的计算程序

作业成本法的程序或步骤，从不同角度看有不同的解释。从广义的作业成本计算看，作业成本法不仅要对过去的成本进行计算与分析，而且要对未来的成本进行计划。因此，作业成本法的基本步骤较多，内容较广。从狭义的作业成本计算看，作业成本法主要是指事后计算作业成本。作业成本法包括以下六个步骤：选择成本基础→追踪资源→按作业中心归集成本→选择适当的成本动因→确定作业中心成本分配率→计算完工产品成本。

本章所研究的作业成本法主要是从狭义角度出发的，因此我们可在上述六个步骤的基础上，规范作业成本法的基本程序。

1）选择成本基础

选择成本基础，就是将与企业间接费用发生有关的作业活动进行分类。不同类型的企业，不同产品的生产，其作业活动的领域不同，选择的成本基础也就不同。例如，有的企业可以把作业活动分为材料搬运、生产调度、准备人工、自动化机器、精加工、包装和运输等；有的企业可以把作业活动分为采购、设计、规划、组织订货、制造、仓储与发运、售后服务等。

2）追踪资源（或将同性质的活动归集为作业中心）

在选定成本基础的前提下，应按不同的作业领域追踪各作业领域所使用的构成间接成本的各种资源。一般来说，每一项活动都会耗用某些资源，即发生成本。如果将每项活动的成本直接归属于产品，成本计算的精确度将比传统成本计算高。但是，由于产品生产的作业活动复杂繁多，往往应将同质的活动归集为作业中心，然后根据作业中心与产品的关系分配该作业中心的成本。通常作业中心可分为以下四类：

（1）与产品产量有关的作业中心。这类作业中心的成本与产品产量相关，或属于以产品产量为基础的变动成本。例如，装配与冲压的直接人工成本，以及机器运转成本就属于此类。

（2）与产品批次有关的作业中心。这类作业中心的成本与产品的批次有关，但与特定批次的产量多少无关。就生产批次而言，此类成本的性质为变动成本，但就某一批产品而言，它属于固定成本。例如，机器的准备与材料处理成本就属于此类。

（3）与产品项目有关的作业中心。这类作业中心的成本与产品项目的多少有关，但与某类产品的生产批次和生产数量无关。换句话说，此类成本随产品类别的增加而增加。但就某类特定产品而言，它属于此类产品的固定成本。例如，各类产品材料清单的设定、产品设计与产品测试的成本就属于此类。

（4）与产品设施有关的作业中心。这类作业中心的成本与提供良好的生产环境有关，属于各类产品的共同成本，与产品项目多少、某类产品生产批次、某批产品的产量无关。例如，厂房的折旧、厂房设备的维护与修理费用、工厂管理与人事管理费用都属于此类。

3）按作业中心归集成本

在确定作业中心的基础上，对发生的费用应根据费用的性质进行记录，并归集于相应的作业中心，最后进行汇总。按作业中心归集成本有利于衡量企业各项作业活动的效果和业绩。作业效绩一方面可用作业总成本来体现，另一方面可用作业质量或产品属性来体现，如产品制造的可靠性、售后服务的及时性等。

4）选择适当的成本动因

选择成本动因就是根据追踪的资源，选择分配各作业中心成本的标准。例如，材料搬运作业的作业衡量标准是搬运的零件数量；生产调度作业的作业衡量标准是生产订单数量；自动化设备作业的作业衡量标准是机器工时数；精加工作业的作业衡量标准是直接人工工时数等。应当指出，在分配作业中心成本时，有些成本动因与产品直接相关，因而可以将这些作业中心的成本直接分摊至产品，如与产量有关的作业中心和与产品批次有关的作业中心的成本都可直接分配到产品中去。其他一些作业中心的成本，由于与产品没有直接关系，因而应首先将其分摊至与产品有直接关系的作业中心（或称初步成本分配阶段），然后由与产品直接相关的作业中心分配到产品中去，如与产品项目有关的作业中心和与产品设施有关的作业中心的成本分配都属于初步成本分配。

5）确定作业中心成本分配率

当作业中心已经确认、成本已经汇集、成本动因已经确立后，就可以将该作业中心的成本除以预计的作业量，计算以成本动因为单位的分配率。

6）计算完工产品成本

根据各批产品所耗用的成本动因作业量和该作业中心的成本分配率，就可求得该批完工产品所应负担的成本，包括应负担的作业总成本和单位成本。

另外，应当指出，进行作业成本计算所涉及的会计账户设置与传统成本计算不同。作业成本计算的程序是根据资源动因将成本追踪到作业中心，再将作业中心的成本按作业动因分配给产品。将按传统方法核算的部门成本分解为作业成本，虽然会大大增加账户的数量，但可以克服传统成本计算法的成本扭曲问题，提供更准确的成本信息。

从本质上看，作业成本计算是一个借助于作业揭示可供使用资源、实际使用资源、实际需用资源、无效使用资源和未使用资源，区分增值作业与非增值作业，提供业绩评价和资源配置信息的过程。因此，账户设置可分为两大类：一类是增值作业账户；另一类是非增值作业账户。增值作业可按作业中心设置账户，归集核算每个作业中心的成本。增值作业中有两类成本：一类是直接成本；另一类是间接成本。直接成本按传统方法核算；间接成本按性质设立成本库，每一个成本库设立一个账户，如“修理费用”“开工准备费用”“检验费用”等账户。非增值作业也有两类成本：一类是维持性作业成本；另一类是无效作业成本。维持性作业成本可以设置“标准间接费用”账户；无效作业成本可以设置“间接费用差异”账户。非增值作业主要是指企业组织和管理生产经营的活动，因此这一类成本可以列作期间成本，直接计入当期损益。

作业成本法完工产品成本的计算过程如图6-1所示。

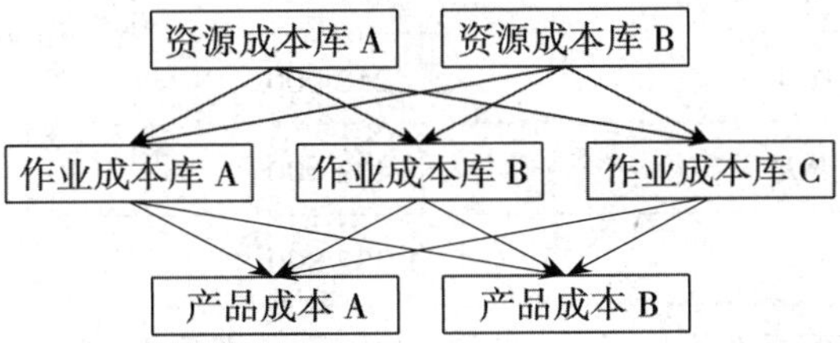

图6-1　作业成本法完工产品成本的计算过程

同步案例6-2

正大公司产品生产策略的选择

背景与情境： 正大公司制造的产品A有两款型号——经济型和高配型。两款型号产品的详细资料见表6-18。

表6-18　**两款型号产品相关资料**

项目	经济型	高配型
年销售量（件）	12 000	12 000
每件售价（元）	260	348
每批件数（件）	1 000	50
每件所需工时（小时）	2	2.5
每小时工资率（元）	32	32
每件所需材料成本（元）	88	128
每件所需特别零部件数量（件）	1	4
每批所需设置次数（次）	1	3
每批所需发出材料次数（次）	1	1
每年发出销售发票数目（张）	50	240

数月以来，由于每件高配型产品的售价高出经济型88元，所以销售部门一直主张大批量生产高配型产品，以达到扩大公司利润的目的，正大公司一直尝试说服购买经济型产品的客户转为购买高配型产品。但是生产部门认为，尽管高配型产品具备市场竞争力，售价较高，但所需的原材料成本一样升高，因此大批生

产不一定会导致利润上升。正大公司成本核算部门提供的间接制造费用分析资料见表6-19。

表6-19 间接制造费用分析资料

作业活动	间接制造费用（元）	成本动因
设置成本	292 800	设置次数
特别零部件处理成本	240 000	特别零部件数量
出具发票成本	116 000	发票数目
材料处理成本	252 000	材料发出次数
其他间接费用	432 000	工时
合计	1 332 800	

公司核算人员根据传统的按人工基础的间接费用分配方法计算出了经济型与高配型产品的利润及利润率，见表6-20。

表6-20 两种型号产品按人工基础分配的利润及利润率 金额单位：元

项目	经济型	高配型
每件售价	260	348
单位成本		
直接材料	88	128
直接人工	64（32×2.0）	80（32×2.5）
制造费用	49.36（24.68*×2.0）	61.7（24.68×2.5）
单位总成本	201.36	269.7
每件利润	58.64	78.3
销售利润率	22.55%（58.64÷260）	22.50%（78.3÷348）

注：*按人工基础分配的间接费用分配率=间接成本总额÷总工时=1332 800÷54 000=24.68（元/小时）

根据上述分析可以得出结论，确实高配型产品的利润率和经济型基本一样。但是新分来的会计小张认为，如果改用作业成本法可能会得到不同的结果。

问题：

（1）采用传统的按人工基础的间接费用分配方法的计算过程是否有错？

（2）如果采用作业成本法，计算经济型和高配型两款产品的每件利润和销售利润率是多少？

（3）如果两种方法的计算结果不同，采用哪种方法比较科学？

请分析以上问题以便给管理部门提出合理的建议。

分析提示：

（1）传统的按人工基础的间接费用分配方法计算过程没有错误。

（2）采用作业成本法的计算过程见表6-21。

表6-21　　**间接费用分配率计算表**　　金额单位：元

作业活动	成本动因	间接费用（a）	动因数量			分配率（e=a÷d）
			经济型（b）	高配型（c）	合计（d=b+c）	
设置成本	设置次数	292 800	12	720	732	400
特别零部件处理成本	特别零部件数量	240 000	12 000	48 000	60 000	4
出具发票成本	发票数目	116 000	50	240	290	400
材料处理成本	材料发出次数	252 000	12	240	252	1 000
其他间接费用	工时	432 000	24 000	30 000	54 000	8
合计		1 332 800				

表6-21中有关数据计算如下：

经济型产品投入批数=销售数量÷每批件数=12 000÷1 000=12（批）

高配型产品投入批数=12 000÷50=240（批）

经济型产品设置次数=1×12=12（次）

高配型产品设置次数=3×240=720（次）

经济型产品特别零部件数量=1×12 000=12 000（件）

高配型产品特别零部件数量=4×12 000=48 000（件）

经济型产品耗用工时=2×12 000=24 000（小时）

高配型产品耗用工时=2.5×12 000=30 000（小时）

间接费用分配表见表6-12。

表6-22　　**间接费用分配表**　　金额单位：元

作业活动	分配率（e）	经济型		高配型		间接费用（a）
		动因数量（b）	分配成本（f=e×b）	动因数量（c）	分配成本（g=e×c）	
设置成本	400	12	4 800	720	288 000	292 800
特别零部件处理成本	4	12 000	48 000	48 000	192 000	240 000
出具发票成本	400	50	20 000	240	96 000	116 000
材料处理成本	1 000	12	12 000	240	240 000	252 000
其他间接费用	8	24 000	192 000	30 000	240 000	432 000
合计			276 800		1 056 000	1 332 800

以作业为基础分配间接费用，两款产品的利润及利润率见表6-23。

表6-23 两款产品的利润及利润率 单位：元

项目	经济型	高配型
每件售价	260	348
直接材料	88	128
直接人工	64	80
制造费用	23.07	88
单位总成本	175.07	296
每件利润	84.93	52
销售利润率	32.67%	14.94%

由此可以看出，采用作业成本法的计算表明，经济型产品的销售利润率较高。

（3）根据正大公司的生产特点，采用作业成本法核算产品成本更为精确，因而说服客户尽量购买高配型产品的建议是错误的。

6.3.4 作业成本法应用举例

某制造企业生产A、B两种产品，有关年产销量、批次、成本、工时以及机器制造工时等项目的资料见表6-24、表6-25。

表6-24 产销量及直接成本相关资料

项目	A产品	B产品
产销量（件）	400 000	80 000
生产次数（次）	8	20
订购次数（次）	8	20
每次订货量（件）	50 000	4 000
直接材料成本（元）	48 000 000	4 000 000
直接人工成本（元）	6 000 000	1 200 000
机器制造工时（小时）	800 000	320 000

企业成本计算的关键是根据作业中心与成本动因，确定各类制造费用的分配标准。下面分别确定表中各项制造费用的分配标准和分配率。

表6-25　**制造费用明细表**　单位：元

项目	金额
材料验收成本	600 000
产品检验成本	940 000
燃料与水电费	804 000
开工成本	440 000
职工福利支出	380 000
设备折旧费	600 000
厂房折旧费	460 000
材料储存成本	280 000
管理人员薪酬	200 000
合计	4 704 000

（1）对于材料验收成本、产品检验成本和开工成本，其成本动因是生产与订购次数，可以生产与订购次数作为这三项制造费用的分配标准并计算分配率。

材料验收成本分配率=600 000÷（20+8）=21 428.57（元/次）

产品检验成本分配率=940 000÷（20+8）=33 571.43（元/次）

开工成本分配率=440 000÷（20+8）=15 714.29（元/次）

（2）对于设备折旧费、燃料与水电费，其成本动因是机器制造工时，可以机器制造工时作为这两项费用的分配标准并计算分配率。

设备折旧费分配率=600 000÷（800 000+320 000）=0.53571（元/小时）

燃料与水电费分配率=804 000÷（800 000+320 000）=0.71786（元/小时）

（3）对于职工福利支出，其成本动因是直接人工成本，可以直接人工成本作为职工福利支出的分配标准并计算分配率。

职工福利支出分配率=380 000÷（6 000 000+1 200 000）=0.05278

（4）对于厂房折旧费、管理人员薪酬，其成本动因是产品产销量，可以产销量作为这两项费用的分配标准并计算分配率。

厂房折旧费分配率=460 000÷（400 000+80 000）=0.95833（元/件）

管理人员薪酬分配率=200 000÷（400 000+80 000）=0.41667（元/件）

（5）对于材料储存成本，其成本动因是直接材料成本，可以直接材料成本作为材料储存成本的分配标准并计算分配率。

材料储存成本分配率=280 000÷（48 000 000+4 000 000）=0.00538

根据计算的费用分配率，将各项制造费用在A产品和B产品之间分配，制造费用分配的详细情况见表6-26。

表6-26　　制造费用明细分配表　　单位：元

项目	金额合计	A产品	B产品
材料验收成本	600 000	171 429	428 571
产品检验成本	940 000	268 571	671 429
燃料与水电成本	804 000	574 288	229 712
开工成本	440 000	125 714	314 286
职工福利支出	380 000	316 680	63 320
设备折旧	600 000	428 568	171 432
厂房折旧	460 000	383 332	76 668
材料储存成本	280 000	258 240	21 760
管理人员薪酬	200 000	166 668	33 332
合计	4 704 000	2 693 490	2 010 510

按照作业成本法计算产品成本的结果见表6-27。

表6-27　　作业成本法成本计算表　　金额单位：元

项目	A产品	B产品
直接材料费用	48 000 000	4 000 000
直接人工成本	6 000 000	1 200 000
制造费用	2 693 490	2 010 510
总成本	56 693 490	7 210 510
产销量（件）	400 000	80 000
单位产品成本	141.73	90.13

6.3.5　作业成本法的优缺点及在我国运用的条件

1）作业成本法的优缺点

作业成本法最根本的优点在于它能使管理人员想方设法地进行成本控制。一旦确认了某种产品消耗间接成本产生的原因，管理人员就会从降低成本的角度对各种间接成本进行重新评估，促使间接成本费用降低，最终使全部产品成本降低。这就是说，作业成本法不仅保证了成本计算的准确性，而且可促使企业有效地控制间接成本，不断降低产品成本。这与为了降低产品单位成本而进行大批量生产、不考虑存货后果的传统成本计算和管理方法是截然不同的，其优越性是传统成本核算方法所不可比拟的。

作业成本法在具有显著优越性的同时，还存在某些自身难以克服的缺陷，具体包括：

① 作业成本法提供的成本信息是历史的，从成本管理的角度看，作用并不大。

② 作业成本法在成本动因确定方面，需要人为判断，具有主观性，可能出现误差。有些作业费用的成本动因很难按产品品种来划分，如与供应商相关的供应材料的费用。

③ 作业成本法分配的间接费用是那些由生产作业所引起的制造费用，但并没有解决与作业活动不相关的间接费用如何分配的问题，如取暖费、保险费、厂房折旧等。

④ 在作业成本法下，对一些产量驱动型的制造费用是按生产工时或机器工时进行分配的，实际上这样分配的结果是不正确的，因为大型设备与小型设备、普通设备与高精尖设备每小时的费用是不同的。

⑤ 在作业成本法下，成本计算一般是以整个工厂为单位，将直接计入产品成本的直接材料、直接人工加上各成本库分来的作业成本求得产品总成本，这样不能提供生产部门的成本信息。

⑥ 作业成本法只适用于制造费用比重大、项目多的企业，对于非此类企业相对意义较小。

2）作业成本法在我国运用的条件

作业成本法是根据当代高科技的发展情况而产生的，它以作业为基础，将成本计算、成本控制等融为一体，并且能与全面质量管理、即时生产方式紧密结合，是一种新型的会计核算方法。虽然这种方法产生于国外并在西方国家被越来越广泛地运用，但在我国的运用却不是很普遍。随着我国现代企业制度的建立，高科技逐渐被采用，因此有必要根据我国的具体情况，研究其在我国企业中运用的问题。

（1）要有积极的成本管理意识。成本管理工作是企业管理工作中的重要内容，进行作业成本计算的目的在于提高成本信息的质量，加强成本控制，提高成本管理的效果。所以，有较强的成本管理意识是采用作业成本法的出发点和前提条件。

（2）要有先进的生产管理系统。作业成本法要求企业有较先进的生产管理系统，特别是实行所谓的即时生产方式。

（3）要有现代化的技术支持。科学技术的迅速发展和应用，为推行即时生产方式和全面质量管理创造了条件。近二十几年来，各工业化先进国家为了提高劳动生产率、降低产品成本和提高产品质量，采取了多种措施和方案，特别是采取了以电子技术应用为主体特征的电脑自动化等技术。正是由于这些新技术的采用，推动了管理方法、观念和技术的革命。作业成本法就是在这种条件下产生并发展起来的。

学习微平台

资源6-05

第7章
成本报表

学习目标

通过本章学习，应该达到以下目标：

理论目标： 学习和把握成本报表的概念及作用、成本报表的种类、商品产品成本表的编制及分析方法、主要产品单位成本表的编制及分析方法、制造费用明细表的编制及分析方法；能用所学理论知识指导“成本报表编制与分析”的相关认知活动，并正确解答《训练手册》中本章“客观题”和“主观题”的“理论题”各题型问题。

实务目标： 学习和掌握商品产品成本表的编制及分析方法、主要产品单位成本表及制造费用明细表的编制及分析方法，以及“业务链接”等程序性知识；能用所学实务知识编制与分析成本报表相关的技能活动，并正确解答《训练手册》中本章“客观题”和“主观题”的“实务题”各题型问题。

案例目标： 能运用所学理论与实务知识研究“成本报表的编制原理和分析方法”相关案例，通过分析解答“同步案例”和《训练手册》中本章“客观题”与“主观题”的“案例题”，培养和提高学生在特定业务情境中分析问题与解决问题的能力；能结合“成本报表”的教学内容，依照相关规范、要求或标准，对“课程思政”7-1至7-3和《训练手册》本章相关案例中的企业或人员行为进行思政研判，培养高尚的职业道德情操，践行社会主义核心价值观。

实训目标： 以所学“成本报表”的理论与实务知识为前提，在正确解答《训练手册》中本章“客观题”与“主观题”的“实训题”各题型问题，并了解和把握本实训所及“能力与道德领域”相关技能点的“规范与标准”的基础上，参加“成本报表编制及分析”业务胜任力的实践训练。通过切实体验、理解各种成本报表的结构和编制原理，理解并掌握成本报表的实际分析程序，培养其独立思考问题和有创造性地发表个人意见的能力，培养其核算、填制账簿及编制成本报表的专业能力，强化其“数字应用”、“与人交流”、“与人合作”、“解决问题”和“革新创新”的职业核心能力（中级），并通过“认同级”践行“职业理想”、“职业态度”、“职业良心”、“职业作风”、“职业守则”和“会计职业道德”等行为规范，促进其健全职业人格的塑造。

学习微平台

资源 7-01

引例　博达公司月末成本管理的需求

背景与情境：博达公司是一家生产制造型企业，近几个月销售利润表现差强人意，总经理为此找到财务经理了解情况，以下是他们的对话。

总经理：上个月的财务报表我已经看过了，有些问题想和你谈谈。

财务经理：好的。

总经理：我注意到上个月的毛利减少了。

财务经理：是的，上个月是淡季，销售收入比前月下降了10%。

总经理：没错，不过我发现销售成本只下降了4%，而且很多产品的单位成本都比上个月提高不少。

财务经理：是这样的，很多成本都是固定的，比如说折旧，还有工资中的很大一部分都不会随销售收入的下降而下降，而且有几种主要的原材料这几个月价格一直在上涨。

总经理：是，这个我知道，不过我想知道开工不足和原材料涨价对成本到底造成了多大影响。有没有具体一点的数字？起码可以和销售部一起想想对策，价格是要调低还是调高。

财务经理：哦，这个需要把数据再分析一下，回头我去安排，不过需要一点时间。但是，原材料涨价的影响大致可以从各种产品单位成本中原材料那部分的变动中看出来。

总经理：我需要一份详细的资料，最好还能体现出每种因素的影响到底是多少。另外，哪个产品、哪批生产多用了料、多耗了时。刚才讲到原材料成本增加是不是也有车间管理的问题在里面？还有，最近我看车间里工人的工作效率好像不高，这是不是也会增加成本，我看这方面应该加强管理。

财务经理：这个我不是很清楚，最好找生产部经理谈谈。

总经理：请尽快给我一份详尽的生产成本费用方面的报表。

学习微平台

资源 7-02

“引例”涉及的成本报表编制与分析，是本章学习的主要内容。

7.1　成本报表的作用与种类

学习微平台

资源 7-03

7.1.1　成本报表的含义

企业会计报表按服务对象可划分为两类：一类为对外报送的会计报表，如资产负债表、利润表、现金流量表等；另一类为企业内部管理需要的报表，如成本报表等。

成本报表是根据企业产成品成本和间接费用的核算资料以及其他有关资料编制的，用来反映企业一定时期内产成品成本和间接费用水平及其构成情况的报告文件。成本报表是企业为满足自身管理需要而编制的内部会计报表，它是企业成本信息的主要载体，其主要目的是向企业管理层、内部各管理职能部门和员工提供成本信息，用以加强成本管理，提高经济效益。编制和分析成本报表是成本会计工作的重要内容。

7.1.2 成本报表的作用

成本报表主要向企业的各级管理部门、企业领导、企业职工，以及有关部门提供成本信息。成本报表的作用主要有：

1）反映企业报告期内产品成本水平

产品成本是反映企业生产技术经营成果的一项综合性指标，企业在一定时期内的物质消耗、劳动效率、工艺水平、生产经营管理水平，都会直接或间接地在产品成本中综合地体现出来。通过编制成本报表能够及时发现企业在生产、技术、质量、管理等方面取得的成绩和存在的问题，不断总结经验，提高企业经济效益。

2）反映企业成本计划完成情况

成本报表中所反映的各项产成品成本指标，对掌握企业一定时期的成本水平，分析和考核产品成本计划完成情况及加强成本管理具有重要作用，可据以分析成本计划或预算的执行情况、考核成本计划的完成情况，并查明产成品成本升降的原因等。

3）为制订成本计划提供依据

计划年度的成本计划是在报告年度产成品成本实际水平的基础上，结合报告年度的成本计划执行情况，考虑计划年度中可能出现的有利因素和不利因素而制订的。所以，本期报表所提供的资料，是制订下期成本计划的重要参考依据。

4）为企业成本决策提供信息

对成本报表进行分析，可以发现成本管理工作中存在的问题，揭示成本差异对产成品成本升降的影响程度，从而把注意力集中放在那些不正常的对成本有重要影响的关键性差异上，查明原因和责任，以便采取有针对性的措施，促使成本水平的不断降低，为企业挖掘降低成本的潜力指明方向。

7.1.3 成本报表的种类

企业的成本报表主要服务于企业内部经营管理部门，所以报表的种类、格式和编制时间一般都是由企业根据生产经营特点和企业管理的具体要求而定的。目前，工业企业应编制的成本报表通常有以下几种分类：

1）按报表反映的内容分类

（1）反映成本计划执行情况的报表

这类报表主要有商品产品成本表、主要产品单位成本表、制造费用明细表。

（2）反映费用支出情况的报表

这类报表主要有财务费用明细表、管理费用明细表、销售费用明细表。

（3）反映生产经营情况的报表

这类报表主要有生产情况表、材料耗用表、材料成本差异分析表等。

2）按报表编制的时间分类

成本报表在报送内容上虽不像财务报表那样规范，尤其在报送时间上具有很大的灵活性，但主要报表仍可按编报时间分为年报、季报、月报、旬报、周报、日报等。

7.1.4 成本报表的编制要求

1）成本报表的设置要求

成本报表一般根据企业的生产特点与管理需要自行设置，并可随着情况的变化对报表的种类、格式进行调整。在设置成本报表时，应重点考虑以下几个方面：

（1）报表指标内容的实用性

成本报表指标内容的实用性是指企业设置的成本报表要符合企业生产经营的特点，满足企业成本管理的要求。成本报表的种类要能够满足企业自身的需要，报表中的各项指标应当体现实用性原则。因此，企业应当从自身生产经营活动的实际出发，设计成本报表的种类和每一张报表的内容。企业成本报表的指标项目应当简明实用，不搞烦琐的计算和没有经济意义的数字罗列，要注重指标的内容而不拘泥于形式。

（2）报表内容的针对性

成本报表内容的针对性是指企业设置的成本报表的种类、格式和指标内容要有针对性。企业既要有反映成本全貌的报表，又要有反映成本管理中某一专门问题或者针对企业某一具体业务的特点而设计的报表和报表项目。成本报表中的指标内容只有具有针对性，才能突出成本管理工作的重点，满足成本管理各个方面的专门需要，企业也才有可能利用成本报表提供的信息有针对性地采取措施，及时解决生产经营活动和管理工作中的问题。

2）成本报表的编制及报送要求

成本报表的编制和报送必须做到数字真实、计算准确、内容完整、报送及时。

（1）数字真实是编制成本报表的基本要求，是指主要报表的数字真实可靠，如实反映企业费用成本的水平和构成，有利于企业管理层正确进行成本分析和成本决策。

（2）计算准确是指成本报表中的各项指标数据必须按照企业在设置成本报表时规定的计算方法计算，报表中的各种相关数据应当核对相符。例如，本期报表与上期报表之间、同一时期不同报表之间、同一报表不同项目之间具有钩稽关系的数据，应当核对相符。

（3）内容完整是指企业成本报表的种类应当完整，能全面反映企业各种费用成本的水平和构成情况；同一报表的各个项目内容应当完整，必须填报齐全。只有内容完整的报表才能满足企业经营管理者对成本信息的需求。

（4）报送及时是指企业必须及时编制和报送成本报表，以充分发挥成本报表在指导生产经营活动中的作用。为了体现成本报表编制和报送的及时性，企业的成本报表，有的可以定期编报，有的也可以不定期编报。例如，反映费用支出和成本形成主要指标的报表，既可以按月编制，也可以按旬、按周，甚至按日、按班编制，并及时将其提供给有关部门负责人和成本管理责任者，以便及时采取措施控制支出，节约费用，降低成本。

课程思政 7-1

A公司提供虚假成本资料

背景与情境： 2019年，A公司由于经营管理和市场方面的原因，经营业绩滑坡。A公司的主要负责人张生看过了企业的成本报表及分析资料后，对公司财务总监李秀说："成本报表是对内的，数字可以真实可靠，便于公司分析成本费用；会计报告是对外的，如果还按照真实的资料编制，那么公司就无法获得配股资格。"A公司的主要负责人张生便要求公司财务总监李秀对该年度的财务资料进行调整，以保证公司的净资产收益率符合配股条件。李秀组织公司会计人员王露以隐瞒费用和成本开支等方法调整了公司财务资料。A公司根据调整后的财务资料，于2020年10月申请配股并获批准发行。

问题： 请指出哪些当事人存在何种违法行为？哪些当事人违反了哪些会计职业道德要求？哪些单位或部门可以对相关当事人进行何种处理？并说明理由。

研判提示： A公司张生、李秀、王露均存在编制虚假财务会计报告的行为，有违党的"二十大"报告中提出的"明大德、守公德、严私德"公民道德建设要求。张生是单位负责人，存在授意、指使他人编制虚假财务会计报告的行为。根据《会计法》的规定，如果构成犯罪，司法部门依法追究刑事责任；尚不构成犯罪的，可处以五千元以上五万元以下的罚款。李秀、王露作为会计人员，应当拒绝负责人的要求，其行为违背了会计职业道德中的会计人员应当诚实守信、客观公正、坚持准则的要求。根据《会计法》第四十三条的规定，如果构成犯罪，依法追究刑事责任；尚不构成犯罪的，由县级以上人民政府财政部门予以通报，可以对李秀、王露处以三千元以上五万元以下的罚款，李秀、王露作为会计人员5年内不得从事会计工作。

同步思考 7-1

资料： 大发服装厂是一家刚刚成立的服装制造企业，该厂负责财务的厂长认为既然成本报表是一种内部报表，就不必对外报送，而企业现在又刚刚成立，没有那么多种类的产品。那么，根据管理需要，是否可以当未来需要的时候再进行报表编制和分析呢？

问题： 你认为企业领导的这种观点是否正确？

理解要点： 这种观点并不完全正确。

成本报表是用以反映企业产成品成本的构成及其升降变动情况，以考核间接费用与成本计划执行结果的会计报表，是会计报表体系的重要组成部分。

对内报表是指为了企业内部经营管理需要而编制的各种报表。这种报表，其内容、种类、格式、编制方法和程序、编制时间和报送对象，均由企业根据自己的生产经营特点和管理需要来确定。成本报表就是其中的一种，它的编制目的主要在于让企业领导者和职工了解日常成本费用计划预算执行的情况，以便调动大家的积极性来控制费用的发生，为提高经济效益服务；同时为企业领导者和投资者提供经营所需的成本费用信息，以便进行决策和采取有效措施，不断降低成本费用。作为内部报表，成本报表可以根据企业自身的需要，适时地、不定期地进行编制，使成本报表能够及时地反映和反馈成本信息，揭示存在的问题，促使有关部门和人员及时采取措施，改进工作，提高服务效率，控制费用的发生，达到节约的目的。但是，作为制造型企业，尤其是新成立的企业，不但要编制成本报表，还应该积累数据，多方分析，为生产成本管理打下良好的基础。

7.2 成本报表的分析方法

成本报表分析属于事后分析。它以成本报表所提供的、反映企业一定时期产成品成本水平和构成情况的资料，以及有关的计划、核算资料为依据，运用科学的分析方法，通过分析各项指标的变动以及指标之间的相互关系，揭示企业各项成本指标计划的完成情况和形成原因，从而对企业一定时期的成本工作情况获得比较全面的、本质的认识。

成本报表的分析方法，在实践中是多种多样的。采用哪种方法，要根据分析目的、分析对象的特点，以及所掌握的计划资料和核算资料的性质和内容来决定。分析成本报表的方法，常用的有成本报表整体分析方法及指标分析法。

学习微平台

资源 7-04

7.2.1 成本报表整体分析方法

1）水平分析法

水平分析法是将反映企业报告成本的信息（特别是指成本报表信息资料）与反映企业前期或历史成本状况的信息进行对比，研究企业经营成本业绩或成本状况发展变动情况的成本报表分析方法。水平分析法所进行的对比，一般说来，不是指单个指标对比，而是对反映某方面情况的报表全面、综合地对比分析。

2）垂直分析法

垂直分析法与水平分析法不同，它是通过计算成本报表中各项目占总体的比重或结构，反映报表中的项目与总体的关系及其变动情况的一种成本报表分析方法。会计报表经过垂直分析法处理后，通常称为同度量报表，或称总体结构报表、共同比报表等。

3）趋势分析法

趋势分析法是根据企业连续几年或几个时期的分析资料，通过指数或完成率的计算，确定分析期各有关项目的变动情况和趋势的一种成本报表分析方法。趋势分析法既可用于对会计报表的整体分析，即研究一定时期报表各项目的变动趋势，也可用于对某些主要指标的发展趋势进行分析。

7.2.2 指标分析法

1）比较分析法

比较分析法是通过指标对比，从数量上确定差异的一种分析方法。其主要作用在于揭示客观上存在的差异，并为进一步分析指出方向。在实际工作中，通常有以下几种形式：

（1）对比成本的实际指标与成本计划或定额指标，分析成本计划或定额的完成情况。

（2）对比本期实际成本指标与前期（上期、上年同期或历史最好水平）实际成本指标，观察企业成本指标的变动情况和变动趋势，了解企业生产经营工作的改进情况。

（3）对比本企业实际成本指标（或某项技术经济指标）与国内外同行业先进指标，可以在更大范围内找差距，推动企业改进经营管理。

比较分析法只适用于同质指标的数量对比。因此，应用此法时要注意对比指标的可比性。

2）比率分析法

比率分析法是通过计算和对比经济指标的比率，进行数量分析的一种方法。成本分析中常用的比率分析法有相关比率分析法、构成比率分析法和动态比率分析法等。

（1）相关比率分析法

相关比率分析法是将两个相互联系、相互依存但性质不同的指标进行对比，求出比率，然后将实际数与计划数进行对比分析，以便从经济活动的客观联系中，更深入地认识企业的生产经营状况。例如，利润总额与成本费用总额的比率，反映了企业一定时期内所得（利润总额）与所费（成本费用总额）之间的比例关系，即企业每百元成本、费用的投入能获得多少利润，这一指标称为成本费用利润率。相关比率分析法就是通过对两个性质不同却又相关的指标进行对比，分析对比结果在企业不同期间的发展变化，来考察与企业有关联的业务安排是否合理，这有利于企业经营管理者进行成本效益分析和经营决策。

（2）构成比率分析法

所谓构成比率，是指某项经济指标的各个组成部分占总体的比重。例如，将构成产成品成本的各个费用项目同产成品成本总额相比，计算其占总成本的比重，确定成本的构成比率，然后将不同时期的成本构成比率相比较，通过观察产成品成本构成的变动，掌握经济活动情况及其对产成品成本的影响。

（3）动态比率分析法

动态比率分析法是将不同时期同类指标的数值对比求出比率，进行动态比较，据以分析该项指标的增减速度和变动趋势，从中发现企业在生产经营方面的成绩或不足。

业务链接7-1

红星工厂甲产品单位成本表分析

红星工厂甲产品单位成本情况见表7-1。

表7-1 **红星工厂甲产品单位成本表**

20××年12月

产品名称：甲产品　　产品单位售价：1 300元
产品规格：500毫升　　本月实际产量：100件
计量单位：件　　本年累计实际产量：900件

成本项目	历史先进水平	上年实际平均	本年计划	本年实际	本年累计实际平均
直接材料	620	700	690	680	687
直接人工	70	90	92	84	90
制造费用	30	80	78	81	79
生产成本合计	720	870	860	845	856

请对红星工厂甲产品单位成本表进行分析。

解析：在分析甲产品的单位成本时，将产品成本845元与单位售价1 300元比较得出的比率称为相关比率；将直接材料680元与单位产品成本845元相比，得出的比率称为构成比率；将本年累计实际平均生产成本856元与历史先进水平720元、上年实际平均生产成本870元相比，得出的比率称为动态比率。

3）因素分析法

上述方法只能揭示实际数与基准数之间的差异，但难以揭示差距产生的原因。因为一个经济指标的完成，往往是多种因素影响的结果。只有把这种综合性的指标分解为各个因素的构成，从中找出因素的影响程度，分清责任，才能了解指标完成好坏的真正原因。这种依据分析指标与其影响因素之间的关系，按照一定的程序和方法，确定各因素对分析指标差异影响程度的技术分析方法，就是**因素分析法**。根据其分析特点，因素分析法可分为连环替代法和差额计算法两种。

（1）连环替代法

连环替代法是用来计算几个相互联系的因素对综合经济指标变动影响程度的一种分析方法。

利用连环替代法应当遵循以下计算程序：

① 根据综合性经济指标的特征和分析的目的，确定构成该项指标的因素。以基数（计划数或前期实际数）为计算基础。

② 根据因素的依存关系，按一定顺序排列因素。采用连环替代法，改变因素的排列顺序，计算结果会有所不同。为了便于比较和分析，应当确定因素的排

列顺序。一般将反映数量的因素排列在前，将反映质量的因素排列在后；将反映实物量和劳动量的因素排列在前，将反映价值量的因素排列在后。

③ 按照公式中所列因素的同一顺序，逐次以各因素的实际数替换其基数，每次替换后实际数就被保留下来。有几个因素就替换几次，直到所有因素都变成实际数为止，每次替换后都求出新的计算结果。

④ 将每次替换后的所得结果，与其相邻近的前一次计算结果相比较，两者的差额就是某一因素变动对综合经济指标变动的影响程度。

⑤ 综合各个因素的影响程度，其代数和应等于该经济指标的实际数与基数的总差异数。

业务链接7-2

运用连环替代法分析材料费用总额

单位产品成本中影响材料费用总额的因素很多，按其相互关系可归纳为三个：产品产量、单位产品材料消耗量和材料单价。其计算公式为：材料费用总额=产品产量×单位产品材料消耗量×材料单价。

某企业材料费用总额的影响因素见表7-2。

表7-2　某企业材料费用总额三个因素的实际数与计划数

影响因素	实际数	计划数
产品产量（件）	21	20
单位产品材料消耗量（千克）	17	18
材料单价（元）	12	10
材料费用总额（元）	4 284	3 600

请根据表中提供的资料，应用连环替代法对各因素影响程度进行分析。

解析：应用连环替代法对各因素影响程度的计算过程如下：

①以计划数为基数的材料费用：

20×18×10=3 600（元）

②第一次替换后的材料费用：

21×18×10=3 780（元）

产量变动影响：

②-①=3 780-3 600=180（元）

③第二次替换后的材料费用：

21×17×10=3 570（元）

单位产品材料消耗量变动影响：

③-②=3 570-3 780=-210（元）

④第三次替换后的材料费用：

21×17×12=4 284（元）

材料单价变动影响：

④-③=4 284-3 570=714（元）

三个因素影响合计：

180-210+714=684（元）

通过计算可以看出，虽然单位产品材料消耗量降低使材料费用节约210元，但由于产量增加，特别是材料单价升高，使材料费用增加894元。进一步分析查明材料消耗节约和材料价格升高的原因，才能对企业材料费用总额变动情况作出评价。

同步思考7-2

资料：因素分析法是依据分析指标与其影响因素之间的关系，按照一定的程序和方法，确定各因素对分析指标差异影响程度的一种技术分析方法。小明同学认为，都是影响同一指标的若干因素，在计算时每个因素的排序先后是不应该影响其最后的计算结果的。

问题：你认为他的观点正确吗？如果不正确，为什么？

理解要点：他的观点不正确。在因素分析法中，各个因素的排列必须遵循由外部到内部、由量到质的顺序。因素分析法的特点是：（1）计算程序的连环性；（2）计算条件的假定性；（3）因素替代的顺序性。计算分析过程中一个突出的问题是因素的顺序性，特别是进行两家企业之间的比较分析时，分析的顺序一定要相同，否则不具可比性。当然，即便是同一企业内部对同一问题进行分析，分析的顺序也应相同。因为计算同一种因素变动对综合指标的影响，如果它在计算公式中的位置变动了，相应地会出现不同的计算结果。通常确定各因素替代顺序的方法是：在所有分析的因素中，如果既有数量指标又有质量指标，应先查明数量指标变动的影响，然后查明质量指标变动的影响；如果既有实物量指标又有价值量指标，应先查明实物量指标变动的影响，然后查明价值量指标变动的影响。这是因为价值量即使不变，实物量的变化最终也将影响价值量的变动；如果有几个数量指标和质量指标，要分清它们的相互依存关系，何者是主要因素，何者是次要因素，据此确定替代的顺序。

（2）差额计算法

差额计算法是连环替代法的简化形式。运用这一方法时，先要确定各因素实际数与计划数之间的差异，然后按照各个因素的排列顺序，依次求出各个因素变动的影响程度。可见，这一方法的应用原理与连环替代法一样，只是计算程序不同。

业务链接7-3

运用差额计算法分析材料费用总额

沿用“业务链接7-2”的相关资料。

请以差额计算法测定各因素影响程度。

解析：差额计算法测定各因素影响程度的计算过程如下：

①分析对象：

材料费用总额实际数与计划数的差额：

4 284-3 600=684（元）

②各因素影响程度：

产量变动影响：

（21-20）×18×10=180（元）

单位产量材料消耗量变动影响：

21×（17-18）×10=-210（元）

材料单价变动影响：

21×17×（12-10）=714（元）

三个因素影响合计：

180-210+714=684（元）

差额计算法由于计算简便，所以应用比较广泛，特别是在只有两个影响因素时更为适用。

互动专栏 7-1

互动问题：

（1）报表分析时如果采用了比率分析法当中的相关比率分析法就没必要再采用构成比率分析法了，该观点是否正确？

（2）采用了连环替代法就没必要采用差额分析法了，该观点是否正确？

要求：同“互动专栏 1-1”的“要求”。

7.3 成本报表的编制与分析

7.3.1 商品产品成本表的编制与分析

1）商品产品成本表的概念及作用

商品产品成本表是反映企业在报告期内生产的全部商品产品总成本和单位成本的会计报表。

商品产品成本表将全部商品划分为可比产品和不可比产品两大类，并分别列出它们的单位成本、本月总成本、本年累计总成本。

可比产品是指去年或者以前年度正式生产过，具有完备成本资料的产品；不可比产品是指去年或者以前年度未正式生产过的产品，因而没有成本资料。对于去年试制成功，今年正式投产的产品，也应作为不可比产品。

利用商品产品成本表可以考核企业全部商品产品成本的执行情况以及可比产品成本降低任务的完成情况，以便分析成本增减变化的原因，指出进一步降低产品成本的途径。

2）商品产品成本表的编制方法

商品产品成本表的编制方法及结构见表 7-3。

表7-3　　**商品产品成本表**

20××年12月　　金额单位：元

产品名称	计量单位	实际产量		单位成本				本月总成本			本年累计总成本		
		本月	本年累计	上年实际平均	本年计划	本月实际	本年累计实际平均	按上年实际平均单位成本计算	按本年计划单位成本计算	本月实际	按上年实际平均单位成本计算	按本年计划单位成本计算	本年实际
		1	2	3	4	5=9÷1	6=12÷2	7=1×3	8=1×4	9	10=2×3	11=2×4	12
可比产品													
其中：													
不可比产品													
其中：													
产品成本合计													

补充材料：1.可比产品成本降低额；2.可比产品成本降低率；3.计划成本降低额；4.计划成本降低率。

其编制要求如下：

①“产品名称”栏应按企业规定的主要商品产品的品种分别列示，每项应注明该品种的名称、规格和计量单位。

②“实际产量”栏数字应根据成本计算单等资料所记录的本月和从年初起到本月末止的各种主要商品产品实际产量填列。

③“单位成本”栏数字应按上年度或以前年度报表资料、本期成本计划资料和本期实际成本资料分别计算填列。

④“本月总成本”栏数字应按本月商品产量分别乘以上年实际平均单位成本、本年计划单位成本和本月实际单位成本的积填列。

⑤“本年累计总成本”栏数字应按从年初起到本月末止的本年累计产量分别乘以上年实际平均单位成本、本年计划单位成本和本年累计实际平均单位成本的积填列。

⑥“补充资料”可根据计划、统计和会计等有关资料计算后填列。其中，可比产品成本降低额和可比产品成本降低率，可以按下列公式计算后填列：

$$\text{可比产品成本降低额}=\text{按上年实际平均单位成本计算的可比产品总成本}-\text{本年可比产品实际总成本}$$

$$可比产品成本降低率=\frac{可比产品成本降低额}{按上年实际平均单位成本计算的可比产品总成本}\times 100\%$$

互动专栏 7-2

互动问题：

（1）在分析可比产品成本时，计划成本降低情况分析和实际成本降低情况分析是否可以只选择其中之一进行分析？

（2）在计算成本实际降低额时，为什么不按照可比产品上年的实际成本进行计算？

要求：同“互动专栏1-1”的“要求”。

业务链接 7-4

商品产品成本表的编制

某生产企业全部商品分别为：可比产品，包括甲、乙两种产品；不可比产品，包括丙产品。根据月末生产成本资料编制的商品产品成本表及补充资料计算见表7-4。

表7-4　**商品产品成本表**

20××年12月　金额单位：元

产品名称	计量单位	实际产量		单位成本				本月总成本			本年累计总成本		
		本月	本年累计	上年实际平均	本年计划	本月实际	本年累计实际平均	按上年实际平均单位成本计算	按本年计划单位成本计算	本月实际	按上年实际平均单位成本计算	按本年计划单位成本计算	本年实际
		1	2	3	4	5=9÷1	6=12÷2	7=1×3	8=1×4	9	10=2×3	11=2×4	12
可比产品								30 400	28 600	26 100	476 200	448 400	417 000
其中：甲	件	20	320	1 010	970	880	900	20 200	19 400	17 600	323 200	310 400	288 000
乙	件	20	300	510	460	425	430	10 200	9 200	8 500	153 000	138 000	129 000
不可比产品									10 800	10 440		102 000	100 300
其中：丙	件	18	170		600	580	590		10 800	10 440		102 000	100 300
产品成本合计								30 400	28 600	26 100	476 200	550 400	517 300

补充材料：1.可比产品成本降低额59 200元；2.可比产品成本降低率12.43%；3.计划成本降低额33 100元；4.计划成本降低率6%。

补充材料的计算过程如下：

可比产品成本降低额=476 200−417 000=59 200（元）

可比产品成本降低率=59 200÷476 200×100%=12.43%

3）商品产品成本表的分析

对可比产品与不可比产品的成本分析方法是不同的。对于可比产品，不仅要将其实际成本与计划成本进行比较，以考核可比产品成本计划的完成情况，而且还要与上年的实际平均成本进行比较，以分析报告期实际成本比上年成本的降低幅度和降低数额，从而对企业在报告期内生产组织和经营管理工作改进的情况进行比较。分析不可比产品成本时，如果成本差异额较大，就应进一步查明其原因，是计划制订得不准确、材料消耗定额和劳动定额定得过高或过低，还是初次生产这种产品，工艺掌握欠佳、技术不熟练，从而引起消耗过多、废品过多等。另外，也要注意，企业在分配共同费用时，是否存在对可比产品少分配一些，对不可比产品多分配一些，以便超额完成可比产品成本降低任务的情况。

全部商品产品成本分析，可以借助于企业内部会计报表中的商品产品成本表和成本计划等相关资料进行，具体分析内容包括按产品类别和按产品成本项目两方面。

（1）按产品类别分析全部商品产品成本计划完成情况

此项分析，是将全部商品产品成本按产品品种汇总，将实际成本与计划成本对比，确定每种产品的成本降低情况。

业务链接7-5

幸福公司商品产品成本表的分析

幸福公司年末商品产品成本表见表7-5。

表7-5 **商品产品成本表**

编制单位：幸福公司 20××年12月 金额单位：万元

产品名称	计量单位	产量		单位成本			计划总成本（按计划产量）		本年总成本（按实际产量）		
		计划	实际	上年实际	本年计划	本年实际	按上年实际平均单位成本计算	按本年计划单位成本计算	按上年实际平均单位成本计算	按本年计划单位成本计算	按本年实际单位成本计算
可比产品：							15 727.60	15 533.60	16 738.40	16 544	17 201.60
甲产品	件	280	280	23.68	23	22.32	6 630.40	6 440	6 630.40	6 440	6 249.60
乙产品	件	180	200	50.54	50.52	54.76	9 097.20	9 093.60	10 108	10 104	10 952
不可比产品：											
丙产品	件	70	70		6.96	7		487.20		487.20	490
全部商品产品成本								16 020.80		17 031.20	17 691.60

请根据表7-5提供的资料进行分析，并将结果填入表7-6。

解析：根据表7-5提供的资料编制分析表见表7-6。

表7-6 **商品产品生产成本分析表** 金额单位：万元

产品名称	计划总成本	实际总成本	降低额	降低率
可比产品				
其中：甲产品	6 440	6 249.60	+190.40	+2.96%
乙产品	10 104	10 952	−848	−8.39%
不可比产品				
其中：丙产品	487.20	490	−2.80	−0.57%
全部商品产品成本	17 031.20	17 691.60	−660.40	−3.88%

从表7-6可以看出，该企业全部商品产品总成本实际比计划增加了660.40万元，上升了3.88%，说明企业全部商品产品成本计划完成得相当不好。除甲产品的成本有一定下降外，乙产品和丙产品的成本都较计划上升，特别是乙产品，较计划增加了848万元，上升了8.39%。为此，应进一步分析乙产品成本上升的原因。

（2）按成本项目分析全部商品产品成本计划完成情况

按产品类别进行全部商品产品成本分析，虽然可以了解每种产品成本的升降情况，但是不能了解哪些成本项目发生了升降。为此，需要按成本项目分别进行全部商品产品成本分析，找出影响企业成本升降的关键因素。

业务链接7-6

寰宇公司商品产品成本按照成本项目分析

寰宇公司按照成本项目分析商品产品成本的结果见表7-7。

表7-7 **按成本项目分析商品产品成本** 金额单位：万元

成本项目	商品产品成本		降低指标	
	计划	实际	降低额	降低率
直接材料	4 554.78	5 039.80	−485.02	−10.65%
直接人工	2 277.39	2 250.40	+26.99	1.19%
制造费用	1 927.03	1 800.60	+126.43	6.56%
生产成本合计	8 759.20	9 090.80	−331.60	−3.79%

请以上表提供的资料为基础进行各成本项目分析。

解析：从表7-7可以看出，总成本实际比计划增加了331.60万元，上升了3.79%。但从三个成本项目中可以看出，直接人工实际比计划下降了1.19%，制造费用实际比计划下降了6.56%，而直接材料实际比计划增加了485.02万元，上升了10.65%，说明实际总成本比计划总成本上升是直接材料成本上升所致。为此，下一步应结合生产工艺、材料价格的情况重点分析直接材料成本上升的原因。

（3）可比产品成本降低计划完成情况分析

可比产品成本降低计划是以上年实际平均单位成本为依据确定的，具体包括降低额和降低率两个指标。可比产品成本降低计划完成情况分析，就是将可比产品成本的实际降低额（按实际产量计算）和降低率与计划降低额（按计划产量计算）和降低率进行比较，来检查是否完成成本降低任务，见表7-8。

表7-8　**可比产品成本降低计划完成情况分析表**　金额单位：元

可比产品名称	计划成本降低任务		实际成本降低情况	
	降低额	降低率（%）	降低额	降低率（%）
甲				
乙				
合计				

表7-8中有关内容计算如下：

$$\text{计划成本降低额}=\text{全部可比产品计划产量按上年实际平均单位成本计算的总成本}-\text{全部可比产品计划产量按本年计划单位成本计算的总成本}$$

$$=\sum\text{计划产量}\times(\text{上年实际平均单位成本}-\text{本年计划平均单位成本})$$

$$\text{计划成本降低率}=\frac{\text{计划成本降低额}}{\text{全部可比产品计划产量按上年实际平均单位成本计算的总成本}}\times100\%$$

$$=\frac{\text{计划成本降低额}}{\sum(\text{计划产量}\times\text{上年实际平均单位成本})}\times100\%$$

$$\text{实际成本降低额}=\text{全部可比产品实际产量按上年实际平均单位成本计算的总成本}-\text{全部可比产品实际产量按本年实际单位成本计算的总成本}$$

$$=\sum\text{实际产量}\times(\text{上年实际平均单位成本}-\text{本年实际平均单位成本})$$

$$\text{实际成本降低率}=\frac{\text{实际成本降低额}}{\text{全部可比产品实际产量按上年实际平均单位成本计算的总成本}}\times100\%$$

$$=\frac{\text{实际成本降低额}}{\sum(\text{实际产量}\times\text{上年实际平均单位成本})}\times100\%$$

在分析可比产品成本时，不仅要将本年实际成本与本年实际产量的计划成本相比较，还要将本年计划平均单位成本同上年第四季度实际平均单位成本进行对比。如果发现前者高于后者，则说明计划较保守、不先进，落后于实际生产已经达到的成本水平，这样就起不到控制成本的作用了。

业务链接7-7

分析可比产品成本降低计划完成情况

沿用“业务链接7-5”的资料，幸福公司可比产品成本降低计划完成情况分析见表 7-9。

表7-9 **幸福公司可比产品成本降低计划完成情况分析表** 金额单位：万元

可比产品名称	计划成本降低任务		实际成本降低情况	
	降低额	降低率（%）	降低额	降低率（%）
甲产品	190.40	2.87	380.80	5.74
乙产品	3.60	0.04	-844	-8.35
合计	194	1.23	-463.20	-2.77

请对幸福公司可比产品成本降低计划完成情况进行说明。

解析：从表 7-9 可以看出，该公司可比产品成本降低计划的完成情况相当不好，实际成本降低额为-463.20 万元，不但未完成计划成本降低额，反而有所扩大。分品种来看，甲产品实际成本降低额和降低率都超额完成了计划，但乙产品实际成本降低额和降低率都未完成计划，成本还有较大的上升空间，应进一步分析其原因。

（4）可比产品成本降低任务完成情况的因素分析

影响可比产品成本降低任务完成情况的因素主要有三个，即产品产量因素、品种构成因素和单位成本因素。一般采用连环替代法分析三种因素对可比产品成本降低额和降低率的影响。对于不可比产品，由于在以前年度没有正式生产过，只能将其实际成本与计划成本进行比较。

①产品产量因素。可比产品成本计划降低任务是根据各种产品计划产量制定的，而实际成本降低额和降低率是根据各种产品的实际产量计算的。因此，在产品品种构成和单位成本不变时，产品产量的增减，只会引起成本降低额发生同比例的增减，而不会影响成本降低率的变化。因为当品种结构不变时，说明各种产品的产量计划完成率都相同，在计算成本降低率时，因分子、分母都具有相同的产量增减比例而使得成本降低率不变。

②产品品种构成因素。产品品种构成，也称品种结构，是指各种产品数量在全部产品数量总和中所占的比重。由于各种产品的实物量不能简单相加，而可比产品成本降低任务是以上年单位成本为基础计算的，所以在分析时，一般是以上年单位成本为基础计算可比产品的品种结构。产品品种构成的计算公式如下：

$$\text{某种产品品种构成}=\frac{\text{某种产品实物量}\times\text{该种产品上年单位成本}}{\sum(\text{某种产品实物量}\times\text{该种产品上年单位成本})}\times100\%$$

各种可比产品的成本降低率不同，有的高，有的低。如果成本降低率高的产品在全部可比产品产量中的比重提高，全部可比产品成本降低率就会提高，降低额也会相应地增加；反之，降低率和降低额则会减少。

$$\text{品种结构变动对成本降低率的影响}=\frac{\text{品种结构变动对成本降低额的影响数}}{\sum(\text{实际产量}\times\text{上年实际单位成本})}\times100\%$$

③产品单位成本因素。可比产品成本降低计划和实际完成情况，都是以上年

平均单位成本为基础计算的。这样，各种产品单位成本实际比计划降低或升高，必然引起成本降低额和降低率实际比计划相应地升高或降低。产品单位成本的变动与成本降低额和降低率的变动方向相反。

可比产品成本降低计划完成情况的因素分析可以采用连环替代法，分别计算产量、品种结构、单位成本三个因素变动对成本降低任务完成情况的影响，可以通过编制可比产品成本降低任务完成情况分析表来进行分析，见表7-10。

表7-10 **可比产品成本降低任务完成情况分析表**

顺序	指标	成本降低额（元）	成本降低率（%）
（1）	按计划产量、计划品种结构、计划单位成本计算的成本降低额D_1和成本降低率K_1	$D_1=\sum P_1C_0-\sum P_1C_1$	$K_1=\frac{D_1}{\sum P_1C_0}\times 100\%$
（2）	按实际产量、计划品种结构、计划单位成本计算的成本降低额D_2和成本降低率K_2	$D_2=\sum P_2C_0\times K_1$	$K_2=K_1$
（3）	按实际产量、实际品种结构、计划单位成本计算的成本降低额D_3和成本降低率K_3	$D_3=\sum P_2C_0-\sum P_2C_1$	$K_3=\frac{D_3}{\sum P_2C_0}\times 100\%$
（4）	按实际产量、实际品种结构、实际单位成本计算的成本降低额D_4和成本降低率K_4	$D_4=\sum P_2C_0-\sum P_2C_2$	$K_4=\frac{D_4}{\sum P_2C_0}\times 100\%$
各因素的影响程度			
产量变动的影响=（2）－（1）			
品种结构变动的影响=（3）－（2）			
单位成本变动的影响=（4）－（3）			
合计			

注：P代表产量；C代表单位成本；0、1、2分别代表上年数、计划数、实际数。

同步案例7-1

东方公司可比产品成本降低任务完成情况分析

背景与情境：东方公司为招聘核算人员特别提供了2020年甲、乙产品成本的有关资料见表7-11。

表7-11 **2020年甲、乙产品成本资料表** 金额单位：元

可比产品名称	计划产量（件）	实际产量（件）	上年实际平均单位成本	本年计划单位成本	本年实际单位成本
甲产品	1 650	2 200	100	90	89
乙产品	550	550	200	190	188

东方公司要求被招聘人员分析可比产品成本降低任务完成情况，对其进行详尽分析并提出降低成本的若干建议。

被聘人员赵伟根据现有资料，提出了分析的步骤：首先，计算两种产品成本的计划降低额与计划降低率；其次，计算全部产品成本的实际降低额和实际降低率；最后，对比成本实际降低额与计划降低额，得出产品成本降低，也就是完成了成本计划降低任务。公司认为，赵伟设计的计划还不够详尽。

问题：请你帮助他根据以上资料得出是否还能进一步分析可比产品成本的降低任务完成情况（计算结果保留小数点后两位）的结论。

分析提示：

（1）首先，计算全部可比产品的成本降低任务即成本计划降低额与计划降低率。2020年度可比产品成本计划见表7-12。

表7-12 **2020年度可比产品成本计划表** 金额单位：元

产品名称	计量单位	计划产量	单位成本		总成本		成本计划降低任务	
			上年实际	本年计划	上年成本	计划成本	降低额	降低率
		P_1	C_0	C_1	P_1C_0	P_1C_1	$P_1C_0-P_1C_1$	$\frac{P_1C_0-P_1C_1}{P_1C_0}$
可比产品								
甲产品	件	1 650	100	90	165 000	148 500	16 500	10%
乙产品	件	550	200	190	110 000	104 500	5 500	5%
合计					275 000	253 000	22 000	8%

（2）其次，计算全部可比产品成本的实际降低额与实际降低率，与计划降低额和计划降低率相对比，分析其成本降低任务完成情况见表7-13。

表7-13 **2020年度可比产品成本实际完成情况表** 金额单位：元

产品名称	计量单位	实际产量	单位成本			总成本			成本实际降低情况	
			上年实际	本年计划	本年实际	上年成本	计划成本	本年实际	降低额	降低率
		P_2	C_0	C_1	C_2	P_2C_0	P_2C_1	P_2C_2	$P_2C_0-P_2C_2$	$\frac{P_2C_0-P_2C_2}{P_2C_0}$
可比产品										
甲产品	件	2 200	100	90	89	220 000	198 000	195 800	24 200	11%
乙产品	件	550	200	190	188	110 000	104 500	103 400	6 600	6%
合计						330 000	302 500	299 200	30 800	9.33%

由此可以看出，全部可比产品成本实际降低额超额完成了计划，比计划多降

低8 800元（30 800−22 000）；成本实际降低率较计划增加了1.33%（9.33%−8%）。

（3）影响可比产品成本降低任务完成情况的因素主要有三个，即产品产量因素、品种结构因素和单位成本因素，采用连环替代法可以分析三个因素对可比产品成本降低额和降低率的影响。因此，用连环替代法分别计算产品产量、产品品种构成、产品单位成本三个因素的变动对成本降低任务完成情况的影响，见表7−14。

表7−14 **可比产品成本降低任务完成情况分析表**

顺序	指标	成本降低额（元）	成本降低率
（1）	按照计划产量、计划品种结构、计划单位成本计算的成本降低额与降低率	$\sum P_1C_0-\sum P_1C_1$ =275 000−253 000 =22 000	22 000÷275 000×100% =8%
（2）	按照实际产量、计划品种结构、计划单位成本计算的成本降低额与降低率	$\sum P_2C_0\times 8\%$ =330 000×8% =26 400	8% （保持不变）
（3）	按照实际产量、实际品种结构、计划单位成本计算的成本降低额与降低率	$\sum P_2C_0-\sum P_2C_1$ =330 000−302 500 =27 500	27 500÷330 000×100% =8.33%
（4）	按照实际产量、实际品种结构、实际单位成本计算的成本降低额与降低率	$\sum P_2C_0-\sum P_2C_2$ =330 000−299 200 =30 800	30 800÷330 000×100% =9.33%
各因素的影响程度			
产量变动的影响=（2）−（1）		26 400−22 000=4 400	—
品种结构变动的影响=（3）−（2）		27 500−26 400=1 100	0.33%
单位成本变动的影响=（4）−（3）		30 800−27 500=3 300	1%
合计		8 800	1.33%

由此可见，单位成本变动的影响较大，如果有更为详尽的资料，应该进一步分析查找其原因。

7.3.2 主要产品单位成本表的编制与分析

1）主要产品单位成本表的编制

主要产品单位成本表是反映企业一定时期内主要产品生产成本水平、变动情况及构成情况的成本报表。由于商品产品成本表中各主要产品的成本只列示总数，无法根据表格分析其构成情况，因此要编制本报表作为商品产品成本表的补充说明。所以，该表按照成本项目反映的“上年实际平均”“本年计划”“本年实际”“本年累计实际平均”的单位成本，应与商品产品成本表中相应的单位成本数据分别相等。通过该报表，可以反映出主要产品单位成本的变动，并可分析该产品成本变动的原因。主要产品单位成本表的格式见表7-15。

表7-15 主要产品单位成本表

20××年12月

产品名称：甲产品　　产品单位售价：1 200元

产品规格：1升　　本月实际产量：100件

计量单位：件　　本年累计实际产量：800件　　金额单位：元

成本项目	历史先进水平	上年实际平均	本年计划	本年实际	本年累计实际平均
直接材料	620	700	690	685	687
直接人工	70	90	92	89	90
制造费用	30	80	78	81	79
生产成本小计	720	870	860	855	856

本报表的特点是按照产品的成本项目分别反映产品单位成本及各成本项目的历史先进水平、上年实际平均、本年计划、本年实际与本年累计实际平均的成本资料。

编制主要产品单位成本表是为了考核各种主要产品单位成本计划的执行情况，了解单位成本的构成，分析各个成本项目的变化及其原因，以便寻找差距、挖掘潜力、降低成本。主要产品单位成本表的编制方法如下：

①基本部分的产品名称、规格、计量单位、产量，根据有关产品成本计算单填列；

②各成本项目的历史先进水平的数字，根据企业的成本历史资料填列；

③各成本项目的上年实际平均单位成本的数字，根据上年度的成本资料填列；

④各成本项目的本年计划单位成本的数字，根据本年计划资料填列；

⑤各成本项目的本年实际单位成本的数字，根据实际成本资料填列；

⑥各成本项目的本年累计实际平均单位成本的数字，根据本年各项目总成本除以累计产量后的商填列。

2）主要产品单位成本表的分析

对主要产品单位成本表分析的意义在于揭示各种产品单位成本及各个成本项目以及各项消耗定额的超支或节约的情况，尤其是能够密切结合产品设计、生产工艺，以及各项消耗定额等的变化对产品成本的影响，查明各种产品单位成本升降的具体原因。一般来说，制造企业生产产品的种类较多，如果对各种产品单位成本不加选择就进行详细深入的分析，既是一种浪费，也会使分析缺乏重点。所以，产品单位成本分析应抓住重点，着重对一些企业经常生产、在全部产品中所占比重较大、能代表企业生产经营基本面貌的主要产品或成本发生异常变动的产品进行分析。

产品单位成本表分析的内容包括：一是产品单位成本的计划完成情况分析，即分析产品单位成本及其各成本项目的升降情况；二是产品单位成本的主要成本项目分析，即按照直接材料、直接人工、制造费用等主要成本项目对产品单位成本进行分析，以查明造成产品单位成本升降的原因。

① 产品单位成本的计划完成情况分析。应采用比较分析法，计算单位成本实际比计划、上期、历史先进水平的升降情况，然后着重对某些产品进一步按照成本项目对比研究其成本变动情况，查明影响单位成本升降的原因。

② 产品单位成本的主要成本项目分析。为了进一步分析单位成本升降的原因，还必须按照成本项目进行分析。

直接材料费用的影响因素有产量、单位产品材料消耗、材料单价，可用因素分析法计算三个因素变动对直接材料费用的影响，具体分析可参见本章7.2中的因素分析法。

综合分析后，必须进一步分析材料消耗量与价格变动的影响因素，进一步揭示直接材料发生差异的原因。例如，影响材料费用的因素包括产品设计的改进、材料质量的变化、下料和生产工艺方法的改变；影响直接材料价格的因素包括采购价格、运输费用、有关税费、运输途中的损耗等。在分析上述因素对材料成本的影响时，要深入生产实践，结合生产技术、生产组织及各种经济技术指标的变动情况进行调查研究，以便采取措施。

直接工资费用分析必须结合工资制度来进行。在计件工资制度下，影响单位成本中工资费用的因素是计件单价；在计时工资制度下，产品单位成本中的费用受工时数与小时工资率变动的影响。影响工时变动的因素主要包括生产组织因素、材料质量与规格因素、生产工艺及操作方法因素、工人技术熟练程度及劳动态度因素等。影响工人工资总体变动的因素包括企业的工资制度、企业的产品特点、企业的物质技术条件、企业的工人素质、企业的管理水平等。

业务链接7-8

通达公司单位成本直接工资费用分析

通达公司有关工资资料见表7-16。

表7-16 **通达公司工资资料**

项目	计划数	实际数	差异
单位产品耗用工时（小时）	400	410	+10
小时工资（元）	0.6	0.5	-0.1
单位产品工资费用（元）	240	205	-35

请对通达公司单位产品直接工资费用进行分析。

解析： 单位产品耗用工时变动影响=（实际工时-计划工时）×计划小时工资

=（410-400）×0.6=6（元）

小时工资变动影响=（实际小时工资-计划小时工资）×实际工时

=（0.5-0.6）×410=-41（元）

单位产品工资费用变动合计=单位产品耗用工时变动影响+小时工资变动影响

=6+（-41）=-35（元）

制造费用分析通常与计时工资制度下直接人工费用的分析方法类似，先要分析单位产品所耗工时变动与每小时制造费用变动这两个因素对制造费用变动的影响，然后查明这两个因素变动的具体原因。

同步思考7-3

资料： 丁力同学在学习完报表编制与分析后认为，主要产品单位成本表既分析了单位产品成本的降低额与降低率，又进一步分析了每种因素的影响程度，已经较为全面了。既然如此，就没有必要再编制商品产品成本表进行重复性工作。

问题： 你认为丁力的说法正确吗？商品产品成本表与主要产品单位成本表各自的作用是什么？

理解要点： 丁力的说法不正确。商品产品成本表是反映企业在报告期内生产的全部商品产品总成本以及单位成本的会计报表。利用该报表可以考核企业全部商品产品成本的执行情况以及可比产品成本降低任务的完成情况，以便分析成本增减变化的原因并指出进一步降低产品成本的途径。由于在商品产品成本表中各主要产品的成本只列示总数，无法根据报表分析其成本项目的构成情况，因此要编制主要产品单位成本表作为商品产品成本表的补充说明。一般来说，制造企业生产产品的种类较多，如果对各种产品单位成本不加选择就进行深入分析，既是一种浪费，也会使分析缺乏重点。所以，主要产品单位成本表应抓住重点，着重对一些企业经常生产、在全部产品中所占比重较大、能代表企业生产经营基本面貌的主要产品或成本发生异常变动的产品进行分析。所以，两张报表之间是一种相互补充的关系，不能相互替代。

同步案例7-2

日生公司甲产品单位成本分析

背景与情境： 日生公司是一家实力雄厚的股份有限公司，甲产品是该公司生产的主要产品。2020年，甲产品单位成本上升，造成利润下滑，公司准备在下一年采取措施，努力降低成本。为此，公司决定对甲产品的成本情况进行分析并找出原因，寻求方法。甲产品的单位成本资料见表7-17。

新来的公司成本核算员根据财务经理的指示，运用指标对比分析法计算并确定单位产品各成本项目变动情况，据以编制甲产品单位成本计划完成情况分析表，见表7-18。

表7-17　　**甲产品单位成本表**　　金额单位：元

产品名称	甲产品	计量单位		件	计划产量		60
					实际产量		50
成本项目	上年实际平均单位成本				本年计划单位成本		本年实际平均单位成本
直接材料	559				490		516
直接人工	115.50				90		95
制造费用	105.60				93		104
废品损失	34				27		25
合　计	814.10				700		740
明细项目	计量单位	上年度		计划数		实际数	
		单位用量	单价	单位用量	单价	单位用量	单价
原材料							
A	千克	26	10	20	10	22	10
B	千克	11	9	10	9	12	8
C	千克	20	20	20	10	20	10
工资	小时	165	0.70	150	0.60	160	0.59375
制造费用	小时	165	0.64	150	0.62	160	0.65000

表7-18　　**甲产品单位成本计划完成情况分析表**　　金额单位：元

成本项目	计划成本	实际成本	降低或超支		各项目变动对单位成本影响的百分比
			金额	百分比	
直接材料	490	516	26	5.31%	3.71%
直接人工	90	95	5	5.56%	0.71%
制造费用	93	104	11	11.83%	1.57%
废品损失	27	25	−2	−7.41%	−0.28%
合计	700	740	+40	+15.29%	+5.71%

根据甲产品单位成本计划完成情况分析表，甲产品实际单位成本比计划超支40元，超支率为5.71%，其主要原因是原材料成本提高以及制造费用与工资支出提高。从各成本项目超降幅度来看，除了废品损失下降了7.41%外，其余各项目

超支幅度均在5%~12%。

问题：要求根据所学知识及所给资料分析以上计算内容是否正确？对甲产品的分析是否还能更为详尽？帮助日生公司找出成本升高的具体原因并进行分析评价。

分析提示：

（1）日生公司成本核算员的计算正确，分析结果也正确。但是，根据所给资料提供的直接材料等因素的具体构成情况，有必要进一步分析各成本项目提高的原因。

（2）运用因素分析法分析各成本项目变动情况及具体原因。

①直接材料项目成本差异计算见表7-19。

表7-19 **直接材料成本差异计算表** 金额单位：元

材料名称	计量单位	耗用量		材料单价		材料成本		差异
		计划	实际	计划	实际	计划	实际	
A	千克	20	22	10	10	200	220	20
B	千克	10	12	9	8	90	96	6
C	千克	20	20	10	10	200	200	0
合计						490	516	26

单位产品材料成本上升26元，各因素影响结果为：

材料消耗量变动影响=（22-20）×10+（12-10）×9=38（元）

单价变动影响=（8-9）×12=-12（元）

由此可见，材料成本上升的主要原因是材料消耗量增加，而材料单价下降使材料成本下降了12元。为此，应进一步查找材料消耗量上升的原因，是属于产品设计变更、制造方法改变、机器设备性能变化、材料质量下降等原因，还是属于工人操作与技术水平落后等原因。

②直接人工项目成本差异计算见表7-20。

表7-20 **直接人工成本差异计算表**

项目	计划	实际	差异
单位产品生产工时（小时）	150	160	10
小时工资率（元）	0.60000	0.59375	-0.00625
单位产品直接工资（元）	90	95	5

单位产品直接人工成本上升5元，各因素影响结果为：

单位产品生产工时变动影响=（160-150）×0.6=6（元）

小时工资率变动影响=（0.59375-0.60000）×160=-1（元）

单位产品工资成本上升，主要是由单位产品生产工时增加造成的。为此，需进一步分析单位产品生产工时增加的具体原因，是由机器设备、材料质量和制造方法改变等客观原因造成的，还是由工人熟练程度、劳动纪律、劳动态度等主观原因造成的。

③制造费用项目成本差异计算见表7-21。

表7-21　**制造费用成本差异计算表**

项目	计划	实际	差异
单位产品生产工时（小时）	150	160	10
小时制造费用率（元）	0.62	0.65	0.03
单位产品制造费用（元）	93	104	11

单位产品制造费用上升11元，各因素影响结果为：

单位产品生产工时变动影响=（160−150）×0.62=6.2（元）

小时制造费用率变动影响=（0.65−0.62）×160=4.8（元）

对于制造费用的变动，应分具体项目进行对比，分析升降幅度及原因。

（3）废品损失项目差异分析。

本例中废品损失实际比计划下降了2元，下降幅度为0.28%，应分析废品损失产生的具体原因及责任者，考虑能否采用更好的方法减少废品损失，以达到进一步降低产品成本的目的。

7.3.3　制造费用明细表的编制与分析

制造费用明细表是反映企业在一定的会计期间内为组织和管理生产所发生的费用总额及各明细项目数额的报表。利用该报表可以考核企业制造费用的构成及变动情况。

制造费用明细表中有关明细项目的划分，可以参照财政部的有关制度规定，根据企业的具体情况进行增减变更，但不宜经常性变更，以保持各报告期之间的相关数据具有可比性。若本年度内对某些项目的划分进行了修改，使得计算结果与上一年不一致，应将上一年有关报表的对应明细项目按照本年度的划分标准重新进行调整，并在表后的附注中予以文字说明。

制造费用明细表按照其费用明细项目反映企业在本期内实际发生的各项费用。该表按照费用项目分别对“上年实际”“本年计划”“本年实际”予以反映。通过本年实际与上年实际相比较，可以了解制造费用各项目的变动情况，从动态上研究其特征及发展规律；通过本年实际与本年计划相比较，可以反映制造费用的计划完成情况及节约或超支的原因。制造费用明细表的格式见表7-22。

在表7-22中，“上年实际”栏应根据上年制造费用明细表中的有关数字填列；“本年计划”栏应分别根据本年制造费用的计划资料填列；“本年实际”栏应根据制造费用明细账中的有关数字填列。

表7-22　　制造费用明细表

编制单位：　　20××年度　　单位：元

项目	行次	上年实际	本年计划	本年实际
人工费	1			
折旧费	2			
修理费	3			
办公费	4			
水电费	5			
机物料消耗	6			
劳动保护费	7			
季节性停工损失	8			
保险费	9			
其他	10			
合计				

业务链接7-9

通达公司制造费用明细表的分析

通达公司某年度制造费用明细表见表7-23。

表7-23　　制造费用明细表

编制单位：通达公司　　20××年度　　单位：元

项目	行次	上年实际	本年计划	本年实际
人工费	1	17 000	15 390	21 090
折旧费	2	20 000	20 000	22 500
修理费	3	11 000	12 900	10 850
办公费	4	1 400	1 800	1 360
水电费	5	7 000	7 000	7 200
机物料消耗	6	6 500	6 600	6 360
劳动保护费	7	30 000	30 000	27 900
季节性停工损失	8			
保险费	9			
其他	10			
合计		92 900	93 690	97 260

请对该公司制造费用进行分析。

解析：从表7-23可以看出，通达公司制造费用本年较上年增长了4 360元，增长率为4.69%，对此应综合产量的变动加以分析，看其是否合理。此外，从各项费用项目来看，除修理费、办公费、机物料消耗、劳动保护费降低以外，其余费用全部上升，人工费上升幅度较大，公司应重点加以分析。

课程思政7-2

赵丽的行为

背景与情境：晓东电子公司的会计赵丽因工作努力，钻研业务，积极提出合理化建议，多次被公司评为先进会计工作者。赵丽的丈夫在一家私有电子企业任总经理，在其丈夫的多次请求下，赵丽将其在工作中接触到的公司新产品研发计划和相关产品成本报表及分析资料的复印件提供给其丈夫，从而给公司造成一定的损失。

问题：公司认为赵丽不宜继续担任会计工作，是否正确？赵丽违反了哪些会计职业道德要求？哪些单位或部门可以对赵丽违反会计职业道德的行为进行相关处理？

研判提示：

（1）公司认为赵丽不宜继续担任会计工作的想法是正确的。

（2）赵丽违反了诚实守信、廉洁自律的会计职业道德要求。

（3）财政部门、会计职业团体、赵丽所在单位对赵丽违反会计职业道德的行为，均可以在各自的职权范围内进行处理。

《会计法》规定，会计人员应当遵守会计职业道德。《会计专业技术资格考试暂行规定》把遵守会计职业道德作为参加会计专业技术资格考试的前提条件。《会计人员管理办法》（自2019年1月1日起施行）第三条明确规定，会计人员从事会计工作要遵守《中华人民共和国会计法》和国家统一的会计制度等法律法规，具备良好的职业道德。所以，县级以上地方人民政府财政部门可以依法对单位任用（聘用）会计人员及其从业情况进行管理和监督检查，并将监督检查情况及结果及时向社会公开。财政部门可以对会计人员的会计职业道德进行监督检查，对违反职业道德的行为采取在会计行业范围内通报批评、责令其参加一定学时的继续教育课程等惩罚措施，并与会计人员年检相结合。如果会计职业组织会员违反了会计职业道德要求，会计职业组织可以根据行业自律性监管的有关规定，对其采取公开谴责，直至取消其会员资格等惩戒措施。此外，根据《会计法》的规定，单位负责人需要对本单位的会计工作及会计资料的真实性、完整性负责。单位负责人有责任建立并完善企业的内部控制制度，开展会计职业道德教育，检查并考核本单位会计人员对会计职业道德的遵守情况，对违反会计职业道德的行为，可以按照单位内部有关制度进行惩处，情节严重者可作除名的处理。

7.3.4 期间费用明细表的编制与分析

期间费用明细表是反映企业在一定会计期间内的各项期间费用的发生额及构成情况的报表，包括管理费用明细表、销售费用明细表和财务费用明细表。期间费用明细表通常按月进行编制。

期间费用明细表一般按照费用项目，分别反映该费用项目的上年实际数（或上年同期实际数）、本年（月）计划数、本月实际数和本年累计实际数。利用期间费用明细表，可以分析该项期间费用的构成及增减变动情况，考核期间费用计划（预算）的执行情况。

在管理费用明细表、销售费用明细表和财务费用明细表中，“上年实际”栏应分别根据上年12月份的“本年累计实际”栏进行填列；“本年计划”栏应分别根据本年管理费用预算、销售费用预算和财务费用预算最终确定的本年计划数额进行填列；“本月实际”栏应分别根据管理费用明细账、销售费用明细账和财务费用明细账本月发生额合计数填列；“本年累计实际”栏应分别根据管理费用明细账、销售费用明细账和财务费用明细账的本年累计发生额进行填列，也可以根据上月该表的“本年累计实际”栏的数字与本月该表的“本月实际”栏的数字之和进行填列。管理费用明细表的格式见表7-24。

表7-24 管理费用明细表

编制单位： 20××年12月 单位：元

费用项目	上年实际	本年计划	本月实际	本年累计实际
1.公司经费				
其中：职工薪酬				
办公费				
差旅费				
折旧费				
修理费				
机物料消耗				
低值易耗品摊销				
2.工会经费				
3.职工教育经费				
4.劳动保险费				
5.待业保险费				
6.董事会费				

续表

费用项目	上年实际	本年计划	本月实际	本年累计实际
7.咨询费				
8.聘请中介机构费				
9.诉讼费				
10.税费				
11.技术转让费				
12.研究与开发费				
13.无形资产摊销				
14.业务招待费				
15.其他管理费用				
合计				

课程思政 7-3

公生明，廉生威

背景与情境：万民公司是一家国有大型企业。2018年12月，公司总会计师李小隆在看过公司的内部成本报表后，认为公司成本控制不好，成本上升较大，导致销售业绩下滑，面临亏损，因而电话告知正在外地出差的董事长叶文。董事长指示把财务会计报告做得漂亮些。于是总会计师李小隆按照董事长的意图，伙同会计机构负责人程隆对当年的财务会计报告进行了技术处理，通过会计交易造假虚增交易收入，隐匿企业成本费用，从而使公司报表由亏转盈。经诚信会计师事务所审计后，公司财务会计报告对外报出。2019年4月，当地财政部门发现该公司存在重大会计造假行为，依据《会计法》及相关法律，对其下达了行政处罚告知书。万民公司相关人员接到行政处罚告知书后，均申请要求举行听证会。

在听证会上，有关当事人作了如下陈述：

公司董事长叶文说："我前一段时间出差在外，对公司情况不太了解，虽然在财务会计报告上签名并盖章，但只是履行手续，我不能负任何责任。具体情况可由公司总经理予以说明。"

公司总会计师李小隆说："公司对外报出的财务会计报告是经过诚信会计师事务所审计的，他们出具了无保留意见的审计报告。诚信会计师事务所应对本公司的财务会计报告的真实性、完整性负责，并承担由此带来的一切后果。"

会计机构负责人程隆说："是董事长和总会计师强令我造假编制会计报表的，我不应该负法律责任。"

问题：

（1）本案例存在哪些思政问题？

（2）试对万民公司相关会计人员的行为作出你的思政研判。

（3）通过适当途径搜集你作思政研判所依据的相关规范。

（4）本案例对你有哪些启示？

研判提示：

（1）本案例中的各位当事者行为都存在严重违反会计法律制度，并背离会计职业道德，特别是有违党的“二十大”报告中提出的“明大德、守公德、严私德”的公民道德建设要求等思政问题。

（2）案例中关于三人的陈述，需要研判的有四点：其一，三人都涉及会计信息造假，虚增会计收入和隐匿成本费用的行为，都严重违反了《会计法》的相关规定；其二，董事长作为单位负责人与法定代表人，按照法律要求在公司财务会计报告上签名盖章，并对本公司的财务会计报表的真实性、完整性负责，不能以任何借口推脱。其三，总会计师的陈述不符合会计法律、法规、制度的规定。会计责任与审计责任不能相互替代、减轻或免除。总会计师应对财务会计报告的真实性、完整性负责。同时需要指出，会计师事务所也应当承担相应的审计责任。其四，会计机构负责人程隆作为会计人员对违反《会计法》和国家统一会计制度规定的会计事项有权拒绝办理，或者按照职权予以纠正。他们三人的行为都严重背离了会计职业道德的相关内容。

（3）搜集到的思政研判依据如下：

①研判（1）和（2）中提及的“违法违规”依据有五：

A.《会计法》第三章第二十六条规定公司、企业进行会计核算不得有下列行为：

（一）随意改变资产、负债、所有者权益的确认标准或者计量方法，虚列、多列、不列或者少列资产、负债、所有者权益；（二）虚列或者隐瞒收入，推迟或者提前确认收入……公司的行为显然违反了本条规定。

B.《会计法》第二章第二十一条规定：财务会计报告应当由单位负责人和主管会计工作的负责人、会计机构负责人（会计主管人员）签名并盖章；设置总会计师的单位，还须由总会计师签名并盖章。单位负责人应当保证财务会计报告真实、完整。因此单位法定代表人董事长叶文不能以任何借口逃避责任。同样总会计师和会计机构负责人身为单位会计人员更不能知法犯法。

C.《会计法》第四章第二十八条规定：单位负责人应当保证会计机构、会计人员依法履行职责，不得授意、指使、强令会计机构、会计人员违法办理会计事项。会计机构、会计人员对违反本法和国家统一的会计制度规定的会计事项，有权拒绝办理或者按照职权予以纠正。会计机构负责人程隆没有遵守本条规定。

D.《会计法》第四章第三十一条规定：须经注册会计师进行审计的单位，应当向受委托的会计师事务所如实提供会计凭证、会计账簿、财务会计报告和其他会计资料以及有关情况。本案例中会计人员提供了虚假的会计资料。

E.《会计法》第六章第四十三条规定：伪造、变造会计凭证、会计账簿，编制虚假财务会计报告，构成犯罪的，依法追究刑事责任。有前款行为，尚不构成犯罪的，由县级以上人民政府财政部门予以通报，可以对单位并处五千元以上十万元以下的罚款；对其直接负责的主管人员和其他直接责任人员，可以处三千元以上五万元以下的罚款；属于国家工作人员的，还应当由其所在单位或者有关单位依法给予撤职直至开除的行政处分；其中的会计人员，五年内不得从事会计工作。

②研判（1）中提及的“背离会计职业道德”和研判（2）中提及的几项行为，至少违反了会计职业道德中的“坚持准则”“诚实守信”等“职业守则”：“坚持准则”要求会计人员熟悉国家法律、法规和国家统一的会计制度，始终坚持按法律、法规和国家统一的会计制度的要求进行会计核算，实施会计监督；“诚实守信”要求会计人员做老实人，说老实话，办老实事，执业谨慎，信誉至上，不为利益所诱惑，不弄虚作假，不泄露秘密。

（4）本案例对我的启示有三：

①不作假账，廉洁自律是一名会计人员应具备的职业道德底线，作为会计人员在工作中应该严格遵守企业会计准则要求，保证会计记录真实有效，杜绝违法和失德行为，保持职业操守。② 财务造假只能隐瞒企业一时的经营状况，却不能掩盖实际中越来越严重的经营困境。要想救活一家企业，需要真正在经营上下功夫，找到突破口，从根本上扭转困境。否则，无论怎么去粉饰报表，都不能解决企业的实质性问题。诚信社会的建设亦需要无数有道德的会计人员逐步建立、完善起来。③作为会计学专业学生从现在开始要提高各方面专业技能，为今后服务的企业做好账、多参与，为管理提出良好建议，而不能与不良领导同流合污。

学习微平台

资源7-05

第8章 其他主要行业成本核算

学习目标

通过本章的学习，应该达到以下目标：

理论目标： 学习和把握商品流通企业、施工企业、旅游餐饮企业、铁路运输企业成本费用的概念、构成及账户设置、核算要求等陈述性知识；能用所学理论知识指导这些行业成本核算的相关认知活动，并正确解答《训练手册》中本章“客观题”和“主观题”的“理论题”各题型问题。

实务目标： 学习和把握商品流通企业、施工企业、旅游餐饮企业、铁路运输企业成本核算科目的运用，按核算程序核算其他行业成本，以及“业务链接”等程序性知识；能用所学实务知识规范这些行业成本核算的相关技能活动，并正确解答《训练手册》中本章“客观题”和“主观题”的“实务题”各题型问题。

案例目标： 能运用所学理论与实务知识研究相关案例，通过分析解答“同步案例”和《训练手册》中本章“客观题”与“主观题”的“案例题”，培养和提高学生在特定业务情境中分析问题与决策设计的能力；能结合本章教学内容，依照相关规范、要求或标准，对“课程思政”8-1至8-3和《训练手册》本章相关案例中的企业或人员行为进行思政研判，培养高尚的职业道德情操，践行社会主义核心价值观。

实训目标： 以所学“其他行业成本核算”的理论与实务知识为前提，在正确解答《训练手册》中本章“客观题”与“主观题”的“实训题”各题型问题，并了解和把握本实训所及“能力与道德领域”相关技能点的“规范与标准”的基础上，参加“施工企业成本核算”业务胜任力的实践训练。通过切实体验各实训任务的完成、系列技能操作的实施以及相应《施工企业成本核算实训报告》的准备、撰写等有质量、有效率的活动，培养其“施工企业成本核算”的专业能力，强化其“与人交流”、“与人合作”、“解决问题”和“革新创新”等职业核心能力（中级），并通过“认同级”践行“职业观念”、“职业态度”、“职业良心”、“职业作风”、“职业守则”和“会计职业道德”等行为规范，促进其健全职业人格的塑造。

学习微平台

资源8-01

引例　中国铁路某局的决算会议

背景与情境： 2021年年末，中国铁路某局召开决算会议。在会上，成本核算科的会计李丽颖发表意见，她认为铁路企业是一个大型企业集团，涉及各行业成本的核算，包括铁路运营、列车上商品零售及餐饮服务、各机务段和车辆段机车车辆维修、铁路局所属工程部门施工企业等，在实际核算时，没有必要实行统一的核算制度，各自按照自身特点和所属行业进行成本核算会更加准确，最后各报各的账。王强提出反对，他认为铁路局作为一个集团公司，期末必须公布财务报表，铁路某局所属各行业需合并到一张报表上，作为一家企业必须实行统一的核算制度，即《运输成本费用管理核算规则》和国家统一的会计制度要求，各部门单位可以根据自身的实际适当增减会计科目和明细账目，这样上下级之间才能对账、核账、报账，如果各自都有一套账，期末如何统账？

问题： 你有自己的观点吗？学习本章后请回答这个问题。

“引例”涉及的成本核算，是本章学习的主要内容。

学习微平台

资源 8-02

8.1　商品流通企业成本核算

商品流通企业是商品流通业务的组织者、经营者，从事商品的购进、销售、调拨和储存等经济业务，是具有法人地位的独立经济组织。商品流转通常要经过批发和零售两个环节。批发商品流通是指商品从生产领域进入流通领域供进一步转卖或销售给生产部门进行生产消费的买卖行为；零售商品流通是指把商品销售给城乡居民或销售给企事业单位等用于非生产消费的买卖行为。商品流通企业主要有商品批发企业和商品零售企业两种类型。在实际工作中，批发商品业务和零售商品业务也不是完全分离的，有的批发企业也设有零售门市部，经营零售商品业务；有的零售企业也兼营批发业务。

8.1.1　商品流通企业成本的构成

商品流通又称商品流转，是商品通过买卖方式，从生产领域到消费领域的转移过程，具有三个基本特征：一是商品流转必须以商品实物的转移为前提；二是实物的流转必须通过货币收付；三是商品资产在全部资产中占有较大比例。其成本核算的内容涵盖从购入、储存到销售的过程。

商品批发零售企业一般设置进货成本、相关税费、采购费用等成本项目。进货成本是指商品的采购价款；相关税费是指购买商品发生的进口关税、资源税和不能抵扣的增值税等；采购费用是指运杂费、装卸费、保险费、仓储费、整理费、合理损耗以及其他可归属于商品采购成本的费用。采购费用金额较小的，可以在发生时直接计入当期销售费用。

1）商品购入（采购）成本

商品流通企业购进的商品，不论是用于国内销售还是供应出口，均按取得商品时所支付的价税款扣除按规定计算的增值税进项税额，作为购进商品的入账价格，具体有以下几种情况：

① 从生产单位购进的商品，以生产单位的出厂价（销售价）作为购进商品的入账价格。

② 从国内其他企业或系统内各企业购入的商品，以实际支付的批发价或调拨价作为购进商品的入账价格。

③ 收购的免税农副产品，按购入农业产品的买价扣除按规定计算的增值税进项税额后的数额作为购进商品的入账价格。

④ 委托外贸部门代理进口的商品，按实际支付给外贸部门的全部价税款扣除按规定计算的增值税进项税额后的数额作为购进商品的入账价格。

⑤ 进口的商品，按进口商品国外进价（到岸价）加上关税、消费税后的数额作为购进商品的入账价格。

⑥ 委托加工的商品，按加工过程中的实际成本作为加工成品的入账价格，包括原材料、加工费和加工税费。

商品流通企业在采购商品过程中发生的运输费、装卸费、保险费以及其他可归属于存货采购成本的采购费用等，应当计入存货采购成本。

2）商品存货成本

商品存货成本一般以商品采购成本为基础进行核算，并根据存货计价方法确定其成本。存货计价方法有数量进价金额核算法、数量售价金额核算法、进价金额核算法和售价金额核算法。

（1）数量进价金额核算法

数量进价金额核算法是指对库存商品的总分类账户和明细分类账户按照商品进价金额反映，同时明细分类账户还必须反映商品的实物数量。采用数量进价金额核算法，已销商品单位进价成本可以采用先进先出法、加权平均法、个别计价法、毛利率法等方法确定。

①先确定期末商品存货成本，再确定商品销售成本的方法，称为倒算成本法。有关计算公式为：

$$\text{期末商品存货成本}=\text{期末商品存货数量}\times\text{商品单位进价成本}$$

$$\text{商品销售成本}=\text{期初商品存货成本}+\text{本期增加商品成本}-\text{本期非销售付出商品成本}-\text{期末商品存货成本}$$

②先确定商品销售成本，再确定期末商品存货成本的方法，称为顺算成本法。有关计算公式为：

$$\text{商品销售成本}=\text{商品销售数量}\times\text{商品单位进价成本}$$

$$\text{期末商品存货成本}=\text{期初商品存货成本}+\text{本期增加商品成本}-\text{本期非销售付出商品成本}-\text{商品销售成本}$$

（2）数量售价金额核算法

数量售价金额核算法是指库存商品总分类账户和明细分类账户均按照售价金额反映，同时明细分类账户还必须反映商品的实物数量。“库存商品”账户反映的是含税售价金额，与实际进价成本的差额在“商品进销差价”账户中反映，每月终了按商品存销比例分摊商品进销差价，正确计算已销商品进价成本。有关计算公式为：

商品销售成本=已销商品售价（含税）-已销商品分摊的商品进销差价

已销商品分摊的商品进销差价=月末结账前商品进销差价总额-月末结存商品进销差价

月末结存商品进销差价=月末结存商品售价×商品进销差价率

商品进销差价率=月末结账前商品进销差价总额÷（月末结存商品售价+已销商品售价）×100%

业务链接8-1

东方商厦百货商店服装组“商品进销差价”

东方商厦百货商店服装组20××年8月末结账前，“商品进销差价”账户贷方余额为55 560元，“库存商品”账户借方余额为96 000元，本月“主营业务成本”账户借方发生额为459 600元。

请计算本月服装组已销商品进销差价率、月末结存商品进销差价、已销商品进销差价。

解析： 本月服装组已销商品进销差价率=55 560÷（96 000+459 600）×100%=10%

月末结存商品进销差价=96 000×10%=9 600（元）

已销商品进销差价=55 560-9 600=45 960（元）

（3）进价金额核算法

进价金额核算法是指按经营商品的实物负责人开设库存商品的明细分类账户，并只用进价金额进行核算的成本计算方法。进价金额核算法又称“进价记账、盘存计销”。月末结算时，通过实地盘点，按最后进价确定结存商品进价成本，并倒挤本月已销商品成本。

（4）售价金额核算法

售价金额核算法是指商品流通企业在建立实物负责制的基础上，库存商品的总分类账户和明细分类账户都只反映商品的售价金额，不反映商品的实物数量。售价金额核算法又称“售价记账、实物负责制”。其原理同数量售价金额核算法。

3）商品加工成本

商品加工成本是指企业将原材料、半成品等进行加工制成商品的全部支出。委托加工商品成本包括耗用的原材料或半成品成本、支付的加工费、运输费、装卸费、保险费、加工税费等。自营加工的商品成本，按制造过程中的各项实际净支出确定。

4）商品销售成本

商品销售成本是已销商品的进价成本。

毛利率法是商品流通企业常用的计算本月商品销售成本的一种方法。毛利率法是根据本月实际商品销售收入额，依上季度实际毛利率，先匡算本月商品销售毛利，再据以计算本月商品销售成本的一种方法。其计算公式为：

某商品销售毛利=该商品销售额-该商品销售成本

本月销售毛利=本月商品销售总额×上季度实际毛利率

本月商品销售成本=本月商品销售总额-本月销售毛利

或 本月商品销售成本=本月商品销售总额×（1-上季度实际毛利率）

毛利率法按大类或全部商品计算商品销售成本，所以计算比较简单，但计算结果往往不够准确。因此，在每季度的前两个月采用，到季末需计算出全季度的商品销售成本，用全季度的商品销售成本减去前两个月的商品销售成本，即为第三个月的商品销售成本。这样，保证了全季度商品销售成本计算结果的准确性。

业务链接8-2

雨裳服装批发企业7月、8月、9月商品销售成本

雨裳服装批发企业7月份服装类商品销售额为57 000元，8月份为65 000元，上季度服装类实际毛利率为15%，9月末统计，本季度共购进商品198 000元，季末盘点结存商品金额为42 000元，季初结存商品金额为12 400元。

请采用毛利率法计算7、8、9月份的商品销售成本。

解析： 7月份商品销售成本=57 000×（1-15%）=48 450（元）

8月份商品销售成本=65 000×（1-15%）=55 250（元）

第三季度商品销售总成本=12 400+198 000-42 000=168 400（元）

9月份商品销售成本=168 400-48 450-55 250=64 700（元）

同步思考8-1

资料： 东方家园百货商厦是一家大型零售百货商店，兼营少量批发业务。期末进行成本核算时，会计核算员采用“售价金额核算法”计算存货成本，同时确认主营业务成本就是“售价金额核算法”下的存货成本。

问题： 企业为什么采用“售价金额核算法”计算存货成本？主营业务成本就是“售价金额核算法”下的存货成本吗？运用商品流通企业成本构成的理论回答。

理解要点： “售价金额核算法”计算的存货成本是指商品流通企业在建立实物负责制的基础上，库存商品的总分类账户和明细分类账户都只反映商品的售价金额，不反映商品的实物数量和进价金额的核算方法，即控制商品售价；通过售价和摊销商品进销差价而倒挤出销售商品的存货成本，即由商品销售成本得出主营业务成本。有关计算公式为：

商品销售成本=已销商品售价（含税）-已销商品分摊的商品进销差价

已销商品分摊的商品进销差价=月末结账前商品进销差价总额-月末结存商品进销差价

月末结存商品进销差价=月末结存商品售价×商品进销差价率

商品进销差价率=月末结账前商品进销差价总额÷（月末结存商品售价+已销商品售价）×100%

东方家园百货商厦是一家大型零售百货商店，成本核算以控制商品零售价为主，同时各柜台自行负责商品数量的核算，适宜采用“售价金额核算法”计算存货成本，从而确定商品销售成本。

8.1.2　商品流通企业成本的核算

商品流通企业成本核算主要有商品批发企业成本核算和商品零售企业成本核算两种类型。

1）商品批发企业成本核算

批发商品流通是整个流通的起点，是商品从生产领域进入流通领域供进一步转卖或销售给生产部门进行生产消费的买卖行为，如专业批发公司、贸易中心等。商品批发企业主要适用“数量进价金额核算法”；经营金额较小、批量较少的小型经营批发企业及经营零售企业的库存商品和贵重商品等适用“数量售价金额核算法”。

（1）商品批发企业成本核算应设置的会计科目

①“材料采购”科目。“材料采购”科目是资产类科目，用于核算企业按计划成本核算购入商品的实际采购成本。凡是已支付货款的商品，无论该商品是否到货或验收入库，均应借记该科目；已验收入库的商品，贷记该科目；该科目的期末余额在借方，反映在途商品的采购成本。

②“在途物资”科目。“在途物资”科目是资产类科目，用于核算企业按实际成本（或进价）核算购入商品的实际采购成本。凡是已支付货款的商品，无论该商品是否到货或验收入库，均应借记该科目；所购商品已验收入库的，贷记该科目；该科目的期末余额在借方，反映在途商品的实际采购成本。

③“库存商品”科目。“库存商品”科目是资产类科目，用于核算企业全部的库存商品。在批发商品核算中，它应按商品进货原价或实际采购成本记账。企业购入并已验收入库的商品、加工商品收回、盘盈、销货退回等，应借记该科目；销售发生、进货退回、发出加工、盘亏等，应贷记该科目；该科目的期末余额在借方，反映结存的库存商品。

④“主营业务成本”科目。“主营业务成本”科目是损益类科目，用于核算企业的商品销售成本。借方登记商品销售成本数；贷方登记冲减的销售成本数；借方余额表示月内销售成本的累计数，月末转入“本年利润”科目的借方，结转后应无余额。

（2）商品批发企业成本核算程序

商品批发企业采用“数量进价金额核算法”核算存货成本。企业购入商品时，借记“在途物资”“应交税费——应交增值税（进项税额）”科目，贷记“银行存款”“应付账款”等科目；商品验收入库后，借记“库存商品”科目，贷记“在途物资”科目；商品销售后，按不含税商品售价反映商品销售收入，借记“银行存款”“应收账款”等科目，贷记“主营业务收入”“应交税费——应交增值税（销项税额）”科目，并按进价结转商品销售成本，借记“主营业务成本”科目，贷记“库存商品”科目。

批发企业商品销售成本的结转方法有分散结转和集中结转两种。分散结转是按每一库存商品明细账户计算出已销售商品的成本，并编制记账凭证逐户结转，然后逐户汇总，求得商品销售成本总额，并编制记账凭证汇总表，据以在库存商品总分类账（或类目账）上结转。这种方式计算工作量较大，但能提供每个品种的商品销售成本的详细资料。集中结转是平日在库存商品明细账上只登记销售商品的数量，期末（一般为月末）结转已销售商品成本时，根据确定的库存商品单价在明细账中计算出每种商品的结存金额，然后按类或全部商品汇总计算出大类或全部商品的期末结存金额，根据类目账或总账资料倒挤大类或全部销售商品的成本，并在类目账或总账上结转。

2）商品零售企业成本核算

零售商品流通是商品流转的最终环节，是把商品销售给城乡居民或销售给企事业单位等用于非生产消费的买卖行为，如百货公司、超市等。商品零售企业主要适用“售价金额核算法”；经营鱼、肉、菜、果等鲜活商品的企业适用“进价金额核算法”。

（1）商品零售企业成本核算应设置的会计科目

① “在途物资”科目。商品零售企业在购进商品后，通过本科目反映商品按进价核算的实际采购成本。其原理同商品批发企业成本核算该科目的设置。

② “库存商品”科目。由于商品零售企业实行“售价金额核算法”，即平时商品存货的购进、销售和结存均按售价登记本科目。商品由实物负责人验收入库后，应按照售价记入本科目。库存商品中包含了商品的实际进价和未实现的进销差价两部分内容。企业销售发出商品时，平时按售价结转商品销售成本，从本科目贷方转出；期末借方余额反映各种未销售商品的售价金额。本科目应按商品类别、实物负责人或营业柜组等设置明细分类科目，进行明细分类核算。

③ “商品进销差价”科目。“商品进销差价”科目属于资产类科目，实质上是“库存商品”科目的调整科目，用于核算商品流通企业采用售价核算的商品售价与进价之间的差额。商品购进、加工收回、销售退回、溢余等原因产生的进销差价，记入该科目的贷方；结转已销商品的进销差价、商品发生损失等而转销的进销差价，记入该科目的借方；期末贷方余额反映期末库存商品应分摊的进销差价。本科目应按商品类别或实物负责人设置明细分类科目，进行明细分类核算。月末，“库存商品”科目余额减去“商品进销差价”科目余额，就是库存商品的实际进价成本。

④“主营业务成本”科目。“主营业务成本”科目是损益类科目，用于核算企业的商品销售成本。其原理同商品批发企业成本核算该科目的设置。

（2）商品零售企业成本核算程序

商品零售企业采用“售价金额核算法”核算存货成本。企业购入商品时，按进价借记“在途物资”“应交税费——应交增值税（进项税额）”科目，贷记“银行存款”“应付账款”等科目；商品验收入库时，按含税售价借记“库存商品”科目，按不含税进价贷记“在途物资”科目，按含税售价与不含税进价之间的差额贷记“商品进销差价”科目；商品销售后，按商品含税售价反映商品销售收入，借记“银行存款”“应收账款”等科目，贷记“主营业务收入”科目，并按含税售价结转商品销售成本，借记“主营业务成本”科目，贷记“库存商品”科目；当计算出销项税额时，将含税销售收入调整为不含税销售收入，借记“主营业务收入”科目，贷记“应交税费——应交增值税（销项税额）”科目；月末，摊销商品进销差价，以求得销售商品的进价成本，借记“商品进销差价”科目，贷记“主营业务成本”科目。

课程思政8-1

万宝金店依据成本资料确定销售价格是否合法？

背景与情境： 2018年5月，万宝金店开展“开业酬宾”的降价销售活动。该店宣称：在酬宾销售期间，将纯金饰品以每克298元进行销售。消费者知悉后，纷纷踊跃购买，金店的销售额直线上升。

当地的物价部门得知此情况后，多次要求该金店纠正其降价销售行为，认定该企业以低于成本的价格进行销售，但均遭到该金店的拒绝。企业认为，我们的加工成本是250元，就意味着金饰品成本是每克250元，而售价是298元，属于正常销售。市物价局经过调查，发现金店2017年10月至2018年4月的有关会计资料显示，该金店委托进行加工的黄金饰品的无税成本为每克250元，包括消费税在内的商品流通费用为每克21元，实际成本合计每克271元。该金店以每克298元销售纯金饰品，其中每克黄金的增值税为34.28元（税率13%），扣除增值税的销售价为每克263.72元。与纯金制品的实际成本271元相比，该金店纯金饰品的实际销售价格比其实际成本每克低7.28元。

问题： 万宝金店售价是否合法？万宝金店的成本计算是否正确？

研判提示： 万宝金店售价不合法。该金店为了制造商业影响、吸引顾客、排挤同行，以低于实际成本的价格进行黄金饰品的销售，既严重损害了同行业其他经营者的利益，也扰乱了正常的市场竞争秩序，已构成价格违法行为和不正当竞争行为。

万宝金店的成本计算不正确。因为金饰品加工销售属于缴纳消费税的范围，其消费税属于价内税，加工成本应包含消费税，同时成本费用是企业正常生产经营活动支出，是制定价格的依据，该金店黄金饰品成本费用为每克271元，而其计入主营业务收入的销售价格为每克263.72元，因商品零售价格是包含增值税的，期末需要以计算出的不含增值税的价格为收入，本案例每克黄金的收入小于成本。

8.1.3　商品流通企业成本核算实例

1）实例1

某批发企业购进保温杯10 000个，每个进价8元，采用分期收款销售方式供应给某超市，供应单价为每个10元，总价共计100 000元，商品进价成本为80 000元（不含增值税）。价款分三次收回：第一次收取价款的40%，第二、三次各收取价款的30%。发出商品时，该企业代超市垫付运费1 000元。

财会部门根据盖有“分期收款销售”戳记的发货单和运费单记账，进行会计处理。

会计处理如下：

购入保温杯时：

借：在途物资　　80 000

　　应交税费——应交增值税（进项税额）　　10 400

　　贷：应付账款　　90 400

保温杯验收入库时：

借：库存商品　　80 000

　　贷：在途物资　　80 000

向超市发出商品时：

借：发出商品　　80 000

　　贷：库存商品　　80 000

商品发运后垫付运费，以转账支票支付：

借：应收账款——某超市　　1 000

　　贷：银行存款　　1 000

第一次收款日到，确认当期销售收入并结转销售成本：

借：应收账款——某超市　　45 200

　　贷：主营业务收入　　40 000

　　　　应交税费——应交增值税（销项税额）　　5 200

实际收到款项时：

借：银行存款　　45 200

　　贷：应收账款——某超市　　45 200

本期销售成本=80 000×40%=32 000（元）

借：主营业务成本　　32 000

　　贷：发出商品　　32 000

第二次收款日到，确认当期销售收入并结转销售成本：

借：应收账款——某超市　　33 900

　　贷：主营业务收入　　30 000

　　　　应交税费——应交增值税（销项税额）　　3 900

本期销售成本=80 000×30%=24 000（元）

借：主营业务成本　　24 000

　　贷：发出商品　　24 000

第三次收款日到，编制的会计分录同“第二次收款日到”。

2）实例2

某零售商店为增值税一般纳税人，对商品收发采用售价金额核算法。平时按含税零售价核算商品的销售收入及结转商品的销售成本，月终集中进行价税分离和已销商品分摊进销差价的账务处理。该零售商店发生以下经济业务：

（1）向外地某厂家购进商品一批，买价为300 000元，增值税为39 000元，运杂费为2 300元（其中可抵扣进项税额为91元）。款项共计341 300元，已用银行存款支付。商品已验收入库，该批商品的含税售价为449 000元。

（2）上月已付款的在途商品已运达并验收入库，该批商品的实际进价为85 000元，含税售价为110 000元。

（3）销售商品取得收入98 700元（含税），款项已送存银行，同时按含税收入结转商品销售成本。

（4）假定全月商品销售收入为3 526 165元（含税），企业适用的增值税税率为13%，月末进行价税分解。

（5）假定“库存商品”科目月末余额为277 220元，“商品进销差价”科目月末贷方余额为1 169 100元（分摊前）。月末，分摊本月已销商品进销差价。

要求编制上述经济业务的相关会计分录，并计算本月商品销售成本和毛利。

会计分录如下：

（1）借：在途物资　300 000
　　销售费用（属于金额较小）　2 209
　　应交税费——应交增值税（进项税额）　39 091
　贷：银行存款　341 300

借：库存商品　449 000
　贷：在途物资　300 000
　　商品进销差价　149 000

（2）借：库存商品　110 000
　贷：在途物资　85 000
　　商品进销差价　25 000

（3）借：银行存款　98 700
　贷：主营业务收入　98 700

借：主营业务成本　98 700
　贷：库存商品　98 700

（4）不含税销售收入=3 526 165÷（1+13%）=3 120 500（元）

销项税额=3 120 500×13%=405 665（元）

借：主营业务收入　405 665
　贷：应交税费——应交增值税（销项税额）　405 665

（5）商品进销差价率=1 169 100÷（277 220+3 526 165）×100%=30.74%

本月已销商品应分摊的进销差价=3 526 165×30.74%=1 083 943（元）

借：商品进销差价　1 083 943
　贷：主营业务成本　1 083 943

本月商品销售成本=3 526 165−1 083 943=2 442 222（元）

本月商品销售毛利=3 120 500−2 442 222=678 278（元）

互动专栏8-1

互动问题：

（1）同一家商品流通企业是否可以既做批发又做零售业务？

（2）商品流通企业进货费用，新旧企业会计准则是如何规定的？

要求： 同“互动专栏1-1”的“要求”。

8.2 施工企业成本核算

施工企业是从事房屋、建筑物、设备安装工程施工生产的企业。施工企业的产品具有固定性、单件性和多样性、大型性、施工周期较长等特性。所以，与其他行业会计相比，施工企业会计主要具有分级核算、分别计算每项工程成本、工程成本核算与工程价款结算分段性等特点。施工企业的生产经营活动包括供应过程、施工生产过程和工程结算（销售）过程。

8.2.1 施工企业工程成本的构成

施工企业的生产，通常是以签订合同为依据的。**施工企业工程成本**，也称合同成本，它包括从合同签订开始至合同完成所发生的与执行合同有关的直接费用和间接费用。直接费用在发生时应直接计入合同成本；间接费用应在期末按照系统、合理的方法分摊计入合同成本。与合同有关的零星收益，即在合同执行过程中取得的、不计入合同收入的零星收益，应冲减合同成本，如完成合同后处置残余物资取得的收益属于与合同有关的零星收益。

施工企业工程成本包括以下5个项目：

① 直接人工费。直接人工费是指按照国家的规定支付给施工过程中直接从事建筑安装工程施工的工人以及在施工现场直接为工程制作构件和运料、配料等工人的职工薪酬。

② 直接材料费。直接材料费是指在施工生产过程中耗用的、构成工程实体的材料、结构件、机械配件和有助于工程形成的其他材料，以及周转材料的租赁费和摊销等。

③ 机械使用费。机械使用费是指在工程施工过程中使用自有施工机械所发生的机械使用费，使用外单位施工机械的租赁费，以及按照规定支付的施工机械进出场费等。

④ 其他直接费。其他直接费是指在施工过程中发生的材料搬运费、材料装卸保管费、燃料动力费、临时设施摊销、生产工具和用具使用费、检验试验费、工程定位复测费、工程点交费用、场地清理费用，以及能够单独区分和可靠计量的为订立建造合同而发生的差旅费、投标费等费用。

⑤ 间接费用。间接费用是指企业下属的施工单位或生产单位为组织和管理施工生产活动所发生的费用，包括施工、生产单位管理人员薪酬、奖金、劳动保护费、固定资产折旧费及修理费、物料消耗、低值易耗品摊销、取暖费、水电

费、办公费、差旅费、财产保险费、工程保修费、排污费等。

合同成本不包括期间费用。施工企业的期间费用，包括管理费用和财务费用。期间费用于发生时直接计入当期损益。在这里应注意，企业发生的期间费用支出，不能计入工程成本。

8.2.2　施工企业成本的核算

1）施工企业成本核算应设置的会计科目

（1）"工程施工"科目

本科目核算施工企业实际发生的工程施工合同成本和合同毛利。"工程施工"科目下应设置"合同成本"和"合同毛利"两个明细科目。

①"合同成本"明细科目。"合同成本"科目核算各项工程施工合同发生的实际成本，一般包括施工企业在施工过程中发生的人工费、材料费、机械使用费、其他直接费、间接费用等。该科目应按成本计算对象和成本项目进行归集。其中，属于人工费、材料费、机械使用费和其他直接费等直接成本费用的，直接计入有关工程成本；间接费用可先在本科目（合同成本）下设置"间接费用"明细科目进行核算，月份终了，再按一定分配标准，分配计入有关工程成本。

②"合同毛利"明细科目。"合同毛利"科目核算各项工程施工合同确认的合同毛利。施工企业进行施工后发生的各项费用，借记"工程施工——合同成本"科目，贷记"应付职工薪酬""原材料"等科目。按企业会计准则的规定，施工企业期末应按完工百分比确认工程合同收入、费用和利润，借记"主营业务成本"科目，贷记"主营业务收入"科目，按其差额，借记或贷记"工程施工——合同毛利"科目。

合同完工结清"工程施工"和"工程结算"科目时，借记"工程结算"科目，贷记"工程施工"科目。"工程施工"科目期末借方余额，反映尚未完工工程的施工实际成本和合同毛利。

（2）"机械作业"科目

本科目核算施工企业及其内部独立核算的施工单位、机械站和运输队使用自有施工机械和运输设备进行机械作业（包括机械化施工和运输作业等）所发生的各项费用。施工企业及其内部独立核算的施工单位，从外单位或本企业其他内部独立核算的机械站租入施工机械，按照规定的台班费定额支付的机械租赁费，直接记入"工程施工"科目，不通过"机械作业"科目核算。

"机械作业"科目应设置"承包工程"和"机械作业"两个明细科目，并按施工机械或运输设备的种类等成本计算对象设置明细科目，按规定的成本项目分设专栏，进行明细核算。

施工企业内部独立核算的机械施工、运输单位使用自有施工机械或运输设备进行机械作业所发生的各项费用，应按成本计算对象和成本项目进行归集。成本计算对象一般应根据施工机械和运输设备的种类确定。成本项目一般包括人工费、燃料及动力费、折旧及修理费、其他直接费、间接费用（为组织和管理机械作业生产所发生的费用)。

发生机械作业支出时，借记“机械作业”科目，贷记“原材料”“应付职工薪酬”“累计折旧”等科目。月份终了，分以下情况进行分配和结转：

① 施工企业及其内部独立核算的施工单位、机械站和运输队为本单位承包的工程进行机械化施工和运输作业的成本，应转入承包工程的成本，借记“工程施工”科目，贷记“机械作业”科目。

② 对外单位、本企业其他内部独立核算单位以及专项工程等提供机械作业(包括运输设备）的成本，借记“其他业务成本”等科目，贷记“机械作业”科目。月份终了时，本科目一般应无余额。

(3)“主营业务成本”科目

本科目是损益类科目，用来核算施工企业期末确认与收入配比的成本（有可能与实际发生数有差异，到工程全部完工时，总数与“工程施工——合同成本”科目相同)。本科目借方登记期末与收入配比的计入损益的成本，贷方登记期末转入“本年利润”的数额，期末结转后无余额。

(4)“工程结算”科目

本科目核算施工企业与发包单位工程款的结算。收到或应收工程款时，记入本科目贷方，期末结账时，本科目贷方余额表示已经结算的款项。工程全部完工时，将“工程施工”科目的余额与“工程结算”科目的余额对冲，记入本科目借方，工程全部完工后，本科目无余额。

业务链接8-3

101#工程期末成本和合同毛利的确认

某市市政第四建筑公司承建101#工程，101#工程合同确认收入（标的金额）为500万元，预计工程完工总成本为400万元，本期期末完工程度为30%。

请计算101#工程期末成本和合同毛利。

解析： 施工企业期末核算时确认的合同成本=400×30%=120（万元）

合同毛利=500×30%-120=150-120=30（万元）

会计处理如下：

①实际发生工程支出时：

借：工程施工——合同成本（材料费）	（实际支出数）
——合同成本（人工费）	（实际支出数）
——合同成本（其他直接费）	（实际支出数）
——合同成本（间接费用）	（实际支出数）
机械作业——承包工程、机械作业	（实际支出数）
管理费用等	（实际支出数）
贷：原材料（应付职工薪酬、银行存款等）	（实际支出数）
借：工程施工——合同成本（机械作业费）	（分配转入数）
贷：机械作业——承包工程、机械作业	（分配转出数）

②期末确认成本、合同毛利时：

借：主营业务成本	1 200 000	
工程施工——合同毛利	300 000	
贷：主营业务收入		1 500 000

③期末结转收入、成本，转入“本年利润”时：

借：主营业务收入	1 500 000	
贷：主营业务成本		1 200 000
本年利润		300 000

同步思考8-2

资料：某市市政第四建筑公司承建101#工程，101#工程合同确认收入（标的金额）为500万元，预计工程完工总成本为400万元，本期期末完工程度为30%，施工企业期末核算时确认的合同成本为120万元（400×30%）、合同毛利为30万元（500×30%-120）。进行会计处理时，确认的合同成本120万元直接记入“主营业务成本”科目。

问题：施工企业按履约进度（完工百分比）确认合同毛利为什么记入“主营业务成本”科目，而不是“工程施工——合同成本”科目？

理解要点：“工程施工——合同成本”科目核算各项工程施工合同发生的实际成本，一般包括施工企业在施工过程中发生的人工费、材料费、机械使用费、其他直接费、间接费用等。而施工企业期末按履约进度（完工百分比）确认工程合同成本、合同收入和利润时，根据企业会计准则的规定，按履约进度（完工百分比）确认的合同成本直接计入损益，借记“主营业务成本”科目，而不是“工程施工——合同成本”科目，直到工程全部完工，“工程施工——合同成本”科目才能与“主营业务成本”科目各年累计总数相等。

2）期间费用核算应设置的会计科目

（1）“管理费用”科目

本科目核算施工企业为组织和管理施工生产经营活动而发生的管理费用。本科目借方登记企业发生的各项管理费用。期末，应将本科目余额全部转入“本年利润”科目，结转后应无余额。本科目应按管理费用项目设置明细科目进行核算。

（2）“财务费用”科目

本科目核算施工企业在施工生产经营过程中，为筹集生产经营所需资金等而发生的费用。本科目借方登记企业发生的各项财务费用；贷方登记企业发生的冲减财务费用的利息收入、汇兑收益。期末，应将本科目余额全部转入“本年利润”科目，结转后应无余额。本科目应按财务费用项目设置明细科目进行核算。

3）施工企业生产核算的主要程序

建筑安装工程生产是指直接从事建筑工程、设备安装工程的施工。在会计核算中，用“工程施工——合同成本”科目核算其所发生的施工费用。

辅助、附属生产是指直接或间接为建筑安装工程施工服务的生产。按照性质可以分为：①从事工程施工所需材料、构件（如砖、瓦、砂、石、石灰、混凝土和钢筋混凝土构件）的生产和木材的加工；②从事工程施工所需机械设备的制造和修理；③提供工程施工所需的水、电、蒸汽。如果这些辅助、附属生产单位实行内部独立核算、独立计算盈亏，通常称为“附属工业企业”，在会计核算中用“生产成本——辅助生产成本”科目核算其所发生的产品成本费用；如果不实行内部独立核算，通常称为“辅助生产单位”，在会计核算中用“辅助生产成本”科目核算其所发生的施工费用。

在施工企业会计核算中，对于建筑安装工程在施工过程中发生并能直接计入各项工程成本的施工费用，应直接记入“工程施工——合同成本（材料费、人工费、其他直接费等）”科目的借方；对于辅助生产单位和附属工业企业在产品生产和劳务供应过程中所发生的各项费用，应分别记入“辅助生产成本”或“生产成本——辅助生产成本”科目的借方；对于工程施工过程中使用施工机械和运输设备进行机械化施工和运输作业所发生的各项费用，应先在“机械作业”科目汇总，于月终再转入“工程施工——合同成本（机械使用费）”科目的借方。

对于不能直接计入各项工程和产品成本的各项间接费用，应先归集于“工程施工——合同成本（间接费用）”科目，于月终再将其分配计入各项工程、产品成本。

企业结算工程款时，借记“银行存款”或“应收账款”科目，贷记“工程结算”科目。工程全部完工时，将“工程施工”科目的余额与“工程结算”科目的余额对冲，借记“工程结算”科目，贷记“工程施工——合同成本”“工程施工——合同毛利”科目。

期末，按履约进度（完工百分比）确认主营业务收入时，同时确认主营业务成本。此时，“工程施工——合同成本”与“主营业务成本”科目数额可能不相等，因为“工程施工——合同成本”科目是实际发生额，“主营业务成本”科目是期末计算得出的成本，应将该差额结转计入损益，即“主营业务成本”科目。工程全部完工时，“工程施工——合同成本”与“主营业务成本”科目各年累计数额是相等的。

4）施工企业核算履约进度（完工百分比）

履约进度（完工百分比）法是根据合同完工进度确认合同收入和费用的方法。企业在确定合同履约进度时，可以选用累计实际发生的合同成本占合同预计总成本的比例、已经完成的合同工作量占合同预计总工作量的比例、已完成合同工作的技术测量等方法。有关计算公式为：

完工百分比=累计实际发生合同成本÷合同预计总成本

或　　　　=已经完成合同工作量÷合同预计总工作量

根据完工百分比法确认和计量当期收入和费用的计算公式如下：

当期确认的合同收入=（合同总收入×完工进度）-以前会计年度累计已确认的收入

$$\text{当期确认的合同毛利}=(\text{合同总收入}-\text{合同预计总成本})\times\text{完工进度}-\text{以前会计年度累计已确认的毛利}$$

$$\text{当期确认的合同费用}=\text{当期确认的合同总收入}-\text{当期确认的合同毛利}-\text{以前会计年度预计损失准备}$$

运用上述公式计算确认相关的收入、毛利和费用时，应当关注：①如果是当年开工当年未完工的建造合同，企业在运用上述公式时，以前会计年度累计已确认的合同收入和合同毛利均为零。②如果是以前年度开工本年度完工的建造合同，当期确认和计量的合同收入等于合同总收入减去以前会计年度累计已确认的收入后的余额；当期确认和计量的合同毛利等于合同总收入减去实际合同总成本和以前会计年度累计已确认的合同毛利后的余额。③如果是当年开工当年完工的建造合同，当期确认和计量的合同收入等于该项合同的总收入；当期确认和计量的合同费用等于该项合同的实际总成本。

8.2.3　施工企业成本核算实例

1）实例1

某施工企业施工现场使用混凝土搅拌机，本月发生机械使用费120 000元，已知预算机械使用费A工程为40 000元，B工程为60 000元。

要求：计算A工程和B工程的机械使用费成本，并编制分配机械使用费的会计分录。

计算及会计分录如下：

本月机械使用费分配率=120 000÷（40 000+60 000）=1.2

A工程应分配的设备使用费=40 000×1.2=48 000（元）

B工程应分配的设备使用费=60 000×1.2=72 000（元）

借：工程施工——合同成本（A工程）——机械使用费	48 000	
——合同成本（B工程）——机械使用费	72 000	
贷：机械作业——混凝土搅拌机		120 000

2）实例2

某施工企业承建13#建筑工程和14#建筑工程。本月石子定额耗用量13#建筑工程为196吨，14#建筑工程为84吨，合计定额耗用量为280吨。月末盘点现场存料，盘存石子40吨，石子上月盘存数为74吨，本月收入260吨。石子每吨价格为30元。

要求：计算本月各项工程耗用石子的实际成本，并编制领用材料的会计分录。

计算及会计分录如下：

本月石子实际耗用量=74+260−40=294（吨）

根据各项工程定额耗用量求出实际耗用量：

13#建筑工程的石子实际耗用量=294÷280×196=205.8（吨）

14#建筑工程的石子实际耗用量=294÷280×84=88.2（吨）

根据各项工程实际耗用量和材料单价计算各项工程耗用材料的实际成本：

13#建筑工程耗用石子的实际成本=205.8×30=6 174（元）

14#建筑工程耗用石子的实际成本=88.2×30=2 646（元）

借：工程施工——合同成本（13#建筑工程）　　6 174

　　　　　——合同成本（14#建筑工程）　　2 646

　贷：原材料　　8 820

3）实例3

某施工企业签订一份总金额为2 000万元的固定造价合同，预计工程成本为1 500万元，合同规定的工期为3年。假定经计算，第1年履约进度为25%，第2年履约进度已达80%，经测定，前两年的合同预计总成本为1 500万元；第3年工程全部完成，累计实际发生合同成本1 550万元。

要求：计算施工企业各期的合同收入、成本和利润，并编制结转收入、成本和利润的会计分录。

计算及会计分录如下：

（1）计算施工企业各期合同收入、成本和利润。

第1年：

确认的合同收入=2 000×25%=500（万元）

确认的合同毛利=（2 000-1 500）×25%=125（万元）

确认的合同成本=500-125=375（万元）

第2年：

确认的合同收入=2 000×80%-500=1 100（万元）

确认的合同毛利=（2 000-1 500）×80%-125=275（万元）

确认的合同成本=1 100-275=825（万元）

第3年：

确认的合同收入=2 000-（500+1 100）=400（万元）

确认的合同毛利=（2 000-1 550）-（125+275）=50（万元）

确认的合同成本=400-50=350（万元）

（2）编制结转收入、成本和利润的会计分录。

①第1年：

实际发生施工各项支出时：

借：工程施工——合同成本（材料费）　　（实际支出数）

　　　　　——合同成本（人工费）　　（实际支出数）

　　　　　——合同成本（其他直接费）　　（实际支出数）

　　　　　——合同成本（间接费用）　　（实际支出数）

　　机械作业——承包工程、机械作业　　（实际支出数）

　　管理费用等　　（实际支出数）

　贷：原材料（周转材料、应付职工薪酬、银行存款等）　　（实际支出数）

期末按一定方法将机械使用费分配转入工程成本时：

借：工程施工——合同成本（机械使用费）　　（分配转入数）

　贷：机械作业——承包工程、机械作业　　（分配转出数）

计算当年利润时：

借：主营业务成本　　3 750 000

　　工程施工——合同毛利　　1 250 000

　贷：主营业务收入　　5 000 000

期末结转收入、成本，转入“本年利润”科目时：

借：主营业务收入　　5 000 000

　贷：主营业务成本　　3 750 000

　　　本年利润　　1 250 000

②第2年：

实际发生施工各项支出时：

借：工程施工——合同成本（材料费）　　（实际支出数）

　　　　　　——合同成本（人工费）　　（实际支出数）

　　　　　　——合同成本（其他直接费）　　（实际支出数）

　　　　　　——合同成本（间接费用）　　（实际支出数）

　　机械作业——承包工程、机械作业　　（实际支出数）

　　管理费用等　　（实际支出数）

　贷：原材料（周转材料、应付职工薪酬、银行存款等）　　（实际支出数）

期末按一定方法将机械使用费分配转入工程成本时：

借：工程施工——合同成本（机械使用费）　　（分配转入数）

　贷：机械作业——承包工程、机械作业　　（分配转出数）

计算当年利润时：

借：主营业务成本　　8 250 000

　　工程施工——合同毛利　　2 750 000

　贷：主营业务收入　　11 000 000

期末结转收入、成本，转入“本年利润”科目时：

借：主营业务收入　　11 000 000

　贷：主营业务成本　　8 250 000

　　　本年利润　　2 750 000

③第3年：

实际发生施工各项支出时：

借：工程施工——合同成本（材料费）　　（实际支出数）

　　　　　　——合同成本（人工费）　　（实际支出数）

　　　　　　——合同成本（其他直接费）　　（实际支出数）

　　　　　　——合同成本（间接费用）　　（实际支出数）

　　机械作业——承包工程、机械作业　　（实际支出数）

　　管理费用等　　（实际支出数）

　贷：原材料（周转材料、应付职工薪酬、银行存款等）　　（实际支出数）

期末按一定方法将机械使用费分配转入工程成本时：

借：工程施工——合同成本（机械使用费）　　（分配转入数）

　贷：机械作业——承包工程、机械作业　　（分配转出数）

计算当年利润时：

借：主营业务成本　　3 500 000

　　工程施工——合同毛利　　500 000

　贷：主营业务收入　　4 000 000

期末结转收入、成本，转入“本年利润”科目时：

借：主营业务收入　　4 000 000

　贷：主营业务成本　　3 500 000

　　　本年利润　　500 000

工程全部完工时，将“工程施工”科目的余额与“工程结算”科目的余额对冲。

借：工程结算　　20 000 000

　贷：工程施工——合同毛利　　4 500 000

　　　　　　——合同成本　　15 500 000

同步案例8-1

大地建筑工程有限责任公司成本核算

背景与情境：大地建筑工程有限责任公司20××年同时进行A、B两项工程的建设。A工程于上年12月份开工，目前尚未完工；B工程于当年2月份开工。2月份发生机械作业台时数9 000台时，其中A工程7 200台时，B工程1 800台时。发生的工程间接费用均按照各工程的人工费用分配。20××年2月份的成本、费用相关资料见表8-1至表8-5。

表8-1　**未完施工项目成本资料**

工程项目：A工程　　20××年1月31日　　单位：元

成本项目	材料费	人工费	其他直接费	机械使用费	间接费用	合计
金额	406 990	251 183	4 000	40 413	25 993	728 579

表8-2　**材料费用分配表**

20××年2月　　单位：元

项目	主要材料	结构件	其他材料	合计
A工程	69 369	48 639	7 943	125 951
B工程	27 959		9 639	37 598
间接费用			4 582	4 582
机械作业			4 987	4 987
合计	97 328	48 639	27 151	173 118

表8-3 **人工费用分配表**

20××年2月 单位：元

项目	工资	社保费	合计
A工程	40 000	14 400	54 400
B工程	25 000	9 000	34 000
间接费用	22 000	7 920	29 920
机械作业	8 000	2 880	10 880
合计	95 000	34 200	129 200

表8-4 **折旧费用计算表**

20××年2月 金额单位：元

项目	固定资产	折旧率	折旧额
机械作业	3 000 000	0.5%	15 000
间接费用	2 000 000	0.4%	8 000
合计	5 000 000		23 000

表8-5 **其他直接费用分配表**

20××年2月 单位：元

项目	水电费	修理费	摊销大型设备租金	合计
A工程	2 600			2 600
B工程	780			780
间接费用	1 117	1 127	780	3 024
机械作业	3 084	3 849		6 933
合计	7 581	4 976	780	13 337

注：水电费与修理费以银行存款支付。

成本核算员小高计算的A、B工程项目的工程成本分别为969 786元和97 448元，除直接费用外，机械使用费按工程机械作业台时分配，间接费用按各工程人工费用分配；成本核算员小于计算的A、B工程项目的工程成本分别为911 530元和72 378元，A、B工程项目工程成本就是表中直接列入的费用，机械使用费和其他间接费不应列入成本。

问题：

（1）本案例中，成本核算员小高、小于对A、B工程项目工程成本的核算，谁是正确的？为什么？

（2）本案例中，成本核算员小高、小于对A、B工程项目工程成本的核算，谁是错误的？错在哪里？

（3）对本案例中经济业务进行会计处理，对A、B工程项目机械作业、间接费用进行正确核算，计算A、B工程项目的工程成本。

分析提示：

（1）成本核算员小高对A、B工程项目工程成本的计算是正确的。

因为经计算，A工程的直接材料费为532 941元，人工费为305 583元，其他直接费用为6 600元，分配的机械使用费为70 653元，分配的间接费用为54 009元，合计969 786元；B工程的直接材料费为37 598元，人工费为34 000元，其他直接费用为780元，分配的机械使用费为7 560元，分配的间接费用为17 510元，合计97 448元。

（2）成本核算员小于对A、B工程项目工程成本的计算是错误的。

因为施工企业工程成本包括人工费、材料费、机械使用费、其他直接费、间接费用，所发生的不能直接分清成本计算对象的机械使用费、间接费用等需要按一定的方法分配计入工程成本。小于对A、B工程项目工程成本的计算没有分配机械使用费、间接费用等。

（3）编制相关会计分录。

①根据材料费用分配表编制会计分录：

借：工程施工——合同成本（A工程）	125 951	
——合同成本（B工程）	37 598	
——合同成本（间接费用）	4 582	
机械作业	4 987	
贷：原材料——主要材料		97 328
——结构件		48 639
——其他材料		27 151

②根据人工费用分配表编制会计分录：

借：工程施工——合同成本（A工程）	54 400	
——合同成本（B工程）	34 000	
——合同成本（间接费用）	29 920	
机械作业	10 880	
贷：应付职工薪酬		129 200

③根据折旧费用计算表编制会计分录：

借：工程施工——间接费用	8 000	
机械作业	15 000	
贷：累计折旧		23 000

④根据其他直接费用分配表编制会计分录：

借：工程施工——合同成本（A工程）	2 600	
——合同成本（B工程）	780	
——合同成本（间接费用）	3 024	
机械作业	6 933	
贷：银行存款		12 557
长期待摊费用——大型设备租金		780

⑤归集机械使用费，见表8-6。

表8-6 机械使用费汇总表 单位：元

成本项目	材料费	人工费	折旧费	其他费用	合计
金额	4 987	10 880	15 000	6 933	37 800

⑥分配机械使用费，并根据分配结果编制会计分录：

机械作业分配率=37 800÷（7 200+1 800）=4.2

A工程应负担的机械使用费=7 200×4.2=30 240（元）

B工程应负担的机械使用费=1 800×4.2=7 560（元）

借：工程施工——合同成本（A工程） 30 240

——合同成本（B工程） 7 560

贷：机械作业 37 800

⑦归集间接费用，见表8-7。

表8-7 间接费用汇总表 单位：元

成本项目	材料费	人工费	折旧费	其他费用	合计
金额	4 582	29 920	8 000	3 024	45 526

⑧分配间接费用，并根据分配结果编制会计分录：

间接费用分配率=45 526÷（54 400+34 000）=0.515

A工程应负担的间接费用=54 400×0.515=28 016（元）

B工程应负担的间接费用=34 000×0.515=17 510（元）

借：工程施工——合同成本（A工程） 28 016

——合同成本（B工程） 17 510

贷：工程施工——合同成本（间接费用） 45 526

⑨计算未完工施工项目工程成本，见表8-8。

表8-8 未完工施工项目工程成本计算表

20××年2月28日 单位：元

工程项目		材料费	人工费	其他直接费	机械使用费	间接费用	合计
A工程	月初未完工产品成本	406 990	251 183	4 000	40 413	25 993	728 579
	本月投入产品成本	125 951	54 400	2 600	30 240	28 016	241 207
	合计	532 941	305 583	6 600	70 653	54 009	969 786
B工程		37 598	34 000	780	7 560	17 510	97 448

8.3 旅游餐饮企业成本核算

旅游是指外出旅行和游览。旅游经营业务是指组织旅游者旅行，并为之提供食、宿、交通、导游等业务。旅游业无须固定的服务设施，交通设施及交通工具大多依靠民航、铁路和出租汽车，食宿依靠饭店、餐厅，参观游览依靠各地名胜古迹。旅游经营业务部分工作人员具有不确定性、现金收付业务多是旅游经营业务的特点。

餐饮业又称饮食业，是指从事加工烹制饮食品，当即供应给顾客食用的行业，如各种类型的酒家、餐厅、面馆、小吃店等。餐饮业是一个分布面广、影响面大、涉及千家万户的行业。饮食制品产销直接见面、提供消费场所和必要服务、经营规模小、经营方式灵活是餐饮业经营业务的特点。

8.3.1 旅游餐饮企业营业成本的构成

1）旅游经营业务营业成本

旅游业成本核算相对于工业企业而言较为简单。一般情况下，旅游业的收入是根据与客户签订的旅游合同来确定的，成本则是根据旅游实际发生的费用及与目的地接待旅行社签订的合同来确定的。

旅游经营业务营业成本是指直接用于接待旅游者并为其提供各项服务所发生的全部支出，主要包括旅游者的膳食费、住宿费、游览船（车）票、门票以及交通费、文娱费、行李托运费、票务费、专业活动费、签证费、导游费、劳务费、宣传费、保险费、机场费等。如果由旅行社自行安排旅游车辆，则还包括其耗用的汽油费、车辆折旧费、司机工资等。根据旅游业的经营特点，除固定景点可采用开立银行账户、预存款项开支外，其他支出大部分是现金支出。

旅游经营企业为旅游者提供服务所发生的支出项目可分为以下几大类：

① 组团外联成本。组团外联成本是指各组团社组织的外联团，按规定开支的住宿费、餐饮费、综合服务费、国内城市间交通费等。

② 综合服务成本。综合服务成本是指接待由组团社组织的包价旅游团（者），按规定开支的住宿费、餐饮费、车费、组团费和接团费等。

③ 零星服务成本。零星服务成本是指接待零星散客、委托代办事项等，按规定开支的委托费、手续费、导游接送费、车费、托运服务费及其他支出。

④ 劳务成本。劳务成本是指非组团旅行社为组团社派出的翻译导游人员全程陪同，按规定开支的各项费用。

⑤ 票务成本。票务成本是指各地旅行社代办国际联运客票和国内客票等，按规定开支的各项手续费、退票费等。

⑥ 地游及加项成本。地游及加项成本是指各地旅行社接待的小包价旅游，或因游客要求增加游览项目而按规定开支的综合服务费、超公里费、游江费和风味费等。

⑦ 其他服务成本。其他服务成本是指不属于以上各项成本的支出。

旅游企业营业成本不包括期间费用，即管理费用、财务费用和销售费用。旅游企业管理费用包括职工工资、职工保险金及相关附加费、工作餐费、物料消耗、旅游服务企业为客人提供物品包装发生的费用、旅游服务企业为客人提供物品保管发生的费用、折旧费、低值易耗品摊销、制服费、劳保用品费、差旅费、存货盘亏盘盈、办公费及其他费用，在实际进行成本核算时，不能与营业成本混淆。财务费用和销售费用的内容同工业企业。

2）餐饮企业经营业务营业成本

餐饮企业的成本计算采用只计算原材料成本，不计算制造成本的核算方法，账务处理比较简单，成本核算主要是进销存的核算。餐饮企业的业务活动从食品原料的采购、验收、库存、发放、粗加工、切配、烹饪、服务到收款，经营环节较多，且每一环节都会影响食品成本。餐饮企业营业成本的核算特点有：营业成本主要计算直接成本，一般只按耗用材料的成本来计算直接成本；只计算总成本，不计算单位成本；各种材料一经领用即计入营业成本；人工费不计入营业成本，直接计入管理费用，作为期间费用处理。

餐饮企业原材料包括三大类：第一大类是主食，如大米、面粉和杂粮等；第二大类是副食品，如肉类、鱼类、禽蛋类和豆制品等；第三大类是调味品，如食盐、糖、油、酱油、醋等。由于饮食制品品种繁多、数量零星、现做现卖、生产和销售紧密相连，一般不能按食品逐次逐件进行成本计算。所以，产品成本的计算方法有永续盘存制和实地盘存制两种，即领料制和非领料制。

（1）永续盘存制下的产品成本计算

永续盘存制下的产品成本计算公式为：

耗用原材料成本=厨房月初结存额+本月领用额-厨房月末盘存额

月末需编制厨房原材料、在制品、制成品盘存表。此方法适用于实行领料制的餐饮企业。

（2）实地盘存制下的产品成本计算

实地盘存制下的产品成本计算公式为：

耗用原材料成本=月初仓库和厨房结存额+本月购进额-月末仓库和厨房盘存额

实地盘存制适用于没有条件实行领料制的餐饮企业。在平时领用原材料时，不填写领料单，不进行账务处理，月末将厨房剩余材料、在制品、制成品的盘点金额加上库存原材料的盘存金额后，倒挤出耗用的原材料成本。其计算公式为：

餐饮企业营业成本=餐饮部成本+商品进价成本+车队营业成本+洗涤部成本+其他成本

（3）主配调料的成本计算

①一料一档的计算方法。

原材料经初加工后，只有一种半成品，即称为一料一档。其计算公式为：

单位半成品成本=（购进原材料总成本-下脚料金额）÷加工后半成品总重量

业务链接8-4

鲤鱼半成品单位成本

某餐厅购进一条2.4斤鲜鲤鱼，每斤8元，计19.2元，经加工后净鱼1.9斤，鲤鱼下脚料不计价。

请计算鲤鱼半成品单位成本。

解析： 鲤鱼半成品单位成本=19.2÷1.9=10.11（元/斤）

②一料多档的计算方法。

原材料经初加工后，产生几种半成品，即称为一料多档。这时需分别计算各半成品的价格，各半成品价格的总和应等于加工前原材料购进的总价。其中，质量好的成本较高，质量较差的成本略低。其计算公式为：

$$\text{某未定价半成品单位成本}=\left(\text{原材料购进总价}-\text{其他半成品价值之和（包括下脚料价款）}\right)\div\text{该项半成品重量}$$

业务链接8-5

鸡身半成品单位成本

二道沟笨鸡店购进笨鸡一只，重5斤，每斤5元。经处理，鸡头一个0.2斤，每个1.3元；鸡脖一个0.4斤，每个2元；鸡翅1斤，每斤6.5元；鸡腿1.4斤，每斤5.5元；鸡身2斤。

请计算鸡身半成品单位成本。

解析： 鸡身半成品单位成本=（5×5−1.3−2−1×6.5−1.4×5.5）÷2=3.75（元/斤）

餐饮企业营业成本不包括期间费用，即管理费用、财务费用和销售费用。餐饮企业管理费用包括企业各营业部门在经营中发生的职工工资、职工保险金及福利费、工作餐费、物料消耗、清洁卫生费、折旧费、低值易耗品摊销、燃料费、修理费、制服费、洗涤费、劳保用品费、运杂费、差旅费、广告费、存货盘亏盘盈、办公费及其他费用，在实际成本核算时，不能与营业成本混淆。

8.3.2 旅游餐饮企业成本费用的核算

1）旅游餐饮企业经营业务成本核算应设置的会计科目

（1）旅游企业经营业务成本核算应设置的会计科目

① “主营业务成本”科目。旅游企业发生营业成本时，借记“主营业务成本”科目，贷记“原材料”“库存商品”“应付账款”“银行存款”等科目。期末，应将“主营业务成本”科目余额转入“本年利润”科目，结转后本科目应无余额。旅行社之间的费用结算，由于存在结算期，当发生的费用支出不能与实现的营业收入同时入账时，应按计划成本先行结转，待算出实际成本后结转其差额。

② “管理费用”科目。本科目核算旅游企业为组织和管理生产经营活动而发生的管理费用。费用发生时，借记“管理费用”科目，贷记“库存现金”“银行存款”“累计折旧”等科目。期末，应将“管理费用”科目余额转入“本年利润”科目，结转后本科目应无余额。“管理费用”科目应按费用项目设置明细账。

③ “应收账款”科目。本科目核算旅游企业本期收到前期旅游团款及本期应收未收团款。当月收到前期应收款时，借记“库存现金”或“银行存款”科

目，贷记“应收账款”科目；月末结转收入时，对尚未收到的旅游团款，借记“应收账款”科目，贷记“主营业务收入”科目。门市接收散客组团，一般情况下不存在应收款项的问题；但是对于企业客户，由于大多属于固定客户，因此大多数旅行社会先组织客户出游之后才收款，因此形成旅游企业的应收账款。

④“预付账款”科目。本科目核算旅游企业支付当期组团出游的旅游费用。支付前期出游团队的旅游费用时，在“应付账款”科目核算，不在本科目核算。支付当期出游团队的旅游费用时，借记“预付账款”科目，贷记“库存现金”或“银行存款”科目；月末结转成本时，借记“主营业务成本”科目，贷记“预付账款”科目。

⑤“应付账款”科目。本科目核算旅游企业支付前期及当期应付而未付的旅游团款。支付前期旅游团费时，借记“应付账款”科目，贷记“库存现金”或“银行存款”科目；月末结转成本时，借记“主营业务成本”科目，贷记“应付账款”科目。

⑥“预收账款”科目。本科目核算旅游企业本期收到的旅游团款。收到前期旅游团款时，在“应收账款”科目核算，不在本科目核算。收到本期旅游团款时，借记“库存现金”或“银行存款”科目，贷记“预收账款”科目；月末结转收入时，借记“预收账款”科目，贷记“主营业务收入”科目。

（2）餐饮企业经营业务成本核算应设置的会计科目

①“主营业务成本”科目。餐饮企业发生营业成本时，借记“主营业务成本”科目，贷记“原材料”等科目。期末，应将“主营业务成本”科目余额转入“本年利润”科目，结转后本科目应无余额。

②“管理费用”科目。本科目核算餐饮企业为组织和管理生产经营活动而发生的管理费用。费用发生时，借记“管理费用”科目，贷记“库存现金”“银行存款”“累计折旧”等科目。期末，应将“管理费用”科目余额转入“本年利润”科目，结转后本科目应无余额。“管理费用”科目应按费用项目设置明细账。

③“原材料”科目。本科目核算餐饮企业原材料入库、出库情况。原材料入库时，借记“原材料”科目，贷记“库存现金”“银行存款”“应付账款”等科目；原材料出库时，借记“主营业务成本”科目，贷记“原材料”科目。“原材料”科目应按材料品种设置明细账。

2）旅游餐饮企业经营业务核算的主要程序

（1）旅游企业经营业务核算的主要程序

旅游企业经营业务核算的主要过程：收到当期旅游团款时，借记“库存现金”或“银行存款”科目，贷记“预收账款”科目；收到前期旅游团款时，借记“库存现金”或“银行存款”科目，贷记“应收账款”科目；支付当期旅游团款时，借记“预付账款”科目，贷记“库存现金”或“银行存款”科目；支付前期旅游团款时，借记“应付账款”科目，贷记“库存现金”或“银行存款”科目；期末结转成本时，借记“主营业务成本”科目（当期旅游合同应支付团款及当期出团实际费用），贷记“预付账款”科目（支付当期旅游团款金额）。

应注意的是，在具体运用“应收账款”“预付账款”“应付账款”“预收账款”科目时，需要设置二级科目进行明细核算。随着时间的推移，二级科目将很多，这也是旅游企业独特的较为烦琐的工作。鉴于旅游企业的客户非常多，而且很多客户在一个会计年度可能只有一次业务发生，因此可以设置手工明细账进行辅助核算。

同步思考8-3

资料：中国青年旅行社下属江城市雪柳分社本月收到上月已完成旅游经营业务分期收款资金3 000元，会计核算员在收到款项时，借记“库存现金”科目，贷记“主营业务收入”科目。

问题：你认为会计核算员的处理正确吗？为什么？运用旅游企业经营业务核算的主要程序的相关知识回答。

理解要点：会计核算员在收到款项时的处理不正确。因为上月已完成旅游经营业务，其经营收入已经在上月确认，本月不能第二次确认。本月收到款项时，应借记“库存现金”科目，贷记“应收账款”科目。

（2）餐饮企业经营业务核算的主要程序

餐饮企业经营业务核算的主要过程：企业购入直接消耗餐料时，借记“主营业务成本”科目，贷记“库存现金”“银行存款”等科目；企业购入入库餐料时，借记“原材料”科目，贷记“库存现金”“银行存款”“应付账款”等科目；后厨领用餐料时，借记“主营业务成本”科目，贷记“原材料”科目；企业购入酒水等直接可销售商品时，借记“原材料——酒水库”科目，贷记“库存现金”“银行存款”“应付账款”等科目；餐厅领用酒水时，借记“原材料——餐厅”科目，贷记“原材料——酒水库”科目；月末对餐厅售出酒水结转成本时，借记“主营业务成本”科目，贷记“原材料——餐厅”科目。期末，将“主营业务成本”科目余额转入“本年利润”科目。

8.3.3 旅游餐饮企业成本核算实例

1）实例1

上海春光旅行社开展上海至杭州的2日游业务，由旅行社自派豪华型大客车担任运输任务，发生如下经济业务：

① 10日，上海铁道运输职业技术学院组织40位教师旅游，集体报名参加上海至杭州2日游，以转账支票交来旅游费16 000元，约定5月15日出发，旅行社沿途承担餐费、旅游门券费、导游费、游览交通费及1天住宿费。

② 11日，有散客2人前来报名参加上海至杭州2日游，交来旅游费1 000元，安排5月15日出发。

③ 14日，导游戴群到财务科预借差旅费10 000元，财务科以现金支付。

④ 14日，驾驶员黄潇潇领用汽油票1 000元，以供应豪华型大客车2日游之用。

⑤ 30日，导游戴群到财务科报账，共用去旅游门券费4 200元、餐费1 680元、住宿费2 100元，并支付导游戴群津贴200元，退回现金1 820元。

⑥ 30日，驾驶员黄潇潇退回汽油票100元。

⑦ 30日，将本次旅游团旅游费收入结转营业收入。

要求：对上述经济业务进行会计处理。

会计处理如下：

①10日，上海铁道运输职业技术学院集体报名，交纳旅游费时：

借：银行存款 16 000

 贷：预收账款 16 000

②11日，收到散客交来的旅游费时：

借：库存现金 1 000

 贷：预收账款 1 000

③14日，导游戴群预借差旅费时：

借：预付账款 10 000

 贷：库存现金 10 000

④14日，驾驶员黄潇潇领用汽油票时：

借：预付账款 1 000

 贷：库存现金——油票 1 000

⑤30日，导游戴群到财务科报账，财务科根据凭单结转成本时：

借：主营业务成本——餐费 1 680

——住宿费 2 100

——游览费 4 200

——导游津贴 200

库存现金 1 820

 贷：预付账款 10 000

⑥30日，驾驶员黄潇潇退回剩余汽油票，财务科根据凭单结转成本时：

借：主营业务成本——车费 900

库存现金——油票 100

 贷：预付账款 1 000

⑦30日，将旅游费收入结转营业收入时：

借：预收账款 17 000

 贷：主营业务收入 17 000

2）实例2

福顺餐馆20××年4月份发生经济业务如下：

① 领用主食原材料31 800元，已办理领料手续，月末经过实地盘点，有1 630元原材料尚未用完，按规定应办理“假退料”手续。

② 当月购进调味品28 240元，“原材料——调味品”科目月初余额为3 560元，月末操作间盘点原材料实存1 230元，仓库盘点实存3 430元。

③ 当月购进副食品82 800元，全部加工菜品出售。

④ 当月发放工资80 000元，购入消毒用品260元，支付水电费2 480元、燃料费1 800元，合计84 540元，均以银行存款支付。

⑤ 期末结转成本。

要求：对福顺餐馆上述业务进行会计处理。

会计处理如下：

①领用主食原材料时：

借：主营业务成本	31 800	
贷：原材料——主食		31 800

月末“假退料”时：

借：主营业务成本	1 630（红字）	
贷：原材料——主食		1 630（红字）

下月月初调整成本：

借：主营业务成本	1 630	
贷：原材料——主食		1 630

②当月核算调味品成本时：

本月消耗调味品原材料总成本=3 560+28 240−（1 230+3 430）=27 140（元）

借：主营业务成本	27 140	
贷：原材料——调味品		27 140

③当月购进副食品，全部加工菜品出售时：

借：主营业务成本	82 800	
贷：原材料——副食品		82 800

④以银行存款支付工资、水电费、燃料费，并购买消毒用品时：

借：管理费用	84 540	
贷：银行存款		4 540
应付职工薪酬		80 000
借：应付职工薪酬	80 000	
贷：银行存款		80 000

⑤期末结转成本时：

借：本年利润	224 650	
贷：主营业务成本		140 110
管理费用		84 540

互动专栏8-2

互动问题：

（1）旅游、餐饮企业成本核算是否有相同之处？

（2）旅游、餐饮企业成本核算是否可以用流水账替代？

要求：同“互动专栏1-1”的“要求”。

8.4 铁路运输企业成本核算

铁路运输企业生产的产品是旅客和货物的位移。产品是无形的，没有实物形态，不能脱离生产过程单独存在，其生产阶段和销售阶段是同一个过程，既不能储存，也不能调拨，其生产过程是按预售的订单（旅客的客票和货物的货票）进行的。所以，铁路运输企业会计的内容、方法和形式也不同于一般工业企业会计，其具有自己的特点。除按国家统一的会计制度和铁路运输企业会计核算办法的要求外，铁路主管部门还进一步制定了收入、成本费用核算的具体规定，如中国国家铁路集团有限公司《运输成本费用管理核算规则》，铁路运输企业应遵照执行；同时，铁路运输企业实行铁路局和基层站段分级核算制。

8.4.1 铁路运输企业运输成本费用的构成

铁路运输企业运输成本费用由主营业务成本、期间费用（包括管理费用、销售费用、财务费用）构成。

铁路运输成本是指企业为运输旅客、货物、行李包裹及提供物流辅助服务发生的直接耗费。

铁路运输费用是指企业在一定期间组织运输生产经营管理活动所发生的间接耗费。

铁路运输成本、费用是反映铁路运输企业生产经营活动的综合指标，是制定运输价格、营销政策、投资决策和财务清算的重要依据。

1）铁路运输企业主营业务核算

（1）铁路运输企业主营业务成本

铁路运输企业主营业务成本主要包括：

① 运输生产人员及运输生产单位管理、服务人员（含运输辅助单位及其人员，下同）的工资、奖金、津贴、补贴、短期带薪缺勤、短期利润分享计划（统称“工资性支出”，下同），职工福利费以及按规定提取的基本医疗保险费、补充医疗保险费、工会经费、职工教育经费、基本养老保险费、失业保险费、工伤保险费、企业年金、住房公积金等工资附加费。

② 按照规定计提的运输生产用及运输生产单位管理用固定资产折旧。

③ 固定资产大修中被替换部分资产的账面价值，扣除清理净收入后的部分。

④ 设备运用、养护、修理耗费的材料、燃料、电力、配件、工具备品和其他支出，配件修理支出，生产场所用燃料、水、电及生产用杂费。

⑤ 运输生产人员及运输生产单位管理、服务人员的办公费、差旅费、劳动保护费、制服补贴等。

⑥ 运输生产过程中发生的季节性和修理期间的停工损失、事故净损失、灾害预防及抢修支出。

⑦ 办理保价运输业务发生的支出。

⑧ 办理联合运输发生的付费支出。

⑨ 按照规定提取的安全生产费用。

⑩ 其他按照国家有关规定应计入主营业务成本的支出。

（2）铁路运输企业内部付费项目

铁路运输企业内部客运、货运、路网之间，以及国有独资铁路运输企业之间相互提供产品、劳务，实行收付费制度。列入主营业务成本中的付费支出项目主要包括：

① 列入旅客运输成本的付费支出项目：客运线路使用费、客运机车牵引费、客运跨企业电力机车接触网服务费、车站旅客服务费、旅客列车上水作业服务费、提供加挂客车服务费、售票服务费、客车使用费、客运机车修理服务费、客车修理服务费、动车组使用费、高铁能力保障费、客运长交路轮乘费、提供客运服务费（含使用劳务、机车加油、使用机车、使用动车组、使用普速旅客列车、客车加油等）、其他服务费等。

② 列入货物运输成本的付费支出项目：货运线路使用费、货运机车牵引服务费、货运接触网使用费及电费，车辆挂运服务费、承运及发送服务费、到达作业服务费、中转作业服务费、车辆服务费、车辆编解服务费，货车使用费、货车空车调用费、外局货运机车占用服务费、货运机车修理服务费、综合服务费、货运长交路轮乘费、提供货运服务费（含使用劳务、使用机车等）、其他服务费等。

③ 列入行包运输成本的付费支出项目：行包专列线路使用费、行包（行邮）专列机车牵引服务费、行包专列车辆使用费、行李车邮政车使用费、行李包裹运输车辆使用费、行包跨企业电力机车接触网服务费、行包承运发送服务费、行包到达作业服务费、行包中转作业服务费、行李车修理服务费、行包运输劳务服务费、其他服务费等。

④ 列入基础设施成本的付费支出项目：线路设备修理服务费、提供大型养路机械作业服务费、其他服务费等。

2）铁路运输企业其他业务核算

（1）工业生产核算

铁路工业性生产一般规模较小，品种不多，生产工艺过程比较简单，多采用品种法计算产品成本。因此，产品成本的核算一般采用一级核算体制，即由财务部门集中进行各种产品的成本核算，车间不配备专职成本核算员，不单独计算车间产品成本。

（2）装卸作业核算

铁路装卸作业的主要任务是为承运货物、行李包裹进行装车和卸车，以及装卸单位兼营的对承运货物的取送、旅客小件行包搬运等业务。装卸作业按是否由铁路专业装卸队伍承担，分为路内装卸和路外装卸两种。铁路路内装卸作业所发生的费用，通过“其他业务成本”科目核算，并设置四个二级科目进行明细核算，即“人力装卸作业”“机械装卸作业”“货物取送作业”“旅客小件行包搬运”科目。

(3) 旅行服务核算

铁路旅行服务主要是指铁路旅客列车的餐车、列车售货及车站的旅客餐厅和站台售货等经营业务。铁路旅行服务所发生的费用，通过“其他业务成本”科目核算，具体设置“餐车经营”“旅客餐厅经营”“售货”科目进行明细核算。

(4) 代办业务核算

代办业务是指铁路运输企业根据合同（不包括建筑合同）承办的各项工程、非路产专用线维修工程、生产或服务业务，以及本单位承包基建部门发包的工程。

(5) 货车修理核算

从铁路运输固定资产修理来看，货车修理与其他运输设备的修理并无区别，都是为了维持铁路运输简单再生产，其维修费用属于主营业务成本的范围，是铁路运输企业主营业务成本的组成部分。但是，由于货车是在全路范围内流动运行的，如果修车的铁路运输企业将实际修车成本直接列入该企业主营业务成本，会产生实际使用的货车数与修理的货车数不匹配的情况。因此，根据规定，铁路运输企业按实际使用货车数和标准单价承担货车使用费，货车修理业务作为其他业务实行全成本核算，修理支出在“其他业务成本”科目核算。

3) 期间费用

铁路运输企业期间费用包括管理费用、销售费用和财务费用。

(1) 管理费用

管理费用是铁路运输企业管理部门为组织和管理运输生产活动而发生的费用以及铁路运输企业按规定发生的管理性费用，主要内容包括：

① 铁路运输企业管理机关（以下简称机关）人员的工资性支出；

② 机关人员的职工福利费以及按规定提取的基本医疗保险费、补充医疗保险费、工会经费、职工教育经费、基本养老保险费、失业保险费、工伤保险费、企业年金、住房公积金等工资附加费；

③ 机关固定资产大修中被替换资产的账面价值扣除清理净收入后的部分；

④ 机关办公费、差旅费、劳动保护费、职工制服补贴，办公设施设备的折旧费、修理费、租用费，低值易耗品摊销及其他管理费用；

⑤ 土地换证费、土地损失补偿费、技术转让费、业务招待费、咨询费（含顾问费）、审计费、诉讼费、绿化费、展览费、董事会和监事会经费、防疫经费等；

⑥ 不具备资本化条件的新产品、新技术研究开发费用，包括发生的设计费、工艺规程制定费、设备调试费、原材料和半成品的实验费、技术图书资料费、未纳入国家计划的中间实验费，与产品试制、技术研究有关的其他经费，委托其他单位进行科研试制的费用以及试制失败损失等费用；

⑦ 无形资产摊销，存货的毁损、报废，按规定列入管理费用的存货盘亏净损失，以及存货的盘盈冲减管理费用；

⑧ 铁路运输企业内部铁道资金结算机构发生的费用；

⑨ 铁路运输企业按规定负担的共同费用；

⑩ 铁路运输企业按规定承担的辞退福利支出；

⑪ 其他按照国家有关规定可以列入管理费用的支出。

（2）销售费用

销售费用是指铁路运输企业的营销机构在市场营销过程中发生的各项费用，主要内容包括：

① 从事客货营销人员的工资性支出；

② 客货营销人员职工福利费以及按规定提取的基本医疗保险费、补充医疗保险费、工会经费、职工教育经费、基本养老保险费、失业保险费、工伤保险费、企业年金、住房公积金等工资附加费；

③ 营销机构办公费、差旅费、劳动保护费、职工制服补贴，办公设施设备的折旧费、修理费、租用费，低值易耗品摊销；

④ 营销广告、展览、宣传费用，营销场地租用费等与客货市场营销相关的费用；

⑤ 营销机构固定资产大修中被替换资产的账面价值扣除清理净收入后的部分。

（3）财务费用

财务费用是铁路运输企业为筹集生产经营所需资金而发生的费用，主要内容包括：

① 在金融机构的存款利息收入；

② 筹集生产经营所需资金而发生的利息支出，包括银行借款利息（含符合费用化条件的固定资产的借款利息）、短期融资券利息、中期票据利息、邮政储蓄借款利息、信托资金利息、票据贴现利息、铁路债券利息等；

③ 外币折算产生的汇兑损益；

④ 国铁集团与所属企业之间的资金占用费收入，以及铁道资金结算机构向内部单位发放调剂资金而收取的资金占用费；

⑤ 国铁集团与所属企业之间的资金占用费支出，以及铁道资金结算机构吸收内部单位存款而支付的资金占用费；

⑥ 支付给金融机构的手续费；

⑦ 未确认融资费用分摊、金融资产转移费用，设定受益计划利息净额，以及其他按照国家有关规定可以列入财务费用的支出。

同步思考8-4

资料： 在中国铁路某局的期末成本决算总结会上，有人提出销售费用问题：第一种观点认为铁路运输企业同样需要广告宣传，铁路运输企业主营业务没有销售费用的核算是不真实的，这个观点得到了一部分人的赞同；第二种观点认为铁路运输企业的生产过程与销售过程同时进行，只能选择其一，从理论上看，没有生产过程就不可能有销售过程，只能选择生产过程，所以不核算销售费用；第三种观点认为销售费用应该核算，不应列入主营业务成本，应属于期间费用。

问题：你赞同哪一种观点？为什么？运用所学成本核算理论知识回答。

理解要点：铁路运输企业销售费用核算第三种观点是正确的。因为铁路运输企业生产的产品是旅客和货物的位移，产品是无形的，没有实物形态，不能脱离生产过程单独存在，其生产阶段和销售阶段是同一个过程，只能选择其一，从理论上看，没有生产过程就不可能有销售过程，只能选择生产过程，所以主营业务成本不核算销售费用。从产品成本核算的范围看，销售费用属于期间费用范畴，2020年国家颁布的铁财〔2020〕25号《运输成本费用管理核算规则》中明确增加了“销售费用”的内容，铁路运输企业成本费用包括主营业务成本、期间费用(包括管理费用、销售费用和财务费用)。所以，铁路运输企业成本费用的期间费用需要核算销售费用。

8.4.2　铁路运输企业成本费用的核算

学习微平台

资源 8-03

铁路运输企业会计核算实行分级核算制，执行国务院铁路主管部门的具体核算规定。

1）铁路运输企业成本核算应设置的会计科目

铁路运输企业在企业会计制度的基础上增设了企业内部核算的科目，包括“拨付所属投资”“特准储备物资”“应交铁路建设基金”“运输进款结算”“内部往来”“特准储备资金”“上级拨入投资”“完成工作清算”科目，并对“其他货币资金”“原材料”“委托加工物资”“固定资产”“长期待摊费用”“主营业务收入”“主营业务成本”“管理费用”“财务费用”“营业外支出”等科目的明细科目设置和核算内容进行了补充规定。

铁路运输企业成本核算设置的会计科目是按照《运输成本费用管理核算规则》的要求进行设置的。

(1)“主营业务成本”科目

本科目核算企业为提供旅客、货物运输以及相关服务等日常活动而发生的实际成本。本科目应设置“旅客运输成本”“货物运输成本”“行包运输成本”“基础设施成本”“其他成本”等明细科目进行明细核算。发生的各种支出，借记本科目。期末，应将本科目的余额转入“本年利润”科目，结转后本科目应无余额。

①“旅客运输成本”明细科目。本科目核算为旅客运输直接发生的各种支出，包括车站旅客服务、旅客列车（动车组）服务、客车及动车组运用和维护支出，相关服务付费及其他支出。发生的各种支出，借记本科目。期末，应将本科目的余额转入“本年利润”科目，结转后本科目应无余额。

②“货物运输成本”明细科目。本科目核算为货物运输直接发生的各种支出，包括货物发送、运行、中转、到达作业费用，货车、集装箱运用和维护费用，货车使用费，抑尘等相关物流辅助服务费，相关服务付费及其他支出。发生的各种支出，借记本科目。期末，应将本科目的余额转入“本年利润”科目，结转后本科目应无余额。

③“行包运输成本”明细科目。本科目核算为行李、包裹运输直接发生的各种支出，包括行包发送、运行、中转、到达作业费用，专用行包车辆运用和维护费用，相关物流辅助服务费，相关服务付费及其他支出。发生的各种支出，借记本科目。期末，应将本科目的余额转入“本年利润”科目，结转后本科目应无余额。

④“基础设施成本”明细科目。本科目核算为铁路路网、行车指挥等基础设施运用和维护所发生的各种支出，包括铁路线路设备等行车设施使用和维护费，行车指挥调度费及其他支出。基础设施成本科目下设高铁、普速线路成本明细核算。发生的各种支出，借记本科目。期末，应将本科目的余额转入“本年利润”科目，结转后本科目应无余额。

⑤“其他成本”明细科目。本科目核算企业运输生产中发生的除旅客、货物、行包运输成本和基础设施成本以外的各种支出。发生的各种支出，借记本科目。期末，应将本科目的余额转入“本年利润”科目，结转后本科目应无余额。

（2）“内部往来”科目

本科目核算企业内部具有财务隶属关系的单位间相互往来的款项，包括运输进款、运营资金、代垫所属单位资金、收入清算、上交税费、利润分配等款项的往来。收到拨付的运营资金时，借记“银行存款”科目，贷记本科目；上级单位向所属单位拨付或为所属单位垫付资金时，借记本科目（下级单位），贷记“银行存款”等科目；下级单位收到上级单位拨付资金或垫付资金时，借记“银行存款”“材料采购”“原材料”等科目，贷记本科目（上级单位）；企业独立完成运输任务取得的收入，按进款部门的通知书，借记本科目，贷记“应收账款（资金清算中心）”科目；按规定进行收入结算或完成工作清算时，上级单位借记“完成工作清算”科目，贷记本科目（下级单位），下级单位借记本科目（上级单位），贷记“主营业务收入”或“完成工作清算”等科目；上缴税金及附加、分配利润时，上级单位借记本科目（下级单位），贷记“应交税费”“利润分配”等科目，下级单位借记“应交税费”“应付股利”等科目，贷记本科目（上级单位）。

本科目借方相当于应收账款，贷方相当于应付账款。期末，本科目有借方或贷方余额，借方余额是内部应收的款项，贷方余额是内部应付的款项。

（3）“完成工作清算”科目

本科目核算运输企业内部上下级之间完成运输工作量之后进行的清算业务。下级完成工作后，向上级清算收入时，上级借记本科目，下级贷记本科目。期末，应将本科目的余额转入“本年利润”科目，结转后本科目应无余额。

（4）“其他业务成本”科目

本科目核算企业除主营业务成本以外的其他经营业务所发生的各项支出，如销售材料、产品，提供装卸、饮食等劳务所发生的支出。

本科目借方登记企业确认转入的各项其他业务成本或支出；贷方登记期末结转到“本年利润”科目的累计其他业务成本总额。本科目期末如有余额在借方，反映企业从年初至本期期末累计的其他业务成本总额，结转后本科目应无余额。本科目应按照其他业务成本项目设置明细账，进行明细分类核算。

（5）“生产成本”科目

铁路工业性生产单位的产品成本核算，应设置“生产成本”科目，用来核算为生产产品而发生的各项产品成本费用。

本科目借方登记企业生产产品所发生的直接材料、直接人工等直接费用，以及各项间接费用，即制造费用；贷方登记转出的完工入库的产品成本。本科目期末如有余额在借方，反映尚未完工的在产品的实际成本。

2）期间费用核算应设置的会计科目

（1）“管理费用”科目

本科目核算企业为组织和管理企业生产经营所发生的管理费用，按照《运输成本费用管理核算规则》中明确的管理费用范围列支。本科目应按照费用项目进行明细核算。企业发生的各项管理费用，借记本科目。期末，应将本科目的余额转入“本年利润”科目，结转后本科目应无余额。

（2）“销售费用”科目

本科目核算铁路运输企业的营销机构在市场营销过程中发生的各项费用，按照《运输成本费用管理核算规则》中明确的销售费用范围列支。本科目应按照费用项目进行明细核算。企业发生的各项销售费用，借记本科目。期末，应将本科目的余额转入“本年利润”科目，结转后本科目应无余额。

（3）“财务费用”科目

本科目核算企业为筹集生产经营所需资金等而发生的费用，按照《运输成本费用管理核算规则》中明确的财务费用范围列支。本科目应按照费用项目进行明细核算。支付借款利息等时，借记本科目；收取金融机构存款利息收入等时，贷记本科目。期末，应将本科目的余额转入“本年利润”科目，结转后本科目应无余额。

3）铁路运输企业生产核算的主要程序

铁路运输企业基层站段为基本生产单位，主营业务成本分类核算的原则是：能够直接归属到相应成本类别的，全额列入该类成本；不能直接归属到成本类别的，按照规定的工作量指标分别列入相应的类别。分配比例根据本单位正常运输生产情况测算确定，当运输生产任务发生较大变化时，应及时调整分配比例。单位需在季度决算报告中说明分配比例确定的方法及调整依据。主营业务成本中的工务、电务支出分运行区间、编组站、非编组站核算，电气化铁路供电支出分运行区间核算，核算原则是：正线（含与正线连接的道岔）支出归集到相应的运行区间成本，站线支出归集到编组站和非编组站成本；能直接归属运行区间、编组站、非编组站的支出，全额列入相应的运行区间和编组站、非编组站成本；不能直接确定归属的共性支出，采用分配方法分摊列入相应的运行区间和编组站、非编组站成本。机车折旧、中修、大修、和谐机车C1-C4修、C5-C6修支出分机型核算，客车折旧、段修、大修支出分车型核算，动车组折旧、三级及以上修理分车型核算，货车折旧、段修、大修支出分车种核算。能够直接区分机型（车型、车种）的修理支出，全额列入各机型（车型、车种）的相关成本，不能直接区分的按规定方法分摊。

运输生产领用材料、燃料、低值易耗品时，借记“主营业务成本”下明细科目，贷记“原材料”“周转材料——低值易耗品”等科目；支付生产人员工资时，借记“主营业务成本”下明细科目，贷记“应付职工薪酬”科目；支付生产用水、用电等其他费用时，借记“主营业务成本”下明细科目，贷记“银行存款”等科目；按规定计提固定资产折旧费时，借记“主营业务成本”下明细科目，贷记“累计折旧”科目；其他业务分摊间接费用时，借记“其他业务成本”下明细科目，贷记相关科目；支付相关服务费时，借记“主营业务成本”下明细科目，贷记“银行存款”等科目；期末与上级结算工作量时，借记“内部往来”科目，贷记“完成工作清算”等科目。期末，结转“主营业务成本”“完成工作清算”科目，转入“本年利润”科目。

铁路运输企业的其他业务，通过“其他业务成本”科目核算。

铁路运输企业发生相应管理费用时，借记“管理费用”科目，贷记“银行存款”等相应科目。期末，结转“管理费用”科目，转入“本年利润”科目。

业务链接8-6

铁路机务段期末成本和收入清算

吉林机务段是中国铁路沈阳局下属的基层站段之一，本月发生运营成本1 500万元，完成工作量向上级清算1 560万元。

请对吉林机务段经济业务进行会计处理，并结转期末损益类科目。

解析：本月发生运营成本1 500万元，会计处理为：借记“主营业务成本”科目，贷记“原材料”“应付职工薪酬”“累计折旧”“银行存款”等科目。本月完成工作量向上级清算1 560万元，会计处理为：借记“内部往来”科目，贷记“完成工作清算”科目。期末，结转损益类科目，会计处理为：借记“完成工作清算”科目，贷记“本年利润”科目；同时，借记“本年利润”科目，贷记“主营业务成本”科目。

课程思政8-2

四海机务段的成本核算与管理问题

背景与情境：某铁路局四海机务段在6月的上级财务审计过程中发现如下问

题：①该机务段的仪器仪表类固定资产每月应计提折旧费用4.09万元，实际计提4.28万元，每月多计提了0.19万元，上半年共多计提折旧费用1.14万元。②本年4月，该机务段的固定资产机械设备账面价值减少了46.24万元，次月仍计提折旧；5月、6月两个月共多计提折旧0.52万元。③本年4月，该机务段将去年11月发生的探伤仪维修费1万元延期列入本期成本。④本年上半年，该机务段对12项固定资产，如房屋、建筑物进行了封存，固定资产原值为250.22万元，上半年没有对这部分固定资产计提折旧，共少计提折旧4.05万元。⑤本年1月，该机务段未摊销柴油差价，致使上半年应摊销额与实际摊销额相差3.12万元，多摊入红字差价3.12万元。⑥供给该机务段多种经营部门废油273吨，该机务段应将收取废油的成本5.46万元冲减主营业务成本，实际未冲减。

问题：四海机务段的成本核算违反了哪些法律规定？成本管理中存在哪些问题？本年上半年共计影响铁路运输成本多少万元？

研判提示：四海机务段的以上行为违反了《会计法》第二十六条关于"不得随意改变费用、成本的确认标准或者计量方法，虚列、多列、不列或者少列费用、成本"的规定。成本费用核算应遵照权责发生制原则，凡应由本期（月、季、年）负担的支出要全部进入本期成本或费用，如实反映计算期间内完成全部运输产品的实际耗费。上半年在成本核算、管理、控制方面，存在多计提或少计提固定资产折旧、乱列成本、燃料差价分摊有误、少冲减成本等诸多问题，使该机务段当期的运输成本增加了0.95万元（1.14+0.52+1−4.05−3.12+5.46）。

8.4.3　铁路运输企业成本核算实例

1）实例1

某工务段本月收到铁路局下转的一批钢轨款的列账通知书，通知书注明某钢铁公司发来一批钢轨，其购买价及运费共计380 000元。该工务段另支付该批钢轨的卸车费1 000元。该批钢轨已验收入库，计划成本为400 000元。本月维修线路领用钢轨计划成本320 000元。假如钢轨期初无库存。

要求：为工务段编制相关的会计分录。

①接到铁路局下转通知书时：

借：材料采购——线上料　　380 000

　贷：内部往来——铁路局　　380 000

②支付卸车费时：

借：材料采购——线上料　　1 000

　贷：银行存款　　1 000

③钢轨验收入库时：

借：原材料——线上料　　400 000

　贷：材料采购——线上料　　400 000

④结转材料成本差异时：

借：材料采购——线上料　　19 000

贷：材料成本差异——线上料成本差异　　19 000

⑤结转领用钢轨的计划成本时：

借：主营业务成本　　320 000

贷：原材料——线上料　　320 000

⑥分摊材料成本差异时：

本月维修线路领用钢轨应分摊的材料成本差异=-19 000×（320 000÷400 000）=-15 200（元）

借：主营业务成本　　15 200

贷：材料成本差异——线上料成本差异　　15 200

2）实例2

20×8年6月，某机务段检修车间的某种高价互换配件的额定储备量为10个，单价为9万元/个，使用期限为5年。根据有关记录，该高价互换配件从材料库领出的时间及数量为：20×6年2月领出2个，20×6年10月领出5个，20×7年6月领出1个，20×8年1月领出2个。本月修理机车换上高价互换配件3个。换下的高价互换配件，有3个已不能使用，进行报废处理（用先进先出法），收回残料价值500元并以新料补充，单价如前（不考虑料差）；有1个修理后尚可使用，发生修理费用3 000元。

要求：对本月高价互换配件进行相关账务处理。

①领用高价互换配件时：

借：高价互换配件　　270 000

贷：原材料　　270 000

②对不可修复配件进行报废处理时：

20×6年2月领出的2个高价互换配件的摊余价值=［9-9÷（5×12）×28］×2=9.6（万元）

20×6年10月领出的1个高价互换配件的摊余价值=9-9÷（5×12）×20=6（万元）

借：主营业务成本　　156 000

贷：高价互换配件　　156 000

收回残料时：

借：原材料等　　500

贷：主营业务成本　　500

③可修复配件发生修理费用时：

借：主营业务成本　　3 000

贷：原材料、银行存款等　　3 000

④按月摊销价值时：

借：主营业务成本　　1 500

贷：高价互换配件　　1 500

3）实例3

某货车修理段当月实际应向铁路局清算修理货车取得的收入为600 000元。在货车修理过程中共发生货车修理费用500 000元，其中材料费300 000元，工资费100 000元，固定资产折旧100 000元。以银行存款支付其他费用80 000元，不考虑相关税费。

要求：进行相关的账务处理。

①发生货车修理费用时：

借：其他业务成本	580 000	
贷：原材料		300 000
应付职工薪酬		100 000
累计折旧		100 000
银行存款		80 000

②办理结算时：

借：内部往来	600 000	
贷：其他业务收入		600 000

③期末结转损益时：

借：其他业务收入	600 000	
贷：本年利润		600 000
借：本年利润	580 000	
贷：其他业务成本		580 000

同步案例8-2

中国铁路某局工务段线上料、旧轨料的核算

背景与情境：甲、乙两工务段隶属于同一铁路局，本月发生的有关线上料、旧轨料的业务如下：

①铁路局收到某钢铁公司的账单，账单上注明购买钢轨款及运费共计110万元，款项未付，钢轨已直接发往甲工务段，铁路局随即将该笔款项下转。甲工务段已收到铁路局的列账通知书，另以银行存款支付该批钢轨的卸车费2万元。该批钢轨已验收入库，计划成本为125万元。钢轨的采购成本按照规定由工务段核算。

②甲工务段从本局材料厂购入一批线路维修用夹板、垫板、连接零件等，价款及运费共计26万元，通过铁路局转账。材料已验收入库，计划成本为25万元。

③甲工务段本月维修线路领用的钢轨计划成本为60万元，领用夹板、垫板、连接零件等5万元。假如钢轨及夹板、垫板、连接零件等月初均无库存。

④甲工务段从采石场购入一批石渣，价款及运费共计2万元，款项未付，石渣直接运到维修工地。

⑤甲工务段维修线路拆下一批旧轨料，其中有一部分经整修后尚可使用，按照12万元点收入库，另以银行存款支付整修费1万元；另有一部分已不能使用，残料按照3万元点收入库。

⑥甲工务段按照上级指示，将10万元的旧轨料划转给乙工务段，发生的1万元运费由乙工务段以银行存款支付。

在决算会议上，有人质疑“甲工务段以银行存款支付钢轨的卸车费2万元”

以及“乙工务段以银行存款支付钢轨的运费1万元”的费用归属问题以及如何进行会计处理的问题。

问题：

（1）铁路运输企业上述经济业务核算应使用哪些会计科目？

（2）铁路局如何对上述经济业务进行会计处理？

（3）甲、乙工务段如何对上述经济业务进行会计处理？

（4）2万元卸车费和1万元运费应归属于哪里？旧轨料内部转移应如何计价？

分析提示：

工务段是铁路运输生产基层生产单位，与铁路局是上下级的隶属关系。

（1）铁路运输企业核算上述经济业务所使用的主要会计科目有：铁路内部具有财务隶属关系的单位之间相互往来的款项所应用的“内部往来”科目；铁路基层站段购买、领用材料所应用的“材料采购”“原材料”“材料成本差异”科目；铁路运输企业核算运营成本所应用的“主营业务成本”科目。

（2）铁路局对上述经济业务的账务处理如下：

铁路局第①笔经济业务：

借：内部往来——甲工务段	1 100 000	
贷：应付账款		1 100 000

铁路局第②笔经济业务：

借：内部往来——甲工务段	260 000	
贷：内部往来——材料厂		260 000

铁路局第⑥笔经济业务：

借：拨付所属投资——乙工务段	100 000	
贷：拨付所属投资——甲工务段		100 000

（3）甲、乙工务段对上述经济业务的账务处理如下：

甲工务段第①笔经济业务：

借：材料采购	1 120 000	
贷：内部往来——铁路局		1 100 000
银行存款		20 000
借：原材料——线上料	1 250 000	
贷：材料采购		1 120 000
材料成本差异——线上料成本差异		130 000

甲工务段第②笔经济业务：

借：材料采购	260 000	
贷：内部往来——铁路局		260 000
借：原材料——线上料	250 000	
材料成本差异——线上料成本差异	10 000	
贷：材料采购		260 000

甲工务段第③笔经济业务：

线上料成本差异分摊率=（-13+1）÷（125+25）×100%=-8%

线上料成本差异本月分摊额=-8%×65=-5.2（万元）

借：主营业务成本 598 000

材料成本差异——线上料成本差异 52 000

贷：原材料——线上料 650 000

甲工务段第④笔经济业务：

借：主营业务成本 20 000

贷：应付账款——采石场 20 000

甲工务段第⑤笔经济业务：

借：原材料——旧轨料 120 000

——一般材料 30 000

贷：主营业务成本 150 000

借：主营业务成本 10 000

贷：银行存款 10 000

甲工务段第⑥笔经济业务：

借：上级拨入投资——铁路局 100 000

贷：原材料——旧轨料 100 000

乙工务段第⑥笔经济业务：

借：原材料——旧轨料 100 000

贷：上级拨入投资——铁路局 100 000

借：主营业务成本 10 000

贷：银行存款 10 000

（4）因铁路基层站段相当于工业企业的生产车间，2万元卸车费是为采购原材料而发生的，应归属到材料成本中。旧钢轨转出单位通过上级转出原材料（旧轨料），按照上级的规定转入单位以转出单位的价值计价，1万元运费是为转移旧轨料而发生的，应归属到运输成本中。

课程思政8-3

集团报表之判

背景与情境：华夏科技是一家集团公司，有下属软件研发、电脑销售、酒店及建筑工程等多行业企业，其下属企业均为独立法人。在集团年终合并报表之前，为合理避税，财务负责人提出在所属子公司报出报表之前，进行以下调账事宜：一是集团下属各企业有盈利或亏损，将盈利的建筑工程企业利润通过“内部往来”划拨给亏损的软件研发企业，通过这样的平衡达到避税的目的；二是酒店企业管理费用过高，将酒店设备的折旧费划入建筑工程企业，这样可以计入工程成本；三是电脑销售企业的产品销售成本，无论是批发业务还是零售业务，均以售价计价，以达到增加销售成本的目的。

问题：

（1）本案例存在哪些思政问题？

（2）对财务负责人的三笔调账作出你的思政研判。

（3）通过适当途径搜集你作思政研判所依据的相关规范。

（4）本案例对你有哪些启示？

研判提示：

（1）本案例中财务负责人调账，其业务处理不正确，存在既违法违规，又背离会计职业道德等思政问题。有违党的“二十大”报告中提出的“明大德、守公德、严私德”的公民道德建设要求。

（2）本案例中的调账，需要研判的有三点：其一，华夏科技集团下属企业均为独立法人，必须按照各行业成本核算的要求与规则进行记账、核算、报告，并对社会承担其法人责任，调账违背成本核算要求和企业会计准则；其二，财务负责人三笔调账，通过集团统筹和内部往来，随意划账，使其增加成本、降低利润，减少企业所得税，达到逃税目的，这是会计法和税法明令禁止的行为，一旦实施，企业和会计人员都要承担法律责任；其三，违背《会计法》《会计基础工作规范》相关规定，违背了会计职业道德。

（3）搜集到的思政研判依据如下：

①研判（1）和（2）中提及的“违法违规”依据有四：

A. 财务负责人的三笔调账都是违背成本会计核算要求和企业会计准则的：第一笔调账，作为集团合并报表从表面上看似乎可以，但其下属企业作为独立法人在会计报表报出之前划走利润，逃避企业所得税，不符合要求。独立法人企业，必须按照各行业成本核算的要求与规则进行记账、核算、报告，并对社会承担其法人责任，各会计主体不能混同。第二笔调账，将酒店设备的折旧费划入建筑工程企业，表面上是依据餐饮业成本核算特性进行调整的（餐饮企业的营业成本核算，一般只按照耗用材料的成本来计算直接成本，其他计入管理费用，作为期间费用处理），将设备折旧计入工程企业工程成本，降低酒店管理费用，达到规避管理费用超支需缴纳企业所得税的目的，实则是违规做法，违反了会计主体的核算前提（各会计主体不能混同）。第三笔调账，电脑销售企业产品销售成本均以售价计价，表面上是在合规范围内达到增加销售成本的目的，实际上是业务技能不过硬，无论采用哪种方法核算产品销售成本，结果都是实际价而不是销售价。财务负责人的三笔调账都违反了国家法规与会计职业道德。

B.《会计法》第三章第二十五条规定：公司、企业必须根据实际发生的经济业务事项，按照国家统一的会计制度的规定确认、计量和记录资产、负债、所有者权益、收入、费用、成本和利润。第三章第二十六条规定：公司、企业进行会计核算不得有随意调整利润的计算、分配方法，编造虚假利润或者隐瞒利润行为，及违反国家统一的会计制度规定的其他行为。第六章第四十二条规定：对“随意变更会计处理方法”等行为，由县级以上人民政府财政部门责令限期改正，可以对单位并处三千元以上五万元以下的罚款；对其直接负责的主管人员和其他直接责任人员，可以处二千元以上二万元以下的罚款；属于国家工作人员的，还应当由其所在单位或者有关单位依法给予行政处分（征求意见稿的处罚力度加大很多）；构成犯罪的，依法追究刑事责任。第六章第四十三条规定：伪造、变造会计凭证、会计账簿，编制虚假财务会计报告，构成犯罪的，依法追究刑事责任。尚不构成犯罪的，由县级以上人民政府财政部门予以通报，可以对单位并处五千元以上十万元以下的罚款；对其直接负责的主管人员和其他直接责任人员，可以处三千元以上五万元以下的罚款；属于国家工作人员的，还应当由其所在单位或者有关单位依法给予撤职直至开除的行政处分；其中的会计人员，五年内不得从事会计工作。

C.《中华人民共和国税收征收管理法》第六十三条规定：纳税人伪造、变造、隐匿、擅自销毁账簿、记账凭证，或者在账簿上多列支出或者不列、少列收入，或者经税务机关通知申报而拒不申报或者进行虚假的纳税申报，不缴或者少缴应纳税款的，是偷税。对纳税人偷税的，由税务机关追缴其不缴或者少缴的税款、滞纳金，并处不缴或者少缴的税款百分之五十以上五倍以下的罚款；构成犯罪的，依法追究刑事责任。第六十四条规定：纳税人、扣缴义务人编造虚假计税依据的，由税务机关责令限期改正，并处五万元以下的罚款。

D.《会计基础工作规范》第二十条规定：会计人员应当按照会计法律、法规和国家统一会计制度规定的程序和要求进行会计工作，保证所提供的会计信息合法、真实、准确、及时、完整。第六十六条规定：会计报表应当根据登记完整、核对无误的会计账簿记录和其他有关资料编制，做到数字真实、计算准确、内容完整、说明清楚。任何人不得篡改或者授意、指使、强令他人篡改会计报表的有关数字。第七十七条规定：会计机构、会计人员对指使、强令编造、篡改财务报告行为，应当制止和纠正，制止和纠正无效的，应当向上级主管单位报告，请求处理。

②研判“背离会计职业道德”行为，至少违背了“职业观念”、“职业良心”和“职业守则”中“诚实守信”“客观公正”“坚持准则”“提高技能”等行业规范；“职业观念”要求会计人员对职业、职业选择、职业工作、会计人员职业道德、会计伦理等问题具有正确的看法；“职业良心”要求会计人员在履行职业义务时具有强烈的道德责任感和较高的自我评价能力；“职业守则”要求会计人员爱岗敬业、诚实守信、廉洁自律、客观公正、坚持准则、提高技能、参与管理、强化服务；“诚实守信”要求会计人员做老实人，说老实话，办老实事，执业谨慎，信誉至上，不为利益所诱惑，不弄虚作假，不泄露秘密；“客观公正”要求会计人员端正态度，依法办事，实事求是，不偏不倚，保持应有的独立性；“坚持准则”要求会计人员熟悉国家法律、法规和国家统一的会计制度，始终坚持按法律、法规和国家统一的会计制度的要求进行会计核算，实施会计监督；“提高技能”要求会计人员增强提高专业技能的自觉性和紧迫感，勤学苦练，刻苦钻研，不断进取，提高业务水平。

学习微平台

资源 8-04

（4）本案例对我的启示有四：

①从事会计行业工作，必须严格遵守“企业会计准则”；②掌握国家相关法律法规，不能为企业一己之私违法违规进行调账，不做违法的事情；③合理避税是国家法律法规允许的，但必须合法合规，不能随意调账；④身为会计学专业的学生，要刻苦钻研专业知识，勤学苦练专业技能，自觉加强职业道德修养，成为具有健全职业人格的职业人。

主要参考文献

［1］丁元霖．施工企业会计［M］．2版．北京：清华大学出版社，北京交通大学出版社，2017.

［2］黄毅勤．简单轻松学施工企业会计［M］．北京：中国市场出版社，2007.

［3］万寿义，任月君．成本会计［M］．4版．大连：东北财经大学出版社，2016.

［4］胡玉明，潘敏虹．成本会计［M］．3版．厦门：厦门大学出版社，2014.

［5］蒋国发．成本会计［M］．2版．北京：清华大学出版社，2010.

［6］黄建飞．成本会计［M］．2版．北京：北京理工大学出版社，2017.

［7］江希和，向有才．成本会计教程［M］．6版．北京：高等教育出版社，2019.

［8］丁元霖．旅游饮食服务业会计［M］．北京：清华大学出版社，北京交通大学出版社，2010.

［9］周云凌，王雪岩．成本会计岗位综合实训［M］．北京：北京理工大学出版社，2017.

［10］中国国家铁路集团有限公司．运输成本费用管理核算规则（铁财〔2020〕25号）［M］．北京：中国铁道出版社，2020.

［11］中华人民共和国财政部．企业会计准则应用指南：2018年版［M］．上海：立信会计出版社，2018.

［12］财政部．企业产品成本核算制度（试行）［S］．北京．财会〔2013〕17号，2013.

［13］中国会计学会网站，http：//www.asc.net.cn/.

［14］中国大学MOOC（慕课）——国家精品课程在线学习平台，https：//www.icourse163.org.

［15］中华人民共和国财政部网站，http：//www.mof.gov.cn/.

［16］中华人民共和国财政部会计司网站，http：//kjs.mof.gov.cn/.

主要参考文献

[1] [illegible]会计[illegible]（第[illegible]版）[illegible]清华大学出版社，[illegible]大学出版社，2017.

[2] [illegible]市场[illegible]，2002.

[3] [illegible]，2016.

[4] [illegible]，2014.

[5] [illegible]，201[illegible].

[6] [illegible]

[7] [illegible]，2012.

[8] [illegible]

[9] [illegible]，201[illegible].

[10] 中国[illegible]（2020）[illegible]中国[illegible]出版社，[illegible]

[11] [illegible]2019[illegible]

[12] [illegible]，2013.

[13] [illegible]http://[illegible]

[14] [illegible]http://[illegible]

[15] [illegible]http://[illegible]

[16] [illegible]http://[illegible]